ANALECTA BIBLICA
INVESTIGATIONES SCIENTIFICAE IN RES BIBLICAS

—— 130 ——

ENRIQUE FARFAN NAVARRO

EL DESIERTO TRANSFORMADO

Una imagen deuteroisaiana de regeneración

EDITRICE PONTIFICIO ISTITUTO BIBLICO
ROMA 1992

Vidimus et approbamus ad normam Statutorum

Pontificii Instituti Biblici de Urbe
Romae, die 7 mensis maii anni 1992

R. P. Horacio Simian-Yofre, S.J.
R. P. Pietro Bovati, S.J.

ISBN 88-7653-130-0
© E.P.I.B. – Roma – 1992
Iura editionis et versionis reservantur

Editrice Pontificio Istituto Biblico
Piazza della Pilotta, 35 - 00187 Roma

A «Los Pobres»,
a la Iglesia

Prólogo

El Desierto Transformado reproduce con ligeras variantes una tesis doctoral del mismo título, presentada en el Pontificio Instituto Bíblico de Roma en octubre de 1990.

Al publicarla hoy, confiado en el juicio favorable de mis maestros, quiero mostrar de modo particular mi gratitud al Rvdo. P. Horacio Simian-Yofre S.J., profesor en el mencionado Instituto y director de la tesis, cuya generosa y entusiasta acogida alentó en gran manera mis trabajos.

Al Rvdo. P. Pietro Bovati S.J., profesor también del Instituto y correlator benigno; y al Rvdo. P. Albert Vanhoye S.J., director de Analecta Biblica, que se ha dignado aceptar mi trabajo en colección tan prestigiosa, mi reconocimiento más cordial.

Me cumple asimismo agradecer al Centro de Estudios Eclesiásticos de la Iglesia Nacional Española en Roma, y a su Rector, Mons. Justo Fernández Alonso, el buen hogar que durante tantos años me brindaron.

Gracias, en fin, a mi hermano Diego José, Ingeniero Aeronáutico y profesor en la Universidad Complutense de Madrid, que tanto me ayudó durante la confección del libro y ha prepararado luego su edición.

Valencia, Agosto de 1991

Enrique Farfán Navarro

Introducción

El tema bíblico de la transformación del yermo apenas ha conseguido captar la atención de los intérpretes. Lo abordó Gressmann en su ya lejano *Ursprung der israelitisch-jüdischen Eschatologie*. Pero el ilustre autor, interesado en hallar los precedentes extrabíblicos de esa esperanza, no se ocupa en analizar los pasos bíblicos que la expresan. El segundo de los dos *Schemata*, a que reduce Gressmann las metamórfosis bíblicas de la naturaleza inanimada, viene a coincidir con el título de este libro: «El desierto será convertido en parque». Sin embargo, su propia explicación del enunciado («Israel será conducido al desierto, y comienza luego la metamórfosis del escenario», p.216) describe incorrectamente los pasajes que pretende resumir (*v.i.* p.119).

La promesa de transformar el yermo es peculiar del Libro de Isaías: Solamente la contienen 32,15-20; 35,1-7; 41,17-20; 43,16-21; 44,1-5; 51,3 y 55,13 (Sal 107,35 > Is 41,18b). De todos ellos, 41,17-20 es el paso que mejor la representa; de suerte que la comprensión del tema depende por completo de la exégesis de este último pasaje. Pero 41,17-20 — como la mayor parte de los otros — ha sido referido desde antiguo al regreso de Israel desde su exilio; y a la espectacular transformación que aquel describe, no se le supuso otra función ni más razón de ser que la de mitigar el tránsito penoso del desierto. Con eso dejó de ser considerada la mudanza por sí misma y quedó incorporada en el famoso tema del *Segundo (o Nuevo) éxodo de Israel*.

Dicha referencia al regreso de Israel ha oscurecido, a mi entender, el verdadero sentido de la transformación del yermo. De ser aceptada la interpretación que estas páginas proponen, el tema del *Segundo éxodo* perdería sus más brillantes exponentes; pero, en compensación, el tema del *Desierto transformado* recobraría, junto con su auténtico sentido y su más completa descripción (41,17-20), la entidad independiente y el lugar principal que le corresponden.

***

Con objeto de evitar repiticiones, el tema es estudiado al hilo de 41,17-20; como ya he dicho, el ejemplar más completo de nuestra profecía: Los términos *a quo* (cap. VI) y *ad quem* (cap. VIII) de la transformación, el autor de la misma (cap. V), el sujeto que la sufre (cap. III y IV), el trance mismo de la mudanza (cap. VII), su significado y su finalidad (cap. IX y X), van siendo tratados a medida que 41,17-20 los propone. Lo peculiar de las *transformacio-*

nes restantes se ha ido incorporando en este marco a lo largo del trabajo.

No siéndonos ya posible suplicar al Profeta: «Explícanos esa parábola de los árboles», no nos resta sino auscultar su escritura: Para alcanzar el sentido del conjunto, se persigue el significado que cada una de sus palabras, cada expresión, presenta en el Segundo Isaías. Y cuando el uso de una voz o de una frase es tan escaso en nuestro autor que no permite concluir con alguna seguridad el sentido de aquellas, la búsqueda se extiende a la literatura profética anterior y aun a todo el AT. Al comparar, se atiende con cuidado a los contextos; pues las palabras, según es bien sabido, obtienen su sentido del contorno. Todos los pasos que contienen la voz o la expresión cuyo significado se persigue, se disponen en tablas sinópticas que permiten considerar a la vez los respectivos contextos y, en la medida de lo posible, ponen de relieve las coincidencias.

Alguna vez, cuando se duda acerca del significado preciso de algún término (como en el caso del exótico אֶבְיוֹן), se remonta la pesquisa a la etimología o a las expresiones afines de otros idiomas semíticos, por ver si los orígenes de la palabra pudieran arrojar alguna luz. Porque, si el último sentido de una voz — su *significatio* más precisa — resulta al fin del contexto, no es menos cierto que la capacidad significativa de aquella — su *sensus* — está contenida en germen y limitada de algún modo por su sentido radical («no se cosechan higos de las zarzas, ni uvas del espino»: Lc 6,44). El conocimiento de tal sentido constituye siempre una referencia orientadora, que permite además advertir la evolución semántica, tantas veces sorprendente, que algunas palabras cumplen a lo largo de su vida. Resultan de este empeño varios estudios de tipo lexicográfico; los de mayor relieve atañen a las voces אֶבְיוֹן («pobre») y עָנִי («sometido», «pobre», cap. III), a las raíces ענה («atender», «someter», caps. III, V), ידע («[re]conocer») y שׂכל («acertar», cap. IX), y a los giros בִּקֵּשׁ מַיִם («buscar aguas», cap. IV) y שִׂים לֵב («prestar atención», cap. IX).

***

El estudio del tema principal, como se ve, obliga a investigar varios otros paralelos; algunos, de tanta envergadura como el de «los pobres» (cap. III), el del conocimiento de Dios (cap. IX), o el de la creación (cap. X) — otro asunto primordial en DtIs —; de manera que el estudio aquí ofrecido abarca una temática, no sólo considerablemente vasta, sino también central en el anuncio del Segundo Isaías.

Los temas paralelos, dignos cada uno de un estudio monográfico, se consideran tan sólo en función del asunto principal. Son tratados sin embargo con algún detenimiento, en orden a garantizar la correcta comprensión del objeto central de nuestro estudio.

Siguiendo una práctica común de la exégesis cristiana, se establecen a menudo referencias con pasajes del NT; no tanto para determinar así el sentido de la expresión antigua, cuanto por ilustrarlo ulteriormente y mostrar la pervivencia de conceptos y representaciones veterotestamentarias en el NT.

La exégesis que ofrece *El Desierto Transformado*, aunque diversa de la que hoy es común, no resulta sin embargo *nueva*: Leyéndola se tiene la impresión de que siempre la supieron «los pequeños».

PRIMERA PARTE

Is 41,17-20 Y EL «NUEVO EXODO» DE ISRAEL

CAPITULO I.   BREVE HISTORIA DE LA EXEGESIS DE Is 41,17-20

CAPITULO II.   Is 41,17-20 EN EL CONTEXTO DEL LIBRO DE LA CONSOLACION

CAPITULO I

Breve historia de la exégesis de Is 41,17-20

La exégesis de Is 41,17-20 ha venido fluctuando desde antiguo entre la interpretación figurada y la que se dice «literal»[1]. Pero tampoco es infrecuente que coincidan en un mismo autor ambas opciones, de lo que resulta además una exégesis «mixta» que entiende en sentido figurado una parte del oráculo, y otra, en sentido recto o propio.

Sin pretender una completa reseña de todas las lecturas del paso, resumo a renglón seguido las tres líneas de interpretación que cabe observar en la exégesis de Is 41,17-20[2].

A) Hasta el s. XVIII

1.- El *Targum* de Is, que comienza interpretando la búsqueda de aguas (=«anhelo de instrucción») y la sed (=«aflicción») en sentido figurado, refiere bruscamente el paso, mediante dos incisos, al regreso de Israel desde su exilio:

17   ... no los abandonaré.

18   *Voy a traer* (lit.«acercar») *a los exiliados de entre las naciones y a conducirlos por el camino recto; alumbraré ríos para ellos* en la estepa...[3]

---

[1] No existe, respecto de los sentidos bíblicos, una terminología constante, y a menudo se dice «literal» en vez de «propio». Siguiendo la nomenclatura propuesta por FERNANDEZ (cf. *Institutiones* I, 366s), entiendo por sentido «literal» el que tienen inmediatamente las *palabras*; y por «típico» o «real», el que tienen inmediatamente las *realidades* expresadas (personas, hechos, situaciones) y sólo mediatamente, las voces que las expresan. Aquel será «propio» (recto) o «figurado» («metafórico», «alegórico»; cf.n.11), según que las palabras se tomen en su sentido primero o en sentido translaticio. El sentido figurado es, por consiguiente, literal; más aún, el único sentido literal de lo expresado metafóricamente; «Nam per voces significatur aliquid proprie et aliquid figurative; nec est litteralis sensus ipsa figura sed id quod est figuratum» (THOMAS DE AQUINO, *Summa Theologica*, I P., q.I, a.10 ad 3.). Así lo advirtieron ya S. Jerónimo (cf. PENNA, *Principi*, 70s) y los Padres antioquenos (cf. B. DE MARGERIE, *Storia dell' esegesi* II, 175.193).

[2] Con el solo objeto de ordenar las numerosas opiniones que siguen, utilizo la división histórica que propone VACCARI en *Institutiones* I, 510ss.

[3]

17 ... לא ארחיקנון.

18 אקריב נלוותהון מביני עממיא ואבדרינון באורח תקנא ואפתח להון על נדין נהרין...

(en lugar de ואבדרינון [y los dispersaré], lg con otros mss ואדברינון [y los conduciré]; cf.

Tales ampliaciones (subrayadas en la cita) destacan poderosamente en un texto que, por lo demás, reproduce a la letra el de Is, y obligan a entender en sentido propio la promesa (vs.18s), desconectándola así de su contexto (v.17): Agua y árboles aliviarían sin duda una marcha por la estepa, pero no calman la «sed de instrucción». La coincidencia de motivos «exodales» (sed y agua, árboles y desierto) puede haber provocado esta lectura, que responde, por otra parte, a la tendencia general de los intérpretes hebreos (propia de la *Aggadah* y común al *Targum*) a concretar en el tiempo y el espacio[4]. -- Con el *Targum de Is* nace la *exégesis «mixta»* y, en general, la interpretación «exodal» de Is 41,17-20.

2.- Los Padres de la Iglesia, por su parte, reivindican con tal empeño la promesa, que parecen descuidar la intención más inmediata del oráculo: Tanto Eusebio de Cesarea (263-339)[5], en cuyo comentario a Is leemos probablemente a Orígenes[6], como S. Jerónimo (340-420) en Occidente[7] y Teodoreto de Ciro (c.393-c.466) en la escuela antioquena[8], no ven en los *ᶜaniyyîm* sedientos

---

STENNING, *The Targum of Isaiah*, 138s). El *Targum de los Profetas*, en su forma actual, parece ser del s. V d. de C. Quizás han procurado los doctores hebreos, reducir la salvación prometida a una concreta circunstancia de su historia, por arrogarse en exclusiva — frente a la exégesis cristiana — la atención del vaticinio.

[4] Cf. R. LE DÉAUT, *Targum du Pentateuque*, 43.

[5] αἱ γοῦν τὸ παλαιὸν διαπταχεύουσαι ἐν τοῖς ἔθνεσι ψυχαὶ καὶ τῆς τοῦ θεοῦ γνώσεως ἐνδεεῖς οὖσαι... αὐτοὺς παραδόξου τετυχήκασιν εὐεργεσίας διὰ τῆς οὐρανίου χάριτος πληρωθεῖσαι πηγῶν καὶ ποταμῶν καὶ παντοίων ζωτικῶν ὑδάτων... τοῦτο δὲ ἂν εἴη τὸ πνεῦμα τὸ ἅγιον τὸ πηγάζον ἐν τῇ ἐκκλησίᾳ τοῦ θεοῦ καὶ ἀνομβρούν ὕδατα ζῶντα... (19: κέδρος &) ταῦτα πάντα... εἰς τὴν εἰκόνα περιείληπται τῶν ἐν τῇ ἐκκλεσίᾳ τοῦ θεοῦ εὐθαλῶν ψυχῶν... τὸν αὐτὸν δὴ τρόπον ἔσεσθαι καὶ ἐπί τῆς πάλαι ἐρήμου καὶ ἀνύδρου γῆς τῶν... ἐθνῶν... (cf. ZIEGLER, *Jesajakommentar II* (GCS) 263s): «Las almas, pues, que antaño eran pobres entre las gentes y carecían del conocimiento de Dios..., obtuvieron el favor inesperado de verse llenas, por la gracia celestial, de fuentes y ríos y toda suerte de aguas vivas... el Espíritu Santo, que mana en la iglesia de Dios... aguas vivientes... (19)...Tales árboles... se usan como imagen de las almas florecientes en la iglesia de Dios... Y de igual modo será en la *tierra* antaño yerma y reseca de las... gentes».

[6] Cf. FERNANDEZ: «EUSEBIUS... in commentariis *Psalmorum et Isaiae*, Origenem non tam secutus est quam expilavit» (*Institutiones* I, 517).

[7] «Gentium populus pauper et tenuis, qui non habebat scientiam ueritatis, quaerit...aquas salubres... De quibus aquis et Saluator in euangelio... dicebat de Spiritu Sancto... uarietates arborum, diuersitatem significant gratiae spiritalis... manus Domini haec uniuersa perfecerit, ut in ariditate gentium inuenirentur fluenta uirtutum...» (CChr LXXIII 473s).

[8] οὗτοι γὰρ ἦσαν πτωχοὶ τὸν προφητικὸν οὐ δεξάμενοι πλοῦτον. 18 (ἀνοίξω &) Τοὺς τὸ τῆς διδασκαλίας χάρισμα πεπιστευμένους οὕτω καλεῖ... Ἔρημον προσαγορεύει τὰ ἔθνη... 19... (δέ)νδρων δηλαδὴ τῶν ψυχῶν νοομένων ὑπὸ τῆς θείας χάριτος ἀρδομένων. «17... Il parle de ceux qui parmi les nations ont

sino a los pueblos gentiles que ignoran la verdad; en las aguas prometidas, al Espíritu que regará la Iglesia; y en el jardín futuro, el fruto de aquella Gracia. El «desierto», en Jerónimo y Teodoreto, figura de algún modo las naciones; según Eusebio, la *tierra* de los gentiles[9]; aunque más adelante especifica: sus *almas*, antaño desiertas y resecas[10]. -- Es ésta una *exégesis puramente figurada* que debe ser diligentemente distinguida de la interpretación alegórica de los autores griegos y de Filón[11]. -- S. Efrén (306-373), que viene luego a coincidir con la exégesis anterior, señala además en el oráculo un sentido previo: Los *'ªniyyîm* son los Judíos deportados en Babilonia, que tienen sed de libertad (*v.i.* Gesenius, p.23); el agua que mitiga su sed, es el anuncio fidedigno de un próximo retorno; el desierto es Judea (*v.i.* Kissane, p.26) y los árboles prometidos, los bienes que la van a enriquecer[12].

Esta exégesis de los Padres ha reinado hasta la Escolástica: Los Patrum Epigoni (ss. VI-X) la repiten en las *Catenae*; la *Glossa ordinaria*, que atribuyen algunos a W. Strabo († 849), la resume también en este punto[13].

3.- En tiempos de la Escolástica surge una nueva línea de interpretación: Uno

---

eu la foi: ils étaient, en effet, miséreux puisqu'ils n'avaient pas reçu la richesse prophétique... 18. *je ferai jaillir des fleuves sur les montagnes*... Ce sont ceux qui ont reçu en dépôt la grâce de l'enseignement...Il donne le nom de «désert» aux nations... «arbres» étant évidemment entendu au sens d'âmes qu'arrose la grâce divine» (GUINOT, SC 295, 424-427).

[9] Lo mismo S. CIRILO: Ἐρημόν τε καὶ ἄνυδρον εἶναί φησι τὴν τῶν ἐθνῶν χώραν. «Desertum et terram aquis carentem dicit esse gentium regionem» (*PG* LXX, 839s).

[10] ... ὡς γεωργεῖσθαι τῶν ἐρήμων πρότερον καὶ ἀνίκμων ἐθνῶν τὰς ψυχάς τῷ τῆς θεοσεβείας λόγῳ, φύειν τε ὑψηλὰ καὶ μετέωρα βλαστήματα... ZIEGLER (GCS 264): «De manera que las almas de las gentes, antes desiertas y resecas, pudieran cultivarse con la palabra de la religión, y producir vástagos altos y sublimes».

[11] Acaso convenga recordar que «alegoría» puede significar dos cosas muy dispares: Como *procedimiento hermenéutico*, consiste en atribuir a seres, acciones o situaciones reflejados en el texto, un sentido seguramente ajeno al pretendido por el autor. Aplicada a la Biblia, es el intento vano de convertir en «tipo» a lo que no lo es; y el sentido que obtiene (ni típico ni literal, lógicamente) es una mera «accommodatio». Como *fenómeno literario*, «alegoría» es una metáfora desarrollada, que descubre su sentido literal a quien atiende al sentido figurado de la letra (cf. FERNANDEZ, *Institutiones* I, 378.454s; SIMONETTI, *Profilo Storico*, 12-14).

[12] «... Et haec quidem in Judaeorûm reditu adumbrata per Christi adventum perfecta sunt in vocatione & conversione gentium, quas hic Judaei egentes et sitientes repraesentant» (*Opera omnia*, 89).

[13] *PL* 113,1283 no recoge sino el comentario al v.19, repetición literal del de S. JERONIMO. Cf. la *Glossa*, seguramente amplificada, de *Bibliorum Sacrorum* IV (Venetiis 1603, 360s), que alegoriza libremente, como S. GREGORIO y otros (*q.v.ibid.*), al identificar los árboles de Is.

de los máximos exponentes de la exégesis judía, David Kimchi (1160-1235), entiende *en sentido propio* todo el paso. Lo refiere, como el *Targum*, al regreso de Israel desde el exilio, y desplaza a esa misma circunstancia futura tanto la búsqueda de aguas como la sed (*v.i.* Elliger, p.25). Supone además que JHWH responde a un previo clamor de los sedientos (*v.i.* Westermann, p.25) y que los árboles son plantados para mitigar con su sombra los rigores de la marcha[14].

En las escuelas cristianas de ese tiempo, cabe observar la misma inclinación al sentido recto: Sto. Tomás de Aquino († 1274), que ilustra sólo algunas frases del pasaje con pasos bíblicos de muy distinta procedencia, debe entender que el oráculo promete la restauración de Palestina[15]. Y la célebre *Postilla* de Nicolás de Lyra († 1340) refiere decididamente nuestro paso al éxodo primero[16]. Es decir, que en vez de trasladar al futuro de los vv.17b-19 el ptc. y el pf. del v.17a (como hace Kimchi), coloca en el pasado los futuros; teniendo así por sucedido incluso lo que es promesa en Is.

4.- Con el Renacimiento resurge la exégesis figurada. Algunos autores, sin embargo, suponen que todo el oráculo tiene a la vez sentido propio: Forerius († 1581) opina que estos versos se pueden entender cumplidamente del éxodo primero, aunque mucho más propiamente concuerdan con el misterio y la verdad. En sentido propio, por tanto, significan el «tipo» («quae Israelitis jussu Dei per desertum iter facientibus contigerunt»); en sentido translaticio, la «veritas» futura («qualia Deus veris Israelitis postea praestitit»); es decir, la misericordia escatológica «per Christum»[17]. Adviértase que se trata de signifi-

---

[14] «Filii exilii dum egredientur ab exilio, ut revertantur in terram suam, & dum iter facient per deserta, ubi desint aquae, quaerent aquas, & non invenient, idcirco eorum lingua arescet in siti, sed tunc clamabunt ad me, & ego exaudiam eos... non solum invenient aquas in deserto, sed etiam arbores... eritque eis umbra, ne percutiat illos aestus solis...» (*Comm. in Jes.* [trad. MALANIMA] 299s). -- Ibn EZRA († 1167), aunque menos explícito, supone la misma situación: העניים, כאשר תשובו מבבל אל ירושלם («los *ʿᵃniyyîm*, según que vuelven de Babilonia a Jerusalén»; cf. *Comm. on Isaiah* [ed. FRIEDLÄNDER] III, 69).

[15] «*Ponam desertum*, id est terram vestram prius desertam...» (*Op. omnia*, t. 28, 175).

[16] «Hic describitur profectus filiorum Israel per desertum, ubi filii Israel primo passi sunt aquae defectus... in deserto enim illo vigebat ardor solis: sed Dominus providit de umbraculo per columnam nubis... et secundum hoc dicitur *dabo in solitudinem* (sic) *cedrum* i. umbraculum ...» (*Bibliorum Sacrorum* IV, 360s).

[17] «Si haec de itinere filiorum Israel per desertum velis accipere, tamquam de typo omnia conveniunt. Non enim desertum illis fuit desertum, sed tamquam paradisus deliciarum. Non defuerunt aquae, neque panis de coelo: & pro umbrosis arboribus, nubes aestus tempore, &c... Sed nihilominus multo aptius mysterio & veritati isthaec conveniunt. Nam *pauperculi* Discipuli

cación figurada, y no típica: no es el antiguo *suceso* (el éxodo de Egipto) lo que significa la salvación cristiana, sino la *letra* de Is; más apta para expresar esta «veritas» que aquel «tipo» (*v.s.* n.1).

Maldonatus († 1583) percibe asimismo en nuestro paso un sentido recto, que «alludit ad historiam Exodi XVII,7»; y, a la vez, un sentido figurado («quasi dicat»), en cuya virtud «Declarat, nihil esse difficile, quod non sit facturus, ut illis succurrat» (*v.i.* Simian-Yofre, p.26s)[18].

G. Sanctius (1615), con la regla de Ribera («unum tempus... pro omnium temporum differentia usurpatur»), alcanza a ver en las aguas copiosas del v.18, tanto las del éxodo primero, como el «largum imbrem» de Zac 10,1. Opina, sin embargo, que «inopia rerum omnium in siti *per synecdochen* exprimitur»; y en cuanto a la promesa: «...haec existimo *proverbialem* habere speciem, sumique pro omni rerum abundantia, officiorumque magnitudine»[19]. -- Admiten, por consiguiente, un sentido recto, pero consideran definitivo el figurado.

Finalizando este período, Menochius († 1655) propone todavía una exégesis puramente figurada[20] que recuerda mucho la de S. Jerónimo.

5.- Clericus Ioannes (1731), ya en pleno **Criticismo**, coincide aún substancialmente con los Padres: El oráculo no pretende, según él, significar, sino la transformación futura que opera en la humanidad el cristianismo. Y advierte, entre avisado y escéptico:

> In hac ergo sententia, si sapimus, adquiescemus (sin perseguir la significación mística — «quae forte nulla est» — de cada cosa), ne somnia nostra, pro divinae sapientiae arcanis, temere vendítemus, ut nimis frecuenter fit[21].

A. Calmet (1792), en cambio, como Kimchi, traslada al futuro la sed y entiende todo el oráculo en sentido propio[22].

Domini & omni humano *auxilio destituti aquis* &c consolationibus coelestibus refecti sunt» (*ad Esaiam*, 51,37s).

[18] Cf. *Biblia Sacra*, 184, que registra también otros autores de este «siglo de oro» de la exégesis cristiana.

[19] Cf. *In Isaiam*, 432s (los subrayados son míos).

[20] «V.17... Peccatores quaerebant animae suae refrigerium...V.18. FLUMINA, ET FONTES: gratiae, & caelestium donorum. PONAM DESERTUM..: Faciam ut hactenus inculta gentilitas Apostolorum praedicatione exculta arbores multiplices, & pulcherrimas virtutum germinet» (*Biblia Sacra*, 200).

[21] Cf. *Veteris Testamenti Prophetae*, 190s.

[22] Cf. *Comm. literalis in omnes libros VT.* t.8, 369.

B) Siglos XIX-XX

En estos dos últimos siglos continúan representadas las tres opciones interpretativas; sobre todo, las exégesis «mixta» y «literal», pues los partidarios de la lectura figurada son escasos.

1.- Los partidarios de la **exégesis «mixta»**, aunque en distinta proporción, combinan todos la interpretación en sentido recto con la figurada: (a) Unos (exactamente como el *Targum*) entienden la sed (v.17) en sentido figurado; y la promesa (vs.18s), referida al éxodo, en sentido propio: Ewald[23], Haller[24], Levy[25],Bonnard (para quien la sed tiene a la vez sentido propio)[26].(b) Otros, aunque comprenden en sentido recto la promesa (vs.18s), necesitan añadirle un sentido figurado, que no se ve cómo pueda coexistir con el anterior o derivar del texto: Zillessen[27], von Orelli[28], Feldmann, que mantiene la interpre-

---

[23] «Mag die Gemeinde jetzt noch so unglücklich und unter dem chald. Joche seyn... denen..., welche... durch die öden Wüsten wieder in das h. Land zurückziehen wollen, wird unter Jahve's Leitung das dürreste Land zum erquickendsten, das heisseste zum schattigsten werden» (*Die Propheten*, 417).

[24] «Aus dem Bild gleitet die Rede allmählich in die Wirklichkeit hinüber und schildert den Oasenweg... den das Volk ziehen wird» (*Das Judentum*, 25).

[25] «**are seeking water:** obviously meant figuratively for comfort and encouragement... 18. The metaphor of the preceding verse... suggest to the prophet the more literal picture of the triumphal way through the desert... 19. The refreshing shade of trees... will be Israel's accompaniment along his whole way» (*Deutero-Isaiah*, 138).

[26] Cf. *Le Second Isaïe*, 114s.

[27] ZILLESSEN entiende las expresiones del pasaje en su sentido recto (y lo refiere al regreso de Israel; cf. «Der alte», 301.304); pero insiste en que el poema presenta además un impreciso sentido figurado que alterna de algún modo con el propio: «ebenso ist 41,17-22 [sic] das Wasser in der Wüste bald bildliches, bald wirkliches Wasser» (p.298). En general, toda la participación de la Naturaleza en la ventura de Israel «zwischen sinnlicher Wirklichkeit und Bild schwankt» (p.303).

[28] «Der Durst... ist sehnsüchtiges Verlangen nach Gottes Gnade und Segen... Diese Metamorphose [del desierto] schliesst sich zunächst an V.17 und wird deshalb nicht darauf sich beschränken, dass alle Hindernisse... weichen und dem... Volk auf seinem Heimwege eine solche Erleichterung zuteil werden soll, wiewohl auch diese Vorstellung mitwirkt... Leibliches und Geistiges gehen hier ineinander über.» (*Jesaja*, 155). ¿Habrá que deducir que «desierto», además de tener sentido propio, significa figuradamente el exilio, de modo que su transformación suponga también el cambio de la suerte de Israel? ¿Cómo puede sentirse Israel, a la vez, en el exilio y en el camino de su libertad?

tación «exodal», a pesar de advertir su ineptitud[29], Ziegler[30], McKenzie[31].
(c) Otros, por fin, que se inclinan a entender todo el oráculo en sentido figurado, no consiguen sustraerse a la impresión de que se refiera en sentido propio al éxodo futuro: Cheyne[32], Knabenbauer[33], Delitzsch[34], Dillmann[35],

---

[29] «Der Verf. hat offenbar... an die Rückkehr aus Babel gedacht..; aber seine Worte sind so allgemein, dass er zugleich eine Erlösung aus geistigem Elend im Auge hat» (cf. DILLMANN, *Jesaia*, 380). Para FELDMANN la sed sólo es futura; pero advierte que una interpretación exclusivamente «exodal» dejaría incomprendido el texto: «Wer glaubt, dass dieser Vers sich einzig auf die Heimkehr aus Babel beziehe, wird den Ausdrücken nicht gerecht» (*Isaias*, 48).

[30] ZIEGLER no se pregunta por la «sed», ni sobre cómo la remedia una promesa. «Das Wasserwunder» le basta para suponer un nuevo éxodo y establecer un paralelo con el éxodo primero. «Agua» debe tener aquí, por consiguiente, el mismo sentido propio que exhibe en Ex 17,1. Y sin embargo, «Es ist hier nicht eine tatsächliche Umwandlung der Wüste anzunehmen, sondern es soll hier (in dichterisch-übertriebener Weise) nur die übergrosse Sorge Gottes für sein Volk bei der Rückkehr und auch sonst dargestellt werden.» (Cf. *Isaias*, 121s). Si el oráculo se refiere al regreso, ¿por qué vale la promesa en otras circunstancias?

[31] McKENZIE continúa una certera observación («The march of Israel is not mentioned») de un modo sorprendente («...but the desert is the scene of the march»). Entiende, por tanto, «desierto» en sentido recto. Y sin embargo, avisa que «the figure is not to be taken literally» e incluso intuye que el oráculo promete un cambio de Israel («The transformation of a defeated and scattered people into a nation» (*Second Isaiah*, 32). -- ¿Dónde promete Is tal cosa, si lo único que cambia en el oráculo es «el escenario de la marcha»?

[32] CHEYNE ve pintado en el v.17 un errar por el desierto («the prophet presents his general impression of the Exile in a pictorial form... sojourn in a heathen land appeared to pious Israelites like a wandering in the desert»). Como «buscar agua en vano» es la única afirmación del v.17 que pudiera suponer errar por el desierto, habrá que deducir que CHEYNE entiende en sentido propio aquella frase. Pues bien; no ya el texto («buscar agua en vano»), sino lo que su interpretación en sentido recto podría suponer (errar por tierras áridas), significa a su vez (¡figuradamente ahora!) la situación del exilio. Esta retorcida ilación semántica permite conectar el v.17 con 18s que, a diferencia de aquel, sí hablan del desierto. El agua del v.17, que hace andar por el desierto al que la busca (el agua humilde, por tanto, de este mundo), tiene ya sentido figurado en el v.18, donde significa la mayor ventura («streams: a figure for the highest happiness»; cf. *Isaiah*, 258s).

[33] Tampoco KNABENBAUER, a pesar de haber comprendido que «sitis imago est miseriae» y que «solitudo in campum florentissimum mutata... imago est mutatae in melius conditionis populi», consigue evitar la interpretación en sentido propio de «desierto»: «Et quia calamitas... in siti adumbrata est, consequens est salutem ita depingi, ut in *via quam populus est ingressurus* adsint laetissima aquarum fluenta... Proinde dici nequit, vatem reditum e Babylone talibus miraculis exornare voluisse» (*Comm. in Isaiam*, 112). -- La última frase citada (que de suyo no excluye el retorno, sino la transformación de su escenario) y el que, según KNABENBAUER, «v.17... alludit ipsis verbis ad Ex 17,6» (sic), impiden entender figuradamente (=[nueva] vida) el «via» de la frase anterior, subrayada por mí.

Frey[36], Muilenburg[37], Knight[38], Moriarty[39], Schoors[40]. Varios de estos

---

[34] «Es wird die wundersame Wandelung beschrieben, welche die jetzt trost- und hilflose Lage der Exulanten erfahren wird». Pero la frase siguiente — ambigua, a mi entender — oscurece la exposición de DELITZSCH: «Die שפיים...und ארץ ציה... mahlen das heimatlose Israel, wie es über kahle Höhen durch wasserlose Gründe ein Land mit versengtem lechzendem Boden durchwandert». -- Entonces, esa «tierra de aridez» ¿es el propio Israel o su camino? DELITZSCH remite con acierto a 44,1-5 y 51,3; pero su interpretación del primer paso, donde distingue «lo sediento» («Bewohner») de «lo reseco» («Land», p.449), hace suponer que tampoco en 41, 18s identifica a Israel con «el desierto». Y sin embargo, el agua y los árboles no deben transformar aquel «suelo abrasado», pues son figura de gracias diversas y abundantes (*Jesaia*, 426s).

[35] «Die Verheissung... ist auf die wunderbare Tränkung der aus dem Exil Rückkehrenden... nicht zu beschränken». Sin embargo, no hay que localizar los שפיים, מדבר, בקעות y ארץ ציה; «es ist allgemein gesprochen, und in der Hauptsache bildlich, bezeichnet, wie Gott darnach alles zur Erquickung der Verschmachteten thun wird». También los «árboles» presentan sentido figurado («ein weiteres Bild der Gnadengaben», *Jesaia*, 380s).

[36] FREY, como FELDMANN, tacha de inexacta a la exégesis que *sólo* piensa en el retorno: Aquí no se trata de eso, sino de una búsqueda angustiosa que no obtiene respuesta. Y sin embargo, entiende en sentido recto las expresiones del v.17a, pues lo supone «das Bild des Zuges der Pilger, die...durch Wüsten wandern nach Wasser». La situación (no sólo interna) de indigencia que el cuadro significa, evoca el recuerdo de la juventud y supone un nuevo errar por el desierto... Agua y árboles significan la irrupción de la riqueza del mundo superior en la pobreza del presente... hacen pensar en el jardín de Jahwe, pero también en el tiempo de Moisés (*Weltpolitik*, 57s).

[37] Mientras que MUILENBURG se inclina en «exegesis» por una interpretación «literal», COFFIN asegura luego en «exposition» que «physical and spiritual blend in his [Is] verse». En virtud de este axioma, la sed es a la vez espiritual y física (aunque quizás sólo temida y no real); el oráculo contempla al mismo tiempo el paso por el desierto de los exiliados y la búsqueda tensa y estéril de la Humanidad insatisfecha; el desierto no sólo se atraviesa, es también «the desert of her captivity»; la promesa lo mismo se refiere al retorno, que al remedio de la más difícil situación que viniera a sufrir cualquier creyente (*Interpreter's*, 458s).

[38] KNIGHT ve comprendidos en העניים והאביונים (los pobres y los indigentes), no sólo a los exiliados, sino a las ciudades de Judá e incluso a todos los desdichados de la historia humana. También de aquí deduce acaso que lo siguiente es una estampa escatológica, que el autor refiere a representaciones del llamado «segundo éxodo». Aunque parece entender estos vv. como metáfora de bendición («just as water can bring life to a parched desert»), insiste luego en que son «a poetic representation of God's creative purpose... at its completion as paradise regained». Israel será el instrumento de dicha transformación del universo. El desierto de 18s debiera representar, según esto, la vieja creación; pero no: según KNIGHT, dicho tema hablaba a los israelitas de un estado interno de necesidad de Dios; les recordaba el éxodo y aun la conminación profética de que Palestina se convertiría en desierto, si Israel desobedeciera; más todavía: «Yet the chaotic hearts of the men are included in the wilderness theme» (*Deutero-Isaiah*, 62-64).

últimos, cuyas explicaciones son a menudo más sugestivas que coherentes, están en el dintel de la exégesis figurada; pero parecen volver resignados a la presunta evidencia de la letra (retorno del exilio — o errar por un desierto), no habiendo conseguido fundar en el texto las intuiciones que el texto mismo les inspira.

2.- Sólo algunos intérpretes[41] entienden el oráculo en **sentido figurado**, sin referirlo a la situación del éxodo: Gesenius[42], Umbreit[43], G.A. Smith, que además advierte: «Do not let us spoil the meaning of this passage by taking these verses literally»[44]; Budde, para quien «Vv 17-20 ist doch wohl im ganzen Umfang bildlich zu verstehen»[45]; Leimbach[46], von Waldow[47]

---

[39] «... pasaje lírico... que describe el modo providencial con que Dios rige el mundo. El agua y los árboles, tan necesarios, sobre todo en regiones desérticas, como lo eran casi todas las que habitaban entonces los judíos, son símbolos escatológicos en el segundo Isaías» (*Sagrada Escritura* V, 344). -- En primer lugar, no parece pertenecer a la providencia ordinaria esta promesa: Dios mantiene (y no transforma) de ordinario los desiertos. El propio MORIARTY la refiere luego a una circunstancia futura que no precisa: «la generosidad de Dios será aún mayor que la que mostró durante el primer éxodo». En segundo lugar, resulta difícil decidir de lo anterior, si el agua y los árboles constituyen aquí una necesidad terrena, son símbolos escatológicos, o presentan ambos significados.

[40] SCHOORS opina con modestia que la «sed» acaso signifique aflicción en general, y la promesa venga luego a decir: «cambiaré la desdicha en ventura». Mas, al explicar qué se promete en concreto, supone que el profeta piensa, tanto en el regreso, como en la restauración del *solar* patrio («homeland»). A lo primero alude con su referencia a los «water episodes (vs.18)» (así desmiente SCHOORS lo que terminaba de subrayar: «...let us remark that there is no allusion to the way or the march...»); lo segundo aparece ilustrado en Is 51, 3 y 44,3s (*I am God*, 84-90). Pero ninguno de esos pasos (según resumen del propio SCHOORS) se refiere al *territorio*, sino al *pueblo* de Israel.

[41] El grupo, sin embargo, es más nutrido de lo que supone STUHLMÜLLER (*Creative Redemption*, 71).

[42] 17-19 contienen en resumidas cuentas una imagen de la ventura que seguirá al estado de indigencia de la entera nación en el exilio; en el que tanto anhelan su libertad, que, por así decir, mueren de sed (*Comm. über den Jesaja*, 53). Ni da razón de su exégesis, ni dice en qué consista la ventura, o cómo un desierto transformado la pueda procurar.

[43] Cf. *Praktisches Comm.* 2T., 327s e *infra* pp.109.131s.

[44] *Isaiah*, vol. II, 129.

[45] Aunque BUDDE detecta todavía una cierta resonancia de los prodigios del éxodo, que podría ser, según él, incluso intencionada (cf. *Jesaja*, 662).

[46] La transformación que Dios hace del desierto, significa «Wundertaten für sein Volk wirken und ihm reichliche Segnungen mitteilen» (y más en concreto, «Befreiung und Heil»: *Isaias*, 30).

y sobre todos, Hessler[48], Smart[49] y Young[50].

3.- La interpretación «literal» es sin duda la más compartida en este tiempo: Hitzig[51], Lowth[52], Knobel[53], Loeb[54], Duhm[55], Marti[56], Gressmann[57], Joüon[58], Köhler[59], Volz, que atribuye al oráculo la función de res-

---

[47] Cf. *Anlass und Hintergrund*, 92.217, n.1 e *infra*, p.109, n.25.

[48] Cf. *EvT* 25 (1965) 358-361 principalmente (*v.i.* pp.109s.132).

[49] Cf. *History and Theology*, 74s (*v.i.* p.110s).

[50] Cf. *Isaiah*, 90-92 (*v.i.* pp.111.132,n.18).

[51] «Nun sieht er im Geiste seine Landleute auf dem Zuge durch die Wüste begriffen» (*Jesaja*, 489).

[52] «The two preceding verses [17s] express God's mercy to them in their passage through the dry deserts...» (*Isaiah*, 319).

[53] «Nach Beseitigung der Hindernisse treten die...Exulanten die Heimkehr an, leiden aber in der wasserlosen arabischen Wüste Durst» (*Jesaja*, 319).

[54] No obstante alguna vacilación: «dans tous les passages oú il est question de la faim et de la soif et du manque d'eau, notre prophète paraît avoir plutôt en vue [antes que «un sens symbolique»] la misère matérielle des Juifs, principalement les souffrances de ceux qui, revenant de l'exil, traversent des pays stériles et desséchés (XLI,17-20...)» (*REJ* 23, Nº 45 [1891] 7). Cierto que el retorno descrito es «le retour des exilés à l'époque messianique, et non le retour de Babylone»; a su paso «des sources et des fleuves jailliront dans le sable, le désert se changera en oasis verdoyante... et autour d'eux pousseront le cèdre...» (*ib.* Nº 46 [1891] 167s; cf. 176.189).

[55] La fina perspicacia de DUHM no deja de acusar la desconexión aparente del primer cuadro (v.17) con lo que sigue (vv.18s), pero recurre asimismo a la situación del éxodo para entender el oráculo: «mit einem Male steht man vor dem Bilde des wunderbaren Weges, den Jahwe durch die Wüste legen will, um das Volk darauf heimzuführen» (*Jesaia*, 306).

[56] «17-20 Die wunderbare Erquickung des Volkes auf seinem Heimweg... Die Wüste, durch welche Israel zieht, verwandelt sich in eine Oase mit prächtigen baumwuchs» (*Jesaja*, 281s).

[57] GRESSMANN reduce a un mismo «Schema» Is 41,18[sic]-20; 48,21 y 52,12s. Dicho esquema o teoría (que proviene de una cultura anterior al AT) formula esta esperanza: «El desierto se convertirá en parque». Ha servido desde antiguo para anunciar una transformación escatológica, la futura tierra de Dios; y ha sido utilizado por DtIs para anunciar el regreso a Palestina a través del desierto siro-arábico (cf. *Der Ursprung*, 215-221; *v.i.* p.119).

[58] Aunque JOÜON habla luego de «imágenes» (que halla por cierto «extrêmament hardies»), entiende indiscutiblemente en sentido recto todo el paso: «Le Prophète décrit le retour des exilés par le désert. Dieu poussera les soins affectuex jusqu'à transformer le désert aride en une terre abondante en eaux» (*JA* 10ª S., t. VII [1906] 137).

[59] «Jahwe macht die Wüste dem Heimkehrenden Israel zur wasser- und baumreichen Oase, damit man erkennt, dass Jahwe der Herr der Geschichte ist (41,17-20)» (*Deuterojes.*, 118).

ponder a los temores expresados ante la marcha futura[60]; Fischer[61], Power[62], Morgenstern[63], Steinmann[64], García Cordero[65], Zimmerli[66], Fohrer[67], North[68], Westermann[69], Stuhlmüller[70], Elliger, quien mejor ha procurado fundar esta opción interpretativa[71]; Baltzer[72], Herbert[73], Preuss[74],

---

[60] Cf. *Jesaja* II, 22s. «Dtjes. ist der Erlösung so gewiss, dass er bereits den Heimweg beschreibt».

[61] «... der neue Wüstenzug... der neue Exodus... Aber nicht bloss Wasser wird Jahve den Heimkehrenden spenden, sondern auch Schatten (und wohl auch Nahrung)...» (*Isaias* II, 46).

[62] «The new Exodus... The description of the Exodus is based on the Egyptian prototype» (*A Catholic Commentary*, 562).

[63] *V.i.* pp.27s.

[64] La de STEINMANN es la explicación más asombrosa: El oráculo bien pudiera referirse a las tropas de Ciro, aunque sólo habla de los judíos del tiempo de Moisés. El profeta no podía nombrar expresamente a los soldados [a su caudillo, en cambio, sí (44,28; 45,1)]. No se refiere probablemente el oráculo al regreso de Israel («Il est fort possible que ce poème vise non pas le retour à travers le désert des déportés...»), pero su autor sí piensa en ello («Le Second Isaïe pense que cette fécondité du désert rendra celui-ci plus aisé à franchir... par les caravanes de déportés rentrant en Palestine»: *Le Livre de la Consolation*, 105s).

[65] «... no hay agua ni pan para los menesterosos, que aquí son los israelitas piadosos. El profeta piensa en el retorno de éstos por el desierto (v.8-16), y les promete que se librarán de los ardores...» (*Biblia Comentada* III, 262).

[66] Cf. *Gottes Offenbarung*, 200; *VT* 32 (1982) 106.113.

[67] FOHRER le supone al poema el mismo «Sitz im Leben» imaginado por VOLZ y lo comenta de modo similar (cf. *Jesaja*, 43; *Die Propheten*, 126).

[68] Cf. *Isaiah 40-55*, p.55.

[69] El v.17a, describiendo una sequía, evoca en los exiliados — según WESTERMANN — el recuerdo de alguna calamidad pasada, de la que JHWH libró a su pueblo. Los vv.17b-20 prometen añadir otro capítulo a la serie: «Die gleiche wunderbar wandelnde Kraft, die Israel in der Vergangenheit immer wieder erfuhr... kann die Wüste zum Fruchtland wandeln und so in ihr den Weg zur Heimat bahnen» (ATD 19,67s). -- El poema, cuyas dos partes desencaja la explicación de WESTERMANN (*v.i.* p.78, n.48), anuncia la transformación del yermo, no un camino.

[70] STUHLMÜLLER interpreta 41,17-20 (que no habla de camino) en función de 43,16-21 que promete un camino en el desierto. Repite luego con insistencia su convicción de que DtIs trata aquí del nuevo éxodo: «...the *exceptionally glorious* way of the new exodus along which Yahweh leads his people from exile to the surprising paradise of their promised homeland» (*Creative Redemption*, 67-73).

[71] Cf. *Deuterojesaja*, 157-170 (*v.i.* pp.70s).

[72] Cf. *Ezechiel und Deuterojesaja*, 14.16.

[73] «This salvation oracle... opens abruptly with a description of a march of the liberated people through the desert... to the holy land» (*Isaiah 40-66*, 35).

Schwantes[75], Angerstorfer[76], Kiesow[77], Whybray[78], Koch[79], Merendino[80], entre otros.

Los que prefieren entender las frases del oráculo en su sentido más obvio, lo refieren al llamado «nuevo éxodo», de modo que cada expresión pueda significar lo que primero parece. Este recurso a la situación del éxodo, apuntado por el *Targum*, es una constante de la interpretación que se dice «literal» y aun de la «mixta». Constituyen sendas excepciones Kissane, que interpreta la «sed» en sentido figurado (v.1,a), pero entiende que el «desierto» es Palestina[81]; van der Merwe, que ha llegado a la misma conclusión[82], y H. Simian-

---

[74] También PREUSS adscribe nuestro paso al tema del nuevo éxodo: «...vor allem wird der neue Exodus den ersten weit überbieten... Auch die Wasserspende wird viel grossartiger sein, so dass selbst Bäume in der Wüste wachsen werden (41, 18f...)» (*Deuterojesaja*, 43).

[75] «Vielmehr ist in V.17a, wie in V.18f, an die Situation bei der Rückkehr durch die Wüste zu denken» (*Das Recht der Armen*, 169)

[76] «Jahwe... verwandelt die Steppe und Wüste zur Oase, durch die der neue Exodus gehen wird... Die Paradiesthematik klingt kaum an» (*Der Schöpfergott*, 144).

[77] «In 41,17-20 geht es um die Fürsorge Yahwes für die Heimkehrer. Sie werden vor dem Durst ...vor der Sonnenhitze geschützt» (*Exodustexte*, 127).

[78] Mantiene WHYBRAY que el oráculo, por extraño que hoy pueda parecer, «is intended to be taken literally»; se refiere al regreso de los exiliados a través del desierto. A la queja de quienes temen los rigores de la travesía, responde el profeta con la promesa de milagros (agua y sombra) que recuerdan el auxilio dispensado por Dios durante el primer éxodo (*Isaiah 40-66*, 66s).

[79] «Für die Heimkehr bedarf es nicht des langen Umwegs über die Karavanen- und Heerstrasse am Eufrat aufwärts und durch Syrien. Geradewegs, der Luftlinie folgend, marschieren sie demnächst von Zweistromland in die Heimat. Überall in der Wüste brechen dann Quelle auf, um die Wandernden zu tränken, rechts und links von der Strasse wachsen schattige Bäume...» (*Die Profeten* II, 127).

[80] MERENDINO parece inclinarse, de una parte, a considerar «blosses Bild» tanto la búsqueda de aguas como los árboles [¿de qué serían figura? ¿por qué concretamente esas figuras?]; por otra, entiende en sentido recto «agua» y «árboles», cuando los considera medios de supervivencia (y a los últimos, hasta materia prima para la reconstrucción de la patria). Aunque expresa repetidamente sus dudas, estima muy verosímil que los vv. contengan el motivo literario del retorno (cf. *Der Erste*, 178-191).

[81] Según KISSANE, los desdichados que mueren de sed, representan a Israel en el exilio; la estepa yerma, a Palestina. Con aguas abundantes se dispone Jahweh a satisfacer al sediento y a transformar su desolado país; lo que supondrá un cambio en la condición de Israel y de Palestina; más aún, una verdadera transformación (cf. *Isaiah* II, 32s). -- (1) La promesa de socorro (vv.17b-19) debe corresponder a la desdicha (v.17a) que promete socorrer; y esta desdicha afecta sólo a los *ʿaniyyîm*, no a Palestina. (2) Si la sed de los *ʿaniyyîm* es figurada, ¿cómo la puede calmar la misma especie de agua que transforma una tierra yerma? (3) Israel no «muere de sed» por estar en el «desierto»-Palestina, sino por no estar allí: por estar en el exilio (que debiera ser

Yofre, para quien el oráculo, encuadrado en la antigua tradición de la lucha de JHWH contra el caos, no pretende sino «proclamar la capacidad de Yavé de ayudar»[83]. Referir o no referir el pasaje al retorno de Israel desde su exilio, es lo que divide en último término a los intérpretes.

C) Valoración de las diversas exégesis

Releyendo las múltiples explicaciones de Is 41,17-20, se tiene la impresión de que el asedio de los intérpretes no termina de rendir el oráculo. Y hasta parece su acoso más inútil, cuanto más fiero: La exégesis puramente *figurada* produce la sensación inevitable de cierta ingenua arbitrariedad; descuida (sobre todo en los autores antiguos) el sentido más inmediato del texto y, con harta frecuencia, prescinde de justificar su explicación.

La exégesis «*exodal*», por su parte, supone demasiado: Presume (a) que los *'aniyyîm* sedientos son los exiliados; (b) que los exiliados vienen de regreso; (c) que el desierto transformado (según ellos, en camino) es el escenario del retorno; y, por fin, (d) que los árboles y las aguas proporcionan a los que vuelven sombra y bebida. Cuando el oráculo no habla, curiosamente, ni de exiliados, ni de camino, ni de retorno, ni de sombra o bebida.

No dejan de advertirlo expresamente algunos de sus partidarios (cf., e.g., McKenzie, *Second Isaiah*, 32, y Schoors, *I am God*, 86), en muchas de cuyas explicaciones se notan vacilaciones e insatisfacción. Las palabras de J. Morgenstern son particularmente instructivas al respecto:

Also vv.17-20, with their picture of Yahweh's loving solicitude for this people in distress, apparently while on its difficult journey from Babylon through the desert back to its ancestral land, is distinctly reminiscent of Deutero-Isaiah. However, inasmuch as this address [es decir, Is 41] does not deal in any way with this journey through the desert, and there is not place for any reference to this experience in its theme and argument, it follows necessarily that these vv. must be a misplaced fragment of some other address by the prophet, the remainder of which has apparently been lost[84].

¿Cómo de una relación sólo «aparente» se puede traer una conclusión tan apodíctica? Morgenstern ha notado, con razón, que ni el cap.41, ni el resto de

---

el «desierto» en la interpretación de KISSANE).

[82] Cf. *Pentateuchtradisies*, 51-57 y SPIKERBOER, *The Structure*, 71s.

[83] Cf. *Bib* 61 (1980) 530-553 y *Bib* 62 (1981) 55-72.

[84] Cf. *The Message*, 81s.

DtIs, podrían sustentar una exégesis en sentido propio de Is 41,17-20; pero, en vez de excluirla, postula para ella el cimiento imaginario de un contexto perdido.

Sin la pretensión ingenua de agotar el sentido de nuestro oráculo (de «beber toda la fuente», como dice S. Efrén[85]), habrá que seguir preguntándose «in verbo Eius» (ἐρευνᾶτε τὰς γραφάς: Jn 5,39) ¿qué dice el texto?

---

[85] Cf. S. EFREN: «que venza a la sed la fuente» (SC 121, p.53,19).

CAPITULO II

Is 41,17-20 en el contexto del Libro de la Consolación

A) El texto de Is 41,17-20

Is 41,17-20 aparece gráficamente separado de su entorno en los manuscritos más antiguos: Q^a y Q^b dejan antes y después un espacio en blanco; L, todo un renglón. Q^a destaca todavía la unidad, poniéndole al margen pequeñas barras transversales, seguramente secundarias[1].

La pieza consta de cuatro estrofas (que coinciden con los cuatro versículos), compuesta cada una de cuatro esticos, por lo general, de tres acentos. La Vulgata[2] ha traducido así:

17[a] Egeni et pauperes[b] quaerunt[c] aquas, et non sunt[d],
    lingua eorum siti aruit.
    Ego, Dominus, exaudiam eos,
    Deus Israel non derelinquam eos.
18   Aperiam in decalvatis collibus flumina
    et in medio camporum fontes;
    ponam desertum in stagna aquarum[e]
    et terram[f] aridam in rivos aquarum.
19   Plantabo in deserto cedrum,
    acaciam et myrtum et lignum olivae[g];
    ponam in solitudine abietem,
    ulmum et cupressum[g] simul[g],
20   ut videant et sciant
    et recogitent[h] et intellegant pariter[i]
    quia manus Domini fecit hoc,
    et Sanctus Israel creavit illud.

---

[1] Cf. ELLIGER, *Deuterojesaja*, 160.

[2] Cf. *Nova Vulgata*. Esta versión permite acercar al lector el texto de Is, sin adelantar las conclusiones de su estudio.

[a] El v.17a es desusadamente largo. Los autores, en consecuencia, proponen restaurarlo de varios modos (cf. a continuación [b-d]).

[b] העניים y האביונים se consideran de ordinario variantes. Y existen indicios textuales que favorecen tal estimación: En Q[a] aparecen aún inconexos ambos nombres; A y Ä traducen una sola voz[3]. La mayoría, con Duhm y Köhler, prefieren suprimir האביונים. Este segundo nombre podría ser un residuo de alguna nota marginal (algo así como «se alegrarán העניים והאביונים»; cf. LXX), incorporada luego al texto en el curso de su transmisión[4] (v.i. p.69).

[c] Leer מבקשׁי en vez de מבקשׁים (Köhler, Deuterojesaja, 13), por aliviar el metro, parece innecesario. Y seguramente, errado: La repetición obstinada de un sonido («m» en este caso) es un recurso predilecto de nuestro autor (cf. 41,9s y, a ese propósito, Gitay, Prophecy, 108s.112s).

[d] Suprimir ואין, como proponen Itkonen (Deuterojes., 32), Budde («unnötige Verdeutlichung», Jesaja, 661) y recientemente Fohrer (Die Propheten, 126), Elliger (Deuterojes., 157), es igualmente innecesario y más audaz. No existe en este punto el menor indicio de vacilación textual; y el estico puede tener perfectamente 4 acentos.

[e] En lugar de לאנם־מים, Elliger, BHS, proponen לאנמים, de acuerdo con el pl. למוֹצאי del v. paralelo y con la versión pl. de GTV[5] (menos atendible es el motivo de Budde para suprimir מים: «neben dem selben Wort in b störend»; Jesaja, 662). Pero las Versiones han podido entender אנם en sentido colectivo; y es, precisamente suprimiendo מים, como se anulan la correspondencia con el // מוֹצאי־מים y la asonancia.

[f] La propuesta de suprimir ארץ (Itkonen 32) ha sido poco atendida. Ni ארץ altera considerablemente el metro (Köhler no le atribuye acento), ni sabemos con exactitud por qué leyes se rige el metro mismo.

---

[3] Ambas versiones dependen por lo general, al parecer, de LXX (cf. SELLIN — FOHRER, Einleitung, 562s), pero aquí podrían atestiguar un texto prequmránico.

[4] Cf. DUHM, Jesaja, 307.

[5] WHYBRAY se suma a la propuesta (Cf. Isaiah, 67). Decididamente en contra, E. ZURRO, Procedimientos iterativos, 91. 289. -- Sal 107,35 y 114,6 dependen muy probablemente de Is 41,18 en el uso de la expresión לאנם־מים (cf., e.g., BRIGGS, Psalms II, 358.392). Que reproduzcan un texto ya alterado, sería difícil de probar; de manera que los salmos certifican de suyo el לאנם־מים de 41,18.

[g] G omite el último árbol de cada serie y el יחרו final, como si dependiera de un modelo dañado en ese punto (cf. Elliger, *Deuterojes.*, 158. *Ibid.*, en sinópsis, las equivalencias propuestas por las antiguas versiones).

[h] Q[a] exhibe en su texto ויבינו (cf. S ונתבינון) y sobre la línea, וישימו. La interpretación del *Targum* supone seguramente la lectura del TM (cf. Elliger, *Deuterojes.*, 158).

[i] ¿Trasladar aquí el '*atnāh*? *V.i.* pp.180ss.

B) La forma literaria de Is 41,17-20

1.- El título presupone la **unidad literaria** o la independencia, siquiera relativa, del pasaje. El acuerdo de los intérpretes al respecto viene a ser unánime. Es cierto que aquellos autores en que predomina el punto de vista estilístico, realzan la vinculación de estos vv. a unidades superiores o más amplias; mientras que los concienzudos miniaturistas del análisis crítico-literario parecen subrayar, más bien, su independencia. Pero ninguno ignora el punto de vista complementario, y todos coinciden al cabo en atribuir al poema una cierta autonomía.

Este constituye, en efecto, por sí mismo una unidad de sentido; y no sólo aparece gráficamente separado de su entorno en los Mss hebreos más antiguos (*v.s.* p.29), sino que se distingue de aquel formal y temáticamente: La entrañable alocución divina (en 2ª pers. sg.) al «gusanito de Jacob» (v.14) cesa con el v.16; y en el v.21, dos enérgicos ipts. pl. introducen bruscamente una recia disputa con los dioses. Enmarcado entre ambos pasajes, el soliloquio divino acerca de unos עניים desconocidos (17-20) no se ve qué relación pueda tener con lo anterior y lo siguiente[6]. Si nuestro verso pertenece a un «discurso» más extenso (¿y a cuál?)[7], constituye sin duda una *parte completa* del mismo[8]. Is

---

[6] No le falta razón a MELUGIN, al afirmar que el poema no necesita en absoluto de lo anterior para ser entendido (*The Formation*, 95). ELLIGER lo considera extraño a su actual contexto (cf. MORGENSTERN, supra p.27), en donde lo supone «hábilmente» insertado por algún redactor (cf. *Deuterojesaja*, 160).

[7] Cf. la crítica de ELLIGER (*Deuterojes.*, 160) a la opinión de MUILENBURG, y el comentario pintoresco de GRESSMANN a los intentos de reducir a unidad interna «durch ein kühnes Saltomortale» los más heterogéneos elementos (ZAW 34 [1914] 257).

[8] MUILENBURG los concibe como «lyrical interlude» de la unidad literaria 41-42,4 (*Isaiah*, 458). GOLDINGAY descubre en 41-42,17 dos «sequences» (A: 41,1-20 y B: 41,21-42,17), formadas cada una por tres «elementos» paralelos (el último de la sección A es 41,17-20), a los que

41,17-20 es en realidad todo lo independiente que pueda ser cualquier otra unidad de sentido en Is 40-55.

2.- Menor es el acuerdo en lo que atañe a la determinación del **género literario**:

a) *Diversas opiniones*

La estructura general de la pieza (introducción, anuncio de intervención divina, descripción de la misma y finalidad) recuerda el «Heilsorakel», el oráculo de ventura[9]; pero la ausencia, señalada por Westermann, de importantes elementos formales[10] impide considerarla como tal. Westermann propone estimarla, en consecuencia, «Heilsankündigung», un género literario paralelo, según él, que consiste en la respuesta profética a una lamentación comunitaria[11]. Elliger prefiere referir el paso al género profético de la «promesa» o, en general, a lo que llama Gunkel «anuncio del futuro», el género profético por excelencia[12]. Merendino, por su parte, propone designarlo «selbstoffenbarendes Gotteswort»[13].

b) *Proyecto de creación*

Is 41,17-20 no es ciertamente un «Heilsorakel» (como ha notado Wester-

---

llama también «unidades» (cf. «The arrangement», 289.293). Para SPYKERBOER, nuestro verso forma parte de un tríptico de «words of salvation» (41,8-13.14-16.17-20) que alcanzan su cenit en 42,1-9 (a través de 41,21-29) y constituyen «a larger unit» con 41,1-7 (cf. *Structure*, 72). MERENDINO lo considera unido a 41,8-16, e introducción de 41,21-29 (cf. *Der Erste*, 187.191). Según GITAY, 41,17-20 compone, junto con los vv 14-16 (denominados ambos pasos «passage» y «sub-unit»), una de las cinco unidades que integran el entero discurso (41,1-29), al que llama GITAY «unidad retórica» (cf. *Prophecy*, 98s.102.110).

[9] FOHRER (cf. *Die Propheten*, 126), HESSLER (cf. «Die Struktur», 352), ZIMMERLI («Erhörungswort», cf. *Erkenntnis*, 30s), entre otros, consideran nuestro paso un «Heilsorakel».

[10] Cf. «Das Heilswort», 356.

[11] Cf. «Das Heilswort», 365-373. Como individuos, señala WESTERMANN Is 41,17-20; 42,14-17; 43,16-21 y 49,7-12 (aparte otros pasajes, donde aparece el género incorporado a otros estilos; cf. *Jesaja*, 15). «Das Heilswort», 366 y *Jesaja*, 67 añaden a esa lista 45,14-17 que WESTERMANN considera luego un conglomerado de fragmentos, probablemente secundarios (cf. *Jesaja*, 137-139).

[12] Cf. *Deuterojesaja*, 159. «Promise of salvation», especifica WHYBRAY (*Isaiah*, 66).

[13] Cf. *Der Erste*, 189.

mann), pero tampoco «Heilsankündigung»[14]. Allí no consta en absoluto la existencia de una previa lamentación que haya provocado el oráculo[15]. Y en faltando aquella, nada obliga a considerar la pieza ni siquiera como *respuesta* oracular. La peculiaridad del pasaje reside, a mi entender, en su carácter de *monólogo*[16]. Cierto que los vv., una vez publicados, anuncian y prometen defacto (y en tal sentido cabe tenerlos por «anuncio de futuro» y «promesa»); pero no consta a partir de ellos *formalmente* que se destinen a ser anunciados. DtIs, sin dejar oir su propia voz[17], sin previo aviso, introduce al lector en el secreto divino. Y lo que allí se escucha e incluso se contempla es un *proyecto de nueva creación*.

α. *Estructura*

La estructura de la pieza, simplicísima y simétrica (cf. Tabla I), abunda en series cuaternarias: Sus cuatro estrofas (=4 vv.), de cuatro esticos cada una, contienen: cuatro nombres de Dios[18], cuatro nombres de aguas[19], cuatro

---

[14] Aunque algunos estudiosos han aceptado el nuevo género de WESTERMANN (cf., e.g., SCHWANTES, *Das Recht der Armen*, 169; SCHOORS, *I am God*, 84s; GOLDINGAY, «The arrangement», 293) otros expresan muy graves reservas al respecto. El género, en efecto, no está muy claramente definido (cf. WHYBRAY, *Isaiah*, 66; MERENDINO, *Der Erste*, 184s); y, sobre todo, no existe la menor evidencia acerca de ese previo lamento colectivo que pertenecería al «Sitz im Leben» (cf. ELLIGER, *Deuterojes.*, 159). SCHÜPPHAUS es tajante al respecto: «... von einer Gattung Heilsankündigung kann nirgendwo die Rede sein» («Heilsankündigung», 180).

[15] Es curioso que el propio WESTERMANN reconstruya la supuesta súplica («Verlass uns doch nicht! O Herr, erhöre uns!»), no a partir de 17a («angedeutete Klage»), como sería de esperar, sino a partir de 17b («Gottes Zuwendung», según él, cf. *Jesaja*, 67). Y sin embargo, la conjetura de WESTERMANN no es descabellada en absoluto: Alguna vez *consta* la existencia de un previo lamento, donde difícilmente se hubiera podido detectar (cf. Ez 37,1s.11). Pero no es éste el caso de Is 41,17.

[16] Lo subrayan GOLDINGAY («a rare phenomenon»: «The arrangement», 293) y MERENDINO (cf. *Der Erste*, 186.188: «Jahwe redet von sich selber [no sólo] zu sich selber»).

[17] No existe constancia de que suceda como supone ELLIGER: «Angeredet wird in geheimer Erfahrung der Prophet ... aber der Prophet gibt das Gehörte an das Volk weiter» (*Deuterojesaja*, 159). DtIs — en éste, como en otros casos — no deja oir su propia voz, disimula su función mediadora: En lugar de referir la visión tenida o el mensaje recibido, nos hace escuchar directamente la voz misma que lo dicta al mensajero (y hasta le instruye acerca de los recursos a emplear: ...הנה ...אמרי: 40,9), las órdenes que ponen en marcha la ejecución del proyecto (40,3-4; 45,8) o la palabra eficaz que pone fin a la esclavitud («¡Salid!»: 48,20; 52,11). Cf. en 42,14 otra incursión semejante en el secreto de Dios.

[18] Todos distintos: אני יי // אלהי יש׳ // יד יי // קדוש יש׳ (17b), (20b).

[19] Todos ellos distintos: נהרות // מעינת (18a), אגם־מים // מוצאי מים (18b).

nombres de desierto[20], cuatro acciones divinas sobre pronombres[21], cuatro acciones divinas sobre lo árido[22], cuatro acciones humanas[23], cuatro pronombres (ב, ם, זאת, ה: v.17b.20b), cuatro preposiciones de lugar[24].

Sobre tanta serie cuaternaria destaca poderosamente la serie septenaria de los árboles futuros[25]. El contenido del poema permite dividirlo como sigue:

(A) Introducción: Resumen de la situación vigente (v.17a).
(B) Designio divino de actuar (v.17b).
(C) Exposición del proyecto divino (v.18s).
(D) Finalidad (v.20aαβ).
(E) Certificación de cumplimiento de lo proyectado (v.20aγb).

El paralelo formal más cercano, acaso el único, lo constituye Is 42,14-17; y ambos pasos recuerdan, formal y temáticamente, los relatos creacionales de Gen 1,26s; 2,18-23, cuando el Señor Dios hablaba para sí (cf. Tabla II, A). Proyectos parecidos *son anunciados* más «oficialmente» en algunas promesas de ventura (cf. Tabla III)[26].

β. *Descripción*

(A) resume siempre una situación לא־טוֹב, ingrata a los ojos de Dios, que se expresa en oraciones nominales[27] y mediante el ptc.[28], o se induce de los apodos de Israel («gusano», etc.: Is 41,14a; «No-compadecida», etc.: 54,11a). Is 43,18 sugiere dicha situación de un modo muy curioso: «No recordéis lo de

---

[20] (19). ערבה // מדבר (18b), ארץ ציה // מדבר

[21] Todas distintas: ברא // עשׂה (17b), לא עזב // ענה (20b).

[22] Todas distintas: שׂים ל, פתח (18), שׂים // נתן (19).

[23] Todas distintas: שׂכל, שׂים // ידע, ראה (20a).

[24] ב // ב (19), ב[תוֹך] (18a), על // ב[תוֹך] (18a).

[25] Ningún indicio textual permite suponer que el primer יחדו esté encubriendo el tocón de un cuarto árbol (de la segunda serie), que hubiese abatido la tradición textual en su curso.

[26] La comparación se reduce a las transformaciones que *proyecta* Dios operar en seres «inanimados», dejando aparte transformaciones cumplidas (Is 41,2; 51,10b) y metamórfosis de personas (generalmente expresadas por נתן + ל[/כ/2 acus]: Is 40,23 [//כ עשׂה]; 42,6b; 49,2a[כ שׂים]. 6b.8b; 51,12; 55,4; 65,8 [ברא]). Tampoco se consideran las transformaciones hechas por Israel en sí mismo (Is 50,7b; 51,23b) o el proyecto humano, fallido, de Gen 11,1-9.

[27] Cf. Gen 2,18a; Is 41,17a; Ez 37,2b.

[28] Cf. Is 41,17a; 42,14a (continuado aquí por ipfs. de acción duradera; cf. JOÜON, *Grammaire*, 113e).

antaño», donde ראשנות // קדמניות incluyen la experiencia de la esclavitud[29].

(B) Reparar en aquella situación desdichada, es lo que arranca a JHWH de su silencio eterno (Is 42,14a): Al antiguo silencio de Dios (que podría equipararlo escandalosamente con los dioses mudos) sucederá su voz potente[30], que se dejará sentir con tanta seguridad como los gritos de una parturienta; a su anterior pasividad, una intensa, casi febril, y fecunda actividad futura. -- La decisión divina de intervenir, que usa naturalmente el futuro[31], puede consistir en una declaración de atención benevolente a Israel[32], o en un compendio de la futura actividad divina[33]. Este apartado puede comprender una fórmula de presentación ([יי] אני/אנכי)[34].

(C) El proyecto se describe con tal plasticidad, que obtiene la consistencia de una maqueta animada. En Gen, la maqueta se reduce a modelo (כ, la semejanza divina, la semejanza de Adán). En lugar de exponer el proyecto, Gen 2 relata con detalle su *ejecución* en dos etapas. Los verbos remiten al futuro (generalmente *yiqtol, wᵉqaltî*), anunciando un porvenir, que alguna vez significan inmediato (הנה + ptc., Is 54,11b), certísimo (pf., Is 41,15a). -- Cabe distinguir en el proyecto: una fase previa, que corresponde al comienzo de la obra, y puede consistir en una previa transformación de seres personales[35]; una etapa central, que consiste en *transformar* (por lo común, שׂים + כ/ל)[36]; y, por fin, el acabado último.

---

[29] Lo ha visto certeramente ELLIGER (BKAT XI,353), quien sin embargo sigue 'pensando en lo antiguo' al interpretar la pieza (*v.i.* pp.125-128).

[30] Cf. el famoso «bramido» (נערה) que desbarata a los ejércitos rivales (Sal 76,7; 80,17), reseca o somete al mar (Is 50,2; Sal 18,16 [cf. 104,7]; Mt 8,26 y par.: ἐπιτιμάω [= נער; V: «increpuit»]).

[31] El futuro es expresado generalmente por el ipf.; alguna vez, por el ptc., que subraya su inminencia; y hasta por el pf. (Is 41,14b; 49,8a; 51,3a), que pone de relieve en tal contexto la certeza con que habrá de acaecer.

[32] Cf. Is 41,14b; 41,17b; 49,8a; 51,3a. Los títulos de amistad entrañable que recibe Jacob en 44,2 (y hasta su mismo nombre en boca del Señor, cf. «te llamé por tu nombre») anticipan y substituyen dicha declaración de benevolencia.

[33] Cf. Is 42,14b; Ez 37,5b.

[34] Cf. Is 41,14b; 41,17b; 54,11b; Ez 37,5b. Los anuncios de ventura la adelantan a su introducción.

[35] Israel, instrumento de la futura transformación en este caso, es convertido previamente en trillo devastador (Is 41,15a). El Siervo es constituído (נתן ל) alianza del pueblo para que cumpla los oficios de Moisés (sacar al pueblo de la esclavitud) y Josué (introducirlo en la tierra y repartirla 49,8b).

[36] También en Gen 2,22 hay metamórfosis (בנה ל). Los tres últimos pasos de la Tabla III prometen en concreto una *reconstrucción*.

(D) La finalidad de la intervención divina se expresa con ו + volitivo indir.[37], ל + inf.[38] o mediante למען e ipf.[39]. La mayor parte de los pasos la presentan más bien como consecuencia, expresada por el *w^{e}qaltî*[40], o en frases nominales (Is 54,13) y de futuro[41]. -- En este apartado son frecuentes los motivos del reconocimiento (ידע), el gozo y la ventura, que ya certifican de suyo el cumplimiento del proyecto.

(E) Los proyectos terminan con una certificación de su cumplimiento: A la solemne y reiterada declaración del narrador en Gen 1,27 (*wayyiqtol* + dos pfs.) corresponden en los otros casos oraciones nominales[42] o de pf., que dan por sucedido lo programado[43]. Es una costumbre de estos pasos, resumir en זאת (esto) la nueva creación (3 veces lo repite Gen 2,23)[44]. El carácter de visión nocturna que tiene Ez 37, permite asistir a la ejecución irreal de la *figura misma*, antes de que se certifique el cumplimiento real de lo que el proyecto-figura significa.

C) Horizonte literario de Is 41,17-20

1.- Comparación de motivos

El pasaje isaiano que nos ocupa, no habla efectivamente de una marcha o de un retorno; pero los motivos «exodales» que en aquel concurren (la sed, el desierto, las aguas milagrosas de JHWH), ¿no exigirán suponer la situación del regreso, como mantienen tantos autores de fama? Para decidir el horizonte literario de nuestro paso, será instructivo confrontarlo con las representaciones deuteroisaianas del llamado «segundo (o «nuevo») éxodo» de Israel[45], que

---

[37] Cf. Gen 1,26b (cf. JOÜON, *Gramm.*, 168b).

[38] Cf. Is 43,20b.

[39] Cf. Is 41,20a; Am 9,12a (cf. JOÜON, *Gramm.*, 168d).

[40] Cf. Is 42,16a; Ez 37,6a (cf. JOÜON, *Gramm.*, 169c.i).

[41] Cf. Is 41,16b; 42,17; 43,20a.21b; 44,5; 51,3b.

[42] Cf. Gen 2,23; Is 44,5b; 54,17b.

[43] Cf. Is 41,20; 43,21a; 49,13; Ez 37,14b. El ptc. de Am 9,12b, en tal contexto, parece una predicación hímnica.

[44] Cf.además Is 41,20aγ; 43,21a; 44,5; 54,17b; Am 9,12b.

[45] Sobre el tema, actualmente debatido, véanse VINCENT, *Studien*; KIESOW, *Exodustexte*; SIMIAN-YOFRE, «Exodo en Deuteroisaías», *Bib* 61 (1980) 530-553 y «La Teodicea del Deuteroisaías», *Bib* 62 (1981) 55-72; ZIMMERLI, «Yahwes Wort bei Deuterojesaja», *VT* 32 (1982) 104-124.

coinciden (según autores de la mayor reputación[46]) con los siguientes pasos
de Is: 40,3-11; 41,17-20; 42,14-17; 43,1-7; 43,16-21; 44,1-5; 48,20s; 49,8-12;
49,14-20; 49,21-23; 51,1-3; 51,9-11; 52,11s y 55,12s (cf. Tabla IV). Aunque
no presentan una misma forma literaria, parecen coincidir todos ellos en anunciar — más aún, prometer — el regreso de Israel desde su exilio. Se las podría
llamar provisionalmente «promesas de retorno».

La observación de la Tabla IV descubre de inmediato que DtIs ha combi-
nado de dos maneras diversas los viejos motivos literarios. En sus cuadros no
son compatibles todos los colores; de forma que la presencia de determinados
motivos exige o excluye la de otros. Así, por ej., cuando aparece el tema del
camino, la marcha del Pueblo es siempre placentera, no existe el tormento de
la sed ni aflicción alguna; pero tampoco el tema de los árboles prometidos.
Por el contrario, si se afirma que el Pueblo está reseco de sed, entonces no se
habla de camino; y se promete, en cambio, una arboleda. Esta triple coincidencia (repetida 13 veces sin excepción en 40-55[47]) es en realidad más amplia,
porque los distintos motivos reciben un trato diverso en uno y otro caso. Existen, por tanto, desde el punto de vista del contenido, dos grupos de «promesas
de retorno»: 40,3-11; 42,14-17; 43,1-7; 43,(14-)16-21; 48,20s; 49,7-12; 49,14-
23; 51,9-11; 52,11s (que nombran o suponen los caminos) pertenecen al primero; 41,17-20; 44,1-5 y 51,1-3 (que, por el contrario, no hablan de caminar
o de camino) integran el segundo. Observemos con algún detalle sus principales diferencias.

a) El desierto, la sed y las aguas

En las promesas del grupo primero, *el desierto se atraviesa* (o se apresta
para ser atravesado): alguien (40,3), el propio JHWH (43,19) prepara allí un
camino[48]; בָּחֲרָבוֹת («por la estepa»: *NBE*)[49] los conduce el Señor (o los con-

---

[46] Cf. STUHLMÜLLER, *Creative Redemption*, 272. Amplío el cuadro de STUHLMÜLLER con
49,14-20.21-23 y 51,1-3.11. Excluyo, en cambio, 44,27 y 50,2 (rasgos apenas) que no dejo, sin
embargo, de considerar. Por lo que respecta a 41,17-20, sobra por cierto en el cuadro citado la
referencia a KISSANE (cf. p.71 de STUHLMÜLLER), mientras que faltan las de MARTI, FELD-
MANN, LEVY y DUHM, que sí refieren al éxodo el pasaje.

[47] Acerca de 55,12s, *v.i.* p.41.

[48] Ni especifican ambos pasos la finalidad de ese camino, ni lo relacionan expresamente con
el éxodo (*v.i.* pp.124ss).

[49] חָרְבָּה, según *HALAT*, 336, no significa sino «ruinas». Para Is 48,21 propone el léxico la
l. var. חֳרָבוֹת (desiertos). Pero aquella voz deriva como ésta de חרב[I] (estar desierto, resecarse),
cuyo Hi lo mismo reduce el mar a tierra firme (Is 51,10), que agosta montes y collados (Is 42,
15). De forma que חָרְבָּה bien podría significar además «desierto». Así opina ZORELL: *regio* (vel

dujo durante el éxodo primero [48,21]). El desierto — y más expresamente los ásperos parajes solitarios (40,4; 42,15s; 43,6; 49,9-11) — parecen ser aquí el escenario de una marcha. -- En las promesas del grupo segundo, por el contrario, *el desierto se transforma en arboleda;* y no con el fin de hacerlo transitable, sino «para que vean y conozcan» (41,20), para que Jacob reconozca a su Dios (44,5; 51,3). En este otro desierto se mueve sólo el Creador; nadie atraviesa por él. Y siendo recreado, no deviene escenario, sino protagonista de un tránsito; el desierto es el único que pasa: a ser jardín.

En el contexto del éxodo, *las aguas* no siempre son amigas. Suponen a veces un obstáculo formidable que solamente la compañía de JHWH permite salvar (43,2); o que suprime el Señor de la Natura (43,16; 44,27; 50,2; 51,10) transformándolo en camino para sus redimidos (42,15s). Pero ni siquiera las aguas benéficas tienen siempre la misma función: En las promesas del primer grupo, las aguas surgen *en* el desierto como un elemento sorprendente que, sin llegar a transformarlo, mitiga su aspereza; allí (בַּמִּדְבָּר ,בַּחֲרָבוֹת ,בִּישִׁמּוֹן, *en* los desiertos) las ofrece JHWH (43,19s) o las hace fluir de la roca (48,21; cf. 49, 10); y son aguas *de beber,* que se destinan expresamente a prevenir la sed del Pueblo (לְהַשְׁקוֹת עַמִּי), para dar de beber a mi pueblo [43,20][50]; וֹ הִזִּיל לָמוֹ, hizo fluir para ellos [48,21; LXX + καὶ πίεται ὁ λαός μου]; עַל־מַבּוּעֵי מַיִם יְנַהֲלֵם, a manantiales de agua los conduce [49,10]). En todos estos casos no existe, consiguientemente, el tormento de la sed (לֹא צָמָאוּ, 48,21; לֹא יִצְמָאוּ, 49,10) y se promete, o se celebra ya, un éxodo glorioso. -- En 41,17-20 y 44,1-5 (cf. 51,1-3) — ¡que no hablan de camino! — Israel sufre, por el contrario, una sed ardiente que lo reseca, que hace un desierto de Sión. Las aguas que el Señor proporciona en estos otros casos, no son para beber[51], sino *de riego;* un elemento transformador que renueva, como el Espíritu de JHWH (44,3), la faz del desierto, convirtiéndolo en bosque frondoso (41,19; 44,4), en jardín de JHWH (51,3).

La sed que reseca, por tanto, indica siempre una situación ajena y anterior al nuevo éxodo; en éste es impensable: Cuando ya se ha producido la liberación y los conduce el Compasivo (49,10), no puede haber más sed (43,20; 48,

---

aedes, urbs) *vastata, desolata, ruinae* (LH 266b). Es cierto, sin embargo, que en Is 40-55 no significa por lo demás sino «ruinas» (cf. SIMIAN-YOFRE, *Bib* 61 [1980] 545). -- CRÜSEMANN considera secundario este versículo (*Studien*, 51).

[50] Así parece al menos de una primera lectura, pero *v.i.* pp.124ss.

[51] También lo ha notado HESSLER, a propósito de 41,18: «Der Genauigkeit halber sei noch darauf verwiesen, dass hier... nicht von einer Tränkung... die Rede ist, sondern von einer Pflanzung» (*EvT*, 25 [1965] 359).

21; 49,10). Ésta es precisamente la *'oṇî*, la desdicha, de la que rescata el Señor a los *'aniyyîm* sedientos[52]. Aquellos pasos que denuncian la sed extrema o sequedad de Israel, se colocan por lo mismo fuera de la perspectiva del éxodo segundo, y apuntan al «antiguo silencio» de Dios (42,14), al «corto instante» del abandono y de la ira (54,7s)[53].

b) Los árboles y la hierba

Las diferentes formas de «promesas de retorno» hablan de dos tipos de vegetación: una presente y hostil, destinada a secarse, agostada por el Viento de la Eternidad; se la llama *hierba* (חציר: 40,6ss; עשב: 42,15). La otra, que no existe y se promete, tiene siempre la forma de arbolado tupido. Sólo en aquellas unidades que no hablan de camino, y notan en cambio el fenómeno de la sed extrema o sequedad (41,17-20; 44,1-5; 51,1-3), aparece el tema de *los árboles prometidos*. Su función, según 55,13, es la de permanecer como signo imperecedero e inamovible. Ni aquí (55,13; *v.i.* p.41), ni mucho menos en los otros pasos (41,17-20; 44,1-5; 51,1-3), afirma el texto que sirvan para aliviar la marcha. Es pura imaginación, por consiguiente, suponer que se destinan a sombrear el camino de regreso[54].

c) Las acciones de los protagonistas

En las piezas del primer grupo, unas *acciones de JHWH* se ordenan a la Naturaleza y a los Pueblos; otras, a Israel. Las *primeras* imponen perentoriamente al «Mundo» el éxodo futuro: El Aliento libertador que antaño secó el mar (חרב: 51,10), agosta (חרב) hogaño montes y collados, reseca (יבש) su hierba y las fuentes (42,15; 40,7)[55]; el mismo JHWH ordena a Norte y Sur que devuelva a sus hijos (43,6; cf. 49,22) y como antes — cuando «sacó a batalla» (*NBE*) carros y caballos (43,17) — abrió (שׁים, נתן) una senda en el mar (43, 16; 51,10), así ahora, dispuesto a hacer algo nuevo (43,19), convierte los ríos en yermo (שׁים...ל: 42,15) y los montes en caminos (49,11; cf. 40,4); pone

---

[52] Observa agudamente BUDDE que «das Israel, für das auf dem Zug durch die Wüste Wunder tun will... kann nicht mehr 'die Elenden' genannt werden» (*Jesaja*, 662).

[53] Cf. infra cap. IV.

[54] Bar 5,8 sí atribuye esa función a unos árboles aromáticos (πᾶν ξύλον εὐωδίας), pero no consta que se refiera a los de Is 41,18s. Desde el momento que piensa en un viaje (al contrario del paso isaiano), hay que suponer que se refiere a otros, quizás a los «árboles del campo» de Is 55,13.

[55] Si «toda carne es hierba» (40,6) y, por tanto, siquiera alguna hierba es carne, se comprende que la «hierba» y las «aguas» contrarias — supuestos el egoísmo humano y la inercia de la Historia — se resistan a dar por terminado el «servicio» de Israel.

(שׂים) un camino en la estepa (43,19; cf. 40,3; 48,21), proporciona agua en el desierto (43,19s; 49,10), hiende (בקע) la roca, haciéndola manar (48,21). Las *segundas*, como ya se dijo, atañen a Israel, a quien ordena JHWH que se consuele (40,1) y a quien personalmente rescata (גאל: 43,1.14; 48,20; 49, 26), guía (דרך [42,16]; הלך [42,16; 48,21; 52,12]; נהג [49,10]; נהל [49,10; cf. 40,11: נשׂא, רעה]), da de beber (¿riega? שׁקה: 43,20), trae de vuelta (בוא [43,5; cf. 40,10]), reúne o recoge (קבץ [43,5; cf. 40,11]). La actividad del Señor se resume, según esto, en liberar a su Pueblo — arrollando cualquier «mundana» resistencia[56]— y en conducirlo amorosamente de vuelta. En las otras «promesas de retorno» — donde hay desierto, pero no camino — JHWH ni libera ni conduce, sino que transforma (שׂים...ל [41,18]; שׂים...כ [51,3; cf. 44,1-5]); lo que consigue por tres medios, que son uno en realidad: «las aguas» (41,18; 44,3), su aliento (44,3) y su consuelo (51,3), que se llamará luego «Consolator»[57].

Las acciones que realiza Israel en las promesas de uno y otro grupo, son asimismo de índole diversa. Mientras que, en las de aquel, Israel sale (יצא [48, 20; 49,9; 52,11s; 55,12]; נלה [49,9]; ברח [48,20]; ברר [52,11]; סור [52,11]), portando el ajuar de JHWH (52,11; *NBE*), atraviesa (עבר: 43,2; 51,10), camina (הלך: 43,2; 52,12), regresa (שׁוב: 51,11), se reúne (קבץ: 49,18) y llega (בוא: 42,12.18; 51,11) — acciones propiamente «exodales», todas ellas —; en las del grupo segundo, anda buscando aguas (מבקשׁים מים: 41,17), buscando al Señor (מבקשׁי יהוה: 51,1)[58]; o bien, recibida la efusión vivificante, florece (צמח) como sauces junto al río y vuelve a ser de JHWH (ליהוה: 44,4s)[59].

---

[56] Cf. ALONSO SCHÖKEL— SICRE DIAZ, *Profetas* I, 266.

[57] «Consolator optime» (*Sequentia* de Pentecostés).

[58] Es posible que 51,1-3 no formen una unidad literaria original. WESTERMANN considera al v.3 fragmento de un «Loblied».

[59] Esta perspectiva facilita la comprensión del paso. Que el Israel del exilio («No-Pueblo», por decirlo con Os) pertenezca de nuevo a JHWH, que vuelva a llamarse Jacob (a ser «Pueblo-mío»), es la gran novedad que está brotando (43,19). Pero lo han entrevisto sólo algunos: EHR-LICH, p.e., que contradice *verbatim* a DUHM (cf. *Randglossen*, 12 IV,150), y recientemente KUTSCH, que limita sin embargo a la generación siguiente la promesa del v.5 (cf. *Kleine Schriften*, 159). La mayor parte de los intérpretes opina, por el contrario, que el triple זה representa a no israelitas: «Unter dem dreimaligen זה sind natürlich Nichtisraeliten verstanden, weil nur für diese die Benennung nach Jacob etwas Neues ist» (DUHM, *Jesaia*, 331). Y lo mismo DE-LITZSCH (*Jesaia*, 450), VOLZ (*Jesaja* II,48), etc. Como DUHM, tampoco ELLIGER considera en su bien trabado discurso (*Deuterojes.*, 392-394) la posibilidad de que Israel pueda ser «No-Pueblo» (Os 1,6.9; 2,6).

Solamente el colofón del Libro (55,12s) combina las dos formas de «promesas de retorno»: por una parte, la partida gozosa, *la marcha* solemne y apacible (v.12); por otra, *el cambio* (חתח) de la flora ruin de la estepa en mirtos y cipreses (v.13). Resulta además excepcional esta forma «conflata» de «promesa de retorno», por ser la única que no da papel expreso al gran protagonista de la gesta[60]. El colofón recopila abreviados varios temas: dedica un verso a la salida (12a); un entero dístico, al camino de retorno (12b) y todo el v. final (13), a la promesa de transformar el yermo en parque. La peregrinación triunfal hacia la patria, más que referirse, se insinúa mediante el circunstancial לפניכם (ante vosotros) y un motivo característico del himno «escatológico» deuteroisaiano, «el júbilo de las cosas»: Montes y colinas estallan de alegría; los árboles del campo baten sus palmas. Tampoco se describe la transformación del sequedal (que ni siquiera se nombra), evocado tan sólo mediante el trazo leve de su flora ruin (נעצוץ, סרפד, espinos, ortigas [?]); como bastan mirtos y cipreses ([?] הדס, ברוש) para representar el parque. -- Estos árboles futuros no deben ser para el camino. El camino del éxodo (que no volverán a recorrer; cf. Dt 28,68) queda simplemente atrás, o lo sumergen las aguas, apenas recorrido (Ex 14,27s; Jos 4,8; cf. Sal 77,20: «y tus huellas no se advierten»). Estos árboles, en cambio, son «signo imperecedero», monumento inamovible a la gloria de JHWH (*v.i.* cap. VIII).

En otro colofón (Is 35) cabe observar la misma mezcla de motivos: júbilo de las cosas (v.1s), transformación del desierto (vv.2.6b.7) y camino de regreso (v.9s). Nótese, sin embargo, que sólo el final del v.9 (donde se advierte una acusada vacilación textual) y el v.10 (=51,11, también problemático) refieren al retorno de «los redimidos» (גאולים; cf. 51,10) el «camino santo» del v.8[61].

2.- Conclusión

En resumen; que mientras las promesas del primer grupo (por contener los motivos literarios de la marcha o el camino) *podrían* aludir a un éxodo propia-

---

[60] תּוּבָלוּן, seréis llevados (cf. Sal 45,16), no parece siquiera pas. teol.; probablemente reproduce la idea de 49,22.

[61] Is 35 y 55,12s se deben con toda probabilidad a autores más recientes (cf., e.g., K. ELLIGER, *Deuterojesaja in seinem Verhältnisse zu Tritojesaja*, 166s.272-278; KIESOW, *Exodustexte*, 126-129). A propósito de Is 35, escribe KAISER: «Charakteristische Abänderungen und Weiterentwicklungen der Motive lassen aber keinen Zweifel daran, dass wir es hier nicht mit einem verstellten deuterojesajanischen Wort, sondern mit einer späten, vom Original vermutlich um Jahrhunderte getrennten Nachahmung zu tun haben» (ATD 18, 286s). *V.i.* p.122, n.9.

mente dicho[62], las del grupo segundo son, en cambio, promesas de restauración; o mejor, de nueva creación (cf. 41,20b), habida cuenta de que la novedad que está brotando sobrepuja cualquiera bendición pasada (43,18s). También en estos casos se producen en rigor un rescate, un tránsito, un arribo. Pero se trata de un «éxodo» en el orden del ser, no del estar; es éste el éxodo que más directamente prepara y prefigura el tránsito (ἔξοδον: Lc 9,31) definitivo ἐκ τοῦ κόσμου τούτου πρὸς τὸν πατέρα (Jn 13,1).

Is 41,17-20 debe ser entendido, por tanto, en función de 44,1-5 y de 51, (1-)3 que pertenecen a su mismo horizonte literario. Referir el pasaje al regreso de Israel desde su exilio, impide radicalmente la comprensión del oráculo y, como habrá ocasión de ver, es causa de explicaciones concretas, entre inverosímiles y absurdas.

---

[62] SIMIAN-YOFRE niega que se refieran al éxodo buena parte de ellas (cf. *Bib* 61 [1980] 531-537.541-545). Véase además E.J. YOUNG, *Isaiah, ad loc.* e *infra* pp.124ss).

SEGUNDA PARTE

LOS ʿ*niyyîm* SEDIENTOS

CAPITULO III. העניים והאביונים

CAPITULO IV. LA SEQUEDAD DE LOS ʿ*niyyîm*

CAPITULO V. EL DIOS QUE ATIENDE Y NO ABANDONA

CAPITULO III

העניים והאביונים (v.17aα)

El oráculo comienza refiriéndose a unos «pobres» que no juzga necesario presentar. Es evidente, sin embargo, que los dos substantivos iniciales no exhiben aquí su sentido recto. ¿De quiénes habla entonces el profeta? Según los Padres (como acabamos de ver), se refiere a los Gentiles[1]; según la mayoría de los demás intérpretes, al pueblo de Israel; aunque la mayor parte de estos últimos identifica a Israel con los deportados; o, mejor, con los que vuelven del exilio[2]. ¿Cómo pueden significar tal cosa aquellos nombres?

La repetición inmediata de la raíz ענה (en v.17bα) que adquiere así especial importancia en Is 41,17-20, obliga, por otra parte, a concentrar en ella la atención.

A) העניים[3]

1.- Etimología

a) Ordenamientos léxicos

No existe completo acuerdo acerca de si ענה representa una sola o más raíces. Los léxicos más recientes registran hasta cuatro raíces homónimas: I (responder, etc.), II (ser desgraciado [Q], someter, etc.[Pi]), III (ocuparse) y IV (cantar)[4]; aunque también existe la tendencia a integrarlas diversamente[5]. No

---

[1] Una opinión, común en la antigüedad, que todavía comparten, p.ej., MENOCHIUS y CLERICUS IOANNES (v.s. pp.16s.19). S. EFRÉN, que identifica en los עניים a los deportados en Babilonia, constituye una excepción (v.s. p.17).

[2] Aunque alguna vez se diga expresamente que los עניים designan a todo el pueblo de Israel (cf., e.g., ELLIGER, Deuterojesaja, 161.162), la interpretación «exodal» exige entender el término exclusivamente de los que regresan.

[3] Acerca de la vasta bibliografía existente en torno al tema de la pobreza en la biblia, cf. GELIN, Les Pauvres, 147-150; van den BERGHE, OrBiLov 4 (1962) 273-295; BOTTERWECK, TWAT I, 28s; GERSTENBERGER, TWAT VI, 247s LOHFINK, Bib 67 (1986) 153-176. Un excelente estudio del vocabulario hebreo de pobreza, en SCHWANTES, Das Recht der Armen, 16-52.

[4] Cf. GB 603-605; KB 718-720; BDB 772-777 (que, respecto de los otros, permuta II por III); ZORELL, LH, 612s; HALAT, 805-808. Igual ordenamiento, en LISOWSKY, Konk,1094-1098).

ha encontrado favor, sin embargo, la propuesta de unificar los ענה I y II[6]; de manera que la opinión más común a este respecto, distingue por lo menos un ענה I (responder, etc.), primitivamente ל"י, y un ענה II (ser desgraciado, etc.), primitivamente ל"ו[7].

Hacen suponer, en efecto, la existencia de un primitivo ענו, por una parte, el ár. *'nw*[8]; por otra, la estela moabítica de *Mešaʿ*, que escribe con ו final un ipf. sg. que significa «dominar» o «someter»[9]; y en fin, las voces hebreas ענו (humilde), ענוה (humildad)[10]. Sin embargo, estas raíces de 3ª débil, bilíteras y terminadas en vocal larga primitivamente[11], no se han desarrollado quizás con tal fijeza, que permitan sus terminaciones, ocasionalmente distintas,

---

[5] GESENIUS distingue solamente una raíz ל"י, que incluye los ענה I y IV, y otra ל"ו que comprende los ענה II y III (cf. *Thæs*, 1047-1049; especialmente 1049b). Del mismo criterio aproximadamente es MANDELKERN (*Conc*, 899-904); y KÖNIG, que propone sin embargo «cantar» ענה III, ár. *ghánna[jj]*), como raíz independiente (*HAWAT*, 338). -- KUTSCH opina, por su parte, que ענה III ha derivado relativamente tarde del II, mientras que el IV coincidía originalmente con el I (*ZTK* 61 [1964] 197). STENDEBACH considera una misma raíz los ענה I, III y IV (*TWAT* VI, 234). Según GERSTENBERGER, ענה III podría representar una acepción del I o del II; y el IV es muy próximo al I (*TWAT* VI, 249).

[6] Según BAMMEL, por lo menos ענה I y II son iguales (*TWNT* VI, 888, n.14). DELEKAT, dejando a un lado ענה IV (ár. *ġnj*, «sin duda una raíz independiente») adscribe todas las formas restantes de ענה a una sola raíz, que presenta, según él, el sentido fundamental de «volverse», «dirigirse» (cf. *VT* 14 [1964] 35-49). -- Cf., (parcial o totalmente) en contra, JOÜON, *Bib* 13 (1932) 312; *HALAT* 808b; LABUSCHAGNE, *THAT* II,335; SCHWANTES, *Das Recht*, 40; STENDEBACH, *TWAT* VI, 233s; GERSTENBERGER, *TWAT* VI, 248s; entre otros.

[7] Cf. JOÜON, *Gramm.*, 79a; LABUSCHAGNE (siquiera «aus praktischen Gründen», *THAT* II, 335); SCHWANTES, *Das Recht*, 39s; STENDEBACH, *TWAT* VI, 234; GERSTENBERGER, *TWAT* VI, 248-250; etc. El mismo BIRKELAND distingue un ענה I (responder) con el que «evidentemente» coincide el IV (Cf. *'Anî und 'Anāw*, 12, n.1), y un ענה II (estar disminuído, devaluado [p.6]), respecto del cual ענה III (esforzarse con algo) sólo se distingue en el matiz (p.13).

[8] Cf. GKC 75b. -- Menos acertada es la referencia al ár. *'ny*, para ilustrar el sentido «responder» de ענה I. LANE no registra esa acepción en *'ny* (cf. *AEL*, 2180a-2181); *HALAT*, (805s) y ZORELL (*LH*, 613a) evitan dicha referencia. -- *'nw* está documentado asimismo en el antiguo ár. meridional (cf. MARTIN-ACHARD, *THAT* II, 341).

[9] עמר(5)י מלך ישראל ויענו את מאב... (6)... ויחלפה בנה ויאמר גם הא אענו את מאב... (*KAI*, Nr.181). «Omr(5)í fué rey de Israel y oprimió a Moab... (6)... Le sucedió su hijo, que se dijo: 'También yo voy a oprimir a Moab'...».

[10] Cf. BIRKELAND, *'Anî und 'Anāw*, 10,n.3; JOÜON, *Gramm.*, 79a,n.2. -- AARTUN, por el contrario, deriva ענו de una raíz de 3ª geminada: el nombre proviene, según él, de **'anaww-* (*BO* 28 [1971] 125s). -- ענות (Sal 22,25) no presupone *ענו, porque la terminación ות se produce tanto en raíces ל"ו como ל"י (JOÜON, *ib.*, 88 Mj).

[11] Cf. BAUER—LEANDER, *Historische Gramm.* § 57a; SEGERT, *Altaramäische Gramm.*, 297.

establecer con absoluta certeza la existencia de raíces independientes[12]. En cualquier caso, los ל"ו hebreos fueron «absorbidos»[13], ya en época preisraelítica, por los ל"י[14].

b) La teoría de Birkeland

Birkeland propone derivar ambos ענה de un primitivo *'an («parte delantera», del hombre sobre todo) que se habría desarrollado luego en raíces trilíteras, tanto ע"ע y ע"י, como ל"ו (posteriormente ל"ה)[15]. El significado concreto de ענה no lo imagina Birkeland a partir de ese *'an, sino que lo induce con buen acuerdo del respectivo contexto[16]. Previamente, sin embargo, reduce a Q las diversas conjugaciones en que aparece el verbo[17]. Resulta de esta curiosa maniobra hermenéutica que ענה II habitualmente «se dice de un estado»[18]: «ענה designa un estado de fuerza, capacidad y valor disminuidos»[19]. De aquí concluye Birkeland que, al contrario de lo ocurrido con el asirio enû («responder», «cambiar», «someter» y «maltratar»), derivado asimismo de *'an, el hebreo ענה II ha tomado sentido intransitivo[20].

---

[12] Cf. a este propósito BAUER — LEANDER, *Historische Gramm.* § 57ab; BERGSTRÄSSER, *Hebräische Gramm.* II §31c.

[13] JOÜON, *Gramm.*, 79ab. Cf. BROCKELMANN, *Vergleichende Grammatik*, 297E; GKC 75b.

[14] Cf. GERSTENBERGER, *TWAT* VI, 249. -- Tampoco en fenicio-púnico se advierte ya diferencia alguna entre estos verbos (cf. FRIEDRICH, *Phönizisch-Punische Grammatik*, 175a); de manera que ענה significa desde antiguo en el semítico occidental (incluso en fuentes extrabíblicas), tanto «responder», «atestiguar» (cf. *KAI*, Nr.200, 10s [hb.]: וכל אחי יענו לי «y todos mis hermanos responderán por mí» [ya'anû, forma sincopada de *ya'anyu]), como «someter» (ענתנם, «los sometí»; ען ...ועו, «y sometí... sometieron»; cf. *Karatepe* I, 18-20, *KAI*, Nr.26A I [fen.]).

[15] Cf. *'Anî und 'Anāw*, 10-13. KUTSCH mantiene, por el contrario, que ענה I y II nada tienen que ver entre sí por lo que atañe a su origen (Cf. BZAW 168 (1986) 352. Lamento desconocer los motivos de tal conclusión (expuestos por KUTSCH en su Habilitationsschrift), que comparte decididamente SCHWANTES (cf. *Das Recht*, 39, n.10).

[16] BIRKELAND se refiere a ענה II (cf. *'Anî und 'Anāw*, 1.3).

[17] Cf. *'Anî und 'Anāw*, 1.

[18] Cf. *'Anî und 'Anāw*, 1-3.

[19] Cf. *'Anî und 'Anāw*, 6. BIRKELAND extiende este sentido fundamental incluso a ענן (nube), «mangelnde Festigkeit» (p.14). No se ve cómo esta derivación ע"ע de *'an pueda tener un sentido que no es propio de *'an, sino que habría desarrollado su derivación ע"ו.

[20] Cf. *'Anî und 'Anāw*, 12. Nótese que también los otros verbos derivados de *'an, que cita BIRKELAND (p.11s), presentan sentido activo y casi siempre transitivo: el eg. 'nw (volverse), las voces ár. 'nn (mostrarse, salir al encuentro; «propiamente, 'dejarse ver la cara'»), 'nw (querer decir; LANE no atribuye este sentido a 'nw [*AEL*, 2178b-2179a], sino a 'ny [2180c]), 'nw IV (manifestar) y el hb. ענה I (responder), común a todos los idiomas semíticos.

El uso de ענה II demuestra más bien otra cosa: El verbo expresa casi siempre (si no siempre) una acción. Hasta tal punto es activo, que donde parece significar un estado, fué traducido por las antiguas Vrs. pasiva o reflexivamente; es decir, suponiendo que su sujeto soporta una acción. Ese estado que Birkeland propone como sentido fundamental de ענה II («estar disminuído, devaluado»), antes que la significación del verbo, sería (si acaso) el efecto que produce en el objeto la acción significada por el verbo. Ahora bien; la acción misma y el nombre que la expresa, debieran ser anteriores al estado que la acción produce y al nombre que lo expresa; sobre todo, si dicho estado, al decir de Birkeland, nunca es «normal» (=«der so ist, wie er sein soll»[21]), sino degeneración, causada siempre por ענה, del estado primigenio. Si ענה II tiene Q y significa lo que Birkeland propone, dicho Q procedería secundariamente de su construcción causativa. -- Pero habría que preguntarse, visto el uso de ענה II, si nuestro verbo ha tenido realmente conjugación simple: De las siete formas de Q que registra Mandelkern[22], Zac 10,2 y Dan 4,3 son probablemente erratas[23]; las de Qoh 1,13 y 3,10 pertenecen a ענה III; la de Is 31,4 (לא יענה, «no hace caso») puede perfectamente atribuirse a ענה I[24]; como la de Sal 119,67 (טרם אענה, «antes de atender[Te]», *v.i.* pp.87.91s). No resta sino Sal 116,10 (אני עניתי מאר, «ego humiliatus sum nimis»; también G y S traen un pas.), donde quizás hubiera que suponer el Ni de 119,107: נעניתי עד־מאד («humiliatus sum usquequaque»)[25].

A partir de la etimología propuesta por Birkeland, cabría suponer que ענה exprese fundamentalmente la acción de relacionarse; y más en concreto, los dos modos de «en-carar» o «a-rrostrar» el propio entorno: tanto la relación provocada por el amor del objeto, al que mantiene incólume (o incluso res-taura, si por «sobreatención» hubiera degenerado), como el «en-frentamiento» hostil, dictado por el amor a sí mismo, que agrava la «atención» sobre el

---

[21] Cf. *'Ānî und 'Ānāw*, 3.

[22] Cf. *Conc.* -- LISOWSKY recoge solamente cuatro: Is 31,4; Zac 10,2; Sal 116,10 y 119,67 (*Konk*).

[23] Cf. *BHS* y comentarios.

[24] Así lo hacen, por ej., EHRLICH (que supone tardía la construcción de ענה con מן, *Randglossen* IV, 113) y DONNER (*Israel*, 135).

[25] Cf. el caso contrario de דלל I ([llegar a] ser pobre, débil, escaso), con sentido intransitivo exclusivamente. -- Que el ár. 'nw tenga conjugación simple ([llegar a] ser humilde, sumiso, esclavo; LANE, *AEL*, 2178bc), no basta naturalmente para suponerla en el hb. ענה. DEL OLMO registra en su Glosario ugar. un 'nh II, con reduplicación interna y sentido tanto pas. (ser humillado, abatido), como act. (humillar), pero no estativo (cf. *Mitos y Leyendas*, 602).

objeto, hasta el punto de enervarlo y someterlo[26]. Llamar luego ענה I a la primera forma de «encarar (el entorno)» y ענה II a la segunda; o considerarlas respectivamente Q y Pi de un mismo ענה, no serían al fin sino dos diversos ordenamientos lexicográficos[27].

La etimología propuesta conviene sin duda a las diversas acepciones de ענה que imponen luego los contextos respectivos y registran los léxicos puntualmente[28]. En cuanto al nombre עני — considerado un tipo *qatīl* de ענה II[29]— podría participar diversamente la significación verbal, pues dicha forma (frecuente en adjs. substantivados) es tan propia de nombres de acción, como de adjs. con sentido pasivo[30]. ¿Qué venía significando en concreto עני, cuando decidió usarlo nuestro autor?

2.- עֲנִי en la literatura preexílica[31]

El AT ha utilizado el abstracto עֳנִי[32], que traducen «aflicción», y, por supuesto, el Pi עִנָּה[33], antes que el nombre עני. Escenario de la עֲנִי suele ser

---

[26] Sal 34,16s describe ambos modos de atender valiéndose exclusivamente de dos preposiciones distintas: Los ojos, los oídos del Señor *hacia* (אל) los justos (pendientes de los justos); el rostro del Señor *sobre* (ב) los malhechores (gravitando sobre los malvados). Si ענה proviene efectivamente de **an («parte delantera» = פן [?], פנים), el verbo es fundamentalmente sinónimo de פנה (encarar, dirigirse, atender).

[27] Acaso no sea ענה II (que carece quizás de conjugación simple) sino el Pi de ענה I (que carece de Pi). Estaría a favor de esta hipótesis la extrema escasez de auténticos homónimos; un dato que los diccionarios hebreos, al decir de VON SODEN (*ZAW* 55 [1937] 71s), han tenido demasiado poco en cuenta. La distinción de esos dos ענה procura sin embargo un ordenamiento más desahogado; preferible quizás, como apunta LABUSCHAGNE, por razones prácticas (v.n.7).

[28] El significado real de una palabra se deduce en efecto del uso concreto que recibe, y no de su etimología (cf. VAN DER PLOEG, *Mus* 59 [1946] 146; BARR, *The Semantics*, 107 ss). Pero el sentido original sirve para ilustrar (y decidir) el posterior sentido derivado (*v.s.* p.10).

[29] Cf., e.g., BIRKELAND, *'Ānî und 'Ānāw*, 7; JOÜON, *Gramm.*, 96Dc; BAUER—LEANDER, *Historische Gramm.* §61nα; AARTUN, *BO* 28 (1971) 126.

[30] Cf. JOÜON, *Gramm.*, 88Eb .

[31] *Vid.* Tabla V, que no incluye Nu 12,3 (עני ק [ענוי]), probablemente tardío (DELEKAT, *VT* 14 [1964] 46, n.1), 2 Sam 22 [= Sal 18] 28 (postexílico: SELLIN — FOHRER, *Einl.*, 244.309) ni otros lugares proféticos enumerados en n.50.

[32] Cf. Gen 16,11J; 29,32J(EP); 31,42J(NEP); 41,52J(E); Ex 3,7.17J(E); 4,31bJ (cf. SELLIN — FOHRER, *Einleitung*, 142.160s).

[33] Cf. Gen 16,6J; 31,50J(NE); 34,2EN[L: EISSFELDT, *Einl.*, 258.261]; Ex 1,11sJ(N); etc. La acción supone siempre una violencia del suj. que la ejerce, sobre el obj. que la soporta (cf. una descripción detallada en SCHWANTES, *Das Recht*, 43-49).

la tierra extraña[34]; y el Señor, espectador atento: JHWH la advierte, «ve» la עֳנִי[35]. Como ésta se atribuye a quien la sufre, nunca al que la causa, parece pasión antes que acción. Pero el que JHWH la advierta — y, sobre todo, ciertas expresiones paralelas[36] — sugieren que la significación del substantivo incluya además la causa de la aflicción, la otra cara del fenómeno. La עֳנִי, que consiste en la vida penosa que resulta de un maltrato, debe significar «aflicción», «humillación»[37], tanto activa como pasivamente[38].

Si el abstracto עֳנִי ha resumido siempre la situación del עָנִי[39]; o dicho de otro modo, si conviene el nombre de עָנִי a todo aquel que se halla en עֳנִי [40], el adjetivo ha debido significar desde un principio «humillado», «afligido». Pero, mientras que el abstracto aparece bien pronto en relación con el Pi

---

[34] Cf. Gen 16,11; 31,42; 41,52; מצרים: Ex 3,7.17; Dt 16,3; 26,7; Neh 9,9. Aunque también se produce en el hogar (cf. Gen 29,32; 1 Sam 1,5-11), por lo común es mal de forasteros, que agrava la nostalgia (cf. Gen 41,51s). Israel, que «conoce el alma del forastero», debe guardarse bien de maltratarlo (לחץ; v. n.41), de causarles esa עני (Ex 23,9).

[35] Incluso en Gen 16,11-13, donde la acción divina consiste, según el ángel, en «atender a» (שמע אל), se concibe aquella como un «ver» (ראה). Al clamor (צעק [34Ex 3,7.9; Dt 26,7]; זעק [Neh 9,9]) que levanta la עני, corresponde que JHWH también escuche (שמע; el tardío Sal 106, 44 explica el ver como consecuencia del oir); pero este segundo rasgo no es tan constante como el primero: «JHWH ha visto» acompaña poco menos que siempre a la mención de la עני. Los lamentos pueden convertir el rasgo en súplica: «¡(JHWH,) repara en mi desdicha!» (cf. Sal 9,14; 25,18; 119,153; Lam 3,1.19). -- El espectáculo de la עני indigna más al lector que a JHWH. Que el Señor haya visto la עני, significa que interviene para consolar o resarcir de algún modo a quien la sufre; pero a veces transige con la situación y no consta que castigue siempre al opresor (cf. Gen 16 [de composición problemática]; 31,42; 41,52).

[36] Cf.: «he visto la opresión con que los están oprimiendo (לחץ) los egipcios» (Ex 3,9); «lo que se os hace (את־העשוי) en Egipto» (Ex 3,16).

[37] En Gen 16,11, podría significar el subst. «degradación» (cf. VON RAD, Genesis, 149; GERSTENBERGER, TWAT VI, 253), si es que resume la vuelta de Agar a su antigua condición de esclava; reducción decretada por Abrán (v.6a), promovida y ejecutada por Saray (v.6b: ותענה). La equivalencia «cautiverio», que propone THOMAS para Sal 107,10 y Job 36,8 (cf. JTS 16 [1965] 444s) está incluída al menos en la virtualidad significativa del ʿnw ár. (cf. LANE, AEL, 2178b.2179c).

[38] La עני, por lo menos en estos pasos más antiguos, nunca se produce casualmente, sino que tiene una causa externa bien concreta (la expresan עָנָה y otros verbos de opresión; cf. n. 41). Es improbable que una mente como la hebrea considerase restringidamente el fenómeno y diera nombre en consecuencia sólo a un aspecto del mismo. Los diccionarios subrayan quizás excesivamente el aspecto pasivo; cf., v.g., ZORELL, LH: «conditio hominis... depressi...».

[39] HALAT, 810b: «Elend, gedrückte Lage > Zustand d. עני».

[40] Cf. RAHLFS, עני und ענו 73: «in Knechtstellung befindlich»; HAWAT, 339a: «in gedrückter Lage befindlich»; ZORELL, LH, 614b: «in humilem miseramve condicionem redactus».

עָנָּה[41] («humillar», «afligir», la *causa* de la עָנִי), hasta el postexilio no es seguro que se llame עָנִי a quien sufre עֲנִי[42].

a) Códigos

עָנִי aparece por primera vez en el Código de la Alianza (cf. Ex 22,24) donde, cualquiera sea su significado radical, indica inequívocamente a un *pobre*: a alguien que carece de dinero y necesita pedirlo prestado. El nombre desempeña sin duda idéntica función, siglos después, en el Código deuteronómico[43] y en la Ley de Santidad[44]. -- עני aparece asociado, de una parte, con otros desvalidos: con la viuda y el huérfano[45]; y más estrecha (ו) y frecuentemente, con el גר (forastero)[46]; Dt lo empareja con אביון (*v.i.* B), dando lugar a una fórmula afortunada. Por otra parte, pertenece a Israel: «vive contigo» (עמך), es «tu prójimo» (רעך), «tu hermano» (אחיך). Más aún; si את־עמי (a mi pueblo: Ex 22,24)) no es una errata (G* τῷ ἀδελφῷ...παρὰ σοί=את־אחיך), o un retoque posterior[47], ya el código de la Alianza califica al עני de perteneciente a JHWH; lo que dice más expresamente su carácter sacro (y avisa veladamente de que tiene valedor; cf. v.26).

De esta segunda relación no cabe, sin embargo, deducir que עני sea un sinónimo de «Israel» en los códigos. No pretenden éstos de ese modo, sino subrayar la *pertenencia* del pobre a la comunidad (como si le dijeran «es tu carne»), para excitar la misericordia. Con la viuda, el huérfano y el emigrante

---

[41] Cf. Gen 16,6.11J (15,13E); Dt 26,6.7. También con otros verbos de opresión: לחץ (Ex 3,7.9; cf. Dt 26,6.7), כעס (1 Sam 1,6.11), נגש (Ex 3,7).

[42] Jacob en Jarán no es un עני, a pesar de su vida miserable (cf. Gen 29-31); Israel en Egipto no es un עם עני (ni por supuesto, el «pueblo pobre» de Sof 3,12; Sal 18,28). Cf., por el contrario, ya en el postexilio, Sal 9,13s; 22,25; 25,16.18; 88,10.16; (107,41: אביון); Job 36,15. Quizás las «Palabras de Lemuel» (Prov 31,1-9), de data y origen inciertos, han relacionado por primera vez expresamente al עָנִי con su עָנִי (*v.i.* pp.57s).

[43] Cf. Dt 15,11; 24,12.14s. Dt 12-26 es «una edición ampliada» del Código de la Alianza (cf. DRIVER, *Deuteronomy*, x).

[44] Cf. Lev 19,10b = 23,22b.

[45] La relación en Ex 22,21s.24 es más bien remota y quizá casual. Las enumeraciones dtr de personas desvalidas pueden incluir al «levita» e incluso a «esclavos y esclavas», pero nunca al «pobre» (cf. Dt 10,18; 16,11.14; 24, 17.19.20.21; 26,12.13; 27,19). No lo advierte FENSHAM (cf. *JNES* 21 [1962] 135). Solamente Is 10,2; Job 24,3s; 29,12s; 31,16s y Zac 7,10 relacionan al «pobre» con el «huérfano» y la «viuda». Sal 10,17s y 82,3 unen también al «huérfano» con el «pobre», pero el sentido de esos nombres es discutido en ambos casos; cf. además Job 24,9.

[46] Cf., fuera de los códigos, Ez 22,29; Zac 7,10.

[47] Cf. en SCHWANTES (*Das Recht*, 62) un resumen de la cuestión.

podría עני tener en común el desamparo; con el גר, el desarraigo: el no vivir en tierra propia o de su tierra[48]. Pero tampoco existe constancia de que incluya עני a cuantos sufren aflicción; y ni siquiera de que signifique al *afligido* por la peculiar aflicción de la pobreza[49]. Lo más evidente es que designa al *pobre*; de manera que la significación más propia de עני se aparta de las del causativo עִנָּה y el abstracto עֳנִי: mientras que éstos significan «aflicción, opresión», aquel (suponiendo quizás dicho sentido radical) de hecho *significa* «pobre». Quizás sea עני, desconocido en los libros históricos, una suerte de eufemismo o designación compasiva de quien ocupa el grado inferior en la escala socio-económica de los hombres libres.

b) Profetas

También los pasos proféticos anteriores a DtIs[50] han usado עני para de-

---

[48] Aunque es inexacta la generalización de que sólo es pobre quien no posee una tierra (cf. Rut 4,3).

[49] No veo razón para suponer que este עני signifique «(injustamente) oprimido» como se entiende con harta frecuencia (cf., v.g., KUSCHKE, *ZAW* 16 [1939] 49; MAIER, *Die Texte* II 83). Ni la pobreza (que puede provenir de una sequía) se considera más injusta que la orfandad o la viudez. Adviértase que no combaten estas disposiciones la pobreza, sino la opresión del pobre.

[50] Cf. Tabla V que no incluye, además de los pasajes que se consideran comúnmente post-exílicos (Is 11,4; 26,6; 29,19; 32,7; Ez 16,49; 22,29; Sof 2,3), otros de datación más discutida; a saber, Is 14,32b; Hab 3,14 y Sof 3,12. -- Is 14,32b demuestra una concepción tan diversa de los עניים, que no veo cómo podría coexistir con la de caps. anteriores. La cadena constructa עני עמו equivale a un gen., no ya partitivo («los pobres de Su pueblo»), sino epexegético («los pobres que constituyen Su pueblo»); y más que significar la realidad sociológica de Israel, designa, al estilo de los salmos postexílicos, a «los piadosos, los creyentes». Incluso los sinónimos דל y אביון (v.30a), en paralelo, pueden ya realizar esa misma función; lo que presupone un largo proceso de evolución semántica (v.i.B). Acerca de Is 14,30a.32b (que BEGRICH [*ZDMG* 86, 1933, 66-79] y, apoyados en él, EISSFELDT [*Einl.*, 420, n.1] y SELLIN — FOHRER [*Einl.*, 402, n.14] consideran genuíno), cf. las reservas de GRAY (*Isaiah*, 269s) y KAISER (ATD 18,43-48). WILDBERGER que considera espurio el v.30 y genuíno el 32b, no consigue demostrar ninguna de ambas cosas (cf. BKAT X/2, 573-586). El vocabulario y los conceptos de aquellos vv., no solamente son característicos de la literatura postexílica, sino que están frecuentemente en desacuerdo con las ideas genuínamente isaianas (cf. FARFÁN NAVARRO, «Los 'pobres' bienaventurados»). -- Hab 3,13s parece equiparar el sg. עני (v.14b) con עמך (tu pueblo, v.13a; cf.Sal 68,11), pero el texto, con abundantes signos de manipulación, es probablemente secundario (cf. WARD, *Habakkuk*, 24). -- Sof 3,12 — único paso profético donde עני no es subst., sino adj. — atribuye a עני un sentido religioso, desconocido (y acaso inexplicable) por entonces. En efecto; la singular expresión עם עני ודל («un pueblo humilde y pobre»; עם עני sólo se repite en Sal 18, 28, postexílico), opuesta a עליזי גאותך («tuos superbe gloriantes»: ZORELL, *LH*, 602a), *no puede* tener el sentido socio-económico que exhiben siempre ambos adjs. en pasos preexílicos: Las

signar al pobre[51]. El nombre aparece siempre en denuncias de injusticia, que designan lógicamente al pobre con los términos técnicos (אביון, דל, עני), usados por las normas infringidas[52]. Se trata siempre aquí de un pobre real, contemporáneo del profeta[53], cuyo rango social ilustran en paralelo דל, אביון; y — con la sola excepción de Jer 22,16 —, de un pobre maltratado.

El opresor del עני nunca es expresamente el «rico» (עשיר)[54], sino, en Am (2,7; 8,4), «Israel» (un Israel corrompido, por supuesto)[55]. Is acusa más en concreto a las autoridades de Israel (שרים, זקנים: 3,14; חקקים: 10,1); Jer, al propio rey (22,15ss). Ez no consigna la clase social, sino la catadura moral del adversario (18,12), cuyas tropelías abarcan desde el robo (פריץ, עשק, גזל) al homicidio (שפך דם).

La vejación brutal que sufre en completa indefensión el pobre, viendo

---

cualidades de ese pueblo (דל, עני) están explicadas por su conducta («refugiarse en el nombre del Señor»: v.12b) y por oposición a los soberbios y su conducta (v.11); de manera que deben resumir la contraria actitud de la humildad y la sumisión. SCHWANTES tiene razón al excluir que los adjs. tengan sentido puramente económico (*Das Recht*, 149; contra IHROMI); pero es dudoso que acierte, cuando les atribuye *además* dicho sentido (como si דל hubiera de tenerlo en cualquier paso), viniendo a concluir «dass es in v.12a... nicht nur eine soziale Situation, sondern ein positives Verhalten gemeint ist» (*ib*. 151). El contexto impide en este caso al adj. su significación primera, al orientarlo en otra dirección. Considero más probable en este caso que la «contaminación teológica» demostrada por עני, se haya extendido a la sazón incluso a דל (*v.i.* n.112). SMITH apoya en buenas razones la opinión que asigna los vv.8-13 a un tiempo posterior (cf. *Zephaniah*, 246-253). Tampoco ELLIGER admite sin reservas la autenticidad de esos versos (ATD 25, 80).

[51] Am ha usado exclusivamente (עניים), aunque en 8,4 el Q ordena leer עניים, y en 2,7 advierte la Mp: לשון דל («en sentido de 'pobre'»). La Mm de la *Biblia Rabbinica* considera excepcional la asociación de עניים con sinónimos de «pobreza» (cf., a propósito de Am 2,7, ORLINSKY — WEINBERG, *Estudios Masoréticos*, 25-35). Si עניים es el primitivo pl. de עני (cf. DELEKAT, *VT* 14 [1964] 46s), o si deriva de una raíz diferente, como mantiene AARTUN (*BO* 28 [1971] 125s), está por decidir. Pero es innegable que עניים tiene por lo común otro sentido que עני, se repite particularmente en la literatura más moderna y se construye de otro modo: no son ni «de JHWH» ni «de (su) pueblo», sino «de la tierra» (עני ארץ — cf. Is 11,4; Am 8, 4[K]; Sof 2,3 [הארץ]; Sal 76,10 [Job 24,4: עניים]).

[52] Jer y Ez no utilizan עני sino en la fórmula dtr.

[53] Y no de pobres futuros o en relación con sucesos por venir. La observación es de SCHWANTES *(Das Recht*, 138).

[54] Tampoco en Salmos: Cuando coincide «rico» y «pobre» (49,3), es para conformar una expresión polar; no para indicar clases hostiles.

[55] Probablemente cualquiera, incluso pobre (cf. Is 9,18b.19b; Mt 18,28), con la fuerza indispensable (cf. BOVATI, *Ristabilire*, 286). Ez 22,29 acusa expresamente al עם הארץ.

cómo atropellan los tribunales su derecho[56], queda magistralmente expresada en la durísima imagen de Is 3,15:

«Trituráis (דכא)[57] a mi pueblo,
moléis el rostro de los pobres (עניים)».

En tal contexto de opresión, es verosímil que aflore en עני, siquiera como sentido colateral, el significado radical de «aflicto». Is 10,2 lo asocia a otros desvalidos.

La pertenencia de los עניים a JHWH obtiene especial relieve en los primeros caps. de Is: Aquellos son, en boca del Señor (de su profeta), עניי עמי («los pobres de mi pueblo» [10,2, aunque עמי no está libre de sospechas[58]]); y en la privilegiada posición del paralelo, «la viña»[59], «pueblo mío» (3,14s). Evidentemente no se equivalen «pobres» y «pueblo de JHWH»[60]: también son «de Su pueblo» jefes y ancianos. Pero עניי עמי y los paralelos הכרם, עם (יי) no dicen meramente que *también* los pobres son pueblo de JHWH; seguramente delatan la predilección paterna por el hijo menos dotado — aunque la plebe y los desvalidos no resulten al cabo más justos que sus rectores, y estén igualmente destinados al destierro y a la muerte (5,13s; 9,12-21)[61].

c) Salmos y Proverbios

Es difícil establecer qué sentido presenta el término עני en los salmos más antiguos: Fundamentalmente, porque la datación de los salmos es incierta (aun cuando pretenda tan poco como dividirlos gruesamente en pre- y postexílicos); y en segundo lugar, porque, al haber sido acomodados con frecuencia a situaciones sucesivas, determinadas expresiones — en nuestro caso, las relativas a los pobres — pueden reflejar, aun en piezas de origen más antiguo, un uso posterior.

Como en los Códigos y en los antiguos profetas, así en los salmos que

---

[56] Cf. Is 10,2; Am 2,7; 8,4.

[57] Cf. *NBE*. La raíz dice asimismo «aplastar, pisotear, machacar» (cf. Dt 23,2 [דכה] «*contritio* testiculorum»: ZORELL, *LH*, 172s).

[58] Cf. GRAY, *Isaiah*, 191.

[59] Cf. Is 5,7 y KAISER, *Jesaja*, 48; SCHWANTES, *Das Recht*, 110-112.

[60] Vid., e.g., KUSCHKE, *ZAW* 16 (1939) 41; SCHWANTES, *Das Recht*, 105.110s.168: «In Jes 3,14f waren die עניים faktisch nur ein Teil des ganzes Volkes; ihre Parallelisierung zu עני war eine theologische Radikalisierung der Anklage».

[61] Sobre la aproximación de עניים a la bina צדיק // אביון en Am 2,6s, *v.i.* B.

hoy se juzgan más antiguos[62], עני parece designar al *pobre*: Sal 72,4[63], en contexto similar al de Is (cf. 10,2: עניי עמי, משפט), designa a los pobres con expresión muy parecida (עניי־עם) y forma igualmente su paralelo con un sinónimo. Pero el v.2 ya no los refiere al pueblo, sino a Dios (ענייך, tus pobres // עמך, tu pueblo). Una pertenencia tan estrecha de los עניים a Dios (/JHWH) sólo vuelven a expresarla de ese modo Is 49,13 (עניו) y Sal 74,19 (ענייך)[64]. Que tales «pobres» designen una clase social[65] y no al entero Israel[66], es al menos dudoso; sobre todo, si דין (v.2) significa, como de ordinario, «regir» (a lo que corresponde mejor «pueblo» que «pobre»), de modo que el v.2 no repita meramente el ruego del v.4 (ישפט, «que haga justicia», «que defienda el derecho»). El v.12[67], por su parte, relaciona indirectamente al עָנִי (ahora en sg.) con una situación de עָנִי, al asociarlo con «el que pide auxilio» y con el «desamparado»[68]. ¿No tendrá עָנִי sentido teológico en todo el salmo? Pro-

---

[62] De los 38 salmos que SELLIN — FOHRER registra como preexílicos o probablemente pre-exílicos (cf. *Einleitung*, 306-318), solamente 4 incluyen el nombre עני (Vid. Tabla V). (עני/ו) aparece 34 veces más en 21 de los restantes 112 salmos. עניים es exclusivo de los salmos que se consideran postexílicos. La data de cada pieza (ya se advierte allí mismo, 307s) sólo alcanza un cierto grado de verosimilitud.

[63] Frente a la resuelta convicción de KRAUS, «zweifellos vorexilisch» (*Psalmen* II, 657), MANNATI — DE SOLMS lo juzgan postexílico (cf. *Les Psaumes* II, 305). Pero la opinión más compartida lo atribuye a los últimos años de la monarquía (cf. SELLIN — FOHRER, *Einleitung*, 313; RAVASI, *Salmi* II, 466).

[64] Este salmo es probablemente postexílico (cf. GUNKEL, *Die Psalmen*, 322; MORGENSTERN, *HUCA* 27 [1956] 130s; DAHOOD, *Psalms* II, 208). No sólo עניך (// תורך; cf. *BHS*) puede ya designar al pueblo de Israel, sino incluso la fórmula עני ואביון (v.21), que en un principio sólo ha tenido sentido socio-económico (v.i. B).

[65] Así lo entiende, p.ej., KITTEL: «Die 'Elenden Jahwes' sind nicht ohne weiteres=עמך, so dass das Volk als *solches* elend hiesse, sondern diejenigen im Volk, die das Recht besonders bedürfen (ו=und zwar).» (*Psalmen* II, 285s). Del mismo parecer son, entre otros, BIRKELAND (cf. *'Anî und 'Anāw*, 97), GARCIA CORDERO (cf. «Libros Sapienciales», 473) y SCHWANTES (cf. *Das Recht*, 183ss).

[66] BRIGGS refiere עניך a Israel, aunque no lo considera designación, sino calificativo del pueblo, *sojuzgado* por el rey anterior (cf. *Psalms* II, 133). Cf. ARCONADA: «'Afligidos de Jahwé', 'afligidos del pueblo', 'hijos del pobre' y parecidas expresiones (Is 14,4; Mt 11,5) designan con frecuencia, como en v.2 y su paralelo, a todo Israel, al histórico y al mesiánico» («Los Salmos», 256, n.9).

[67] BRIGGS considera interpolados los vv.8-12; y al v.12, cita de Job 29,12 (cf. *Psalms* II, 134s).

[68] אין עזר לו (que debe recordar la soledad de Adán) describe la עָנִי de Israel en 2Re 14,26. שוע (gritar pidiendo auxilio) no queda lejos del «clamor» (זעק, צעק) que levanta la opresión (v.s. n.35).

bablemente sea tan difícil confirmar la sospecha como excluirla.

También en Sal 82,3s podría presentar עני su sentido primero (idéntico contexto judicial, sinónimos de «pobre» en paralelo), aunque no se excluye fácilmente la explicación de quienes consideran más probable que los sinónimos de pobre y afligido (vv.3s) señalen a Israel, sometido a potencias extranjeras[69]. La datación y la exégesis del salmo son especialmente inseguras[70].

En Sal 68,11[71], por el contrario, עני tiene probablemente otro valor: ya no parece designar a un pobre, sino al pueblo de JHWH (//חיתך [«tu rebaño»: NBE])[72]. Y sin embargo, ¿por qué llamar עני al pueblo que recibe la heredad de JHWH? Si la denominación refiere a las fatigas pasadas del desierto, quizás dependa de Dt 8,2s.16 que hacen a Israel objeto del ענה divino en aquel trance. Esta pieza, aunque compuesta de antiquísimos cantos israelitas y cananeos, podría ser postexílica[73]. -- Sal 109, de data igualmente insegura[74], debiera ser considerado postdeuteronómico: No sólo incluye la fórmula עני ואביון (vv. 16.22; v.i. B), sino la singular expresión איש־עני, que comparte en exclusiva con Dt 24,12. Por otra parte, las descripciones de aflicción y languidez que acompañan al «pobre», y la nueva caracterización de sus enemigos, son comu-

---

[69] Cf., e.g., MOWINCKEL, *Psalmenstudien* II, 68; III,46 (aunque en VI,62 manifiesta otra opinión: los mismos nombres significan «die wirtschaftlich Armen und die sozial Niedrigstehenden») y BRIGGS, *Psalms* II, 214-216. Que «huérfano» nunca se diga de Israel (BIRKELAND, *'Ānî und 'Ānāw*, 99), no es tan seguro (cf., p.ej., Sal 10,14.18).

[70] BRIGGS lo juzga probablemente exílico (cf. *Psalms* II, 215); GUNKEL (*Die Psalmen*, 363), MORGENSTERN (*HUCA* 14 [1939] 121), postexílico; SELLIN — FOHRER (*Einleitung*, 314), DAHOOD (*Psalms* II, 269), anterior al exilio; según KRAUS, no es fácil decidir (*Psalmen* II, 735). RAVASI opina que el salmo, acaso premonárquico, ha sido retocado tras el exilio (cf. *Salmi* II, 713). GONZALEZ, que considera superficiales y lejanas las semejanzas del salmo con la literatura de Ugarit, lo estima contemporáneo de DtIs (*VT* 13 [1963] 309).

[71] GUNKEL comenta: «Der עני...ist das Volk der Wüste Jes 41,17» (*Psalmen*, 289). De parecida opinión son BIRKELAND: «...vermutlich...'ānî bezeichnet...Israel als leidend, in Not während der Wüstenwanderung» (*'Ānî und 'Ānāw*, 96) y KRAUS: «...עני, der hier wohl Israel ist.» (*Psalmen* II, 633).

[72] «Dein Lager» traduce DELEKAT (*VT* 14 [1964] 43); BIRKELAND, «*Stamm, Volk*» (*'Ānî und 'Ānāw* 96). RAVASI (*Salmi* II, 382) adopta la interpretación de LORETZ («tierra», del ug. *ḥwt*; cf. *UF* 12 [1980] 283), que no comparte CARNITI (cf. *Il Salmo 68* p.28, n.13).

[73] SELLIN — FOHRER lo registra como postexílico (*Einleitung*, 313). Quizás se trata de un salmo de época monárquica, sucesivamente corregido y actualizado (cf. RAVASI, *Salmi* II 365s). CARNITI advierte «l'estrema ipoteticità di ogni tentativo di datazione del salmo» (*Il Salmo 68*, p.22).

[74] Cf. SELLIN — FOHRER, *Einleitung*, 316; KRAUS, *Psalmen* II, 922; RAVASI, *Salmi* II, 238.

nes en el postexilio. La fórmula dtr no significa ya al pobre (como en Dt), sino al siervo de JHWH (v.28).

Las sentencias probablemente más antiguas[75] utilizan עני con el mismo sentido socio-económico que exhibe el nombre en Códigos y Profetas. Y en parecidos contextos: celebrando a quienes lo socorren (Prov 14,21; 31,20), exhortando a preservar sus derechos en el foro (בשער: 22,22; דין: 31,5.9) o denunciando su atropello (30,14). Forman el paralelo de עני los consabidos דל (22,22), אביון (30,14; 31,20) e incluso רע (prójimo: 14,21)[76], asociado de עני en Códigos y Jer.

Las «Palabras de Lemuel» (Prov 31,1-9)[77] subrayan la triste condición y la proximidad a la muerte que entraña עני[78]: Lo asocian, no solamente al «amargado» (מרי נפש)[79] — cuya situación describen ריש[80] (miseria) // עמל (fatigas) —, sino también al «mudo» (אלם)[81], al אוֹבֵר (más que «transeunte»,

---

[75] Cf. Tabla V que recoge 3 proverbios de la colección B (10-22,16); 1 de la colección C (22,17-24,22), quizás la más antigua, dependiente de la sabiduría de *Amen-em-ope* (cf. ERMANN, *OLZ* 27 [1924] 241-252; McKANE, *Proverbs*, 371-373); otro de la colección F (30) y 2 vv. de la colección G (31,1-9). La colección B, que agrupa a su vez otras dos (10-15; 16-22,16), desarrolladas a partir de alguna colección más reducida y acaso preexílica, según el sentir hoy más común, se terminó en el postexilio. La colección C podría remontarse a los últimos años de la monarquía. Las colecciones F y G, incorporadas quizás relativamente tarde, contienen material antiguo (cf. SELLIN — FOHRER, *Einleitung*, 348-352). PLÖGER propone aún las mismas dataciones, aunque advirtiendo de su carácter eminentemente conjetural *(Sprüche*, XVs). TOY, por su parte, considera el libro postexílico, aparecido en su mayor parte entre los de Job y Ben Sira (*Proverbs*, xx-xxxi). McKANE, atendiendo más a la forma literaria que a la imposible datación de los proverbios, agrupa 22,17-24,22 y 31,1-9 (junto con 1-9) bajo el concepto «instruction» (del que es propio el ipt), mientras que considera «wisdom sentence» (de la que es propio el indicativo) a 10-22,16 y 24,23-34 (además de 25-29; cf. *Proverbs*, 3).

[76] G trae πένητας (pobre), que quizás haya traducido רעב (hambriento).

[77] «This is no-Israelite wisdom literature» (WHYBRAY, *Proverbs*, 180). McKANE señala su parecido con la correspondiente literatura egipcia, en especial con *Amenemhet* y *Merikare*, y recuerda que a GEMSER le parece una pieza edomita (*Proverbs*, 407).

[78] BIRKELAND percibe en עני una forma de existencia depreciada, bien próxima a la no-existencia para los antiguos orientales (Cf. *'Anî und 'Anāw*, 12). HASENFRATZ ha comprobado la misma concepción en otras sociedades arcaicas: el pobre despide un cierto olor a muerte; está socialmente muerto (cf. *Die Toten Lebenden*, 77-80).

[79] La amargura sirve para describir la עני en 1 Sam 1,10s; 2 Re 14,26 (cf. Rut 1,20s).

[80] Sólo Sal 82,3 vuelve a reunir עני con רש.

[81] «Mudo» (אלם) no es atestiguado por las antiguas Versiones. El // צדק (justicia, v.9a) haría esperar algún sinónimo de equidad (¿אמת?. — S trae «la palabra de verdad»; cf. TOY, *Proverbs*, 541).

«malogrado» o «moribundo»: que pasa hacia la muerte[82]), a los בְּנֵי־עֹנִי (que tienen por herencia la aflicción, nacidos ya en la desdicha), a los בְּנֵי־חֲלוֹף («pereuntes»: Zorell, *LH*, 243a)[83]. La fórmula עני ואביון más parece significar aquí «desgraciado» que «pobre».

עני (// y opuesto טוֹב־לֵב, feliz[84]) puede tener el mismo sentido genérico de «afligido» en 15,15. -- En 16,19 podría significar «pobre»[85], sobre todo, si — como entiende Toy — «humilde» (שְׁפַל־רוּחַ) se contrapone quiásticamente a «soberbios», y «pobres», a «repartir botín»:

טוֹב שְׁפַל־רוּחַ אֶת־עֲנִיִּים

מֵחַלֵּק שָׁלָל אֶת־גֵּאִים

Pero la repetición de אֶת (con) desvirtúa dicha oposición cruzada, en la misma medida en que subraya la de (אֶת־)עֲנִיִּים con (אֶת־)גֵּאִים. El estado de ánimo apagado, cercano a la calma, del שְׁפַל־רוּחַ (lit., «bajo de espíritu») se opone así a la *euforia* que evoca «repartir botín» (cf. עֶלְזֵי גַּאֲוָתֵךְ, los ruidosos soberbios de Sof 3,11). Si fuera ésta la intención del proverbio (y así parece indicarlo el עֲנִיִּם ק), עֲנִיִּם debe significar «humildes», lo contrario del // גֵּאִים. Probablemente es imposible determinar la antigüedad de esta acepción[86].

En resumen: עָנִי indica primitivamente al pobre (en concreto, al israelita pobre). Es posible, quizás inevitable, por razón de su origen (> ענה), que signifique también «afligido». Aunque la datación incierta de Sal y Prov impide cualquier juicio terminante, no consta que haya significado «humilde» (mucho menos, «piadoso») antes del exilio. Parece, en fin, improbable (y

---

[82] Cf. PLÖGER, *Sprüche*, 369: «der dahinsiecht»; McKANE, *Proverbs*, 260: «who is going to die».

[83] Siguiendo la conjetura de DYSERINCK, aceptada por TOY (cf. *Proverbs*, 542), entre otros, *BHS* propone בְנֵי־חֲלִי (desventurados). Cf. McKANE, *Proverbs*, 411.

[84] Cf. TOY, *Proverbs*, 309s.

[85] Cf. *NBE*; TOY, *Proverbs*, 327s; McKANE, *Proverbs*, 236. 499.

[86] No garantizan una gran antigüedad ni Nu 12,3 (cf. n.31) ni *KAI*, 202A: אִשׁ עֱנֹה אֶנֹךְ, cuya interpretación es insegura. NÖLDEKE (*ZA* 21 [1908] 381) y DONNER — RÖLLIG (II, 206) aventuran «yo soy un hombre humilde» (versión ciertamente posible), pero si אֵשׁ = «hombre» (como parece probable), ענה podría representar un ptc. (act. o pas.), «que atiende», «atendido» (*v.i.* p. 87), que acoplaría muy bien con lo siguiente: «y así me ayuda el Señor del cielo». -- Tampoco JEPSEN entiende «humilde» en este caso: Suponiendo que el aram. ענה signifique lo mismo que el hb. עני («der, der kein Dach über dem Kopf hat» [?]) y refiriendo al pasado la oración nominal, propone traducir: «Ein heimatloser (armer? schutzbedürftiger?) Mann war ich...» (*MIOr* 15,1 [1969] 1s).

acaso fuera inexplicable por entonces) que haya podido designar en ese tiempo al pueblo de Israel.

3.- ענה II en Is 40-55[87]

a) Peculiaridades en el uso de la raíz

Si prescindimos del último «cantico del Siervo» (53)[88], esta sección de Is no ha usado de ענה II sino formas nominales; y por lo que respecta a עָנִי, formas nunca repetidas en el AT: dos veces el pl. (העניים, con «l'article de la totalité», como corresponde al que comprende todos los individuos de la clase[89], y עניו, con un suf. de 3ª persona, que refiere los pobres a JHWH) y otras dos el fem. עניה, un neologismo debido a nuestro autor[90] y desaparecido con él de la circulación literaria[91].

Por otra parte, mientras que los demás profetas acostumbran usar en estado constructo el substantivo עני[92] y formar su paralelo con sinónimos estrictos[93], DtIs tiende a usarlo en estado abs. y nunca (probablemente, v.i. B) lo acompaña de sinónimos de «pobre», un concepto que es ajeno a su anuncio. A partir de estas observaciones iniciales comienza a tomar cuerpo la impresión de que DtIs ha creado una terminolgía en este campo.

b) Significado

Al contrario de los felices «pobres» del futuro, conocedores de JH[94], que pueden reposar sin sobresalto[95], los עניים de DtIs tienen en común con los preexílicos su indefensión y el presente angustioso. Pero no son pobres inicuamente despojados por sus hermanos (como en Am, Is, Ez y Jer) o que se deban tratar con justicia y compasión (como en Ex-Dt). Estos otros sufren

---

[87] V. Tabla V.

[88] El v.4 contiene un ptc. Pu; el 7, un ptc. Ni tolerativo de ענה II.

[89] Cf. JOÜON, Gramm., 137i .

[90] El de Is 10,30 es un error de puntuación (cf. BHS).

[91] El abstracto עני (cf. 48,10) no aparece en ningún otro profeta.

[92] Los profetas han usado עני casi siempre (17 veces de 21) en locuciones; resultantes, o de construir עני/ו con otro subst. (עני/ו es regente en Is 3,14s; 26,6; Am 2,7; y regido [por ארץ(ה)] en Is 11,4; Am 8,4; Sof 2,3; [por עם] en Is 10,2; 14,32), o de copularlo con un sinónimo (עני ואביון Jer 22,16; Ez 16,49; 18,12; 22,29; עני ודל: Sof 3,12; cf. Is 66,2; Zac 7,10; 9,9).

[93] Cf. Tabla V.

[94] Cf. Is 29,19; Sof 2,3; 3,12.   ·

[95] Cf. Is 14,30a; Sof 3,13.

sed y desamparo (41,17; 54,11), yacen abatidos por la ira de JHWH (51,21s) y al fin, cuando ya son «de Él» (עניו), reciben su consuelo (49,13). Nunca hubo pobres tan cercanos a Dios. Las formas de עני ya no designan al *pobre*, sino al *pueblo de Israel*:

α) *Is 49,13*, un pequeño «himno» conclusivo[96], forma con עניו (Sus pobres) el paralelo de עמו (Su pueblo). Ambos nombres, igualmente referidos a JHWH, parecen en verdad tan equivalentes como las dos acciones divinas[97] de que son objeto. Lo confirma una curiosa circunstancia: 49,13 se parece en gran manera a otros dos remates hímnicos de la misma familia, 44,23 y 52,9. Además de la función estructural de rematar secciones[98], tienen los tres en común:

---

[96] A estos himnos que celebran una acción *venidera* de JHWH, los ha llamado GUNKEL «eschatologischen Hymnen» (*Einl.*, 79s). WESTERMANN prefiere «eschatologischen Loblieder» (*Das Loben*, 18.92.108; *Sprache*, 157). CRÜSEMANN, por su parte, denomina «imperativischer Hymnus» a todo el que comienza imperando la alabanza (*Studien*, 31). En DtIs señala 42,10-13; 44,23; 49,13; 52,9s y, «nur unter Vorbehalt», 48,20s (*ibid.* 45s, n.2).

[97] נחם, aquí, «restaurar» (cf. WESTERMANN, *Jesaja*, 31; SIMIAN-YOFRE, *TWAT* V, 379) y רחם, «tratar compasivamente», «restaurar», pues רחם no expresa en absoluto un mero sentimiento. ZIEGLER (*Die Liebe Gottes*, 40s), JEPSEN (*KD* 7,4 [1961] 262-264), JENNI (*Das hebräische Pi'el*, 223) ya advirtieron la dimensión práctica de la compasión hebrea.

[98] Is 44,23 sirve de colofón a 42,14-44,22 (cf.DUHM, *Jesaia*, 337; WESTERMANN, *Sprache*, 161s; *Jesaja*, 116). 49,13 apenas si tiene que ver con los «cantos del siervo» (49,1-4.5b; 49, 5a.6.8-9a) que ahora le preceden. Difícilmente podría establecerse qué sección haya concluído originalmente. 52,9s dan remate por su parte al bellísimo poema de los vv.7-10 (WESTERMANN, no obstante advertir la presencia de los vv.11s, atribuye a 52,9s (al «Loblied») la función de señalar el final de los caps. 49-52 (*Sprache*, 161.163). CRÜSEMANN se limita a señalar la independencia de estos himnos respecto de su contexto (*Studien*, 46,n.1.4; 47,n.1).

1º,   una invitación que impera el júbilo[99],

      - mediante series de ipts.,

      - a seres propiamente irracionales (cielo, tierra, montes, bosque, ruinas de Jerusalén);

2º,   la forma de su cuerpo («Hauptstück»):

כי + pf + יהוה + designación de Israel

// nombre de Israel + ipf[100]; y

3º,   el contenido mismo de su anuncio, que revela, como recién acaecida, una futura intervención de JHWH en favor de su pueblo.

Pues bien; עניו ocupa en 49,13 el lugar que cubren en los otros dos gemelos, otros tantos nombres propios del pueblo elegido[101]:

44,23	49,13	52,9
כי־גאל יי יעקב	כי־נחם יי עמו	כי־נחם יי עמו
ובישראל יתפאר	ועניו ירחם	גאל ירושלם
		(ישראל Mss 2)

Otra constante viene a exigir la equivalencia עניו = עמו: El objeto, tanto de נחם en DtIs[102], como del רחם divino en todo el AT, no es otro que Israel[103].

---

[99] Los himnos más antiguos no invitan al júbilo, lo suponen (cf., e.g., Ex 15,21: «Cantad»; Jud 5,2.9: «Bendecid», etc.): ונילו (Sal 2,11) es una errata (cf. BHS); עלזו (Sal 68,5) pertenece a una pieza postexílica, aunque compuesta de viejos cantos israelitas y cananeos (v.s. p.56); hasta Sal 81,2, que no debe ser anterior al último exilio (cf. BRIGGS, Psalms II, 210), no encuentro mandatos de exultar. Es posible que se deba la innovación a DtIs.

[100] El último varía: pf + nombre de Israel. -- La alternancia qatal // yiqtol no es desconocida en hebreo (GKC § 106n). Más aceptable que la explicación de CRÜSEMANN (Studien, 47), la que propone DAHOOD (a otro propósito): I understand these yqtl forms as merely stylistic variants expressing the same time as the qtl verbs, namely the past. This stylistic variation is placed in a clear light by Ugaritic poetry (Psalms III, 80).

[101] ¿Por qué reducir este pueblo consolado, como pretende SCHWANTES (Das Recht, 168), a las clases dirigentes, deportadas en Babilonia?

[102] Cf. WESTERMANN, Jesaja, 31.

[103] Cf. Is 14,1; 49,13; Ez 39,25; Os 1,6s; 2,25; Zac 1,12; Sal 102,14; 103,13. Israel va representado con frecuencia por pronombres personales, cf. Dt 13,18; 30,3; 2 Re 13,23; Is 9, 16 («sus huérfanos, sus viudas» [«the pron. refers to the personified nation»: GRAY, Isaiah, I, 186]); 27,11; 30,18; 49,10; 54,8.10; 60,10; Jer 12,15; 30,18; 31,20; 33,26; Os 2,6 («sus hijos»); Miq 7,19; Zac 10,6. Incluso usado el verbo en absoluto, se refiere a Israel (cf. Is 13,14; Lam 3,32; Hab 3,2; Sal 116,5).

β) *En 51,21 y 54,11* el voc. עניה (V «paupercula») substituye al que es nombre habitual de Israel en los caps. 49-55, «Sión/Jerusalén»[104]. En el primer caso corresponde עניה, en el centro de la composición (v.21), a los vocativos ירושלם (v.17) y ציון // ירושלם (52,1s) que respectivamente la inician y concluyen[105]. Ni siquiera עיר הקרש (52,1b)[106] debiera impedir que se entienda «Sión» (52,1a) como designación de Israel. «La ciudad santa» no dice qué es Jerusalén, sino que la nombra de otro modo: es un tercer sinónimo de «Sión», personificación asimismo de la *nación* hebrea: Quien apuró de hecho el cáliz de la Ira (51,17) y yace esclavizada, es la entera nación (52,2).

עניה, en el segundo caso, puede empezar sin más explicación un poema (54,11-17)[107] — como ocurre con העניים en 41,17. Se corresponde sin duda con עקרה (estéril [v.1] — seguidos ambos vocs. de pfs.[108]) que no puede ser, sino la que lloraba su soledad en 49,21: Sión, personificación otra vez del pueblo abandonado (49,14; 54,6-8). Ambos pasos consideran simultáneamente a Sión esposa, madre y ciudad. 54,11-17 — que continúa la misma representación — convierte la tienda ensanchada (poblado en cierne) de 54,2 en una esplendorosa, firme, inexpugnable «civitas Dei» futura (54,11-17). Pero lo que se dice de Sión y a Sión (cf. 51,16: «Tú eres mi pueblo»), se dice de Israel y a Israel. El poema, por tanto, no se refiere propiamente a la *ciudad* Jerusalén, y ni siquiera a *sus habitantes*[109], sino a la עניה: la esposa de juventud repudiada (v.6) — es decir, *Israel* —, la madre (vv.1.3.13) en que se resume

---

[104] Cf. GKC § 122i; WESTERMANN, *Jesaja*, 39.

[105] Si es que la unidad se extiende desde 51,17 a 52,3 (cf. SCHWANTES, *Das Recht*, 170). No faltan otras opiniones: según WESTERMANN, comienza ya en 51,9 (*Jesaja*, 194). DUHM (y otros antiguos) la prolongan, desde 51,17, hasta 52,12 (cf. *Jesaia*, 387ss).

[106] Este nombre de Jerusalén, que aparece por primera vez en nuestro autor (cf. además 48,2), es luego frecuente en la literatura más tardía (cf. Neh 11,1.18; 2 Mac 1,12; 3,1; 9,14; 15,14; Tob 13,10; Sir [קרית en vez de עיר] 36,18; 49,6).

[107] Aunque WESTERMANN (y antes MOWINCKEL, *ZAW* NF 8 [1931] 110s) estima verosímil que falte al inicio medio verso (*Jesaja*, 222s). ELLIGER (que atribuye a TritoIs los caps. 54s y considera una unidad literaria todo el cap. 54) une al v.10bγ «los vocativos» de 11a (¿hay más de uno? [cf. BWANT 63 (1933) 137.139s, n.1: «סערה und לא נחמה sind keine verkürzten Partizipien, sondern Perfekta»]).

[108] Cf. ELLIGER, BWANT 63 (1933) 140.

[109] Contra SCHWANTES, *Das Recht*, 170s. Cf. WESTERMANN, ATD 18,41: «...in der Verkündigung Deuterojesajas der Gegenstand des Heilswirkens Gottes immer nur das Volk als Ganzheit ist.». Desde antiguo se entiende עניה de la comunidad de Israel (cf. DELITZSCH, *Jesaia*, 537).

el pueblo; «los siervos de JHWH»[110], como explica el v.17.

c) *Nombres de Israel*

Si העניים (41,17), como ya parece razonable suponer (y habrá de confirmar la exégesis sucesiva), está asimismo por «Israel/Jacob», DtIs ha reservado estas formas nominales de ענה II para significar al pueblo elegido[111]. Tales denominaciones de Israel, en el contexto «evangélico» que las incluye, están matizadas de ternura y ennoblecidas por el cariño que las dicta. La significación de עני, en esta sección central de Is, ha derivado de lo económico a lo teológico. Sólo a partir de nuestro autor y sólo en el sentido peculiar que adquiere con él el substantivo «pobre», cabe afirmar sin reservas que «los pobres» son la parte predilecta del Señor[112].

El gran pensador del Exilio tiene que haber visto cumplida en el destierro de Babilonia la amenaza repetida del desarraigo y de la «vuelta a Egipto»[113], la עֳנִי por antonomasia. Is 48,10b («te he probado [Qª בחנתיכה] en el horno de la aflicción» [בכור עני])[114] parece suponerlo. Esta última expresión — tan próxima a la de «el horno de hierro» (כור הברזל), figura dtr de la opresión de Egipto[115] — resume probablemente el sometimiento de Israel a Babilonia, que de paso equipara con la situación de antaño[116]. En cualquier caso, la relación de los עניים con su עֳנִי es evidente en los respectivos contextos, que describen una situación de angustia extrema[117].

Además de indicar a Israel, estos nombres describen su concreta situación. El significado general de «oprimido», «afligido» conviene adecuadamente a la situación política de Israel bajo la dominación asiria: El pueblo de JHWH,

---

[110] Cf. PORTEOUS, «Jerusalem-Zion», 252: «Jerusalem has become a universal symbol of the new world of God...».

[111] También el abstracto עני se usa en relación con Israel. Las otras dos formas de ענה II que aparecen en Is 40-55, los ptcs. de 53,4.7, se dicen del Siervo del Señor.

[112] Sospecho que se origina aquí el valor religioso de todo el vocabulario de pobreza. El cambio semántico se ha producido en עני, de donde ha pasado la nueva significación a los demás sinónimos (cf. FARFAN NAVARRO, «Los 'pobres' bienaventurados», 32).

[113] Cf. Dt 28,63s.68; Os 8,13; 9,3; 11,5.

[114] 48,1-11 se supone, desde DUHM (*Jesaia*, 360), muy retocado (cf. WESTERMANN, *Jesaja*, 27). SELLIN — FOHRER lo registra como secundario (cf. *Einleitung*, 419).

[115] Cf. Dt 4,20; 1 Re 8,51; Jer 11,4.

[116] En Lam 1,3.7.9 — aproximadamente de la misma época (contra la data de RUDOLPH, *Klagelieder*, 193, cf. SELLIN — FOHRER, *Einleitung*, 324) —, עני resume asimismo, según RUDOLPH, el sometimiento y la ruina de Israel (*Klagelieder*, 209).

[117] Is 49,13 la insinúa con רחם (restaurar, *v.s.* n.97).

reducido a la condición de esclavo (cf. Is 50,1), sufre un proceso degenerativo que terminaría con su muerte. En dicha circunstancia, עניה resulta un nombre muy apropiado de Sión; עניים, de quienes toman nombre de ella (cf. Is 48,2). Como nombre propio de Sión, la «esposa de la juventud» (Is 54,6), podría significar la degradación de la antigua señora (cf. Is 50,1; 54,1.6s) y evocar la amargura de la que se siente menospreciada («odiada», cf. Gen 29,32), olvidada (cf.Is 49,14). En cualquier caso suponen tales nombres una situación «anticonstitucional» del pueblo de JHWH, sometido a otros dioses, alejado de la tierra y el sosiego de las promesas (cf. Dt 12,9s).

De la significación propuesta para עניים, se sigue, en primer lugar, que Is 41,17 no contempla a los deportados, mientras cruzan el desierto, de vuelta a Palestina, sino al *pueblo sometido de Israel*[118]; y en segundo lugar, que la acción de buscar aguas (predicada por tanto de la entera nación) ni ocurre durante el regreso de los exiliados, ni puede tener sentido recto.

B) האביונים

¿En qué medida podría modificar este segundo substantivo el significado de עניים?

1.- Etimología

אֶבְיוֹן — compuesto del «afformante adjectivale»[119] וֹן (> *ān) y del núcleo אבי — es un nombre de origen incierto, que Gordon (*UT* 349b) y *HALAT* (5a), entre otros, refieren al ugarítico *'bjnt* (desdicha)[120], y Aistleitner asocia con *abjnm* (pobre)[121]. Von Soden le ha encontrado un pariente más viejo: el adj. *abijānum* que, en la correspondencia femenina de los archivos reales de Mari, califica a varias damas de noble cuna[122]. No siendo *abijānum* acadio — a pesar de su contorno — ni cananeo de origen, propone von Soden deri-

---

[118] DtIs tiene siempre muy presente a la parte del pueblo que quedó en Palestina (cf. DUHM, *Jesaia*, 288.392).

[119] Cf. JOÜON, *Gramm.*, 88Me .

[120] Cf. 2 I 17. DEL OLMO prefiere leer *abyn at* (desdichado [eres] tú), pues considera que *abynt* (lectura previa generalizada) no se impone epigráficamente (*Mitos y Leyendas*, 368. 509).

[121] Cf. *WUS*, 3.

[122] El adj. aparece dos veces (37,23; 44,10) en estativo sg. (*a-bi-i*); otra vez (55,10), con la forma fem. *a-bi-ia-tim* (cf. *MIOr* 15,2 [1969] 324). DOSSIN — FINET registran además el fem. *a-bi-a-tam* (46,13') que traducen «misère» (ARM X, 82s). Según los autores citados, los nombres significan necesariamente en los cuatro casos «desdicha(da)» y no «pobre(za)».

varlo (junto con *abjn* y אביון) de otro viejo idioma semítico, componente primordial del ugarítico, que gusta él denominar «altamoritisch». Aquí debió existir, aventura, una raíz *'bī* («ser pobre, necesitado») que quizás aflore alguna vez en Ugarit[123].

Las otras dos[124] etimologías que se barajan, son menos verosímiles: La que deriva אביון del egipcio *byn* («inútil», «malo»; «hallarse en situación desdichada»[125]), apoyándose en el copto EBIHN[126], no tiene en cuenta que el copto EBIHN se ha formado verosímilmente a partir del substantivo hebreo[127]. Y la más aceptada, que pretende explicarlo a partir de la raíz semítica *'bh*[128], necesita atribuir a esa raíz un significado básico («querer» > «carecer» > «necesitar»), correspondiente al de אביון, que en más de un caso no tiene aquella. No lo tiene por supuesto en hebreo, cuyo אבה significa, si acaso, «querer»[129], pero no «necesitar»; y el ár. *'bh*, como el etíope *'abaja*, significa precisamente «no querer»[130]. Por otra parte, «desear» (que supone carecer, aunque no lo significa) es propio del hombre y no exclusivo del pobre; ni son necesariamente los pobres quienes más desean (cf. 1 Tim 6,9).

2.- אביון en la literatura preexílica

a) Códigos
El subst. אביון, desconocido por completo en la antigua prosa hebrea[131],

---

[123] Cf. *MIOr* 15,2 (1969) 325s.

[124] SCHWANTES registra y enjuicia una tercera (cf. *Das Recht*, 32, nn.6s).

[125] Cf. ERMAN — GRAPOW, *WÄS* I, 442s.

[126] Ha sido defendida sobre todo por LABDIN (cf. *JAOS* 73 [1953] 145s). VON SODEN la considera insostenible (cf. *MIOr* 15,2 [1969] 323).

[127] Cf. WESTENDORF, *KHw*, (24s) 32.

[128] Cf. BOTTERWECK, אביון *TWAT* I,29; ZORELL, *LH* 4b: «*sec. plerosque ab* אבה *cupivit*» (acepción que ZORELL no atribuye al verbo hebreo; cf. *LH*, 3a).

[129] אבה significa propiamente «acceder», «aceptar», «consentir» (cf. ZORELL, *LH*, 3a: «se flecti sivit»). Pero menos en Is 1,19 y Job 39,9 (y ambos preven que la propuesta *no* será aceptada), אבה aparece siempre *negado* expresamente (54 veces); de manera que אבה sirve en general para decir lo contrario, «rehusar».

[130] Cf. JOÜON, *Bib* 8 (1927) 338s; VON SODEN, *MIOr* 15, 2 (1969) 324. Idéntico sentido presenta en el antiguo dialecto sudarábico *t'bj*, «repulsa» (cf. BOTTERVECK, *TWAT* I, 29).

[131] No ha sido usado en los relatos N,J,E; falta asimismo en los textos legislativos del Yavista y en el Código sacerdotal; y en los libros históricos ocurre una sola vez, incluído en el canto de Ana (1 Sam 2,8), posterior — al parecer — a su marco actual (cf. SELLIN — FOHRER, *Einleitung*, 242s.244).

aparece por primera vez, como עני, en el Código de la Alianza (Ex 23,6.11) [132]. Se presenta sin la escolta de sinónimos, como si fuera inequívoco su sentido. Ex 23,6 permite deducir la *debilidad* socio-económica del אביון, que podría ser despojado fácilmente, si no lo protegiera el derecho; Ex 23,11 (quizá posterior), su absoluta *carencia* de medios, que lo acerca y en cierto modo lo equipara a las fieras del campo. Y sin embargo pertenece a Israel: es «*tu* pobre», como el עני (*v.s.* p.51), y a diferencia del «inocente» (נקי וצדיק: v.7), que no es «tuyo». Mientras que el suf., en el primer caso, hace presente y casi tangible al אביון, la ausencia de artículo y suf. en el segundo, evocan, más que un ser determinado, un tipo abstracto. Los vv. 6 y 7 deben considerar casos distintos (*v.i.* pp.67s).

El Código dtr, algún siglo después, ha utilizado אביון con el mismo sentido de «pobre»[133], subrayando (más aún que en el caso de עני) su vinculación al pueblo[134] y a su tierra, «la que JHWH, tu Dios, te da», como si exhortase a Israel a usar de parecida generosidad: 'Anda y haz otro tanto con tu hermano el אביון'. Que la bendición, afín de la ventura, haga imposible la pobreza (15,4), sugiere que «desventurado» sea — también en hebreo — un concepto próximo al de «pobre». -- El nuevo legislador ha unido los dos términos que designaban al «pobre» en el Código de la Alianza, dando quizás origen a la fórmula עני ואביון (15,11; 24,14)[135]; que califica, en el primer paso, al hermano (necesitado); en el segundo, al שכיר (jornalero)[136]. No se aprecia fácilmente qué matiz pueda distinguir al עני del אביון.

---

[132] Sólo este documento y Dt 15,11b escriben אבין defectivamente. Cf. Tabla VI.

[133] HUMBERT, que acepta la etimología más común, propone traducir אביון por «quémander», «mendiant» (*RHPR* 32 [1952] 2.5s), lo que aleja todavía más al nombre de su presunto sentido radical: אביון ya no sería «el que desea» (ni siquiera «quien *manifiesta* un deseo»), sino «el que *pide*». Ningún contexto de אביון exige traducirlo por «mendigo»; y la mayor parte de ellos excluyen tal interpretación: Ex 23,6 (cf. Am 2,6; 5,12) tutela los derechos del pobre, no los del mendigo (¿qué intereses, propios o ajenos, podrían llevar a juicio a los mendigos?); tampoco son «mendigos» los que solicitan préstamos (cf. Dt 15,1-9) o viven de un jornal (cf. Lev 19,13; Dt 24,14). Así lo ha visto también SCHWANTES (*Das Recht*, 32). No pocos han seguido, sin embargo, la propuesta de HUMBERT (cf., e.g., GELIN, *Les pauvres*, 17; BAMMEL, *TWNT* VI, 889).

[134] Cf., en Tabla VI, אחיך (tu hermano), que sólo deja de acompañar al אביון que no existe (Dt 15,4).

[135] Algunos, sin aportar datos, la suponen preisraelítica (cf. BAMMEL, *TWNT* VI, 889).

[136] Esta fórmula — que presenta luego, por lo general, valor substantivo — aparece además en Jer 22,16; Ez 16,49; 18,12; 22,29; Sal 35,10; 37,4; 40,18= 70,6; 74,21; 86,1; 109,16.22; Prov 31,9; Job 24,14. Probablemente, ninguno de estos pasos es anterior a Dt. SCHWANTES se inclina a suponer que la expresión sólo aparece en Sal a partir del exilio (*Das Recht*, 29).

b) Profetas

Los profetas anteriores a DtIs no han usado אביון (como עני, *v.s.* p.52ss), sino para denunciar los atropellos sociales que los códigos proscribían; y a excepción de Amos, que predica en el norte (y se acomoda en esto quizás a aquella lengua), lo utilizan muy rara vez[137]: Tan sólo Jer y Ez, una sola vez — probablemente — cada uno e incorporado siempre en la fórmula dtr[138].

Amos asocia אביון con los sinónimos דל, sobre todo, y עניים. Pero en 2,6 y 5,12b forma su paralelo excepcionalmente con צדיק[139]. No pretende con ello, a mi entender, identificar al pobre con el justo[140], sino denunciar, uno tras otro, los *diferentes* abusos que prohíben sucesivamente Ex 23,6-8 (*v.s.* p.66). Las coincidencias de vocabulario son muy notables:

---

[137] Es muy probable que el gran Isaías no lo haya usado nunca: Is 25,4; 29,19 y 32,7 proceden de hagiógrafos más recientes. Acerca de 14,30a, *v.s.* n.50. אביון no aparece en Os, Abd, Miq, Nah, Hab, Sof.

[138] Cf. Tabla VI. Jer 2,34 y 5,28 son de paternidad discutida. En cualquier caso, אביון es dudoso en ambos lugares y falta en G. -- Jer 20,13, otro paso de autenticidad controvertida (cf. las opiniones contrarias de RUDOLPH, *Jeremia*, 133 y MCKANE, *Jeremiah*, 480-482), es seguramente espurio. -- En Ez repiten la fórmula 16,49 y 22,29, pasajes más recientes (cf. COOKE, *Ezekiel*, 178.240; EICHRODT, *Hesekiel*, 120.129s.210; ZIMMERLI, *Ezechiel*, 365.523; SELLIN — FOHRER, *Einleitung*, 450).

[139] Solamente los Sal 37 (14b[cf. *BHS*].16) y 140 (13s), ambos postexílicos, relacionan de lejos אביון con צדיק. Hasta el postexilio no aparece אביון junto a los «rectos» (ישרים: Sal 107, 41s; 140,13s) o los fieles de JHWH (יודעי שם יי: Sal 9,11.19; בוטח אל יי: 86,1s; עבד יי: 35, 10.27; 86,1s; 109,28.31; חסידים: 37,14.28; 86,1s; 132,15s; דרשי, מבקשי יי: 40,17s; 69,33s).

[140] BEEK opina lo contrario (*OTS* 5 [1948] 140s). La identificación no constaría por supuesto del paralelismo; y ni siquiera, de Am 8,6 (cf. *BHS*: «prob dl»). También SICRE niega la identidad (cf. *Con los pobres*, 148s). A los profetas, incluído Am, ni se les ocurre identificar a los pobres con los justos (cf. KUSCHKE, *ZAW* 16 [1936] 41,4).

Ex 23   Am 5,12b

6 לא תטה משפט אבינך...   β ואביונים בשער הטו

7b ונקי וצדיק אל־תהרג...   α צררי צדיק

8 ושחד לא תקח...   לקחי כפר

Am 2

7 ...ודרך ענוים יטו

6b על־מכרם בכסף צדיק // ואביון...

Israel incumple el derecho judicial: No sólo tuerce (נטה Hi) el derecho del pobre, sino que acepta soborno y condena a quien merece ser declarado «justo» (צדיק), es decir, al inocente (נקי)[141]. Que los tres abusos puedan coincidir en algún caso, no autoriza a confundir «pobre» con «justo», ni a suponer que Am canonice a los pobres.

c) Salmos y Proverbios

El salmo de Ana (1 Sam 2,8) asigna al אביון (דל/; opuesto נדיבים, nobles), el nivel social que representan «el polvo» // «la basura». -- El nombre es sinónimo de עני en Sal 72; 82; 109 y Prov 30,14; 31,9 (v.s. pp.55-59). Aparece además en Sal 132,15[142], donde los אביונים, relacionados con Sión, sus sacerdotes y sus חסידים (fieles)[143], ya parecen haber sido alzados de la basura al trono preciado y alto de los príncipes. Es de notar que la oración del pueblo por sacerdotes y fieles (v.9), a la que responde la promesa divina del v.16, no incluye a los pobres. No parece en absoluto inverosímil que esos nombres designen a todo Israel, y no a tres categorías de personas[144].

En resumen: אביון pertenece al vocabulario jurídico. Acaso provenga del

---

[141] «Inocente» es lo que significa propiamente צדיק en tal contexto (cf. BOVATI, *Ristabilire*, 285s). ¿Habrá sido corregido (en Am 2,7) un primitivo עניים en ענוים por alguien que haya entendido «justo» en el vecino צדיק?

[142] Mientras que SELLIN — FOHRER lo juzgan probablemente preexílico (*Einleitung*, 317), MANNATI — DE SOLMS mantienen la opinión contraria (cf. *Les Psaumes* IV, 182,n.2). RAVASI opina que el salmo ha experimentado acomodaciones (cf. *Salmi* III, 668).

[143] La coincidencia de אביונים y «sacerdotes» es excepcional; en relación con חסיד, cf. Sal 37,14.28; 86,1s, ambos postexílicos. «Pobre» (עני) aparece frecuentemente con «Sión» (/«Israel») en salmos postexílicos (cf.14,6ss; 22,25.27; 25,16.22; 69,33-36; 74,2.19.21; 76, 2.10; 102,1; 149,2.4).

[144] Cf. MANNATI — DE SOLMS, *Les Psaumes* IV, 188, n.14 .

derecho cananeo (dependiente, a su vez, del mesopotámico[145]), que los hebreos debieron incorporar a su legislación, apenas establecidos en Canaán[146].
אביון, por lo que atañe a su sentido, probablemente sólo ha designado en un
principio al *pobre* — al contrario que sus presuntos antepasados *abijānum* y
abyn[147].

3.- והאביונים (Is 41,17a)

DtIs, si no es aquí, jamás ha utilizado אביון o cualquier otro sinónimo de
«pobre»[148]. עניים y עניה son nombres de Israel en 40-55. La expresión
העניים והאביונים poco tiene que ver con la fórmula dtr, que antes y después
de DtIs aparece siempre en sg.[149]; y hasta el exilio, exclusivamente en contextos que regulan el trato de los pobres en el seno de Israel. Por otra parte,
la longitud desmesurada de 41,17a aumenta las sospechas que ya se acumu-
laban sobre el segundo substantivo. Qª, que lo conserva inconexo todavía (*v.s.*
p.30), casi nos permite sorprender al nombre, mientras se desliza desde el
margen al texto.

Es muy posible que האביונים pretenda identificar a los עניים que no presenta Is. ¿Provendrá la glosa de Qumrán? 4QpPs 37 I,9 explica precisamente
con [עדת] אביונים ([la congregación de los] *'ebyônîm*) el עניים de Sal 37,11.
האביונים perturba decisivamente, en todo caso, el sentido del oráculo, al
confundir a los עניים de DtIs (el Israel sometido) con los «fieles» de la literatura posterior[150]. Aquellos «pobres» serán éstos (es decir, fieles creyentes
[«conocerán»: Is 41,20]), cuando JHWH suprima el desierto que los separa.

---

[145] Cf. SELLIN — FOHRER, *Einleitung*, 148 .

[146] Cf. ALT, *Kleine Schriften* I, 302 .

[147] Cf. n.122. -- No es seguro el sentido de *abynm* (UT 313,6), que GORDON no traduce
(349); según DEL OLMO, dicha forma «no se impone epigráficamente» (*Mitos y Leyendas*, 509).

[148] El המסכן de 40,20 — tan diversamente interpretado (ptc. Pu de סכן, *pauper factus*:
ZORELL, *LH*, 554a; «morus (genus ligni), frt gl ad עץ לא י»: BHS) — falta en GS y pertenece
a un verso que suelen considerar secundario. Is 55,1 prefiere el circunloquio: אשר אין־לו כסף
(quien no tiene dinero).

[149] Incluso en el Documento de Damasco (6,21; 14,14). לַעֲנִיֶּךְ (Dt 15,11) es sg.: El segol
evita apoyar el י geminado en un leve šᵉwa (cf. DILLMANN, *Numeri*, 309).

[150] Cf. אביונים // עניים (/עניים) en Is 14,30.32; 29,19; 32,7 (Qª); Sal 12,6; 140,13.

CAPITULO IV

La sequedad de los *ʿniyyîm* (Is 41,17aβγ)

מבקשים מים ואין
לשונם בצמא נשתה

Habla consigo JHWH. Como en Ex 3,7, parece contemplar la עֳנִי (humi-llación) de su Pueblo, que resume con un cierto acento de compasiva ternura. Al contrario que en Ex, no tiene esta vez confidente alguno: DtIs, en un alarde de transparencia profética, nos permite sorprender la intimidad del soliloquio divino[1].

De los עניים refiere el Señor una acción (מבקשים מים, «buscan aguas») y una pasión (לשונם בצמא נשתה, «su lengua está reseca de sed»):

A) La acción de los *ʿniyyîm*:

1. El valor temporal de מבקשים

La interpretación alegórica del oráculo proviene, según Elliger, de conside-rar al v.17a sintácticamente autónomo. En tal supuesto, el ptc. מבקשים expresa una acción continuada y presente: «Los pobres *están buscando* agua». Ahora bien; como העניים significa al Israel oprimido del exilio, y no es de suponer que los desterrados careciesen de agua en Babilonia, la interpretación figurada resulta inevitable. Pero cabe otra lectura, arguye Elliger: 17a también podría ser considerado prótasis de 17b; y entonces, מבקשים — en oración condicional o temporal subordinada (Elliger prefiere entenderla «als potenzialer Konditio-nalsatz», cf. *Deuterojes.*, 163) — tendría el mismo valor de futuro que los ipfs. de su apódosis (17b): «Si *hubieran de buscar* agua..., yo, JHWH, les res-ponderé...». Elliger entiende (acaso por no verse obligado a la interpretación figurada[2]) que ésta es la lectura mejor[3].

---

[1] *V.s.* p.33.

[2] Nótese, sin embargo, que la lectura subordinada de 17a no excluye de suyo la interpreta-ción figurada.

Esa lectura subordinada (que no adopta el propio Elliger, al proponer su traducción del verso; cf. *Deuterojes.*, 157) parece menos acorde con el genio del hebreo y, en especial, con el estilo de DtIs, que prefiere dejar fluir su pensamiento en frases cortas, simplemente yuxtapuestas[4]. Nótese además que מבקשים va seguido de un pf., que parece colocar al repetido ptc. en la esfera temporal de lo real, de lo que viene acaeciendo[5]; mientras que los ipfs. de 17b, como los otros cuatro que los explican a continuación (vs.18s), tienden por el contrario a lo que sigue: a la oración final (v.20) en que culmina el oráculo[6]. La «inclusión» que forman 17b y 20b, demuestra decisivamente el carácter introductorio de 17a y su consiguiente independencia sintáctica[7]: 17a se corresponde estructuralmente con la introducción, igualmente autónoma, de 42,14a. Resumen ambas la situación «antigua» — vigente y por supuesto real — frente a la que JHWH anuncia su propósito (ipfs.) de «hacer algo nuevo» (*v. s.* pp.34s).

El segundo argumento que propone K. Elliger contra el valor de pres. de מבקשים viene a decir: ¿Qué sentido tendría una promesa para el futuro, si la necesidad se juzga actual y tan acuciante, que exige un socorro inmediato? (BKAT XI, 162). El argumento se vuelve contra quien lo esgrime: Para remediar una vulgar «sed de agua», se necesita efectivamente agua, y sobran promesas. Sólo si la sed es de otra especie y significa de algún modo la situación del exilio (Cheyne, Delitzsch, etc.), adquiere sentido la promesa (y aquí existe sin duda una promesa): El anuncio de que un decreto de salvación (una palabra que no volverá sin cumplir su encargo; cf. Is 55,11) ha salido de la boca del Altísimo, anticipa de algún modo la salvación misma y conforta decisivamente mientras perdura la prueba[8]. No es lícito, en cambio, negar la realidad de la sed, por mantener a toda costa un sentido propio de «sed», que el tenor

---

[3] Cf. BKAT XI, 161s. Así preferían entenderlo I. MALDONATUS y G. SANCTIUS: «hæc explicatio mihi præ cæteris arridet» (*In Isaiam*, 432). Cf. D. KIMCHI, *s.* p.17s.

[4] «Auf der einen Seite also liebt Dtjes den rasch und breit fliessenden Grosssatz, auf der andern Seite baut er ihn nicht in kunstvoller Periodisierung, sondern er setzt ihn aus Reihen und Kurzsätzen zusammen» (KÖHLER, BZAW 37, 71,35); «... er liebt die Asyndese» (*ibid.*, 77,45).

[5] El ptc., mientras no conste su determinación temporal por el contexto, tiene de ordinario valor de pres. («l'emploi premier et comme naturel»: JOÜON, *Gramm.*, 121d). Cf. YOUNG, *Isaiah*, 91,32: «It is better, however, to construe the part. as expressing present action».

[6] Cf. SIMIAN-YOFRE: «Los seis preformativos desembocan en una oración final...». Y más arriba, a propósito de 17a, «... es imposible evitar la impresión de que el texto no es un relato referido al pretérito... pero tampoco un anuncio de futuro» (*Bib* 61 [1980] 538).

[7] Comenta CHEYNE a propósito de 17a: «It is an exclamation» (*Isaiah* I, 258).

[8] «Agua fresca en garganta sedienta, la buena noticia ...» (Prov 25,25).

textual hace imposible[9].

2. «Buscar aguas»

בַּקֵּשׁ מַיִם (buscar aguas), contra lo que pudiera parecer, es una frase absolutamente excepcional. Que los antiguos Israelitas buscasen agua alguna vez,
e incluso con frecuencia, resulta cosa cierta; y que tal acción se expresara con
בקשׁ y el subst. מים en calidad de objeto, no podría en principio extrañar a
nadie. Y sin embargo, la frase de 17a no vuelve a aparecer en todo el AT.
Tampoco los sinónimos más o menos estrictos de בקשׁ = buscar (בקר, דרשׁ,
תור, שחר, שאל, חקר, חפשׁ) llevan «agua» como complemento directo[10]. Así
pues, a excepción de Is 41,17, *la Biblia hebrea no dice nunca «buscar
agua»*[11]; en lugar de eso, dice:

ir   (בוא) |

salir   (יצא) }   a |
                         | | sacar (שאב, דלה) |
correr (רוץ) | }(ל) {
                         | | beber (שתה) |
cavar   (חפר, כרה)   para | }agua:

enviar (שלח)   por |
                      }(ל)
acudir (הלך)   al |

Las hijas de Jetró *iban a sacar* (ותבאנה ותדלנה, Ex 2,16). Las aguadoras

---

[9] ORÍGENES diría también en este caso: σωζομένου πολλάκις τοῦ ἀληθοῦς πνευματικοῦ ἐν τῷ
σωματικῷ, ὡς ἄν εἴποι τις, ψευδεῖ (servata sæpe veritate spirituali in corporali, ut aliquis diceret
mendacio: *PG*, 14,313 C).

[10] En la frase מים שאל (Jue 5,25) el verbo significa «pedir» y no «buscar».

[11] En hebreo tampoco «se buscan» las fuentes (מ[עין]), ni los *wadis*: la cierva «anhela» (ערג,
lit. «esforzarse», «estirarse hacia», «subir»; cf. ár. *'araǧa* [= subir; ZORELL, *LH*, 626b]) las corrientes (Sal 42,2 — contemporáneo de DtIs). Las caravanas de Temá «esperan» (נבט =*exspec-
tavit, speravit in*; cf. מבט = *obiectum ex-spectationis seu spei* [ZORELL, *LH*, 493a.406a]); cf.,
en paralelo, «confían en él» (קוּ־לָמוֹ, Job 6,19). Job está comparando a sus amigos con un
torrente engañoso: la dramática decepción de los viajeros (v.20) le sirve para ilustrar su propio
desencanto (v.15). La *esperanza* defraudada es el «tertium comparationis».

(הֹשְׁאַבְתָּ)[12] de Aram Naharaim *salían a sacar* agua (יָצְאֹת לִשְׁאֹב מַיִם, Gen 24, 13; como las mozas de Suf, que encuentran Saúl y su criado (1 Sam 9,11)[13]. Rebeca *corre* de nuevo al pozo para *sacar* más (וַתָּרָץ...לִשְׁאֹב, Gen 24,20). En tiempo de sequía, los señores *mandan por* agua (שָׁלְחוּ...לְמַיִם) a sus criados (Jer 14,3). Y a los sedientos se les invita a *acudir* (לְכוּ לַמַּיִם, Is 55,1).

Aunque la acción de buscar es particularmente manifiesta en algunos episodios, el texto *parece rehuir su mención expresa*, prefiriendo referir aquellas otras acciones por cuyo medio se puede conseguir el agua apetecida: «Los egipcios *cavaban* (וַיַּחְפְּרוּ) los alrededores del Nilo, *para poder beber* agua (מַיִם לִשְׁתּוֹת)», pues la del río bajaba convertida en sangre (Ex 7,24). Los siervos de Isaac anuncian a su señor: «Hemos encontrado agua» (Gen 26,32); pero el texto no dice que la vinieran «buscando», sino que *cavaban* (וַיַּחְפְּרוּ) un pozo tras otro (vs.18.19.21.22.26 [כרה]). Acuciados por la sed, *vagan* errantes (וְנָעוּ) unos pueblos hacia otros *para poder beber* (Am 4,8: לִשְׁתּוֹת מַיִם). Cf., en cambio, 8,12 (donde sólo cambia el obj.): «Vagarán (וְנָעוּ)... irán errantes *buscando* (לְבַקֵּשׁ) la palabra de JHWH».

Nótese, por fin, que donde ciertamente *no se buscan aguas es en el desierto*: Hagar se aparta de su hijo, para no verlo morir, y se sienta resignada[14] a esperar la muerte (Gen 21,15s). Cuando la sed famosa de Rafidín, tampoco el pueblo del desierto se pone a buscar agua, sino que se encara con Moisés exigiéndola y murmurando (Ex 7,1ss). El agua se busca — aunque no se diga así — junto a los ríos, en el valle (בַּנַּחַל: Gen 26,19; cf. Ex 7,24); pero nunca en el desierto, donde no hay esperanza humana de encontrarla[15]. En esa circunstancia, el sediento — en vez de buscar — *se queja, clama* o *suplica*: Recuérdese la protesta amarga de Israel y el clamor (צָעַק) de Moisés[16]. También Sansón, exhausto después de su descomunal pelea, clama a JHWH, que hace brotar agua en «La Quijada» (Jue 15,18).

Por consiguiente, la suposición de que Is 41,17 refiere una búsqueda de agua en el desierto por parte del Israel que regresa, además de ser poco vero-

---

[12] Los que abastecían de agua a la comunidad no se llamaban, p. ej., מְבַקְשֵׁי מַיִם, sino שֹׁאֲבֵי־מַיִם (Jos 9,21.23.27; Gen 24,11; Dt 29,10).

[13] Lo mismo, en ug.: aḫṯ.šib.ysat (su hermana había *salido* a sacar agua: KTU 1.16 I 51). La mujer de Samaría *va* (ἔρχεται) también al pozo de Jacob (sin saber que hay ya otra «fuente»; cf. Jn 4,7).

[14] Como Elías, que dice, además, su desaliento. (1 Re 19,4).

[15] Aná pasó a la historia por haber encontrado agua (? הַיֵּמִם — V: «aquas calidas») en el desierto (Gen 36,24).

[16] También *claman* (צָעַק) a JHWH los errantes sedientos de Sal 107,6.

símil (no se busca agua en el desierto), no concuerda ni con el uso lingüístico hebreo, ni con el supuesto modelo literario del éxodo primero[17].

Si el hebreo no sólo no dice «buscar agua», sino que parece rehuir esa expresión, ¿no habrá que recelar un sentido figurado en la frase insólita de Is 41,17?[18].

Entiende Rashi en este punto que los עניים buscan la palabra del Señor[19]. Pero ואין («mas en vano») lo desmiente: los עניים no se han llegado a las fuentes del Salvador (Is 12,3; 55,1). Una búsqueda sincera y esforzada (בכל־ לבבך ובכל־נפשך) del Señor no puede conducir al vacío abismal del ואין[20]. Los Humillados deben andar buscando תהו[21], precisamente como no mandó JHWH a Israel que lo buscara (45,19). Estos sedientos obran como de ordinario no se dice (¿como no se debe?): «buscan aguas», en vez de «acudir a las aguas» que se dan de balde (55,1).

Esa búsqueda estéril y angustiosa, en lugar de corresponder a la promesa

---

[17] Son muchos, sin embargo, los que hablan de alusión a Ex 17, e incluso de dependencia literaria. Cf., e.g., R. LOWTH, *Isaiah*, 319; KNABENBAUER: «alludit ipsis verbis ad Ex 17,6» (sic: *Comm. in Isaiam*, 112); E. POWER: «The description of the Exodus is based on the Egyptian prototype» (*A Catholic Comm.*, 562); MERENDINO, *Der Erste*, 189.

[18] בקש (siempre con obj.) aparece además en 40,20 (obj.: escultor); 41,12 (obj.: ellos = contrarios de Israel); 45,19 (obj.: me = JHWH) y 51,1 (obj.: JHWH). דרש, sólo en 51,1 (obj.: JHWH).

[19] Comenta él hermosamente (con Am 8,11s): «It is not through hunger for bread or thirst for water that they go about in agitation, but it is to seek God's word, and they find it not» (*Deutero-Isaiah*, 138). De modo parecido, VON ORELLI: «Der Durst...ist sehnsüchtiges Verlangen nach Gottes Gnade und Segen» (*Der Prophet Jes.*, 155).

[20] Cf. Dt 4,29; Jer 29,13; Is 45,19; 55,6. -- Am 8,11s, como Os 5,6 (y al contrario que Is 41,17ss), son oráculos de perdición: Desoir la grave exhortación de «buscar a JHWH» (Am 5, 4s; Is 55,6) o haberlo buscado mal (con meros ritos, mientras el corazón persigue otros amores; Os 5,6; vid. v.4 y 4,12), acarrea el castigo escatológico de buscarle inútilmente. La auténtica búsqueda de Dios no la emprende el hombre sin Dios; supone que el Señor ya le salió al encuentro y después de iniciar su conversión, la va consolidando (cf. Lam 5,21). En Is 41,17 la intervención de Dios es todavía futura.

[21] V «frustra». Lo mismo, ZORELL (*LH*, 889) y más recientemente, W. ZIMMERLI («umsonst (tohu)», *VT* 32 [1982] 123). *BHS* propone בתהו (la ב contigua de יעקב facilita esa lectura: «Buscadme en el vacío», *NBE*). Según ELLIGER, DtIs expresa nuestro concepto «nada» mediante אין, אפס y תהו (BKAT XI, 55s). Habida cuenta de que «nada» es la principal caracterización de los dioses en Is 40-55, resulta inevitable oir en esta frase una cierta referencia a la idolatría. El G que no trae suf. pers. «me» y en cambio personifica תהו, orienta en esa dirección: Μάταιον ζητήσατε. El adj. neutro μάταιον (lo vano, inútil o estéril) queda más cerca del abstracto ματαιότης que del adv. μάταιως (cf. *GEL*, 1084a). התהו es el nombre de los ídolos; y תהו, su esencia misma, según 1 Sam 12,21.

de Dt 4,29 («desde allí buscaréis al Señor»), podría ser cumplimiento de la conminación que la precede: «JHWH os dispersará por las naciones... Allí serviréis a dioses fabricados... leño y piedra...» (4,27s)[22]. Parece más probable (puesto que reina la «sed» y la intervención de Dios aún es futura) que el afán de los Humillados no demuestre todavía la nostalgia de Dios (vislumbrada en Os 5,15[23] como fruto del castigo saludable), sino el extravío pertinaz de Israel: El pueblo del exilio, tanto en el destierro[24] como en la patria[25], persiste en la idolatría a pesar de su llaga (cf. Is 57,17). Pero a DtIs ya no le corresponde comninar penas ni convertir con amenazas. Lo que termina la conversión del pueblo infiel, no es el desencanto y el castigo (el «no encontrar» y la «sed»: Os 2,5.9; Am 4,6-11; Is 41,17a — una primera etapa, sin duda, necesaria), sino el designio final de «hablar al corazón» (Os 2,16; Is 40,2; cf. Jn 6,44)[26]. Y así habla DtIs, hasta cuando tiene que acusar[27]. Quizás por eso (al contrario de lo que ocurre en los otros profetas del Exilio) sean menos

---

[22] Cf. 28,36.64 y Jer 5,19 (probablemente espurio: RUDOLPH, *Jeremia*, 41).

[23] Cf. Os 2,9: «Los buscará [«vuestra madre» a sus amantes] mas no [los: G] hallará». Desengañada pensará: «Voy a volver con mi primer marido». Dicha búsqueda tiene, según WEISER (ATD 24,29), sentido cultual.

[24] Baste citar un texto de Ez y su correspondiente comentario: «Jamás se realizarán los planes que estáis pensando: 'seremos como los demás pueblos... sirviendo al leño y a la piedra'» (20,32). «La frase puede entenderse de dos maneras: como proyecto, y entonces expresa la ruptura definitiva con la historia y con el Señor; como previsión, y entonces expresa resignación trágica o fatalismo desesperado. Puede ser que el autor acepte los dos matices; pero por la referencia a 1 Sm 8,5.20, predomina el tono de proyecto. 'El palo y la piedra' es expresión común y despectiva de los ídolos» (ALONSO SCHÖKEL — SICRE DÍAZ, *Profetas* II, 753s). Cf. COOKE, *Ezekiel*, 213. Los judíos refugiados en Egipto llevaron a la práctica un proyecto similar (Cf. Jer 44,17.25).

[25] Cf. Jer 7,17s; 44,17; Ez 8. Y al respecto, COOKE: «To a great extent the national religion had already broken down. In the latter days of the Judaean monarchy foreing beliefs and practices had been introduced... Such people in Babylon, already half paganized, were soon 'mingled among the heathen and learned their works.' They succumbed and were lost in the crowd» (*Ezekiel*, xxxviii).

[26] Acerca de la expresión, cf. G. FISCHER, *Bib* 65 (1984) 244-250. Además de lo que FISCHER ha observado justamente, la frase supone de ordinario en el que habla un gran amor hacia su interlocutor. FISCHER parece usar estrechamente el concepto de relación amorosa («Liebesbeziehung»), cuando la excluye entre José y sus hermanos (244s). דבר על-לב, cuya correspondencia literal es probablemente la más exacta, debe significar «hablar sentida, convincentemente» (para conquistar, consolar o animar).

[27] Cf. GRESSMANN: «Das Scheltwort Deuterojesajas will nicht nur schelten, warnen, strafen, sondern zugleich auch belehren, zureden, überzeugen» (ZAW 34 [1914] 272).

acerbas» en 40-55 las referencias a la idolatría de Israel[28]: Israel y Jacob son
«ciegos»[29] y «sordos»[30]; «rebeldes» (פּשׁעים) de nacimiento[31], un tendón
de hierro, su cerviz (48,4); menosprecian a su Dios, a quien juzgan incapaz de
salvar[32]; gastan su dinero (los Sedientos) en lo que no alimenta (¿buscando
[בקשׁ], también ellos, hábiles escultores que les fabriquen sus ídolos?[33]), en
vez de acudir a las aguas que el Señor ofrece gratis[34]. La constante polémica
con los dioses (40,12-24; 41,1-5.21-29; 43,8-13; 44,6-8; 45,20-25) difícilmente
se explica por un mero afán de *prevenir* la idolatría[35]. Con esto no se pretende negar — naturalmente — que un «resto» haya conservado a la postre la fé
de sus padres[36].

Perdida su confianza en JHWH[37], es lógico pensar que Israel procurase
a la sazón aplacar a otros dioses (Cf. 2 Cr 28,24), y viniese a buscar en ellos
«el agua» que permite vivir (Is 50,2b; 55,1-3), crecer con lozanía (Is 44,4; Ez

---

[28] 48,5 acusa abiertamente: «te lo anuncié de antemano... no fueras a decir: 'mi fetiche lo
ha hecho, mis ídolos de leño y de metal lo han ordenado'»; pero algunos intérpretes se inclinan
a considerarlo espurio. El argumento es, sin embargo, típico de DtIs (cf. 40,21; 41,4; 41,21-29;
etc.). Y no cabe limitar la acusación al pasado, porque la situación perdura, según viene a demostrar todo el discurso (vs.6-8). También 43,22-24 podrían constituir una acusación formal.

[29] Cf. 42,7.16.18s (el «siervo» del v.19 no es el personaje de los cánticos, sino el pueblo
de Israel; cf. ELLIGER, BKAT XI, 283 y SIMIAN-YOFRE, *TWAT* V, 1006); 43,8. Será necesaria
la transformación de su desierto «para que vean y crean» (41,18-20). Cf. 44,9 (seguramente
posterior): «no ven nada ni comprenden» los idólatras (*v.i.* cap. IX).

[30] Cf. 42,18s; 43,8. Al sordo que Dios hace (cf. Ex 4,11) y el santo debe respetar (cf. Lev
19,14), se oponen estos «sordos» que se hacen a sí mismos. El sentido translaticio de חרשׁ (sordo) y עוּר (ciego) es acuñación de DtIs, que ha convertido ambos sustantivos, con fortuna (cf.
Is 29,18s; 35,5; Mt 11,5), en otros tantos nombres del Israel esclavizado: Este Jacob es «el que
no oye» (no quiere escuchar, cf. Ez 3,7: servir) a JHWH. La «rebeldía» (מְרִי) contra JHWH explica en Ez 12,2 que Israel ni vea ni oiga, a pesar de tener «ojos para ver y oídos para oir».

[31] Cf. 46,8; 48,8; 53,12 (de paternidad discutida, los tres pasos). פּשׁע puede significar el pecado capital de idolatría (cf. Miq 1,5-7; Jer 5,6-30). Según DtIs, es el crimen que provocó el
repudio (50,1) y la profanación del pueblo consagrado (43,25.27). Cf. Ez 20,38: «rebeldes y
levantiscos (המרדים והפּושׁעים)» serán también sacados «del país de su destierro, pero no entra-
rán en la tierra de Israel».

[32] Cf. 46,12; 50,2.

[33] Cf. 40,20; 44,9-20; 45,20 (que estiman, por lo común, secundarios; aunque WESTERMANN
los considera sugeridos por el anuncio de DtIs; cf. ATD 19,27).

[34] Cf. 55,1s.

[35] «Die עניים sind eher verständnislose Skeptiker» (SCHWANTES, *Das Recht*, 169).

[36] Cf., e.g., COOKE, *Ezekiel*, xxxviii-xi.

[37] Cf. J. BRIGHT, *Historia de Israel*, 346.363 y J. STEINMANN: «A beaucoup d'entre eux
Iahvé semblait un petit dieu local battu par Mardouk» (*Le Livre de la Consolation*, 93).

31,4). La singular expresión de Is 41,17 bien puede estar inspirada en Os, Jer y Ez: En busca de «su agua» va Israel, cuando busca (בקש) — y no halla por cierto — a sus amantes (Os 2,7b.9); cuando se orienta hacia (לדרך) Egipto, hacia Asiria, para «beber sus aguas» (Jer 2,18), o se construye aljibes (Jer 2,13); cuando la vid frondosa de Israel, sembrada «ribereña, junto a aguas abundantes» (*NBE*), decide sesgar hacia otra fuente sus raíces (Ez 17,5.7)[38]. Emprender esa búsqueda, supone siempre abandonar el agua fiel y verdadera (Jer 2,13)[39], al propio Señor de las aguas. Las aguas que se buscan en todos estos casos, no son aguas del Señor (o así lo creen quienes las buscan), sino las aguas contrarias que fascinan y aterran a Israel (cuando las debiera despreciar, porque JHWH las seca con un bramido; cf. 50,2; 42,15; 43,16; 51,10). Son el otro poder; o dicho mejor y con DtIs, simplemente «no son» (ואין).

En contra de quienes entienden מבקשים מים en su sentido propio, considero que ni se trata aquí del agua que se procura «yendo a sacarla del pozo» o «cavando en el valle», ni encaja la acción de los עניים en el andar solemne y placentero del regreso (55,12; etc.); mucho mejor se compone con el correr *en vano* (ואין) que denuncian, cruzando todo el valle, las huellas torpes de los extravíos (Jer 2,23-25)[40].

Si es ésta la conducta que DtIs ha cifrado en «buscar aguas», se entiende bien su fracaso: La búsqueda de los עניים resulta vana (ואין), porque persiguen la Vanidad: «... vosotros sois nada (אין[41])»; «... todos ellos, nada (Qᵃ אין): vacío, sus obras; aire y vaciedad, sus estatuas»[42]. Cf.Jer 2,5: «Anduvieron tras la vaciedad (ההבל = *vanus cultus, idololatria*: Zorell, *LH*, 184) y se quedaron vacíos (ויהבלו)»[43].

---

[38] Cf. aún Jer 13,1-11: Las aguas del Eufrates pudren e inutilizan el cinturón-Israel que sigue a dioses extranjeros.

[39] Cf. «el agua de Siloé, que corre mansa» (Is 8,6; *NBE*). -- Cada política es una fé: Procurar el auxilio de otros pueblos (apetecer sus aguas), supone creer en la potencia salvadora de sus dioses; es la alternativa de confiar en JHWH (cf. Is 20,3-6; 30,1-5; 31,1-3) y equivale defacto a abandonarlo (Jer 2,19). Cf., a este propósito, SICRE, *Los Dioses olvidados*, 81-84.

[40] Son muy pocos los autores que se preguntan por la acción de los עניים. S. JERÓNIMO supone también que se trata de un buscar equivocado: «Gentium populus, pauper et tenuis, qui non habebat scientiam ueritatis, quærit per diuersos magistros, et uaria philosophorum dogmata aquas salubres...» (CChr, LXXIII A 473).

[41] Is 41,24 (cf. *BHS*). DtIs ha sido probablemente el primero en usar esta voz para significar el concepto «nada» (Cf. WESTERMANN, ATD 19,46 y K. ELLIGER, BKAT XI, 55s).

[42] Is 41,29 (cf. *BHS*). Cf. 44,9.11.

[43] Cf. (a propósito de Is 49,4) SIMIAN-YOFRE, *I Testi del Servitore*, 58.

B) La sed que reseca

1.- La interpretación «exodal»

Los partidarios de la interpretación «exodal» disminuyen y casi niegan la sed de los עניים: Unos, porque entienden la promesa de intervención futura (17b-19) como intervención cumplida[44]; de modo que retrotraen los ipfs. de 17b-19 al tiempo del episodio que narra en pf. el versículo 17a. Resulta así que la sed debió ser cosa de un instante[45], o acaso ni llegó a existir[46]. Los otros, porque, advirtiendo que una promesa no puede socorrer aquella sed, trasladan caprichosamente la sed histórica (pf.) de los עניים a la realidad menguada de la visión profética (Hitzig, 489), de un recuerdo (Steinmann, 105; Westermann, ATD 19,67) o de una mera posibilidad futura[47]. Es decir, que (a excepción de Steinmann y Westermann[48]) proyectan al futuro de 17b-19 el pf. del v.17a. Queda así la sed (¡intencionadamente!, según Elliger [*Deuterojesaja*, 163]) entre la realidad y la quimera. Y si el aprieto no es real, ¿hasta qué punto cabrá tomar en serio la promesa de su alivio?

La sed extrema desentona, efectivamente, en un éxodo que se promete glorioso: Ni se comprende por qué el Compasivo habría de retardar su intervención hasta ese punto, ni se acierta a componer esta promesa con las que insistentemente aseguraban que no padecerían sed en aquel trance (Is 48,21; 49,10). Pero eso no es motivo para negar la sed (de la que habla Is 41,17), sino para excluir que se trate aquí del retorno (de lo que no habla Is 41,17-20).

---

[44] Cf. KNOBEL (319s), LOWTH (319), MARTI (282), POWER (562), PENNA (423), MORGENSTERN (81s), STUHLMÜLLER (71-73), SCHWANTES (169), KIESOW (127).

[45] Cf. A. PENNA: «... due scene... che si susseguono con rapidità:... la sete e il benessere... subito ricomparso per intervento divino» (p. 423).

[46] Cf. A. PENNA: «... sembra più probabile l'esegesi che segnala... la meravigliosa transformazione del deserto perchè i reduci non soffrano durante la loro marcia verso Gerusalemme» (p. 423). -- Eppure soffrono...! -- De modo parecido, STUHLMÜLLER, quien supone un camino tan glorioso, que termina por escamotear la sed: «The transformed desert meets Israel all along the route (p.73; cf. LEVY, *v.s.* p.20). -- Entonces, ¿cómo y cuándo se les resecó la lengua?

[47] Cf. DUHM (306), VOLZ (18s), FISCHER (46), FOHRER (*Die Proph.*, 126), NORTH (55), ELLIGER (163), HERBERT (35), WHYBRAY (66s).

[48] STEINMANN y WESTERMANN disocian por completo las dos partes del oráculo: La promesa (17b-19) no se ordena según ellos a remediar la desdicha resumida en 17a, que no afecta siquiera a los contemporáneos del Profeta. O sea, que unos son los que sufren y otros los que reciben la promesa de ser auxiliados.

Ni parece verosímil que la frase recoja los temores del pueblo ante la marcha futura[49]: Si el Profeta pretendiera animar a los medrosos, jamás hubiera descrito una sed tan atroz. El cepo de la interpretación «exodal» comprime en una misma circunstancia (vuelta del destierro) dos momentos sucesivos de la historia de Israel, que nuestro paso distingue, refiriendo el primero en pf. (17a) y anunciando el segundo en ipf. (17b-19). Disimular o suprimir esa tensión temporal, sólo conduce a negar luego lo que el texto mismo afirma. Y el texto afirma llanamente: «su lengua está reseca por la sed».

2. Is 41,17aγ

a) En Is 40-55, *lengua*, por una parte, dice siempre relación al habla: La lengua jura (45,23), dice palabras de consuelo (50,4), entabla («se levanta a») juicio (54,17); por otra parte, soporta acciones que son propias de la persona. Este uso semítico de predicar las acciones y pasiones del sujeto de una parte de su cuerpo (*v.i.*p.189), hace pensar que לְשׁוֹנָם (su lengua) designe en nuestro paso por sinécdoque la *persona misma* de los עֲנִיִּים; de la misma forma que כָּל לָשׁוֹן (toda lengua) equivale respectivamente a «todos» y «cualquiera» en 45,23 y 54,17. La atención del poeta puede haberse centrado en la lengua, porque quiera expresar una sequedad extrema: hasta lo más húmedo del cuerpo está reseco. Pero es probable que diciendo «lengua», considere en primer término la dimensión parlante de la persona: La sed debe dejar «mudos» (también respecto de JHWH) a los que ya son «ciegos» y «sordos». Así continuarán los עֲנִיִּים hasta que la transformación de su desierto les suelte la lengua (cf. 35,6)[50]. -- Muy próxima a la expresión isaiana de 17aβ es la figura de la lengua pegada (מְזֻבָּק) al paladar, usada para significar mudez (en Ez, cf. 3,26; 29,4) y, sobre todo, sed extrema, sequedad[51]. Sal 22,16 explica lo que esta última situación supone: volver «al polvo de la muerte».

---

[49] Así opinan VOLZ (22), FOHRER (*Die Proph.*, 126s), NORTH (55), ELLIGER (169), HERBERT (35). En el texto falta, por supuesto, un «decía Sión» (cf Is 49,14) o cualquier otro indicio en que fundar la hipótesis.

[50] Cf. caps. VII y VIII. -- KIESOW suprime como secundarios los vv.3-6a de Is 35, porque la transformación de un desierto, según él, difícilmente podría sanar a cojos y mudos (cf. *Exodustexte*, 143s). DUHM consideraba «una locura» suponerlo (*Jesaia*, 255). Y sin embargo, también Is 29,18; 30,26 relacionan una transformación futura de la naturaleza con la curación de Israel.

[51] Cf. Sal 22,16 (//«está seca como una teja mi garganta»; cf. *BHS*); 137,6 (//«se reseque [תִּכְחַשׁ, cf. *BHS*] mi diestra» [v.5]); Lam 4,4 (בצמא, por la sed // «piden pan... no hay [אֵין]»).

b) *La sed* viene después de la inútil búsqueda de aguas. Aunque sólo del *post* no se deba deducir el *propter*, conviene recordar que la sed o sequedad se consideran a menudo consecuencia y castigo de la idolatría[52]. JHWH, cuyo soplo ardiente puede resecar el mar[53] o agostar las potencias enemigas[54], castiga también frecuentemente la transgresión de las leyes del pacto, resecando las tierras y los hombres[55]. Según la tradición profética, quien abandona a JHWH — el único Señor de las aguas[56] y fuente de agua viva[57] — se aleja hacia la sed (Jer 2,25; Is 65,13). La sed maldita llega a ser eterna (sustancial e irreparable) para quien sirve a Μαμωνᾶς (cf. Lc 16,24-26). Por el contrario, los que JHWH tiene a su cargo, no pueden sufrir sed (la sed fatal); ni siquiera en el desierto (Is 48,21; 49,10), ni aun en medio del fuego se resecan (Is 43,2)[58]: «Mis siervos beberán...» (Is 65,13).

En esta concepción, no puede ser el desierto del retorno la circunstancia de la sed[59]; sí pueden serlo, en cambio, el sometimiento y el exilio: Israel, alejado de su Dueño, está próximo a perecer, confundido entre las gentes. Son huesos resecos, sin esperanza (cf. Ez 37,2s.11)[60].

Antes que expresar un anhelo (de Dios[61], de libertad [62]), desventura[63],

---

[52] Cf. 1 Re 18,18 (17,1; 18,1); Is 1,28-30; Jer 2,25; 14(7); 22,6; Ez 6,14; (G) 14,8; 33,29; Os 2,5; 9,16; 13,15; Am 4,4-8; 8,11.13. Y de etapa posterior, Is 24,4; 44,12; 57,5s; 64,5; 65,13; Jer 3,2s; 7,20; 7,30-34; 17,5s; Os 2,14; Zac 14,17; Job 8,12.

[53] Por eso las aguas temblaron al verle (Sal 77,17). Cf. Ex 14,21; Jos 2,10; 4,23; 5,1; Is 42,15; 44,27; 50,2; 51,10; Nah 1,4; Zac 10,11; Sal 74,15; 106,9.

[54] Cf. Is 11,15; 15,6; 19,5-7; Jer 50,12s; 51,36; 51,43; Ez 35,3.7.14s; Joel 4,19; Sof 2,13.

[55] Cf. Is 5,6.13; Jer 4,26; 5,25; 9,9; 12,4; 23,10; Ez 4,17; 19,10-14; 44,7; Ag 1,10s; Mal 1,3; Sal 37,2; Job 15,30; 18,16; Lam 4,4-8; 1 Re 8,35 = 2 Cr 6,26.

[56] Cf. Os 2,7-14; Jer 14,22; Is 55,1-3.

[57] Jer 2,13; 17,33; cf. Sal 36,10.

[58] Esta consideración agrava la malicia de la queja del desierto: «... para matar(nos) de sed» (Ex 17,3).

[59] *V.s.* pp.38s. Cf. la feliz expresión de E. HESSLER: «Beim Auszug liegt die 'Wüste' hinter Israel, nicht vor him» («Die Struktur», 367), que yo suscribiría sin reservas, si por «Wüste» se entendiera la sequedad de Israel; y no, como su autora entiende, el país de Babilonia (360.362).

[60] Cf. Dt 28,48; Is 5,13, donde la sed contribuye a describir la situación del sometimiento. La «terra aliena», por bien regada que pueda parecer, es siempre «tierra de sed» (Ez 19,13).

[61] Cf. UMBREIT (2 T. 328), VON ORELLI (155), FREY (57).

[62] S. EFRÉN (89), GESENIUS (53), DILLMANN (381), BONNARD (aunque también de agua; cf. p.114).

[63] Cf. SMITH (129), HALLER (25), BUDDE (662), LEVY (138) SCHOORS (87).

en general, o la estrechez del exilio[64], esta sed abrasadora (בְּצָמָא, abl. ins-
trum., Joüon 132e)[65] dice primordialmente carencia de agua (de vida, *v.i.*
p.108); como en 50,2, donde mueren los peces בַּצָּמָא, es decir, por quedarse
el mar sin agua (מֵאֵין מִים). Según esto, no es que el desierto produzca la sed
(como suponen tantos y dice expresamente Schoors[66]), sino al revés: es la
total ausencia de humedad lo que produce el «desierto» de «su lengua», la
sequedad de los עניים.

c) Lo reseco

El *dagesh forte* de נָשָׁתָּה[67], manteniendo contra el paladar la lengua, re-
meda y evoca los efectos de la sed. -- Secarse o aridecer (חרב¹), en nuestro
autor, es el destino del mar (44,27)[68] y de los montes (42,15). JHWH se propone asimismo secar (יבש) ciertos lagos (42,15) y las venas o corrientes
(נהרות) del océano (צולה: 44,27); agostar (יבש) la hierba de los montes (42,
15), como agosta (יבש) a los príncipes y jueces de la tierra (40,27). También
se agosta (יבש) la hierba, se marchita (נבל) la flor (que son toda carne y su
belleza: 40,6), cuando el aliento del Señor sopla sobre ellos (v.7s).

Frente a todo lo que es húmedo, lozano y pujante (y está destinado a aridecer), lo reseco está representado en 40-55 por estos עניים secos de sed, por
los desiertos (cf. cap. VI, B) y lo sediento (צָמֵא) y lo reseco (יַבָּשָׁה) de 44,3
(// la estirpe de Jacob).

La extrema sequedad de los עניים hace que la imagen module de lo zooló-
gico a lo rural: Los Sedientos[69] de lengua reseca se consideran en los vv.
siguientes tierra seca (cf.44,3 יבשה // צמא); son el «desierto» מדבר, ארץ ציה,
ערבה: 41,18s; 51,3) que se dispone a transformar (שים ל: 41,18) JHWH.

Os 2,5 conminaba precisamente la transformación contraria:

---

[64] Cf. GESENIUS (53), EWALD (417), KNABENBAUER (112), LEIMBACH (2.H. 30), KISSANE
(32).

[65] «Sed» trae siempre esta forma en 40-55: בצמא (41,17; 50,2). La expresión es antiquísima
(Ex 17,3; Jue 15,18), rara entre los profetas (Os 2,5 y Am 8,13; en Jer 48,18 puede ser un error
[cf. RUDOLPH, *Jeremia*, 276]; Is 5,13 utiliza la cadena constructa [צִחֵה צָמָא] para expresar la
misma idea). Fuera de estos pasos, aparece sólo en Dt 28,48; Lam 4,4 y 2 Cr 32,11.

[66] Para excluir (contra WESTERMANN) que nuestro paso describa una sequía, infiere
equivocadamente SCHOORS: «for the thirst of the poor is caused by the desert» (*I am God*, 86).

[67] 3ª f. sg. del pf. Q de נשת con *dageš forti affectuoso* (GKC § 20i). El Q sólo vuelve a
aparecer en Jer 51,30; Ni, sólo en Is 19,5; Jer 18,4.

[68] Cf. Is 50,2; 51,10 (Apoc 21,1: «y el mar ya no existe»).

[69] No parece צָמֵא sino otro apodo de Israel: Is 40-55 ha reservado el adj. para designar al
Israel humillado de aquel tiempo (44,3; 55,1).

«la convertiré en (כ שִׂים) desierto (מדבר),
... en tierra reseca (אֶרֶץ צִיה),
la mataré de sed» (בצמא).

De la estéril sequedad roqueña de dos ancianos[70] había sacado el Señor un pueblo numeroso (cf. Mt 3,9: Dios saca de las piedras hijos de Abrahán). Pero JHWH «se arrepiente» también de su elección, y en una suerte de pavoroso «antiéxodo» ecológico, determina reducir al Pueblo bendecido al reino mineral de sus orígenes (no ya: «¡Volved hacia el Mar Rojo!» [Dt 1,40], sino: «¡De vuelta hacia el caos!»; cf.Sal 90,3: «Retornad [al polvo], hijos de Adán»).

Ya no se trata de vivir, *estar en el desierto*[71], castigo que inventó Israel cuando rehusó la tierra buena[72], sino de *ser desierto*. Se ha producido en Israel un entrañamiento de su circunstancia punitiva: el desierto lo ha invadido hasta los tuétanos. La metáfora es audaz y siempre ha debido parecer «durus sermo»[73]. Sin embargo, debiera sernos familiar: «La viña de JHWH Sebaot (que va a ser devastada) es la casa de Israel» (Is 5,7); también «vuestra madre» Babel será desierto y sequedal (Jer 50,12); el propio JHWH podría ser (o funcionar como) desierto hostil (Jer 2,31); y en la parábola del sembrador, algunos de los oyentes son vereda; otros, pedregal; otros, terreno de zarzas (cf. Mc 4,15-19).

Esta sequedad de los elegidos (que el Señor promete transformar) figura acaso también la extrema aridez del Hijo predilecto abandonado (cf. Mt 15, 34): ἡ πέτρα δὲ ἦν ὁ Χριστός (1 Cor 10,4). Al Siervo (Act 8,35), brote de tierra seca por nuestros crímenes (Is 53,2.6), le corresponde sentir toda la sed que acarrea el pecado del Mundo. «Para que se cumpliera la Escritura» (¿sólo Sal 69,22?), Cristo tiene sed (Jn 19,28). Y Dios, por un Moisés ignoto, lo convierte en manantial (Jn 19,34).

---

[70] Cf. Is 51,1b.2a: «Mirad la roca de donde os tallaron, la cantera de donde os extrajeron; mirad a Abrahán, vuestro padre; a Sara, que os dió a luz» (*NBE*).

[71] Cf. Nu 14,29-33; 32,13.15; Dt 1,40; 8,2; Jer 17,6; Ez 19,13; 20,35; 29,5; Sal 68,7;106,26.

[72] Al pie de las montañas amorreas, cambia Israel su queja del desierto por la queja de la tierra. La infame murmuración contra Moisés (cf.Ex 14,11; 16,3; 17,3; Nu 20,4; 21, 5) se torna abiertamente blasfema, cuando acusan al propio JHWH de haberlos llevado a la tierra buena para hacerlos morir (Nu 14,3). Israel desprecia el don de Dios, prefiriendo no sólo Egipto, sino el desierto mismo y aun la muerte (Nu 14,2). Y JHWH los castiga con su elección (Nu 14,28s).

[73] Desde antiguo se ha querido leer en Os 2,5b במדבר...בארץ, en lugar de כמדבר...כארץ (cf. H. GRÄTZ, *Emendationes*, Fasc. II, 12) y J. HALÉVY, *RevSém* X (1902) 4.10. Muchos manuscritos hacen la misma correción en Sal 143,6. En Sal 63,2 la lectura כארץ es también la menos atestiguada.

CAPITULO V

El Dios que atiende y no abandona (v.17b)

אני יהוה אענם

אלהי ישראל לא אעזבם

A) אני יהוה אענם («Yo, JHWH, los atenderé»)

La búsqueda descaminada de los עניים no resulta inútil a la postre: El clamor de su anhelo constante[1] llama la atención del Dios escondido (Is 45, 15) que determina salir al encuentro de quienes no lo buscan (Is 65,1).

1.- JHWH y los dioses

אני יהוה[2], el Yo todopoderoso de «El que es» (Ex 3,14) y fuera del cual «nada es» (en el ámbito de la divinidad)[3], se opone enfáticamente a la vana

---

[1] Cf. S. AGUSTÍN, *Enarrationes in Psalmos*, 37,14: «Continuum desiderium tuum, continua vox tua est». El בקש de los *ʿaniyyîm* equivale así de algún modo al clamor de los que sufren sed en el desierto (*v.s.* p.73).

[2] En 40-55, אני va unido ordinariamente a יהוה por acento conjuntivo; tanto si יהוה es aposición-suj., como si es predicado. Pero si a esta fórmula se le añade אלהיך (tu Dios), יהוה se une por acento conjuntivo a אלהיך, mientras que אני aparece separado de יהוה por acento disyuntivo. 48,17 (que une אני a יהוה אלהיך) constituye la única excepción. ¿Habrán acentuado por error la 2ª letra en vez de la 3ª? (El acento usado aquí, si va sobre la 2ª, es conjuntivo ['*azlā*]; si sobre la 3ª, disyuntivo [*paštā*]). ELLIGER considera que יהוה es aposición a אני («Yo, JHWH») en 41,4.17; 42,6; 43,15 y 45,8; mientras que en 41,13; 42,8; 43.3.11; 44,24; 45,3.5.6. 7.18.19.21; 48,17; 49,23.26 y 51,15 ejerce de predicado («Yo *soy* JHWH»; cf. *Deuterojesaja*, 162). JEPSEN, en cambio, propone leer también como aposición el יהוה de 41,13; 43,3; 45,7.19; 48,17 y 51,15 (cf. *ZAW* 79 [1967] 286).

[3] La negación de existencia (אין), no sólo tras la fórmula de presentación, sino en otros muchos pasos de Is 40-55, pretende ser, en último término, negación de divinidad: Cf. ואין (43,11(13); 44,6.8 (cf. *BHS*); 45,5.6.21); ואין עוד (45,5.6.14.18.21.22; 46,9). Cf. מבלעדי/(זולתי) et. 41,26; 42,22; 43,12; 47,15; 50,2.

ilusión de los dioses[4]; cuyo culto, lejos de remediar la sed, la produce y acrecienta. La polémica encubierta que dicha oposición enfática descubre, recuerda — en más de un pormenor — aquella otra declarada del Carmelo: «El Dios que 'responda' (יענה)... ese es Dios» (1 Re 18,24):

	1 Re 18		Is 41	
1 (cf. 17,1)		(a) sequedad	נשתה	17a
26.28s	קרא, פסח,	(b) búsqueda de		
	נבא, גדד	auxilio	בקש מים	17a
26.29	ואין	(c) resultado	ואין	17a
38		(d) 'responde' JHWH		17b
45		(con agua)		18
37	וַיֵּדְעוּ	(e) finalidad	וְיֵדְעוּ	20

Devorando JHWH con su fuego víctima y altar (v.38), «'respondiendo' con fuego» (v.24), demuestra quién es el que interviene en la historia humana y la dirige; quién es, por tanto, el que proporciona a Israel su agua (cf. 1 Re 18,1.18.45; Os 2,7). Al frenesí de los profetas de Baal corresponde sólo, en cambio, el silencio absoluto de la nada (ואין... ואין... ואין: vs.26.29). «No responde» Baal; como el dios fabricado, a quien por mucho que se grite, «no responde» (לא יענה), no saca del aprieto[5]. El Dios vivo, por el contrario, se acredita como auténtico Dios, al ser capaz de «responder»: אני יהוה אענם (Yo, JHWH, les 'responderé')[6].

---

[4] Cf. H. SIMIAN-YOFRE: «... 'Yo Yavé' orienta el texto hacia una afirmación de la acción de Yavé, frecuentemente en polémica contraposición con los ídolos (42,8; 45,5; 45,18.21)» (*Bib* 61 [1980] 538).

[5] Cf.Is 46,7 — un texto, según algunos dicen, añadido.

[6] Los nombres propios עֲנָיָה (Neh 8,14; 10,23) y יַעֲנַי (1 Cr 5,12) podrían profesar la divinidad de JHWH («JH [me] atiende», o sea, «es mi Dios»). También בַּעֲנָה (2 Sam 4,2; etc.) podría significar «Baal responde», si ב fuese abreviatura de בעל (sobre nombres propios con el teofórico בעל, cf. NOTH, *Personennamen*, 119,3; 122,n.1; y STENDEBACH, *TWAT* VI, 244s). Es más probable que lo signifique el nombre púnico 'nb'l (*CIS* 5884,4) que profesaría de este modo la divinidad del dios cananeo; y lo mismo, el eblaíta *A-na-ba*, si debe leerse *'ana-ba* (como propone ZURRO; cf. «La voz y la palabra», 24), y *ba = Ba'al*. -- Cf. aún *Qws'nl* («Qôs [o Qaus, dios principal de Edom] me atiende», en sellos de Ezion-Geber (GLUECK, *BASOR* 72 [1938] 11-13). -- El ugar. *'anat* es nombre de divinidad muy apropiado.

2.- La raíz ענה I

a) ענה-*decir y* ענה-*hacer*

Este ענה[7], relacionado etimológicamente con el egipcio ʿn (volver[se])[8] y el acádico enû(m) (volver[se], cambiar)[9], tiene seguramente el sentido fundamental de «volver la cara (o los ojos) demostrando atención»[10]. El salmo 69,17s ilustra bien este significado:

> 17 Atiéndeme (ענני), JHWH, ...
>
> ... vuélvete hacia mí (פנה אלי);
>
> 18 no escondas tu rostro a tu siervo
>
> ... atiéndeme (ענני).

Los diccionarios incluyen en ענה I dos tipos diversos de acciones, que suponen expresadas por esa misma raíz. Las del primer tipo consisten en palabras (ענה-decir); las del segundo, en hechos (ענה-hacer). Solamente el contexto decide si ענה I es verbo de decir o de hacer: En el primer caso, ענה va seguido con mucha frecuencia por otro verbo de decir (dando lugar a la fórmula narrativa ויען ויאמר o a otras similares) y vaya o no determinado de ese modo, consta siempre por el contexto que ענה consiste en una comunicación verbal. ענה I significa en estos casos, no sólo «responder», «contestar» (difícilmente se reducen a «responder» todos los significados de ענה-decir), sino también «atestiguar», «anunciar, revelar» (sobre todo en Jer; cf. Gen 41,16; 1 Sam 9,17; 14,28)[11] y simplemente «hablar», «dirigir la palabra»[12]. Este ענה-

---

[7] ענה I, según los diccionarios, que distinguen hasta cuatro raíces homónimas (v.s. p.45).

[8] Cf. ERMAN — GRAPOW, *WÄS* I, 188.

[9] Cf. W. VON SODEN, *AHw*, 220.

[10] Cf. DELEKAT, *VT* 14 [1964] 42 y LABUSCHAGNE, *THAT* II, 336. *HALAT* no sólo refiere ענה I a ʿn(n) y enû, sino que propone *«sich umwenden, sich wenden zu»* como sentido fundamental de ענה I (806a). Ya BIRKELAND había relacionado la voz hebrea con el egipcio ʿnw (volverse) y el asirio enû (responder, v.s. p.47). También JOÜON atribuye a ענה (I, no trata del II) el sentido primario de «*s'adresser à*» (*Bib* 13 [1932] 310). Véanse además WARD, *JNES* 20 (1961) 37b y STENDEBACH, *TWAT* VI, 234.

[11] ענה-decir, se predica de Dios, al menos, en 18 de las 85 veces en que Dios (o un dios [3 veces] o la Sabiduría [1 vez] es suj. de ענה I: Gen 41,16; 1 Sam 9,17; 14,37; 23,4; 28,6.15; Jer 23,35.37; 33,3; 42,4; Jl 2,19; Hab 2,2; Zac 1,13; Sal 99,6; Job 23,5; 38,1; 40,1.6. En algunos casos difícilmente se decide si Dios «responde» con palabras o con hechos (cf. Ex 19,19; Is 58, 9; Ez 14,4.7 (cf. n.38); Sal 81,8; 99,8; Job 9,16; 33,13).

decir corresponde al ugarítico *'nj* (hablar, responder) y al arameo ענה[13].

En los casos restantes ענה I no es verbo de decir, sino que expresa una acción de otra especie, que beneficia o agrada a quien es objeto de ella. Los diccionarios (BDB sobre todo) la reducen con esfuerzo a «responder» (por mantener el significado más frecuente, que no fundamental, de ענה-decir), aunque los diversos contextos les fuerzan a añadir significados muy dispares, que «responder» sólo contiene metonímicamente[14]. Ello supone además concebir siempre ענה-hacer como reacción, cosa que no consta muchas veces (*v.i.*). Baumgartner (*HALAT*, 806), siguiendo a L. Delekat[15], propone la equivalencia «*erhören* eigentl. willig reagieren», para cuando el suj. de este ענה sea Dios. Pero no parece, contra Delekat y Labuschagne[16], que ענה I *signifique* primordialmente «reagieren»; un significado demasiado neutro y general que apenas si conviene alguna vez. Para poderlo encajar en algún paso, se requiere el doble calzador de un adv. («willig») y una compleja prep. («in Hinblick auf»: *THAT*, 340) que, en primer lugar, parecen arbitrarios, y no se corresponden luego en absoluto con la sencilla construcción hebrea (verbo + obj.). Aunque pretende Labuschagne que «'willig reagieren' eine bessere Übersetzung darstellt» (respecto de «erhören», p. 337), en realidad necesita explicar con «erhören» aquel circunloquio: «'willig reagieren' *d.h.* 'erhören'» (336). El significado que exigen de ענה sus contextos, no es «reaccionar»[17], sino el de una acción concreta: En 1 Sam 9,17, por ej., ¿ante qué reacciona JHWH? (cf. *THAT*, 340). Y aun concediendo tal reacción, qué sentido proporciona traducir עָנֵהוּ (descuidando el obj. sufijo) por «reaccionó»? El contexto exige que ענה

---

[12] «*Allocutus est*», propone ZORELL como primera equivalencia de la voz (Cf. GESENIUS, *Thaes*, 1047,2). De acuerdo con la etimología señalada más arriba, quizás significara primitivamente «dirigirse a», «*interpellare*». Cf. JOÜON, *Bib* 13 (1932) 309-314.

[13] Cf. ZORELL, *LH*, 613; *HALAT*, 805. -- El ugar. *'ny*, en II K, V 22 («No hubo entre los dioses quien respondiera»; cf. DEL OLMO, *Mitos y Leyendas*, 317s), difícilmente se reduce a «quisiera (/pudiera) auxiliar», porque precede una pregunta (*my*, quién). Según AISTLEITNER, *'ny* significa sólo «contestar»; aunque lo relaciona con el hebreo *'ana(h)* y el árabe *'ana* (3.y, *WUS*, 236s). -- En aram. bíblico, ענה (puro verbo de decir) ni siquiera significa «contestar» (Cf. VOGT, *LLA*, 133s).

[14] Cf. KÖNIG, *HAWAT*, 338: «*antworten*... 2. meton. a)... erhören, gehorsam sein...willfahren... erzielen, erreichen...» GESENIUS: «Spec. *respondere dicuntur*... *qui exaudiunt*» (*Thaes*, 1048). ZORELL: «4) *respondit* Ds precanti, *exaudivit* eum i.e. petita concessit» (*LH*, 612b).

[15] Cf. *VT* 14 (1964) 35-49.

[16] Cf. *THAT* II, 337.

[17] LABUSCHAGNE precisa en este sentido «reagieren», excluyendo la acepción «antworten» (337).

exprese la acción de comunicar una noticia (cf. *NBE*: «El Señor le avisó»); como exige otra acción, más concreta que «reaccionar» y desde luego transitiva, cuando se trata de ענה-hacer[18].

Ni siquiera consta con certeza que ענה I *suponga* siempre una reacción. Antes parece lo contrario: ni la primera acepción que Zorell atribuye al verbo («*allocutus est*»), ni aun la segunda («coram magistratu... interrogante, et etiam ultro... *testatus est*»), suponen correspondencia. Reconoce el propio Labuschagne que, aunque esporádicamente, «Jahwe selber die Initiative ergreift»; es decir, que el ענה de Dios no corresponde alguna vez a una previa acción humana (339s). Pero incluso en esos casos[19] lo sigue traduciendo por «willig reagieren»[20].

Considero que la traducción más adecuada de ענה-hacer es «atender»; que, además de significar directa y propiamente «(pre)ocuparse» y «cuidar», conserva el sentido etimológico de ענה (tender a, aplicar los sentidos) y no exige suponer un ruego previo, que muchas veces no consta, ni parece probable en tiempos de ventura (cf. Is 49,8; Sal 65,6). JHWH puede «atender» espontáneamente, sin haber sido invocado[21]. Este ענה-hacer corresponde a la raíz árabe *'ny* (interesarse, [pre]ocuparse)[22] y está más cerca del hebreo ענה III (ocuparse) que de ענה-decir (ענה I). ¿No convendría reducir ענה I a puro verbo de decir (como el ugarítico *'nj* y el arameo ענה) y transvasar esta otra acepción al pellejo flácido de ענה III (ocuparse)[23]?

---

[18] SCHWANTES discute también la opinión de DELEKAT (cf. *Das Recht*, 40-43).

[19] El cita: 1 Sam 9,17; Jl 2,19; Os 2,23; 14,9; Zac 10,6; Sal 65,6.

[20] Cf., e.g., su versión de Os 14,9: «ich bin es, der willig reagiert, und der ich mich um ihn kümmern werde». Este ענה *significa* precisa y exclusivamente lo segundo.

[21] Cf. Gen 35,3; Is 41,17; 49,8; Os 2,23; 14,9; Zac 10,6; Sal 65,6.

[22] Cf. EHRLICH, *Randglossen* IV, 150. -- El ár. *'ny* que comparte con *'nw* varias acepciones (incluso la que es principal en el segundo: «ser/hacer cautivo»), ha desarrollado como significado más peculiar éste de «atender» (tampoco totalmente extraño a *'nw*: «le rogué, y nada *hizo* por mí»; LANE, *AEL*, 2178c): A partir de 3. «sufrir (penalidad», *ibid.*, 2180c), va el sentido derivando a «soportar(la)» y sucesivamente a «combatir(la)»; lo que puede suponer, tanto «litigar (con un adversario)», como «curar (a un enfermo)»; es decir, «ocuparse de, cuidar, atender». *'ny* nunca significa en cambio «replicar, contestar» (cf. *ibid.*, 2180a-2181a). *'ny* y *'nw*, en el árabe actual, comparten prácticamente todas sus acepciones (cf. WEHR, *WAG, ad loc.*).

[23] ZORELL registra en ³ענה un inf. Q עֲטֹת (Qoh 1,13; 3,10), otro Pu עֻנּוֹת (Sal 132,1), que podría ser Q e incluso subst. sufijado (עֻנָּתוֹ; V: «mansuetudo eius»), un pf Htp (repetido en 1 Re 2,26) y un ptc. Hi מַעֲנֵה (Qoh 5,19; cf. *LH*, 613b). HALAT atribuye el inf. Pu y el pf. Htp a ²ענה, con lo que reduce a los tres pasos de Qoh el uso de ³ענה (807bs). De la misma opinión es DELEKAT (*VT* 14 [1964] 38). -- El ár. *'ny* incluye los significados de «sufrir dificultad, fatiga» (I; LANE, *AEL*, 2180a) y de «ocuparse de, cuidar» (III *fā'ala*; *ib.* 2181a).

También el ענה-hacer (como el ענה-decir) corresponde con frecuencia a una solicitación previa (דרש[24], זעק[25], צעק[26], קרא[27], שוע[28]). Pero que la «llamada» consista en palabras (y no siempre es así; cf. Mt 7,7), ni arguye una respuesta del mismo orden (el clamor del angustiado no espera palabras en respuesta, sino alivio), ni exige traducir ענה-hacer con el genérico «responder»: Cf., e.g., «A tí clamaron (זעק) y fueron salvos» (מלט, Sal 22, 6); «clamé (שוע) a tí y me sanaste» (רפא, Sal 30,3); «clamaste (קרא) y te salvé» (חלץ, Sal 81, 8); y al «llamar» del Ev corresponde abrir (Mt 7,7). A la interpelación divina (קרא, דבר) corresponde igualmente por parte de Israel, no una respuesta verbal, sino determinada actitud, que consiste primordialmente en שמע (obedecer, creer; v.i. pp.91s). Que las acciones correspondientes a la llamada puedan ser consideradas «respuesta», no exime de traducirlas más propiamente.

b) Sujeto, objeto y modo de ענה

El sujeto más frecuente de ענה-hacer es Dios (que atiende más con hechos que con palabras)[29]; y la acción significada ocurre (casi exclusivamente) entre Dios y su pueblo. Del hombre (en relación con un igual o un inferior) no se dice nunca este ענה[30], sino tan sólo del siervo respecto de su dueño[31] y de

---

[24] Cf Sal 34,5; Sir 32,14b2.

[25] Cf. 1Sam 7,9; 8,18; Is 30,19; Miq 3,4.

[26] Cf.Is 46,7; Job 35,12.

[27] Cf. 1 Re 18,24.26(bis)29(28); 1 Cr 21,26(28); Is 50,2; 58,9; 65,12.24; 66,4; Jer 7,13.27; 35,17; Jon 2,3; Zac 13,9; Sal 3,5; 4,2; 17,6; 20,10; 22,3; 27,7; (81,8); 86,7; 91,15; 99,6; 102,3; 118,5; 119,145; 120,1; 138,3; Job 12,4; Prov 1,28; 21,13; Sir 46,50.

[28] Cf. 2Sam (Sal 18),42; Job 30,20.

[29] Cf.n.11 y Gen 35,3; 1 Sam 7,9; 8,18; 2 Sam 22,36.42; 1 Re 18,24(26.29)37; 1 Cr 21,26. 28; Is 30,19; 41,17(46,7); 49,8; 65,24; Os 2,23(bis); 14,9; Jon 2,3; Miq 3,4; Zac 10,6; Sal (32 casos, cf. Tabla VII); Job 12,4; 30,20; 35,12; (Prov 1,28); Sir 32,14b2. -- En dos de estos casos aparecen sendos ויאמר יי (1Cr 21,27; Jon 2,11) luego de las formas verbales de ענה. Pero no dan lugar a la conocida fórmula(ויען ויאמר): אמר no está en la línea significativa de ענה (los objs. de ambos verbos son distintos), sino que viene a explicar en qué consiste este último: JHWH «atiende» a David y Jonás en cuanto que ordena (אמר) al ángel y al pez respectivamente que suspendan el castigo.

[30] Contra DELEKAT, VT 14 [1964] 40,3: «nur einmal von einem Menschen (1Kö xii 7)». ענה, seguido en ese caso de דבר, es verbo de decir; como demuestra además el contexto (vv.13s). BOVATI lo entiende asimismo como «reazione di parola», a la que atribuye valor de sentencia judicial (cf. Ristabilire, 300, n.157; sobre el valor técnico de ענה en el ámbito forense, cf. p. 300-303). -- Podría ofrecer alguna excepción el tardío Sir: «Algunos legaron nombre para seguir siendo tenidos en cuenta (להשתענות // זכר, recuerdo) en sus tierras» (44,8); pero el verbo podría atribuirse a ענה IV («siendo cantados» [=«celebrados»]). -- «Según tus fuerzas atiende

Israel respecto de JHWH (de su profeta)[32]. Y como quiera que JHWH sólo «atiende» a sus elegidos[33], a quien conoce su nombre[34] (así como «no atiende» a los que prueba[35], ha reprobado[36] o no son de su heredad[37]), resulta que este ענה-hacer queda prácticamente reservado para expresar la mutua «atención», el «débito contractual» que exige el Pacto[38].

Objeto de ענה-hacer es siempre una persona. Este ענה jamás «atiende» una súplica[39], sino que afecta siempre directa e inmediatamente a un ser per-

---

(a tu) prójimo» (עֲנֵה רֵעֶךָ // הַסְתַּיֵּד, trata [con los prudentes]: 9,14); pero es más probable que ענה signifique «responder», como en 5,12, donde la misma expresión (עֲנֵה רֵעֶיךָ) lleva // «pon tu mano sobre tu boca» (cf. además el contexto).

[31] Cf. Job 19,16: וְלֹא יַעֲנֶה («y no hace caso»; lo mismo en Prov 29,19: וְאֵין מַעֲנֶה).

[32] Cf. Os 2,17; Jer 7,13(27); 35,17; Is 50,2; 65,12; 66,4. -- El subst. עֹנָה (Ex 21,10) podría significar, como en hebr. moderno, el débito conyugal, la «atención» que demanda la esposa; pero su relación con ענה es incierta: mientras que *HALAT* lo refiere a ענה (II o III) o incluso a עת (tiempo), GESENIUS y ZORELL lo derivan de עון (habitar). -- Es posible que este ענה-atender pueda también expresar las funciones primarias que mantienen el equilibrio de la creación y la vida: las que ejercen los cielos respecto de la tierra (cf. n.38); el hombre, respecto de la mujer y viceversa. GLAZIER — McDONALD propone traducir עֹנָה por «lover» en Mal 2,12 (*JBL* 105 [1986] 295-298).

[33] A Israel, Padre (Gen 35,3) y Pueblo (Is 30,19; 41,17; 58,9; 65,24; Os 2,23s; 14,9; Zac 10,6; 13,9; Sal 20,10; 60(=108)7; 65,6; 81,8; 99,8); a sus líderes (que suplican en favor de Israel בְּעַד יִשְׂרָאֵל [1 Sam 7,9; 1 Cr 21,26.28] 1 Re 18,37ss; Is 49,8; Sal 20,7) o al «salmista» (4,2; 13,4; 18,42; 22,22; 34,5; 69,14; 86,1-3; 118,5.21; 119,145; 138,3; Jon 2,3).

[34] Cf. Sal 91,14s.

[35] Eso les parece a los interesados (cf. Sal 22,3; Job 30,20).

[36] Cf. 1Sam 8,18; 14,37; 28,6.15; Miq 3,4.

[37] Cf. 2 Sam (Sal 18) 42; Job 35,12.

[38] En Os 2,23 «atiende» JHWH a los cielos, poniendo en marcha una «atención» en cadena de los cielos, la tierra y sus frutos, que no tiene más objeto que Israel. La prosopopeya no debe ocultar que es JHWH quien «atiende» a Yezrael, cuando procura que cada elemento «atienda» su respectiva función en el orden establecido (cf.n.32). -- Ez 14,4.7 usa probablemente ענה (Ni) *como si fuera* verbo de decir (expresión técnica de respuesta oracular; cf. Jer 23,35.37, etc.), aunque la respuesta anunciada «will take shape in deeds, not words» (COOKE, *Ez*, 151). -- Respecto de lo anterior, parece anómalo el uso de ענה en Qoh 10,19. Según DELEKAT, ענה «ist dort aramäisches Lehnwort» (*VT* 14 [1964] 38). ¿O será el «dogma» de los libertinos, adoradores del Dinero?: «La plata 'atiende' a todos» (הַכֹּל = «todos», en 9,2; 10,3).

[39] Nunca se dice, e.g., עֲנֵה תְפִלָּתִי (cf. Sir 32,14b: וַיַּעֲנֵהוּ בִתְפִלָּתוֹ, «y *lo* atendió *en* su oración»). Cf. en cambio, שְׁמַע תְפִלָּתִי, escucha mi oración (Sal 4,2; 143,1; cf. Sal 17,6; 20,2; 27,7; 55,3).

sonal, como indica la misma construcción hebrea: verbo + sufijo pers.[40]. Traducirlo por «escuchar (favorablemente)», «acoger un ruego» («exaudire», «erhören»), es en general inadecuado, y no sólo, cuando aparece JHWH como objeto verbal: El sujeto de ענה-hacer no «escucha» la súplica de alguno y consiguientemente socorre al suplicante (una segunda acción que ya no expresaría ענה sino *praegnanter*), sino que «lo atiende», «se ocupa de él» (suplique o no) y, en algún caso, «lo cuida», «lo preserva»[41].

El *modo* de dicha «atención» se expresa con frecuencia por un בְ de medio (Joüon, *Gramm.*, 133c) o «בְ rei» (Gesenius, *Thaes*, 1048), seguido de un nombre abstracto, que indica en qué consiste la atención: JHWH — que demuestra atender «con fuego» (1 Re 18,37; 1 Cr 21,26) — atiende «con su justicia» o «salvación» (בצדק [Sal 65,6; 143,1]; בישע [Sal 69,14]), «con su fidelidad» (באמת: Sal 69,14; 143,1), «con su gran amor» (ברב־חסד: Sal 69,14), «con holgura» (במרחב: Sal 118,5), es decir, proporcionando espacio, dando respiro[42]. En prosa, suele resumir un *wayyiqtol* la experiencia de la atención divina, su dimensión histórica:

---

[40] Cf 1 Sam 7,9; 2 Sam 22,36.42; 1 Re 18,26.37(bis) 1 Cr 21,26.28; Is 30,19; 41,17; 49,8; Jer 7,27; Jon 2,3; Zac 10,6; Sal (32 casos; solamente en 22,3 y 38,16 aparece el verbo sin obj., aunque evidentemente referido a personas); Job 12,4; 30,20. Interponen la part. את: Gen 35,3; 1 Sam 8,18; Miq 3,4 y Zac 13,9. Os 2,23.24(bis) utiliza la misma partícula ante «los cielos», «la tierra» y sus frutos, a los que personifica suponiéndolos capaces de atender. El ענה que se predica de Israel y tiene siempre por objeto a Dios (a su profeta), tanto cuando se afirma (Os 2,17) como cuando se niega (Is 50,2; 65,12; 66,4; Jer 7,13; 35,17) no lleva obj. expreso (a excepción de Jer 7,27, con un raro suf. de 2ª masc.). ענה aparece sin obj., aunque referido evidentemente a personas, en Is 46,7; 58,9; Os 2,17.23;14,9. Sobre Qoh 10,19, cf.n.38.

[41] Si pudiera aceptarse este sentido, no sería necesario corregir עֲנִיתָנִי en Sal 22,22: «de los cuernos de los unicornios me *preservas*» (// ישׁע, sa; *v.i.* p.s.); ni seguir la propuesta de *BHS* en 118,21 (עִנִּי, me humillaste; cf. las vacilaciones de LUTERO en este punto de su «schönen Confitemini» [KUTSCH, *Kleine Schriften*, 348-375]): «Te alabaré porque me *atendiste* (עֲנִיתָנִי) y fuiste mi salvación (לִישׁוּעָה)». Que עֲנִיתָנִי («Du hast mich erhört!») concluya el lamento e inicie la acción de gracias (KRAUS, *Psalmen* II, 222s) resulta inverosímil. -- El TM de Sal 119, 67 ofrecería este sentido: «Antes de *atender*(Te), erraba // pero ahora guardo tus mandatos». Y Sal 18,36 (leyendo inf., como en 2 Sam 22 [cf. σ': τὸ ὑπακούειν σοι]), «y tu *atender* me engrandeció». -- En Sal 132,1 עֻנּוֹתוֹ («frt. lgd. inf. Q.»: ZORELL, *LH*, 613b) bien podría representar el correspondiente atender humano (de David).

[42] Cf. GESENIUS, *Thaes*, 1048: «exaudivit aliquem cum aliqua re i.e. *largitus est*...ei rem». בְ + nombre concreto, en Sir 46,5c.

...לאל הענה אתי...		ויהי עמרי...	Gen 35, 3
...ויענהו יי	10	...וירעם יי...על־פלשתים...	1 Sam 7, 9
...ויענהו...	27	...ויאמר יי למלאך וישב חרבו	1 Cr 21,26
...ויענני...	11	...ויאמר יי לדג ויקא את־יונה...[43]	Jon 2, 3

Y en verso, realizan esa misma función los consabidos paralelos[44]; pero no los que ilustran el «atender» con otros gestos parecidos («volverse», «no ocultar el rostro», «mirar», «escuchar»[45]), pertenecientes aún todos ellos al ámbito de la fé, sino aquellos que, como «ayudar» o «asistir», «proteger» y «salvar»[46], traducen a este mundo aquella acción.

El Señor «atiende» *salvando*, en resumidas cuentas: Si los más antiguos de los salmos citados (18; 20; 81) forman el paralelo de ענה con «salvar» (cf. Tabla VII), el hebreo tardío intercambia espontáneamente ענה y ישע (salvar; cf. Sal 119,145s):

(קרא)   (ענה)   (נצר)[47]   (חקיך)

145 A tí grito... *atiéndeme*... guardaré tus leyes.
146 A tí grito,   *sálvame*   y guardaré tus decretos.

(קרא)   (ישע)   (שמר)   (עדתיך)

c) *El «débito contractual»*

Dicha «atención» salvadora constituye la parte de Dios en el pacto. La de Israel, su «atención», consiste en *escuchar* (=obedecer): שמע בקול יהוה (escuchar la voz de JHWH), fué la única condición exigida por Dios al pactar (Ex 19,5; Jer 7,23). Pero Israel tiene la maña de «no atender» a su Señor:

---

[43] La acción divina de ordenar (אמר) alcanza ya la historia, porque el ángel está aquí (junto a la era: v.15) y no digamos, el pez; pero sólo resulta notoria, cuando surte su efecto. Por eso se requiere en estos casos un 2º *wayyiqtol* que exprese dicho efecto.

[44] Vid. Tabla VII.

[45] «Mirar» (בין Hitpolel: Job 30,20; נבט: Sal 13,4; שׁוּר²: Os 14,9; Job 35,12) y sobre todo «escuchar» (אזן: Sal 143,1; Job 9,16; נטה אזן: Sal 17,6; 86,1; 102,3; קשׁב: Sal 55,3; שׁמע: Is 65, 12.24; 66,4; Jer 7,13.27; 35,17; Jon 2,3; Sal 4,2; 17,6; 27,7; 143,1; Job 35,12) aparecen muy frecuentemente en conexión con este «volverse-atender».

[46] «Salvar» es el paralelo más frecuente de ענה. En relación más o menos estrecha con nuestra voz, aparece sin falta en todos los Sal que utilizan ענה. Crear y procurar vida (ζωοποιεῖν: Jn 5,2) es la tarea de Dios.

[47] «Atiéndeme y atenderé», porque נצר significa propiamente «mirar con atención» (para proteger u observar). Es como si dijera el salmista: «Sé Tú mi Dios, para que pueda yo ser (pueblo) tuyo».

Pasado el primer fervor (cf.Os 2,17; Jer 2,2), le niega indefectiblemente su «atención» (Jer 7,13.27; 35,17; Is 50,2; 65,12; 66,4 — שמע es el paralelo de ענה en cinco de los seis pasos)[48]. «No atender» a JHWH, no demuestra sólo indiferencia o menosprecio. Si Israel «no atiende» a su Dios, es que decidió dejar de ser su pueblo; porque «no atender» supone en este caso otra elección (בחרו באשר לא־חפצתי, eligieron lo que no quiero: Is 66,4; cf.65,12) y equivale a infringir el pacto: לא שמעו (no atendieron: Is 66,4; 65,12). Que Israel «atienda» alguna vez, pertenece a la esperanza; ocurrirá, cuando el Señor lo quiera seducir (cf. Os 2,16s).

Supuesto el hombre, sólo es Dios el que tiene un pueblo que «atender»: el que declara «Tú eres mi pueblo» y lo demuestra dándole vida y holgura. El ídolo impotente, aunque tiene boca, es incapaz de decir עמי אתה (tú eres mi pueblo). E Israel incurre en la maldición del salmista («sean como ellos»: 135, 18) — se queda «mudo» —, cuando rehúsa mezquinamente su אלהי («Dios mío»: Os 2,25), pensando con el necio que no hay Dios o fingiéndose otro dios. Así frustra de paso Israel al Dios vivo, impidiéndole ejercer como Dios-Salvador[49]. Puesto JHWH (!) en tal aprieto (בצר, la circunstancia en que se clama: ¡atiéndeme!»)[50], se defiende en su ira (atiende, al cabo), dando celos con «lo-que-no-es-pueblo» (fingiéndose otro pueblo: también JHWH tiene «sus ídolos»)[51]. Pero el Dios fiel (cf. Os 3,1; Jer 31,32), que siempre ama a quien amó una vez, porque ama de verdad («porque es eterno su amor» Sal 136,1-26), reconoce con candorosa ternura su deseo incoercible de «atender» sin disimulos al amor de su alma (Jer 12,7)[52] y persigue tenazmente a Israel, buscando su «atención»[53]. El Señor llega a quejarse como el fiel angustiado que no se siente atendido: קראתי ואין עונה (llamo, y no hay quien atienda: Is 50,2; cf. Sal 22,3), porque Israel, en el colmo de la contumacia, procura esquivarlo (ואין איש, y no hay nadie: Is 50,2), para impedir que el Seductor le

---

[48] Cf. Jer 22,21; Prov 1,24: «Os llamé (קרא) y rehusásteis (מאן)». -- La *Pešitta* no ignora esta equivalencia de ענה: כל־פעל יי למענהו (Prov 16,4) lo ha traducido «todo lo hizo Dios en favor de los que le *obedecen*».

[49] Como si Israel intentase «arrojar de su rostro» (de la historia humana) al propio JHWH.

[50] Cf. Jon 2,3; Sal 4,2; 81,8; 86,7; 91,15; 120,1.

[51] ואני אקניאם בלא־עם («pues también yo les daré celos con [lo que] no [es mi] pueblo»; cf. Dt 32,16-21).

[52] «Aquí estoy, aquí estoy...mis manos extendidas todo el día hacia un pueblo rebelde...» (Is 65,1s; cf.50,2). Suponen algunos que Is 65 es del s. IV a.C., sobre todo porque su v.11 menciona a Gad y Meni, deidades nabateas (cf. JEFFERSON, *JBL* 68 [1949] 225-230).

[53] El Señor llama (קרא) a Israel (Is 50,2; 65,12; 66,4; Jer 7,13(27); 35,17), lo interpela (דבר; cf. pasos recién citados), acude a él (בוא: Is 50,2), planea cómo enamorarlo (Os 2,16).

arranque su «atención». -- Este ענה-atender, por consiguiente, más que suponer una reacción, exige reciprocidad: sólo puede producirse cuando es mutuo[54]. Pero el ענה de Israel, por ser fruto de la iniciativa divina, tiene siempre carácter correspondiente[55].

Os (de nuevo Os 2; *v.s.* pp.77.81s) ha empleado en esta clave ענה, para resumir la «correspondencia» de la mujer por fin enamorada. Lo que tal «conversión» significa (lo que «sucederá aquel día»: v.18), es que Israel llamará a su Señor — con la verdad de su vida — «esposo mío»; dicho sin metáfora, que lo reconocerá su Dios (v.25)[56]. Se recobra así «aquel día» (v.20) una mutua y exclusiva relación amorosa (v.21s) que garantiza la atención salvadora de JHWH. Porque «sucederá aquel día» que también «atenderá» el Señor (v. 23): atenderá a los cielos — henchidos y olvidados — aliviando su embarazo[57]; éstos, a la tierra (la que nunca se harta de beber: Prov 30,16); la tierra atenderá a sus frutos, que pugnan por brotar; y el trigo, el vino y el aceite atenderán a Yezrael. Tras el primer אענה (23a), solemne y absoluto (cf. el וענתה, también abs., de la mujer: 17b), que se repite y se modula luego con

---

[54] Cf. Zac 1,3 (שוב en vez de ענה): «Volveos hacia mí... de modo que pueda yo volverme hacia vosotros».

[55] C. BARTH prefiere reducir previamente el teologumenon «respuesta de Israel» a su dimensión puramente dialogística («Die Antwort Israels» 46,1.3; 54,4.1). Al buscar luego en el AT (p.45 — ¿«ancilla Theologiae» todavía?) un concepto así precisado, no encuentra naturalmente otra correspondencia que la expresada por ענה-decir, al que el autor niega, con razón, cualquier otro sentido de correspondencia práctica (p.52,3.6). Pero ni siquiera el hecho de que ענה (¡otro ענה!) tenga sentidos muy diversos (cosa que BARTH no ignora; cf. p.50) le induce a ensanchar la significación de su teologumenon, de modo que viniese a incluir las acciones y actitudes expresadas por ענה-hacer.

[56] Cf. 2,17. -- En el desierto y en plena juventud (a los tres meses de libertad), respondía Israel a la oferta de Alianza, prometiendo obedecer a JHWH (Ex 19,1-8; 24,3.7). Pero aquello fue una contestación oral: ויענ(ו) ויאמרו (y replicando dijeron: 19,8; 24,3 [el v.7 trae sólo ויאמרו, y dijeron]). Una solemne respuesta, sin duda, base y comienzo oficial del «atender» (ענה-hacer) de Israel, pero sólo una respuesta oral. ¿Será de la misma índole («como») el ענה prometido en Os 2,17? A favor de una respuesta afirmativa, está el no muy lejano תקראי (verbo de decir, al cabo) y la misma invocación «marido mío» (18b). En contra, que קרא resulta una determinación atípica de ענה-decir (*v.s.* p.85) y que תקראי (2ª pers.) no puede hacer fórmula con la 3ª de ענתה (v.17). Al contrario de lo que suele ocurrir (que ענה sea consecuencia de קרא; cf. Sal, etc.), קרא es aquí la consecuencia o el modo de ענה-hacer. -- Creo, por consiguiente, que la expresión תקראי אישי (me llamarás 'marido mío') resume una fé (cf. אלהי, v.25): una convicción y una conducta. De modo que el ענה prometido aquí, representa una «conversión», no una «respuesta»; más que al ענה-decir de Ex, se parece («como») al ענה-hacer (joven también) que recuerda Jer (2,2): al entusiasmo del primer amor.

[57] Que los cielos no sueltan solos sus chubascos (Jer 14,22; *NBE*).

graciosa obstinación (אענה, יענו, תענה, יענו), una serie apasionada de pfs. invs. (que, si no es imaginación de lector, aceleran progresivamente la lectura) prometen ser plantado a «Planta-Dios» (Yezrael; cf. *BHK*); la compasión, a «Incompadecida»; y a «No-Pueblo», ser Pueblo: el mismo don, como se puede ver, a tres que son figura de lo mismo (cf. Os 1,3-9). Aquellos tres *wᵉqataltî* ejercen la función de los acostumbrados tiempos narrativos (*v.s.* p. 90s): explican *in crescendo* en qué consiste el atender. Israel es «atendido» a la postre, cuando JHWH lo declara (lo trata como) Pueblo; y la mujer «atiende», por su parte, proclamando a JHWH Dios[58]. La rendida confesión final («Dios mío») completa el círculo del ענה, remitiendo a «esposo mío» (v.18), que manifiesta en la figura el «atender» futuro de Israel[59].

3.- ענה I en Is 40-55

ענה I nunca es verbo de decir en Is 40-55[60]: 49,8, el otro paso que lo predica de JHWH, parece concebir ענה como un auxilio o atención salvadora

---

[58] STENDEBACH (que atribuye a ענה el sentido fundamental de «reaccionar», propuesto por DELEKAT) necesita suponer aquí una *constructio praegnans*, cuya traducción exige añadir, según él, un verbo de movimiento: «bereitwillig folgen» (*TWAT* VI,238). En realidad no traduce ענה por «reaccionar» y resume su presunta significación en un adverbio.

[59] También en Zac 10,6 y 13,9 aparece ענה estrechamente unido a la declaración de (mutua) propiedad. ואענם, en el primer caso, viene a resumir lo que supone ser Dios (cf Os 14,9):

Os 2,17-25	Zac 13,9	Zac 10,6
...וענתה... תקראי...	...הוא יקרא...	
...אענה...	ואני אענה אתו	[ואענם:
ואמרתי...עמי־אתה	אמרתי עמי הוא	
והוא יאמר אלהי:	והוא יאמר אלהי:	אני יי אלהיהם

En Lev 26 (donde la fórmula es ligeramente diversa) sustituye a ענה el sinónimo פנה (v.9; cf. vv.3-6, promesas equivalentes a las de Os 2,17-25). En Ex(P) 6,5-7, שמע por ענה. Otras promesas de pacto (frecuentemente dtr) parten del ענה del pueblo (es decir, de שמע), exigiendo (Jer 7,23; 11,4; Ez 14,11) o garantizando (Jer 24,7; 31,33; 32,38; Ez 11,20; 36,28; 37,23) la obediencia. Cf. Is 55,3 (*v.i.* p.104s).

[60] ענה I sólo aparece en 41,17; 46,7 (*v.s.* n.5); 49,8 y 50,2 (abs. y dicho de Israel). -- En 41, 17, los intérpretes lo han traducido por *exaudire*; incluso los que suponen que el oráculo *responde* a una queja de Israel (cf., p.e., WESTERMANN, ATD 19,67). Para decir «responder», usa DtIs el giro השיב דבר (cf. 41,28, a continuación de שאל, «preguntar»).

de Dios (en paralelo: עזר, auxiliar[61]; cf. 46,7: ענה // ישע, salvar); y al «no atender» de Israel, corresponde en paralelo un «no estar», casi un «no ser» (ואין איש, y no hay nadie: 50,2; lo mismo que dice 41,28 de los dioses): una peligrosa fuga hacia la Nada («sean como ellos»: Sal 135,18). En 41,17 (// לא עזב, no abandonar) tampoco es ענה verbo de decir[62], ni exige en absoluto suponer una súplica previa[63]. JHWH promete aquí volver su rostro a los Sedientos, hacerse cargo de los «Pobres» (cf. Lc 1,54: ἀντελάβετο Ἰσραὴλ).

Que JHWH haya decidido «atender» (y «no abandonar», עזב[64]), supone que ya cesó «el breve instante del abandono» (עזב: Is 54,7; cf. 57,17s) y que la repudiada recobra su condición de esposa; o, dicho con otra imagen tradicional, que JHWH establece con su pueblo una Alianza o relación de paz (ברית שלום), más firme y duradera que los montes, que no vacilará jamás[65].

B) אלהי ישראל לא אעזבם («[Yo,] Dios de Israel, no los abandonaré»)

El Dios *de Israel* — el que atendió (ענה) *a Israel* en su tribulación, estando con él (היה עם) en su camino (Gen 35,3.10) — es quien decide aquí no abandonar a los עניים.

1.- El valor contractual de עזב

עזב (abandonar) pertenece sin duda al vocabulario del pacto[66]; de modo que «no los abandonaré» (que viene a decir negativamente lo que afirma el

---

[61] 1 Sam 7 concibe también el ענה divino (v.9) como un socorro (עזר: v.12). Sal 20 (vv.2s) y 27 (vv.7.9), probablemente anteriores al DtIs, relacionan asimismo ענה y עזר: Cf. Sal 38 (16. 23); 60 (7.13); 86 (1.7.17); 118 (5.7.13.21) y 3 (5.6: סמך preservar, ayudar).

[62] Así lo ha notado con acierto EHRLICH: «Als Gegensatz zu עזב bedeutet ענה nicht antworten, sondern... heisst... sich für das Objekt interessieren, sich darum kümmern» (*Randglossen* IV, 150).

[63] Cf. ELLIGER (*Deuterojes.*, 163), MERENDINO (*Der Erste*, 188). A otros, en cambio, les hace suponer ese ענה una súplica previa de los *'a*niyyîm (HITZIG, 489; KNOBEL, 319; FOHRER, *Die Proph.*, 126; WESTERMANN, ATD 19, 66s; STUHLMÜLLER, 73; WHYBRAY, 66s). -- También el *Targum* parafrasea: אקביל צלותהון, aceptaré sus preces.

[64] ענה se usa en relación con «no abandonar» (עזב) en Sal 22,2s; 27,7.9; 38,16.22; 138,3.8 (רפה); con «no estar lejos» (רחק), en Sal 22,3.12.20; 38,16.22; con «asistir» (היה עם), en Gen 35,3; Sal 91,15; con «estar cerca» (קרב), en Sal 34,5.19; 69,14.17-19.

[65] Cf. Is 54,1-10, donde cabe advertir, aparte otras notables coincidencias con Os 2, el mismo tránsito de la figura del matrimonio a la del pacto.

[66] Cf. STÄHLI: «'zb ist hauptsächlich in der Bundestradition beheimatet» (*TWAT* II, 251).

paralelo אענם[67]) subraya el sentido contractual de ענה, recién apuntado. Cuando media entre JHWH y su pueblo, עזב supone la quiebra de una relación pactada, y a menudo, por tanto, significa infidelidad.

De Israel (de sus sacerdotes[68], de sus reyes[69]) se dice con harta frecuencia que *abandonan* (עזב) a JHWH[70], su alianza[71], sus mandamientos[72], su templo[73]. Al menos 33 de los pasos citados (subrayados en las notas 68-73) añaden expresamente que el abandono se consuma con el culto idolátrico; o, según la expresión dtr, sirviendo (siguiendo) a los dioses extranjeros[74]. Este עזב de Israel se considera prostitución[75] y adulterio (נאף: Jer 5,7); Dt 31, 16 lo explica además como rescisión del pacto (הפר את־ברית).

Como «no abandonar», en cambio, es prueba de mucho amor y lealtad (cf. Rut 1,16), עזב se predica de JHWH negativamente sobre todo[76]: JHWH «*no abandona* su (compromiso de) amor» (הסדו,Gen 24,27; Rut 2, 20), a sus devotos (Sal 9,11; 37,28), a su heredad (Sal 94,14). Afirman lo contrario los enemigos del salmista (77,11) y los idólatras[77], que justifican así la propia defección. Osa también decirlo el angustiado, aunque la forma interrogativa de su queja (למה, ¿por qué?) modera en cierto modo una expresión que dis-

---

[67] Cf. ALONSO SCHÖKEL: «Los hebreos están acostumbrados a la repetición pura, a la sinonimia estricta, saben paladearla; en casos en que a nuestro parecer la repetición añade, matiza, para los hebreos cuenta lo equivalente, aprecian menos lo diferencial» (*Estudios*, 243).

[68] Cf. *Os 4,10*.

[69] Cf. *1 Re 11,33*; *18,18*; *2 Re 21,22*.

[70] Cf. Dt (28,20) *31,16*; *Jue 2,12.13*; *10,6.10.13*; *1 Sam 8,8*; *12,10*; *1 Re 9,9*; *2 Re 22,17*; Is 1,4.*28*; *65,11*; *Jer 1,16*; *2,13.17.19*; *5,7.19*; *16,11*; (17,13) *19,4*; *Os 4,10*; (1 Cr 28,9) *2 Cr 7,22*; *12,5*; *13,11*; (15,2) *21,10*; *24,20.24*; *28,6*; *29,6*; *34,25*.

[71] Cf. *Dt 29,24*; 1 Re 19,10.14; *Jer 22,9*.

[72] Cf. 2 Re 17,16; Is 58,2; *Jer 9,12*; Sal 89,31; 2 Cr (*7,19*) 12,1; Esd 9,10.

[73] Cf. *2 Cr 24,18*.

[74] Cf., en cambio, Jos 24,16 y 2 Cr 13,10; Sal 119,87 (una promesa y sendas protestas de fidelidad al pacto de JHWH). Pero no es esto, desgraciadamente, lo ordinario: Ez 20,8 deplora la fidelidad de Israel con sus ídolos, a los que «no abandona».

[75] Cf. Os 4,10-12 (זנה, «fornicar», insistentemente repetido); Dt 31,16.

[76] El verbo se usa negativamente 27 de las 44 veces en que JHWH es suj. de עזב: Gen 24, 27; 28,15; Dt 31,6.8; 1 Re 6,13; 8,57; Is 41,17; 42,16; 62,12; Sal 9,11; 16,10; 27,9.10; 37,25. 28.33; 38,22; 71,9.18; 94,14; 119,8; Rut 2,20; 1 Cr 28,20; Esd 9,9; Neh 9,17.19.31 que recuerda el cumplimiento de lo que promete aquí Is: «... en manos de pueblos paganos (v.30) ... no los abandonaste».

[77] Ez 8,12; 9,9. -- Is 49,14 podría encubrir la misma maledicencia, causa o pretexto de idolatría, aunque el talante del profeta (que se dispone a revelar el amor entrañable del Señor hacia Sión) transforma por completo el reproche, que adquiere ese tono de amorosa nostalgia.

culpa además el sufrimiento[78]. Según la teología del exilio, que Dios pueda abandonar, no pasa de ser un grave aviso[79], una posibilidad que realiza Israel cuando abandona a su Señor[80]. Pero si consiente JHWH en abandonar — en ser abandonado —, es sólo «por un instante»[81], bien a su pesar[82] y con buen fin[83].

El abandono que se atribuye al Señor — y sufre Israel «en manos» de sus enemigos[84] — se concibe como un alejamiento (רחק)[85] o un «ocultar el rostro» (Dt 31,17s [obstinadamente]; Is 54,8); aunque también se emparenta con la repulsa (מאס)[86] y con el odio (שנה)[87]. A quien lo viene sufriendo, le parece ya un olvido (שכח)[88], que de suyo agrava el abandono hasta hacerlo irremediable. Pero el abandono de JHWH, que nunca llega a ser olvido (Is 49,15) y además es pasajero, «momentáneo» (רגע: Is 54,7s[89]), tiene sólo la escasa entidad de lo caduco, que empalidece frente a la realidad neta del «amor eterno» (חסד עולם: Is 54,8).

2.- La promesa de «no abandonar»

לא אן/ע[זב]ך/ם[(no te[/los] abandonaré[/á]) es una promesa rara y solemne, desconocida en el resto de la literatura profética[90]. La escuchó por

---

[78] Cf. Sal 22,2; Lam 5,20. -- Para significar aproximadamente la misma idea, el lamento prefiere זנח, que expresa fundamentalmente lejanía: «alejar[se]» (cf. Sal 43,2; 44,10.24; 60,3.12 [=108,12]; 74,1; 77,8; 88,15; 89,39). Jue 6,13 e Is 2,6 lo expresan con נטש.

[79] Cf. Dt 31,17; 2 Cr 15,2. No fuera Israel a presumir que podría abandonar sin verse abandonado (cf. la oración «no me [/nos] abandone[s]»: 1 Re 8,57; Sal 16.10; 27,9 (+ נטש); 38,22; 71,9.18; 119,8).

[80] Cf. 2 Cr 12,5; 15,2; 24,20; (cf. Is 50,1b).

[81] Cf. Is 54,6.7; (60,15; 62,4; 2 Cr 32,31; Neh 9,28).

[82] Cf Jer 12,7 (+ נטש).

[83] Cf. 2 Cr 32,31.

[84] Cf. Jer 12,7; 2 Cr 12,5; Neh 9,28.

[85] Cf. Sal 22,2; 71,12 (cf. Ez 8,12; 9,9).

[86] Cf. Is 54,6; Lam 5,22 (cf. Is 50,1 [שלח]).

[87] Cf. Is 60,15 (cf. 62,4).

[88] Cf. Is 49,14; Lam 5,20.

[89] El punto de vista de Dios, «a cuyos ojos mil años son un ayer que pasó» (Sal 90,4).

[90] Lo más cercano que hallo en los Profetas, es Jer 33,25s: «Si no he creado el día y la noche... (26), entonces rechazaré (אמאס) a la estirpe de Jacob y de David mi siervo, dejando de escoger (מקחת) caudillos entre su descendencia...» Una promesa distinta, como se puede ver. Por otra parte, Jer 33,14-26 (la perícopa más larga de Jer que falta en G; cf. RUDOLPH, *Jeremia*,

primera vez Jacob, cuando salía fugitivo de su tierra (Gen 28,15) y la escucha
al cabo de los años Josué, cuando, al frente de Israel, se dispone a tomar posesión de la tierra tantas veces prometida (Jos 1,5). En aquella misma circunstancia, la transmite Moisés a Israel y a su caudillo (Dt 31,6.8). Cuando la paz
en torno (1 Re 5,18; 1 Cr 22,9.18) demostró cumplida la posesión de la tierra
y se quiso cimentar la cercanía de JHWH, dándole casa, David hace la misma
promesa a Salomón (1 Cr 28,20); y el propio JHWH, que acepta complacido
el proyecto, promete al joven rey, habitar entre los hijos de Israel y «no
abandonar» a su pueblo (1 Re 6,13)[91]. Esta promesa supone, por tanto, entre
quien la hace (JHWH, su profeta) y quien la recibe (Israel, su caudillo) una
relación tan peculiar como la del pacto e incluye una referencia más o menos
explícita a la posesión de la tierra.

Precede siempre a la promesa una declaración de su presupuesto lógico
(la cercanía de quien promete no abandonar [en ár. *'zb* = estar lejos]), que reza
por lo general: עמך ...אנכי/יי (Yo/JHWH... contigo)[92]. El Señor acompaña
(עמך) al que camina (Gen 28,15; Jos 1,9) o camina con el que (עמך) acompaña (Dt 31,6.8). Sólo en una ocasión (1 Re 6//1 Cr 28), en que Dios ya reside
con su pueblo, deja de concebirse el «estar con» (היה עם) como un acompañar[93] en el camino[94]. -- La redacción dtr ha conservado[95] la formulación

---

217) debe ser muy posterior a DtIs. (Cf. Comentarios y SELLIN — FOHRER, *Einleitung*, 438).
Algo parecido a «no los abandonaré» no se dice en los demás Profetas, ni con עזב, ni con
alguno de sus muchos sinónimos (נעל², הגה¹, זנח¹, מאס, נאץ, נטש, נשל, רפה Hi. -- בגד, זנה, רמה
Pi, que incluyen más expresamente la idea de «perfidia», nunca se predican de Dios; como
tampoco נאר y נדה que significan propiamente «rechazar», «expulsar». (Las raíces van
numeradas según ZORELL, *LH*).

[91] Cf. Tabla VIII. -- Sólamente tres pasos del AT repiten esta promesa con algún sinónimo
de עזב: 1 Sam 12,22 (נטש); Dt 4,31 (רפה Hi + שחת, destruir) y Lev 26,44 (מאס, rechazar [+
נעל, detestar]), probablemente posterior a Dt y a DtIs (cf. SELLIN — FOHRER, *Einleitung*, 154.
201). Israel es el beneficiario de la promesa en los tres casos que, si bien no presentan carácter
formulístico (al contrario de lo que ocurre con לא עזב), refieren expresamente al pacto, para explicar la conducta divina. Los tres pasajes coinciden asimismo en suponer pecado y conversión
previos de Israel; circunstancias absolutamente extrañas a la promesa que formula לא עזב, incluída siempre en oráculos de ventura.

[92] Acerca de esta fórmula, cf. PREUSS, *ZAW* 80 (1968) 139-173.

[93] O acaso «conducir» (cf. Hi הלך, Is 42,15), porque JHWH suele caminar al frente (לפניך,
Dt 31,8; cf. Nu 9,15-23; 10,33).

[94] 1 Re 6,13 ni se adapta al esquema dtr ni adopta su vocabulario. WÜRTHWEIN lo atribuye
«einem jüngeren Dtr» (ATD, 11.1, p.65); pero ésta podría ser la formulación P de la promesa
E (cf. BURNEY: «ושכנתי בתוך בני יש: very distinctive of P... No ocurrences in D», *Notes on the
Hebrew Text of the Books of Kings*, 69).

de la promesa misma y de su presupuesto, pero ha desarrollado aquella con una típica amplificación retórica (לא א[י/]רפך, no te dejaré[/á]) e incorporado el conjunto (generalmente por un כי)[96] a una combinación de otras dos fórmulas: la antiquísima de aquietar («no temas»)[97], también amplificada, y la arenga חזק ואמץ («¡ánimo, sé valiente!»: *NBE*)[98]. -- Dos veces se limita expresamente la promesa (עד, hasta): en Gen garantiza el retorno de Jacob a Canaán; en Cr, el remate de las obras. En los demás casos, «no abandonar» prorroga de por vida la asistencia.

3.- עזב en Is 40-55

En la formulación dtisaiana de nuestra promesa (41,17b), ענה (atender) ocupa el lugar de היה עם (asistir); lo que confirma indirectamente el significado arriba propuesto para ענה. Pero ni excluye el verbo que JHWH tenga que volver a caminar (como su pueblo, tiene aún por delante su descanso; cf. Hebr 4,9), ni se limita ciertamente a esa asistencia.

Is 42,16 podría repetir la promesa de 41,17, si el suf. de עזבתים[99] se refiere a עורים (ciegos)[100], como entienden las antiguas Versiones y algún moderno (cf. Westermann, ATD 19, 89)[101]. En los otros dos pasos de Is 40-

---

[95] Gn 28,15 es anterior sin duda a dicha redacción. OLIVA atribuye el paso al Elohista (cf. *Jacob en Betel*, 36-40).

[96] El engarce mismo y los dos elementos que compone, son típicos en el oráculo de ventura (cf. BEGRICH, *Gesammelte Studien*, 219).

[97] La fórmula, típica de los Heilsorakeln, aparece en antiquísimas fuentes babilónicas (cf. HARNER, *JBL* 88 [1969] 421-423).

[98] Vid. tabla VIII. -- LOHFINK (cf. *Schol* 37, 1962) distingue Jos 1,2-5 (que siguen la forma literaria del mandato: p.40) de vv.6.9b («Formular einer Art Amtseinsetzung»: p.38). Según él, «Die Wurzeln 'rs und htt (v.9) erweitern die Ermunterungsformel» (nota 27).

[99] Los pfs. que continúan futs. expresan, aunque no siempre (cf. JOÜON, *Gramm.*, 112 i), sucesos futuros que han de esperarse con absoluta certeza (cf. BrSynt § 41f).

[100] Incluso el inmediato עשיתם (yo los creé) podría referirse sin especial dificultad a los «ciegos», porque Israel es el objeto frecuente de la actividad creadora de JHWH (*v.i.* cap. X).

[101] ELLIGER (y la mayoría) prefiere referir el suf. a דברים (*vid.* en BKAT XI, 265 un ponderado examen del problema), aunque su razonamiento no excluye a mi entender la otra lectura. Acaso sea la frase deliberadamente ambigua. De cualquier modo, no abandonar el designio de convertir la tiniebla en luz (de hacer videntes de «los ciegos» [cf. 41,20: «para que vean»]), se reduce a no abandonar a «los ciegos».

55[102], עזב tiene por sujeto lógico a JHWH y por objeto, a Sión; contexto y paralelos (שכח, olvidar [49,14]; מאס, repudiar [54,6]; «ocultar el rostro» [54, 7s]) no dejan la menor duda acerca del significado del verbo en esta sección de Is: עזב, que sólo expresa una actitud divina respecto de los suyos, significa lo contrario de «atender» (cf. 41,17; 54,7s), la quiebra de aquella relación de amor que mediaba entre JHWH y su pueblo (y el sometimiento consiguiente a otro señor y el «servicio» de Israel en «terra aliena»). Según esto, sería insuficiente entender en 41,17 «no los abandonaré (a su suerte)»; לא אעזבם (tan próximo al «atender» [ענה] que perpetúa) proclama la solemne decisión de mantener por siempre la relación de amor que supone el pacto (cf. 54,10: «Podrían apartarse las montañas... pero mi amor (חסד // ברית, alianza) no se apartará de tí»). De la nueva actitud de JHWH con los עניים, resultará un nuevo nombre de Sión: «No-abandonada» (לֹא נֶעֱזָבָה: Is 62,12).

---

[102] עזב sólo aparece en 41,17; 42,16; 49,14; 54,6s y 55,7 (considerado por muchos secundario). Sólo en este último caso (si no ocurre también en 42,16) deja de mediar עזב entre JHWH y su pueblo, presentando además un sentido diverso del que es ordinario en 40-55.

TERCERA PARTE

LA TRANSFORMACION DEL DESIERTO

CAPITULO VI.   LAS AGUAS Y EL DESIERTO

CAPITULO VII.   LA CONVERSION DEL DESIERTO

CAPITULO VIII.   EL PARQUE DE JHWH

CAPITULO VI

Las aguas y el desierto (v.18)

אֶפְתַּח עַל־שְׁפָיִים נְהָרוֹת וּבְתוֹךְ בְּקָעוֹת מַעְיָנוֹת
אָשִׂים מִדְבָּר לַאֲגַם־מַיִם וְאֶרֶץ צִיָּה לְמוֹצָאֵי מָיִם

A) Las aguas prometidas

Teniendo presente que los עֲנִיִּים de lengua reseca *son la tierra reseca* (*v.s.* pp.81s), es como mejor se comprende que JHWH, a renglón seguido de prometerse atenderlos, anuncie que dedicará al *desierto* todo su futuro afán. Se dispone a recomponer el mundo (a «crear novedad»: Is 43,19) el mismo que separó las aguas de lo seco (Gen 1,9) y trajo luego las aguas sobre la tierra (Gen 7,10) y secó después el mar (Ex 15,21) e hizo subir por fin la crecida impetuosa que devastó Israel (Is 8,8). El Creador regula las mareas de la Historia.

La atención prometida a los עֲנִיִּים consiste primeramente en alumbrar[1] aguas[2] por doquier[3]; no para que *beban* ellos (*Targum*: לְהוֹן, para ellos), sino para transformar el desierto en lagunas[4] y hontanares. Comienza a dar «salva-

---

[1] En 40-55 פתח significa por lo general «abrir» (o «quebrantar» las puertas ante Ciro: 45,1); forma las frases «abrir la boca» (57,3 bis) y «abrir la oreja» («anunciar»: 48,8; 50,5), y tiene también el sentido de «soltar», «desatar» (45,1; 51,14; 52,2); sólo otra vez se usa en relación con la tierra: «ábrase» (תִּפְתַּח, Q intrans., aunque las Versiones han leído Ni; cf. *BHS*).

[2] מים aparece además en 43,2.16.20; 44,3.4.12; 48,1.21; 49,10; 50,2; 51,10; 54,9; 55,1. Las aguas en 43,20; 44,12 (que suponen espurio); 48,21 y 49,10 parecen agua de beber. Las de 43,2.16; 50,2 y 51,10 son las del mar o los ríos. Las de Judá (48,1; cf. *BHS*) son su semilla; y las de 54,9, las del diluvio. Is 50,2 considera expresamente esas aguas como ambiente vital; tanto si se contenta el lector con entender la frase en su sentido propio, como si atribuye otro alcance a «la mar» y «los peces» (que según G «se resecan»: ξηρανθήσονται; como en 1QIs^a: חיבש).

[3] שְׁפָיִים // בְּקָעוֹת, tierras altas y bajas, expresión polar. Sobre el significado de שְׁפִי, puede verse la copiosa información que ofrece K. ELLIGER (BKAT XI, 163-165; cf. ZAW 83 [1971] 317-329).

[4] A excepción de Ex 7,19; 8,1 donde אֲגַמִּים, en sentido recto, completa la enumeración de las copiosas aguas de Egipto, אֲגַם es *figura* de desolación (Is 14,23) o de fertilidad (Is 35,7; 41,18; 42,15; Sal 107,35; 114,8). Ninguno de estos pasos es anterior al DtIs y probablemente dependen de él. הָאֲגַמִּים en Jer 51,32 significa otra cosa, «propugnacula» (ZORELL, *LH*, 10).

ción» la tierra abierta (cf. Is 45,8). A este Israel del desierto (hecho desierto) se le promete aquí, no ya poseer, sino ser «tierra de ríos», como la buena tierra prometida, donde los arroyos (נחלי מים) y las fuentes (עינת) manan también en el monte y la llanura (בקעה: Dt 8,7).

La fuerza vivificante[5] y la especie de estas aguas aparecen, sobre todo, en Is 44,3s (el agua prometida a *Tierra-seca*) y 55,1-3 (el agua que se ofrece a los *Sedientos*).

1.- El agua prometida al sequedal (44,1-5)

Is 44,3s parangona el Aliento divino con el agua. En efecto, la expresa comparación final («brotarán *como* sauces junto a las aguas», v.4) demuestra la equivalencia de los paralelos anteriores («aguas»//«mi Espíritu»; «Tierra-seca»//«tu linaje», v.3): El Espíritu de JHWH es (como) un agua que se derrama y da vida; la estirpe de Jacob, (como) un terreno yermo. No se promete, por tanto, un doble riego[6], sino la sola efusión del Espíritu de JHWH sobre Israel; pues no considera el poeta ningún otro sequedal. Y dicho «riego», en consecuencia, hace sólo medrar al linaje de Jacob[7]. Pero, precisamente porque son (como) una tierra y el Espíritu (como) un agua vivificante, se compara expresamente su futura existencia bendecida con una arboleda espesa, bien regada (*v.i.* p.121): germinarán «*como sauces junto al agua*»[8].

2.- El agua ofrecida a los Sedientos (55,1-3)

En Is 55,1-3 (una tupida trama de mutuas referencias) las aguas resumen

---

[5] Cf. SIMIAN-YOFRE, «Ez 17,1-10 como enigma y parábola», *Bib* 65 (1984) 27-43 (sobre todo, 36-39).

[6] Contra DELITZSCH que distingue «zweierlei Wasser», como distingue indebidamente צמא (habitantes) de יבשה (tierra); ésta, recibiría el agua; aquellos, el aliento (*Jesaia*, 449).-- También E. KUTSCH supone una doble efusión: una (v.3a), más modesta al parecer, para el pueblo del exilio; otra (v.3b), para su generación más joven (*Kleine Schriften*, 160 ss).

[7] זרע, que puede significar la entera nación (cf. ZORELL, *LH*, 217b), la significa siempre en Is 41-48, pues designa sin excepción a «Jacob//Israel» (cf.41,8; 43,5; 44,3; 45, 19.25; 48,19). En tales casos (y quizás aún en 54,3) se trata de la «estirpe» o «raza» (de Jacob) y no de su futura «descendencia». En 40-55, sólo una vez significa זרע «descendencia» (la del Siervo: 53, 10). La innecesaria — y en este caso, indebida — distinción de KUTSCH (cf. n.6) solamente entorpece su acertada comprensión del pasaje.

[8] Qª trae un כן (así) sobre el segundo אצק (3b). El *Targum*, S y varios modernos entienden la relación de 3a con 3b de modo parecido (cf. ELLIGER, *Deuterojes.*, 390.363).

«los bienes de JHWH»:

		¡Venid a	las aguas,
		venid!	
¡Adquirid	por-no-plata		alimento[9]
y	por-no-sueldo,		vino y leche!
[¡No 'busquéis otras aguas'!]			
¿Para qué pesar	plata		por-no-alimento
y	salario		por-no-hartura?
¡'Atended atentamente' y			comed lo bueno!...
¡Inclinad el oído		y venid a	mí!
¡'Atended'		y	viviréis!»

לוֹא־לחם (no-alimento) no pueden ser los comestibles[10], porque en tal caso sería demasiado ociosa la pregunta. Westermann lo supone «kaum sicher zu deuten», aunque apunta con acierto, refiriéndolo a voces contrarias a la del profeta[11]. No se oponen otras voces, sin embargo, sino otras «aguas» (v.s. pp. 76s); 'bocas sin voz', precisamente (cf. Sal 135,16): A las aguas gratuítas de JHWH, que nutren y dan vida, se contrapone un pretendido alimento, conseguido con esfuerzo por el hombre, que «no es» (cf. וֹאין: 41,17). לוֹא־לחם es todo el beneficio del inútil esfuerzo idolátrico (cf. en 43,22-24 los celos de JHWH). Menudean los indicios a favor de esta lectura: מחיר (sueldo: v.1b) es el caire del hieródulo en Dt 23,19 (cf Miq 3,11)[12]; la expresión «pesar plata» (aquí, תשקלו כסף, que evoca el tintineo destemplado y quebradizo de las piezas) sólo aparece otra vez en 40-55: para recordar el principio de los dioses (46,6); y la insatisfacción (לוֹא לשׂבעה) es el destino maldito de los idólatras:

---

[9] El TM de 55,1b está evidentemente corrompido. Acaso debiera leerse, en lugar de we''kōlû (una vocalización anormal del iprt. וְאִכְלוּ [y comed], que ya delata cierta vacilación textual), 'ōkel (alimento), obj. acostumbrado de שׂבר. Los dos wau que flanquean a 'ōkel podrían explicarse fácilmente como dittografía; y el verso (suprimido ולכו שׁברו [y venid, comprad], un error dittográfico que no aparece en QᵃGS cf. BHS), recupera simetría.

[10] En contra de lo que suponen, p.ej., DELITZSCH (Jesaia, 540) y BONNARD (Le Second Isaïe, 302).

[11] Cf. ATD 19, 227. WESTERMANN se contenta con entender el v. «en general»: «er redet von jeglichem Bemühen, aus der Not der Exilszeit herauszukommen».

[12] מחיר usado sólo otra vez por nuestro autor en 45,13 (// שׂחד, regalo), designa el rescate que JHWH (su ungido) no pagará a Babel o a sus dioses por liberar a los deportados. -- En contexto jurídico, significa el otro dinero sucio del soborno (cf. BOVATI, Ristabilire, 175).

«comerán y no se saciarán (ולא ישבעו)...» (Os 4,10)[13]. Precisamente al contrario que los «Pobres» (יאכלו ענוים וישבעו: Sal 22,27).

«Venid a las aguas» (v.1a) se resuelve en «'atended' a mí» (v.2b) y en «venid a mí: 'atended'» (v.3a). De este שמע, tan insistentemente repetido[14], se deriva una doble consecuencia: que Israel pueda vivir y que JHWH pueda pactar[15], es decir, garantizarles el amor y la lealtad, antaño prometidos a David. Y «las aguas» son el alimento (la vida, v.3a) que da JHWH; si no son el propio JHWH que se da a sí mismo. Acudir a esas aguas, es aceptarlas, confiarse a ellas (שמע — πιστεύειν; cf. Jn 7,38), compartir la propia vida con el que da esa vida[16]. De modo que refrescan o nutren estas aguas, cuando se vive en la atmósfera de JHWH, cuando El «atiende»: entonces alumbra el brillo de su rostro (cf. Sal 89,16) y se respira su Aliento.

---

[13] El detallado análisis que hace SIMIAN-YOFRE de Is 55,1-5 (cf. *Messianic Hope*, 102-110) apunta en esta misma dirección: cf., a propósito de יגיע (salario, v.2, que se corresponde con מחיר, v.1): «To tire oneself out for something that does not satisfy is synonymous to going away from YHWH, to infidelity» (105). Cf., en el mismo sentido, BALTZER (BZAW 121, 148).

[14] Este שמע tiene que recordar el שמע por antonomasia, el «débito contractual» de Israel: Ex 19,5; Jos 24,24; Jer 7,23; (*v.s.* p.91s). -- G traduce el último שמע por ἐπακούω (atender) que traduce asímismo el ענה de 41,17b.-- Acerca de la equivalencia en Jn de las expresiones «venir a mí», «creer en mí», y de la relación de «escuchar» con «vida eterna», cf. CAPDEVILA, *Liberación y divinización*, 685.

[15] «Cortar en su favor un pacto firme». וְאֶכְרְתָה (3b, *wau* + coh.) está dependiendo, como וּתְחִי (3a, *wau* + yus.), del iprt. שִׁמְעוּ. Cf. JOÜON, *Gramm.*, 168b: «La finalité s'exprime d'une manière légère et élégant par le wau avec volitif indirect, sourtout après un volitif direct». Is 55,1-5, según esto, no es propiamente un anuncio de Alianza (contra WESTERMANN, ATD 19, 227), sino un ofrecimiento de vida; un último ofrecimiento, patético y razonado (cf. Dt 11,26-28; 30,15-20). También clamaba Jesús el último día de la fiesta, ofreciendo bebida a los sedientos (Jn 7,37-39).

[16] Cf Prov 5,15-18:
Bebe agua de tu aljibe,
      bebe a chorros de tu pozo;
no derrames por la calle tu manantial
      ni tus acequias por las plazas;
sean para ti sólo,
      sin repartirlas con extraños;
sea bendita tu fuente,
      goza con la esposa de tu juventud (*NBE*; cf. et. Cant 4,12b.15; 5,1.).

3.- Las «aguas» y el «Espíritu» de JHWH

DtIs ha sido el primero quizás en concebir el *rûªh* de JHWH como un agua que da vida. En Nu 11,17. 25 JHWH «aparta» (אצל) del espíritu que hay en Moisés y lo «pone» (שׂים, נתן) sobre los ancianos. Y el espíritu mismo «se posa» o reposa sobre ellos (נוח עליהם: Nu 11,25s); o «cae sobre» alguno (נפל על: Ez 11,5; etc.). También se puede «introducir» (נתן ב [Ez 11,19; 36,26; 37,14] בוא ב [Ez 37,5]); invade o «atraviesa» (צלח על: Jue 14,19; 1 Sam 10,6; 11,6), «se viste» de Gedeón (לבש חא: lo llena[17], Jue 6,34); pero nadie pensaba, al parecer, que se pudiera «derramar»[18]. Esta concepción aparece luego en autores más recientes[19].

En Is 44,3 y 55,1 las aguas son la *clave*, no la cifra; permiten vislumbrar el ser y la función de un ente sobrehumano. Pero las aguas se vuelven «radiantes» de tratar con el Aliento; se les pega el «color» de Dios (cf. Ex 34,29): En 41,18 (donde a nada se comparan) son ya *cifra* del Espíritu vivificante que hará «ver y comprender» (v.20) al Pueblo obcecado, reseco. Tan errado sería, entender aquí que JHWH promete lo primero que se entiende por «agua», como, por ej., suponer en Is 5,4 que Israel produce lo primero que se entiende por «agraces». Como evocan los agrazones la aguda sensación de la acidez, un estremecimiento comparable al que produce el espectáculo de la sangre derramada (משׂפח [v.4], en lugar del sereno, dulce משׂפט esperado [//uvas -v. 7]), así las aguas copiosas que Dios alumbra (41,18), evocan al Espíritu que vivifica (44,14; 55,1-3). Estas aguas *no remiten a otra realidad que* el don de

---

[17] Cf. ZORELL, *LH*, 390b.

[18] Tampoco se dice tal cosa del רוח אלהים, que viene o «está» (היה) sobre alguno (Nu 24,2; 27,18; Jue 3,10), «llena» (מלא: Ex 31,3; 35,31), etc. -- En cambio, se derrama (שׁפך) «como agua» la ira de JHWH (Os 5,10; cf. Ez 7,8; 14,19; Jer 6,11; Lam 4,11; Is 42,25) o el alma humana (נפשׁ: 1 Sam 1,16; Sal 42,5; Lam 2,12; Job 30,16; cf., con ערה, Is 53,12; Sal 141,8).

[19] Cf. Is 29,10 (נסך; cf. KAISER, ATD 18, 188); 32,15 (ערה); Ez 39,29 (שׁפך) cuyo lenguaje delata, según COOKE (*Ezekiel*, 422), una mano distinta; Jl 3,1s (שׁפך). -- Is 4,4 promete lavar (רחץ) con un *rûªh* de juicio, de fuego o exterminio (בער), la suciedad de las hijas de Sión. Pero dicho *rûªh* antes parece un abrasivo que un agua. El paralelo דוח (que también puede significar «lavar»), construído con מן, significa «expulsar» (cf. Jer 51,34); lo que desvirtúa ulteriormente la idea de loción: Dicho espíritu, más que disolver, abrasará la mugre. La pieza, por otra parte, podría ser incluso de los ss. III o II a.C. (cf. KAISER ATD 17, 41s). -- Is 30,28 concibe al aliento de JHWH como un torrente. Cf. en fin Rom 5,5.

Dios[20]; con el «desierto» que transforman y los «árboles» que riegan (*v.i.* B y caps. VII-VIII), componen una transparente alegoría[21] que no es lícito espesar y ensombrecer, para montar el escenario fantástico de un pretendido retorno[22]. Tal carácter alegórico es común a las «maquetas» que exponen los proyectos divinos de transformación (*v.s.* p.35).

Las aguas de JHWH son «fieles» o perennes, nunca cesan de fluir (El «no abandona su amor»: Gen 24,27); quitan «la sed» para siempre, porque convierten «el desierto» en hontanar. -- También el agua que da Cristo se hace fuente en quien la bebe (cf. Jn 4,14; 7,38).

Las aguas transformadoras que promete Dios al sequedal, como el רוח que hace revivir los huesos calcinados (Ez 37), no son, por consiguiente, el agua y el aire saludables de este mundo, sino *espíritu* (Is 44,3) y *vida* (Is 55,1-3): la fuerza vivificante de Dios, capaz también de restaurar al Pueblo disperso y subyugado. He aquí confirmada, por otra vía, la exégesis propuesta de v.17a: Era *vida* pujante, y no agua de beber (de la que no carecían), lo que buscaban en la Nada los Sedientos (41,17a)[23].

---

[20] De esta agua habla S. Juan, cuando contrapone a Cristo (¡sediento!), fuente de agua viva, con el manantial de Jacob (4,10). No se trata, aquí tampoco, del agua humilde de este mundo (el agua de Jacob, que lo mismo sirve para los ganados; cf. DODD, *Fourth Gospel*, 312,1), sino del agua viviente (ζῶν: 4,10; 7,38) que proporciona Cristo, la Roca hendida del Gólgota (¡otra vez sediento! [19,28]) que mana el agua verdadera; un agua de la que *no se vuelve a tener sed*, porque *convierte a quien la bebe en hontanar* y ya brota siempre en él, produciendo (εἰς, Jn 4,14) vida «eterna» (cf. Jn 4,10-15; 6,35; 7,37s). También Jesús, cuando hablaba del agua, hablaba del Espíritu (cf. Jn 7,39) y ya su primer «signo» (un «agua» más fuerte y más dulce que aquella de las hidrias) caracterizaba el Don futuro de *bebida* insuperable (cf. Jn 2,10).

[21] *V.s.* Cap. I nn.1 y 11. -- Difícilmente cabe hablar de símbolos en este caso: Aunque también el símbolo existe exclusivamente para significar algo (al contrario del «tipo», que tiene en sí mismo sentido y razón de ser), tiene, sin embargo, consistencia histórica: es una cosa real o una acción que sucede, siquiera en sueños (cf. FERNANDEZ, *Institutiones*, 459s., y compárese con la prolija aproximación *descriptiva* al concepto de símbolo de STÄHLIN, *Symbolon*, 330-344). Véase sin embargo LACK, *La Symbolique*, 240,3.

[22] Cf., a propósito de alegoría, W. STÄHLIN: «Das, was man unmittelbar sehen kann, soll eigentlich gar nicht beachtet werden, sondern etwas anderes soll daraus verstanden und bedacht werden, und die ganze Sache hat um so besser funktioniert, je weniger die sinnliche Erscheinung, die ja 'nur allegorisch' gemeint ist, beachtet und ernst genommen wird» (*Symbolon*, 323). -- Es muy posible que los contemporáneos de Is ni siquiera advirtiesen reflejamente el carácter metafórico de este lenguaje, cuando «devastar» o «arrancar» y «plantar» eran un modo usual de significar respectivamente castigo y bendición (*v.i.* pp.134s).

[23] Is 41,17-20, así entendido, podría ser la «escritura» perdida de Jn 7,38: del seno *del creyente* (de la tierra convertida) fluirán ríos de agua vivificante. No supone esto negar que Cristo sea (la primera) fuente: eso está implícito en el v. anterior (37) y lo enseña el 4º Evangelio en

B) El desierto (ערבה, ארץ ציה, מדבר)

1.- Diversas identificaciones del «desierto»

La identificación del «desierto» es la piedra angular en la exégesis de Is 41,17-20. La interpretación «literal» (y aun la «mixta») ha dado en seguida por supuesto que «desierto» significa lo que primero parece. Los Padres, por su parte, aunque con alguna vacilación, vienen a identificarlo con las Gentes[24]. Entre los partidarios modernos de la interpretación figurada, Gesenius, G.A. Smith, Budde y Leimbach (que se limitan a proponer sucintamente el sentido general del pasaje) no se preocupan de identificar el desierto; cosa que ni siquiera interesaría, según Smith, pues no ilustran estos versos la *especie* de la restauración, sino tan sólo el *grado*; su magnitud y esplendor evidentes[25]. Umbreit es algo más explícito: El «desierto» debe ilustrar la esclavitud de Israel, que «ansía el agua refrescante, como si en un desierto ardiente se encontrara»; pero además prefigura «el desierto de la pobre Humanidad» donde ha plantado luego el Redentor árboles regios, que protejan del ardor del pecado[26]. Tres autores de este último grupo merecen especial atención[27]:

El excelente estudio de Eva Hessler[28] desfallece sorprendentemente y de improviso, al adentrarse en el desierto de Is: «das wohl unbestreitbare Faktum einer Schöpfungstat» (v.20) la lleva a exagerar, a mi entender, el paralelismo con Gen 2. El desierto, según ella, es el estado (Zustand) anterior a la creación. En Is 41,18s ha de tratarse, por tanto, de una tierra que no ha experimen-

---

otros pasos (2,6-11? 4,10-14; 9,7?). Pero no cabe referir la afirmación del v.38 a la roca del Ex y típicamente a Jesús, (entre otras razones) porque cuando aparece el «antitipo» — cuando brotan del costado herido sangre y agua — cumple Cristo, según el propio evangelista, *otras* dos escrituras (19,34-37). La misma interpretación del Evangelio (v.39) precisa que Cristo se refería al Espíritu de los creyentes, al que habían de tener (οὐ ἔμελλον λαμβάνειν) *los creyentes* (cf. una completa reseña de las dos posturas al respecto en V. M. CAPDEVILA, *Liberación y divinización*, 241-246). -- «Quién se adhiere al Señor es un espíritu (una misma agua) con él» (1 Cor 6,17).

[24] Cf. *s.* pp.16s.

[25] Cf. *Isaiah* II, 129. -- En la misma línea, VON WALDOW: Los rasgos de la promesa «sollen nicht die allgemeinen Aussagen über die Hilfe konkretissieren, sondern sie sollen sie intensivieren». Aquí no importa qué resulta creado en concreto. La futura acción de Dios ha de legitimarse como un cambio total de las condiciones vigentes, es decir, como un suceso escatológico (*Anlass und Hintergrund*, 92.217,n.1).

[26] Cf. *Deutero-Isaiah*, 2T., 328.

[27] F. DELITZSCH merecería una consideración casi pareja (*v.s.* p.22, n.34).

[28] Cf. *EvT* 25 (1965) 538-361.

tado aún su creación en cierto modo; luego designa la tierra de los Gentiles (p.360). -- La ilación parece desde luego arbitraria (aun prescindiendo de que el Yavista no usa ningún sinónimo de «desierto», al describir aquella tierra primordial); y sus derivaciones, disparatadas: Si el parque prometido («ein Gottesvolk») ha de consumar la creación del «Heidenland», en cuanto proporciona a los Gentiles el conocimiento de Dios, ¿no estaría prometiendo aquí Is un destierro perpetuo de Israel? Por otra parte, si ya estaba allí Israel, ¿cómo permanecía increada Babilonia? ¿O estaba allí Israel y aún no era «bosque»? Hessler considera con acierto «als Schlüsseltext» (p.364) Is 44,1-5 (donde lo reseco es Israel: p.363s); recomienda comprobar si las equivalencias halladas en un paso, encajan bien en los demás (p.364; cf.358); dice expresamente de Sión (según ella, segundo nombre propio de Israel: p.351) «sie selbst ist öde» (p.368); pero su fidelidad a otro presupuesto insuficientemente probado[29], le impide establecer en nuestro paso la equivalencia «desierto» = Israel.

Según J.D. Smart, «The desert... is frequently for Second Isaiah a symbol of the life of men who are cut off from the sources of strength and understanding and joy in God. Life without God is a barren wasteland»[30]. Pero «the life of» parece venir a significar algo así como «the habitat of»; porque Smart distingue a Israel del desierto presente y del jardín futuro, que concibe como circunstancias del pueblo[31]. Sin embargo, al final de su exposición y como de pasada, habla Smart, no ya de nuevo escenario exclusivamente, sino de nuevo viviente: «Not only a new Israel but a new heaven and earth are to come out of the chaos of the present» (p.75). Pero, si la transformación del desierto no es la transformación de Israel, ¿dónde habla el oráculo de un

---

[29] He aquí el presupuesto: «Si la salvación anunciada afecta a quienes no pertenecen a Israel, el texto evita dirigirse a Israel directamente» («die direkte Anrede»: p. 353s). Como en 41,17 falta dicha «direkte Anrede», deduce que la salud prometida no afectará directamente a Israel, sino a otros. Cosa que confirma, según ella, la fórmula «Yo, Yahwé, el Dios de Israel»; que sólo aparece cuando el texto se dirige a extraños (45,15; 45,3; 52,12) o son extraños quienes hablan (45,15). -- Es falso: el primer 45,15 es una errata (se ha subido de la línea inferior); 52,12 habla a *Israel* en 2ª pers. (תצאו, saldréis) y sin embargo no aparece «Tu Dios, Israel», sino «Yahwé, Dios de Israel». Entre los «Bilder» elegidos (p.352) no incluye HESSLER otro «Bild» (cf. su descripción en p.352), «Heilsorakel» también, que sin interpelar a Israel (es un monólogo, como 41,17-20), no puede anunciar sino su ventura: 42,14-17. -- El estudio de HESSLER, por lo demás lleno de aciertos y sumamente sugestivo, representa para la interpretación figurada de Is 41,17-20, lo que K. ELLIGER para su interpretación en sentido propio.

[30] Cf. *History and Theology*, 75.

[31] «A people that is at present perishing *in* a bare desert will find itself *in* a fruitful Eden» (p.74); «What has been a desert will be a fruitful land *to dwell in*» (p.75 — los subrayados son míos) .

nuevo Israel? ¿Hay que deducir que lo hace nuevo el nuevo escenario de su vida? Y si el cambio de desierto a jardín significa la renovación de Israel (cosa que no dice expresamente Smart), ¿dónde prometería el oráculo un nuevo cielo y una nueva tierra?

E.J. Young coincide en buena parte con Smart: «Under the figure of dry hills, valleys, desert and dry land he characterizes the present condition of God's people»[32]. Pero creo que «condition» no significa aquí «naturaleza» o «calidad», sino la «situación», la «circunstancia»[33]. Tampoco Young identifica a Israel con el «desierto»[34]. La transformación prevista no parece, según él, *de* los, sino *para* los Elegidos[35]; porque, a semejanza del edén primero, parece concebir también como escenario éste futuro.

Los partidarios modernos de la interpretación figurada de nuestro paso coinciden, por tanto, en concebir el «desierto» como la circunstancia moral (o incluso geográfica [Hessler]) de Israel en el exilio. Ninguno de ellos identifica expresamente a Israel en el desierto de Is (aunque quizás lo encuentre dicho allí un lector mejor), ni por supuesto, a la sequedad producida por la sed, con el yermo que se proyecta convertir. Ese progreso en la imagen (de «lengua reseca» a «tierra seca»; *v.s.* pp.81s) es lo que conecta decisivamente las dos partes de la composición, de modo que el proyecto (vv.17b-19) se ordene a remediar directamente la desdicha resumida en 17a.

Aunque tratando la sequedad de Israel, hubo que adelantar la identificación del «desierto» causado por la sed (*v.s.* pp.81s), convendrá ofrecer ahora el análisis léxico que funda aquella conclusión.

2.- Los sinónimos de «desierto» en 41,18s

Tres sinónimos expresan el concepto «desierto» en Is 41,18s[36]: מדבר ocurre en 6 pasajes de esta sección de Is[37]; dos veces, como sede de un futu-

---

[32] Cf. *Isaiah*, 92 (y más arriba, p.29, n.15).

[33] «The people are *in a condition* from which they cannot... extricate themselves» (*Isaiah*, 91).

[34] «The description is that of men *in* a dry land, looking for water» (*Isaiah*, 91); «... *in* a dry land the people were *in* a land of death» (*ib.* 92) .

[35] «... those who one day will be blessed *of* these rivers and these trees» (p.93 — los subrayados de notas 32-34 son míos).

[36] Is 40-55 expresan ese concepto mediante los sinónimos ארץ ציה(a), מדבר(b), חרבות(c), יבשה(d), ישׁ(י)מ(ו)ן(e), ערבה(f), צמא(g): 40,3 (b//f); 41,18 (b//a).19 (b//f); 42,11 (b); 43,19s (b//e); 44,3(g//d); 48,21 (c); 51,3 (b//f).

[37] Cf. 40,3; 41,18s; 42,11; 43,19s; 50,2 y 51,3.

ro camino milagroso (40,3 [// ערבה]; 43,19 [// ישמון]); y otras dos, como término *a quo* de la misma transformación futura (41,18 [// ערבה; ארץ ציה: v. 19]; 51,3 [// ערבה])[38]. Este genérico מדבר[39] aparece determinado en nuestro paso por las expresiones ארץ ציה y ערבה.

a) הערבה (siempre con artículo)[40] es nombre propio («regio demissa Iordanis ac Maris Mortui usque ad sinum Ælaniticum protensa»: Zorell, *LH*, 626a) y como el pl. ערבת[41] (ערבות[42]), «eiusdem regionis partes» (*ibid.*), constituye siempre una referencia geográfica. -- Jer ha usado por primera vez ערבה como adj., para calificar una tierra que además es «arenosa»[43] (בארץ ערבה ושוחה) «por una tierra seca y arenosa»: 2,6); y el adj., substantivado más tarde (en Ez no aparece todavía sino el subst. primigenio, «la Arabá»: 47,8), ha sido incorporado al lenguaje poético como nombre común, sinónimo de «desierto»[44].

La Arabá tiene un torrente (cf. Am 6,14) y las estepas de Moab no dejarían de dar pastos, cuando Israel las eligió para acampar (cf. Nu 22,1.4). Pero la ערבה poética no significa sino «aridez», «esterilidad», «desolación» (cf. paralelos y asociados en Tabla IX). El subst. poético, que tiene con seguridad sentido propio en Job (24,5; 39,6: la casa del onagro) y acaso en Is 33,9[45], es empleado para componer alegorías (cf. Jer 5,6[?]; 17,6) y con fre-

---

[38] En 50,2b es el término *ad quem* de la transformación contraria; en 42,11, por fin, parece mera indicación geográfica (aunque *v.i.* p.128, n.29).

[39] Es bien sabido que מדבר no se corresponde adecuadamente con nuestro concepto «desierto» (cf., e.g., TALMON, *IDBSup*, 946). -- En algún מדבר hay pastos (que «rezuman»: *NBE* Sal 65,13) y «dehesas» (*NBE*, Jer 9,9; 23,10; Jl 1,19s; 2,22).

[40] Cf. Dt 1,1.7; 2,8; 3,17 (bis); 4,49(bis); 11,30; Jos 3,16; 8,14; 11,2.16; 12,1.3(bis).8; 18,18; 1 Sam 23,24; 2 Sam 2,29; 4,7; 2 Re 14,25; 25,4; Jer 39,4; 52,7; Ez 47,8; Am 6,14; Zac 14,10.

[41] ערבת מואב (Nu 22,1; 26,3.63; 31,12; 33,48-50; 35,1; 36,13; Dt 34,1.8).

[42] ערבות מואב (Jos 13,32); ערבות ירי(י)חו (Jos 4,13; 5,10; 2 Re 25,5; Jer 39,5; 52,8(?); ערבות המדבר (2 Sam 17,16); indeterminado (Jer 5,6 y Sal 68,5; cf. en ambos casos *BHS*). La tabla IX no incluye estos dos últimos pasajes.

[43] Cf. ZORELL, *LH*, 828a.

[44] Cf. Is 33,9; 35,1.6; 40,3; 41,19; 51,3; Jer 17,6; 50,12; 51,43; Job 24,5; 39,6. -- BAUMGARTNER considera más probable la opinión que relaciona etimológicamente ערבה con el ár. ǧabara (polvo) y el etiop. 'abra (ser árido, estéril: *HALAT*, 832s).

[45] (ה)ערבה podría ser aquí (como «el Sarón», etc.) una referencia geográfica; pero es generalmente considerado nombre común (cf. ZORELL, *LH*, 625b; KAISER, ATD 18, 268: «*eine* Steppe»). Esta debe ser la lectura mejor, porque ערבה corresponde en el verso a cinco sinónimos de «aridecer», lo que supondría una descripción demasiado severa de la ערבה geográfica. -- Sobre Jer 5,6 y Sal 68,5, *v.s.* n.42.

cuencia es término *a quo* o *ad quem* de una transformación[46]. En tales casos, el desierto reseco y estéril, siempre un medio hostil, figura de ordinario una situación aciaga e incluso la muerte.

b) La voz poética ציה (del ár. *sawâ(j)*, aram. צְנָא [exaruit»: Zorell, *LH*, 690a]) significa «sequedad» y «sequedal»[47]. Se acompaña a menudo de צמא (sed) o derivados y de expresiones que indican desolación. Frecuentemente (9 de 16 veces) califica al subst. אֶרֶץ, para expresar el más árido desierto.

ציה (אֶרֶץ) y su pl. צִיּוֹת designan el escenario del éxodo primero en Jer 2,6; Sal 78,17 y 105,41. También Job utiliza ציה (אֶרֶץ) en sentido propio, para significar en abstracto «la aridez» (cf. חֹם, calor: Job 24,19) o algún desierto (30,3). -- אֶרֶץ ציה, componiendo en dos casos el término de una comparación expresa (כ, como), es figura de seres personales: El siervo, a quien JHWH quiso castigar (Is 53,10), es como un raigón de sequío (Is 53,2; cf. la imagen contraria de un árbol elevado en tierra buena); el justo, prendado de Dios y sometido misteriosamente a prueba, de tal manera desfallece, que se imagina tierra exhausta[48] (כְּאֶרֶץ־צִיָּה וְעָיֵף: Sal 63,2[49]). -- También ציה (אֶרֶץ), como עֲרָבָה, es a menudo metáfora de desventura y, con frecuencia, término de transformación[50].

c) Significado y función de ציה (אֶרֶץ) *y* עֲרָבָה *en la literatura profética*

A diferencia de Sal y Job, que utilizan ambos nombres para significar el accidente geográfico «desierto» (*v.s.*), los Profetas (con la sola excepción de Jer 2,6) representan exclusivamente por tal medio, bien una situación que de suyo conduce a la muerte, tras haber hecho languidecer la vida; bien la muerte misma *in facto esse*. Es decir, que sólo intentan expresar lo que «desierto»

---

[46] Cf.Is 33,9; 35,1.6s; 41,18s; 51,3; Jer (17,6) 50,12s; 51,43.

[47] La traen 16 pasajes (cf. Tabla IX). -- Cf., de la misma raíz, צִיּוֹן (sequedal) que tan sólo aparece en Is 25,5 (texto incierto); צִי (según BDB), צִיִּי (según Zorell: tribus nómadas, y fieras no identificadas del desierto) y acaso צִיּוֹן (Sión) que también derivan de צוּן, etiop. *sawána*, refugiarse (Zorell, *LH*, 690b).

[48] Cf. (a propósito de Sal 42,3) Hieronymus, CChr 78,543: «Non enim leviter videre voluit Deum, sed toto desideravit ardore, toto sitivit incendio».

[49] En Sal 63,2 parece preferible la lectura כְּאֶרֶץ ציה וְעָיֵף (como tierra seca y exhausta); cf. *BHS* y Sal 143,6: כְּאֶרֶץ־עֵיפָה (como tierra exhausta).

[50] Cf. Is 35,1; 41,18; Jer 50,12; 51,43; Ez 19,13; Os 2,5; Sof 2,13; Sal 107,35.

supone, sin referirse a ninguno en concreto[51]. Pretender localizar el tal desierto en algún mapa, es tan errado como ingenuo. Su carácter metafórico es especialmente manifiesto, cuando compone alegorías (cf. Jer 17,6; Ez 19,13); o cuando la devastación (que podría entenderse en sentido propio de las ciudades [Sof 2,13; Jer 51,43]), se predica de personas, de dos «madres» (cf. Os 2,4s; Jer 50,12 [// יולדתכם, la que os engendró]).

Este «desierto» profético *se concibe siempre como gravísimo castigo* de algún crimen contra JHWH o su Pueblo[52]; crimen que, en el caso de Israel, es la infidelidad: «sus adulterios» (זנוניה // נאפופיה: Os 2,4); perseguir (בקשׁ) a sus amantes en busca de su pan y de su agua (v.7)[53].

De dos modos castiga este «desierto» (más que en dos grados): Jer 17,6, Ez 19,13 y Jl 2,20 lo consideran *circunstancia* (relativamente) extrínseca: El que prefiere confiar en la carne (a confiar en JHWH), será (והיה כ) un cardo en la estepa (ערבה // habitará *en* un «desierto abrasado»; *NBE*); la vid frondosa de Israel, violentamente transplantada, languidece a la sazón *en* un desierto (ארץ ציה // מדבר); al «norteño» lo arrojará JHWH a un desierto, *donde* se pudrirán sus huestes. -- Mas por lo común el «desierto» se concibe como *condición o calidad* intrínseca de aquel o aquello que lo sufre[54], y en tales casos es muy frecuentemente término *ad quem* o *a quo* de una trasformación, casi siempre futura: El Sarón se convierte en estepa (ערבה: Is 33,9[55]), «vuestra madre» Babel (Jer 50,12: ציה וערבה), sus ciudades (Jer 51,43: ציה וערבה), «vuestra madre» (Os 2,5: ארץ ציה), Nínive (Sof 2,13: ציה), serán reducidas a desierto. Y al contrario: cierto desierto (el de Sión, en Is 51,3: ערבה) será convertido en tierra de bosques y hontanares (Is 35,1: ערבה // ציה; ערבה, v.6);

---

[51] «El desierto de los pueblos» (Ez 20,35), una expresión enigmática (cf. ZIMMERLI, *Ezechiel*, 1. T, 455s) podría significar el castigo del exilio (cf. «El desierto de *la tierra* de Egipto»: Ez 20,36; «el desierto de Babilonia»: Ez 11,24). Tal parece su sentido asimismo en la «Regla de la guerra»: 1QM 1,2 llama a los de Leví, Judá y Benjamín, גולת המדבר, «la deportación del desierto»; y el v. sig. repite la conexión de «exilio» con «desierto»: בשוב גולת בני אור ממדבר העמים («al volver la deportación de los hijos de la luz del desierto de los pueblos»).

[52] Cf. también los lugares citados en n.56.

[53] Donde el desierto es sólo circunstancia, consiste el mismo crimen en apartarse de JHWH, en busca de otro apoyo (Jer 17,6), de otras aguas (Ez 19,13; cf. 17,7).

[54] Acaso no exista diferencia apreciable, para el pensamiento hebreo, entre pertenecer al desierto y ser desierto; entre el desierto mismo y su flora mezquina.

[55] Quizás no pertenezca al mismo tema Is 33,9, un texto bastante enigmático: Acompañando el llanto amargo de los hombres (v.7), lloran también las tierras languideciendo (cf. VIRGILIO, *Eneida* I, 466: «sunt lacrimæ rerum»; op. Is 35,1). Pero el planto y la devastación (destrozo de caminos, asolamiento de los campos) se siguen, también aquí, de un pacto quebrantado (v.8b).

41,18 (// ציה 'א; ערבה: v.19); Sal 107,35 (ציה ארץ)[56].

Por consiguiente, aunque ארץ ציה y ערבה no son del todo ajenos al vocabulario del éxodo, tampoco exigen en absoluto ser entendidos siempre en relación con aquel[57]. Antes al contrario: De los 24 casos distintos en que aparece
uno u otro subst., sólo en tres[58] refieren indudablemente al desierto del éxodo
primero. Por lo común, singularmente en los Profetas, ambos nombres componen figuras de castigo. De manera que la sola presencia de ציה y ערבה, así
como el contexto de transformación de Is 41,18s, obligan a considerar la
posibilidad de que tales nombres designen figuradamente en nuestro paso
alguna persona castigada. Si Jer 50-51 son tardíos, como muchos modernos
opinan[59], ha sido DtIs quien ha incorporado ערבה a la bina ארץ ציה // מדבר
de Os. Los tres nombres vienen a componer, en cualquier caso, una expresión
de castigo proverbial[60]. Is 35,1 da la impresión de no atreverse a sumarles un
cuarto sinónimo que casi exige el verso (cf. *NBE*)[61].

3.- El «desierto» de Is 41,18s

a) «Vuestra madre» (Os 2,4s) y los ['a]niyyîm

El acusado paralelismo de nuestro paso con Os 2,5 debiera bastar para la
identificación del «desierto» de Is:

---

[56] También מדבר es término frecuente de *perversión* (Is 14,17: del orbe; 50,2: de torrentes;
64,9: de Sión; Jer 2,31: ¡de JHWH!; 4,26: del campo feraz; 12,10: de la heredad de JHWH;
22,6: de la casa real; 50,12: de Babel; Ez 6,14: de la tierra de Israel; Os 2,5: de Israel; Jl 2,3:
del vergel; 4,19: de Edom; Sof 2,13: de Nínive; Mal 1,3: de los montes de Esaú; Sal 107,33:
del agua vigorosa) y *conversión* (Is 32,15: a vergel; 31,1s.6 y 41,18s: a bosque bien regado;
51,3: a Edén; Sal 107,35: a fontanar). -- מדבר es término de comparación expresa en Is 27,10
(la plaza fuerte); 63,13 y Sal 106,9 (el mar: תהמות); Jer 9,11 (la tierra de Judá). La comparación
rebaja la metáfora; impide el «fallo» imaginativo de ver un verdadero desierto.

[57] Cf. E. HESSLER, *EvT* 25,360: «Diese Erklärung (la interpretación «exodal» de Is 41,17-
20) wird dadurch ausgelöst, dass das Wort 'Wüste' nahezu automatisch an den Exodus denken
lässt. Wir sehen darin mindestens einen Überschuss an Deutung». -- En el mismo sentido,
SIMIAN-YOFRE: «la sola mención de *'eres sîyah* o de *midbar* no es por tanto suficiente para
establecer una relación con el éxodo» (*Bib* 61 [1980] 539).

[58] Jer 2,6 (ציה, ערבה); Sal 78,17 (ציה) y 105,41 (ציות).

[59] Cf. la discusión al respecto en SELLIN — FOHRER, *Einleitung*, 435.

[60] Cf. (además de Is 41,18s) Jer 50,12; 51,43; Is 35,1.

[61] שמה («horror» [cf. ZORELL, *LH*, 857b, que no incluye la equivalencia «desierto», regis-
trada en BDB 1031b]) y שממה (devastación, horror), desconocidos en Is 40-55, componen asimismo retahílas formulísticas (sobre todo en la prosa de Baruq y del autor de Jer 46-51), en las
que ocupan indefectiblemente la segunda plaza (cf., e.g., Jer 25,18).

Os 2,   Is 41,

17 העניים [] מבקשים מים ואין
לשונם בצמא נשתה
...

ושמתיה כמדבר   5b   18 אשים מדבר לאנם־מים
ושתה כארץ ציה   וארץ ציה למוצאי מים
והמתיה בצמא   ...

En ningún otro pasaje del AT concurren la sed como instrumento devastador; מדבר, caracterizado por ארץ ציה; y el giro שׂים + prep. para expresar una
mudanza de la que es término el desierto. Difícilmente es casual tanta coincidencia[62]. Pero la relación entre ambos pasos, es más estrecha todavía: La
transformación que anuncia DtIs, parte precisamente del punto en que habría
de parar la conminada por Os (alguien muriendo de sed, בצמא), y consiste
exactamente en el proceso contrario. Todavía más; el agonizante, aunque
diversamente designado («ella», «vuestra madre»: Os; העניים: Is), es en ambos
casos el mismo pueblo elegido, castigado de igual modo por el mismo crimen
(«buscar aguas»; cf. Os 2,7b). En Os, Israel será convertido en מדבר y ציה,
para que muera de sed; en Is, para remediar la sequedad que está matando a
Israel, JHWH convertirá el מדבר y la ציה en laguna y fontanares. Si el pasaje
de Os es anterior al de Is y conocido por el autor de éste, ¿no exige el
paralelismo ver representado a «No-Pueblo» Israel incluso en el מדבר y la ציה
de Is 41,18?

b) «Lo sediento» y «lo reseco» (Is 44,3)

En cualquier caso, no hay que remontarse a Os, para establecer el progreso de la imagen (de lengua reseca a tierra seca), advertido en p.81. Los dos
versos centrales de Is 44,1-5 (del mismo autor que 41,17-20 y perteneciente
a su mismo horizonte literario; v.s. p.42), no sólo conectan expresamente la
sed con lo reseco, sino que establecen sin lugar a dudas la identidad de lo
«sediento» // «tierra seca» (3a) y la raza de Jacob (3b). Repitiendo el mismo
nombre de acción (יצק, derramar) en 3a y 3b, parece indicar el profeta que
también los objs. del verbo («agua» 3a // «espíritu» 3b), de una parte, y sus
beneficiarios («sediento», «tierra seca» 3a // «tu linaje», «tus vástagos» 3b),

---

[62] En Ez 19,13 coinciden מדבר, ארץ ציה y צמא (que aquí no es instrumento). Pero וצמא (y
sedienta), que falta en G (cf. BHS) y aumenta en un acento el ritmo de los vv. anteriores, es
muy probablemente añadido.

de otra, son la misma cosa: Jacob no es solamente «(lo) sediento» (צמא, como los עניים de 41,17), sino también «árida» (יבשה), tierra seca (como el desierto de 41,18s).

היבשה[63] (siempre con artículo, menos en Is 44,3) era el lecho de las aguas primordiales. Pero desde que se pudo ver (al congregarse en un solo sitio las aguas, a la voz de Dios) y obtuvo del Creador el nombre ארץ (tierra, Gen 1,10), pasó a significar la tierra firme[64]. היבשה es lo contrario del mar y de los ríos[65]; aunque no propiamente en cuanto sólido, sino en cuanto *seco*, como demuestra la significación del adj. יבש. Se dice יבש (seco) de lo que (ya) no tiene jugo (o vida[66]): de las uvas pasas (Nu 6,3), del árbol seco (Ez 17,24; 21,3), de la paja (Nah 1,10; Job 13,25), de los huesos resecos (יבשות מאד) del valle (Ez 37,2.4), que son la casa de Israel (a un paso de ser simplemente יבשה).

c) El desierto de Sión (Is 51,3)

La misma terminología y el mismo contexto de transformación obligan a considerar epexegéticos los genitivos de Is 51,3: ערבתה // מדברה, «el desierto de ella» = el desierto *que es* ella, el yermo a que se ha visto reducida[67].

No es, por tanto, este «desierto» el sequedal «inmenso y terrible» (Dt 2,7; 8,15) que separa de la patria lejana. Tampoco son el desierto las naciones (o no lo son en primer término) — los Padres, desatendiendo significaciones intermedias, «se apresuran hacia el descanso» del último sentido[68]. Y ni siquiera representa la *circunstancia* del exilio. El «desierto» es el yermo de Jacob (צמא // יבשה: 44,3), el desierto de Sión (וערבתה // מדברה: 51,3): *es el propio Israel*, que de algún modo ha vuelto al polvo, porque JHWH le ocultó su rostro (cf. Is 54,7s; Sal 104,29). Israel no atraviesa aquí el desierto, lo abandona: deja de serlo, resucita del polvo. Así pues, lo que anuncian estas palabras de consuelo (41,17-20; 44,1-5; 51,3) no es el alivio pasajero de una simple «sed de agua» (Am 8,11), sino un auténtico «cambio de la suerte»: El

---

[63] Dos veces יַבָּשָׁת; una con artículo (Ex 4,19b), otra sin él (Sal 95,5).

[64] היבשה conserva su sentido primigenio en Ex 14,16.22.29; 15,19; Jos 4,22; Neh 9,11.

[65] Cf. Gen 1,10; Ex 4,9ab; Jon 1,9.13; 2,11; Sal 66,6; 95,5.

[66] Los murmuradores del desierto decían sentir el alma seca (Nu 11,6).

[67] Acerca de la paridad *Sión = Israel*, v.s. p.62s.

[68] Cf. Heb 4,11. -- Cuando los Padres de la Iglesia ven representada en el desierto la aridez de los Gentiles (v.s. p.16s), no proponen, por tanto, una lectura «piadosa», más o menos arbitraria, sino que están apuntando al auténtico sentido figurado (*literal*; v.s. Cap.I n.1) de la letra de Is, que anuncia en este paso un pueblo nuevo.

Israel reseco y humillado (עניים), cuya espalda sirve de camino a los que pasan (Is 51,23), verá convertido su desierto en vergel, en tierra buena y regada que se abre para producir la salvación (cf. 45,8). El formidable volteo de la situación afecta necesariamente al enemigo: Babilonia, la bien regada, que rezuma prosperidad y vida[69], será, como lo fué Israel, מדבר ציה וערבה (Jer 50,12 [15: «lo que hizo, hacédselo»]). En aquel día, la ciudad inexpugnable será humillada hasta el polvo y hollada a su vez por los pies del Humillado (עני), las pisadas de los Pobres (דלים: Is 26,5s).

¿Representa asimismo a Israel el מדבר (40,3 [// ערבה]; 43,19b [// ישימון]) que no se muda en arboleda, sino recibe un camino? La respuesta dependerá en buena parte de la significación de tal *camino* (*v.i.* pp.125ss).

---

[69] Cf. Jer 51,13.36; Is 44,27; 50,2.

CAPITULO VII

La conversión del desierto (18b)

אשים מדבר לאנם־מים
וארץ ציה למוצאי מים

A) La conversión del yermo en parque

H. Gressmann ha tratado con algún detenimiento el tema de la transforma-ción del yermo en parque[1]. Su esquema literario se caracteriza negativamente, según él, en que no habla de previa devastación[2]; y consiste positivamente en que Israel es conducido al desierto y comienza luego la transformación del escenario. «Aus der Fülle der Belege» (p.216) selecciona Gressmann Is 41,18-20 (donde Israel no es conducido al desierto — quizás excluye el v.17 porque describe una catástrofe), 48,21 (donde no hay parque) y 55,12s (que no men-cionan el desierto ni describen su mudanza).

1.- En Is 40-55

La transformación del sequedal en parque ameno (Is 41,18s; 44,3s; 51,3) es un tema peculiar de Is 40-55. Solamente otros dos pasos de Is (32,15; 35, 1s.6b.7), considerados generalmente posteriores[3], reproducen la misma prome-sa[4]. El Sal 107,35[5], que repite casi a la letra Is 41,18b, convierte en pre-

---

[1] Cf. *Der Ursprung*, 215-221. Su «literalische Analyse» (*ZAW* 34,1914), nueve años poste-rior, apenas alude a dicho tema (p.294). -- También lo ha tratado sumariamente MOWINCKEL, en relación asimismo con el éxodo (*Psalmenstudien* II, 282-286). -- KÖHLER se limita a registrar en un parágrafo todos los pasos de Is 40-55 que se refieren al tema (cf. *Deuterojes.*, 133.108).

[2] «... die Wüste ist bereits da» (*Der Ursprung*, 216); «Von einer Katastrophe ist in diesem Zusammenhange keine Rede» (*ibid.*, 217).

[3] Cf., e.g., KAISER, ATD 18, 264.286s.

[4] Is 55,13 no describe propiamente una transformación del desierto: faltan el autor, el verbo, el obj. y el medio de la metamórfosis; aunque *anuncia* un cambio de la flora (no propiamente del desierto), que refiere a la gloria de Dios (*v.s.* pp.41). -- Ez 36,35 («esta tierra desolada se ha hecho como el jardín de Edén») atribuye el cambio (no del desierto, sino) de la tierra aban-donada a la ordinaria labor del hombre (תעבד: se labrará, v.34). -- Jl 2,22 («germinarán los

dicación hímnica lo que es promesa concreta en Is.

Integran dicho tema tres motivos principales, que tan sólo Is 41,17-20 contienen de modo expreso: (a) JHWH, transformador; (b) conversión del desierto en regadío; y (c) florecimiento de la tierra convertida (cf. Tabla X).

(a) El transformador no es otro que JHWH, porque se trata de una empresa sobrehumana. En los dos primeros pasos (41,18; 44,3) es Él mismo quien promete intervenir; el tercer individuo habla de Él en 3ª pers. -- La acción divina es expresada por el ipf. de שִׂים + לְ(/כְ)[6], que cambia al desierto en hontanar (41,18), o ya directamente en parque de JHWH. En 44,3s, faltan el verbo de la transformación y su efecto. -- El transformador suele recurrir al agua, que o bien «alumbra», en forma de arroyos y fuentes, o bien simplemente «derrama».

(b) La fuerza transformadora de las aguas convierte lo reseco en hontanar. El tercer pasaje (51,3) omite por completo este motivo; el segundo (44,1-5) lo ofrece truncado: Del riego que recibe el yermo, brotan (no sauces, sino) los vástagos de Israel. Ocurre que, una vez resuelta la metáfora (las aguas son «mi Espíritu»; lo reseco es «tu linaje»), no tiene objeto continuar su desarrollo. La imaginación se traslada a lo significado; aunque צָמַח (brotar) — dicho aún metafóricamente del linaje[7] de Jacob — y la comparación final («como sauces junto a las aguas») demuestran que la representación inicial sigue vigente y a la tierra antaño yerma se la supone convertida.

---

pastos del desierto»: נְאוֹת מִדְבָּר; cf. Sal 65,13) es evidentemente otra promesa. -- El texto de Sal 84,7 es incierto: «Los que atraviesan por el valle árido, en fuente ([?] G: εἰς τόπον) lo convierten» (מַעְיָן יְשִׁיתוּהוּ): «beben de la fuente» [?], cf. BHS).

[5] Los vv. 33-43, sin el estribillo y la organización estrófica del salmo original (que BRIGGS no supone anterior al periodo griego), probablemente son añadido posterior (cf. BRIGGS, Psalms II, 358.362. -- El estudio más reciente de BEYERLIN, Werden und Wessen des 107. Psalms, concluye que los vv.33-43 dependen de la tradición deuteroisaiana y de las ampliaciones de Job; habidas, lo más tarde, el s.III a.C. (p.13-16). -- WEISER, por el contrario, no juzga necesario atribuir esos vv. a un autor o a una situación distintos (ATD 15, 472).

[6] En 51,3 BHS propone leer un wᵉyiqtol. -- En Is 40-55 שִׂים se construye con לְ ocho veces (41,15a.18; 42,15.16; 49,2b.11; 54,12bis); 5 veces, con כְ (41,15b; 49,2a; 50,7; 51,3.23b). El cambio de preposición no parece importar una apreciable diferencia de significado; el giro expresa en ambos casos un cambio de substancia: que algo se convierte en otra cosa (cf. 49,2 donde se alternan לְ y כְ en dísticos paralelos, describiendo la transformación del Siervo en arma de JHWH).

[7] צֶאֱצָאִים (linaje, prole) tiene de suyo connotación animal (cf. etiop. dā'dā' [embrión, feto]).

(c) La transformación del desierto termina y se demuestra en los árboles, un motivo común a los tres pasos. Los árboles, aunque presentan menor entidad (no pasan de ser término de comparación), no faltan siquiera en 44,1-5, donde parecen tener menos soporte: Si no fuera porque a través de צמח (común a Israel y a los árboles) enraízan en la negra tierra humedecida, se antojarían árboles sin tierra, sólo con agua (cf. Nu 24,7: «Su semilla [o «linaje», זרע], en aguas abundantes» [v.i. p.133]).

La colosal mudanza queda al fin referida a JHWH: Consecuencia (finalidad expresa en 41,20) de la transformación es que «los árboles» vean y atiendan (v.i. cap.IX), o se consagren a JHWH (44,5), o entonen (o sean) un alegre canto de reconocimiento y alabanza (51,3b).

2.- En el resto del AT

En los dos pasos (Is 32,15; 35,1s.5-7) que probablemente imitan este esquema, cabe observar en general un cierto disimulo de la intervención divina; al Hacedor sólo se le adivina entre bastidores.

(a) Ambos pasos, antes que nombrar al autor de la mudanza, prefieren usar el velo de los pasivos teológicos: El cambio, según ellos, «se produce». El verbo de la transformación es aquí el w^{e}qatal de היה (ל), que no tiene ya por sujeto a JHWH, lógicamente, sino a lo que resulta transformado: lo reseco *se muda* en tierra de hontanares (35,6b.7); o en una tierra feraz, arbolada como un bosque (Is 32,15).

(b) Is 32,15, que resuelve de entrada la figura, substituye las aguas por lo que significan: el Espíritu; que sin embargo es simplemente «de lo alto». Dicho Espíritu «se derrama» (ipf. Ni precedido de עד); como «son alumbradas», casi «brotan» de por sí (pf. Ni precedido de כי[8]), las aguas de 35,6. También estas aguas cumplen su función transformadora; aunque 32,15, tras haber revelado su verdadera naturaleza, omite la descripción figurada de su efecto inmediato.

(c) Tampoco faltan los árboles en estos dos últimos pasos, que prometen una selva, más que un parque. Is 32,15b retorna a la figura: por efecto del Espíritu derramado «se convierte» el desierto en una selva. Is 35 propone en

---

[8] Este כי, como עד (32,15), podría tener valor temporal e introducir una oración subordinada cuya prótasis comenzaría con והיה (v.7).

primer lugar este tercer motivo, ordenando (יְשֻׂשׂוּ [cf. *BHS*], yus. [// תָּגֵל]) a la estepa exultar y florecer como el narciso; a ella «se le da» la gloria del Líbano, el esplendor del Carmelo (v.1s). -- La referencia final a JHWH es también menos explícita en estos dos últimos pasajes.

B) Mitigaciones del desierto

1.- Camino en el desierto

Is 35,8-10[9] añade el motivo del camino al esquema recién propuesto. Dicho motivo literario, desconocido por los demás individuos del grupo, es en cambio central en la promesa (o el recuerdo) de *otras* mutaciones; no del sequedal, sino de las aguas y los montes: El legendario brazo de JHWH secó el profundo mar, haciéndolo (שִׂים abs.) camino (דֶּרֶךְ) para sus redimidos (Is 51,10). El Compasivo que los conduce luego, convierte en (ל + שִׂים) camino (דֶּרֶךְ) los montes (cf. *BHS*), nivela los senderos (49,11). -- Aunque no sea propiamente el camino el término *ad quem* de la transformación, es su finalidad en otros casos: Trastocando montes y valles, se convierte (ל + הָיָה) lo escabroso en מִישׁוֹר, sobre el que construir (יָשַׁר) el camino de JHWH (40, 3s[10]). El propio JHWH cambia (ל + שִׂים) los torrentes en «islas» (אִיִּים[11]),

---

[9] No corresponde aquí abordar el estudio de Is 35, sobre cuya unidad disienten los intérpretes. DUHM lo considera un mero conjunto de citas (cf. *Jesaia*, 254-257). Según HUBMANN, los vv.9b-10, posteriores al resto, han cambiado en un anuncio de retorno lo que era primitivamente una promesa de restauración escatológica (cf. «Der 'Weg' zum Zion» 29-41). -- KIESOW elimina como secundarios los vv.2b-6a, y considera en cambio primigenios los tres últimos (cf. *Exodustexte*, 142-155). No deja, sin embargo, de advertir que dista de ser estrecha la conexión de las primeras estrofas (1.2a; 6b.7) con las dos últimas (8.9a; 9b.10), y que una masa forestal como la prometida por aquella, habría de constituir un grave obstáculo para el «camino santo» que anuncian estas otras (p.153). -- Los vv.8-10, que parecen un conglomerado de retazos y tratan un tema diverso, podrían ser independientes del resto del cap.: El v.8 enlaza con lo anterior, remedando el והיה del v.7 y añadiéndole un «allí» (nexo también del v.9) que refiere vagamente, o al desierto transformado en general (v.7a), o al cubil de las fieras en concreto (v.7b). A diferencia del primer היה (ל+), este segundo no indica transformación, sino mera existencia: «Y habrá allí». El *hapax* מַסְלוּל, los prons. que, al parecer, lo representan (ora fem., ora mas. [v. 8a], de nuevo fem. [v.9a]), el enigmático וְהוּא־לָמוֹ הֹלֵךְ דֶּרֶךְ, las amplificaciones, no permiten sino conjeturar (cf. comentarios). En su estado actual son ciertamente versos sin figura. Hasta el v.10, un texto acaso errátil (=55,11) aunque ya cuajado, no se restablece el ritmo. Pero este mismo v., de cinco esticos, encaja de un modo anormal (cf. DUHM) en el nexo que lo incorpora. Los costurones de torpes suturas son muy visibles en todo el conjunto (*v.i.* n.34).

[10] Adviértase que no se cambia la *sequedad* de ese desierto, sino el perfil de montes y valles, que son reducidos a cómoda llanura.

deseca las lagunas y convierte (שׂים + לְ) lo desigual en llano (מִישׁוֹר: 42,15s). Un *wᵉqataltî* inmediato (וְהוֹלַכְתִּי: v.16a) que promete guiar a los ciegos por un camino ignoto, parece indicar la finalidad de la transformación[12]. -- En cuanto al camino (דֶּרֶךְ) que pone (שׂים + בְּ) Dios en el desierto (43,19; cf. 40,3), no se ubica ciertamente en un desierto convertido en parque (*v.i.* C).

Según esto, convertir (שׂים abs.) en camino el mar, para que crucen los redimidos (לַעֲבֹר גְּאוּלִים: 51,10), es cabalmente regular; y ni siquiera lo continúa con tanta brusquedad la promesa de 51,11 («los rescatados de JHWH volverán»), si la potencia política que entorpece la vuelta de Israel desde su nuevo Egipto[13], se concibiera como un «mar» (¿no suponen dicha concepción Is 44,27; 50,2?[14]). Pero que surja (היה) un camino en un desierto hecho bosque ([?] el v.8 sólo dice «allí»), para que vuelvan por él los redimidos (שׁוב //הלך: 35,9s) es absolutamente excepcional (y no sólo respecto de 40-55)[15]. Si lo regular fuera también lo primigenio, cabría deducir que el autor de 35,8s ha trasladado el camino del mar (51,10) a un desierto convertido en selva (35,1-7), pretendiendo quizá proporcionar un contexto mejor a la promesa de 51,11. O acaso se deba la extraña mezcla de motivos a un editor, que suponiendo ordenada al regreso la transformación del desierto, haya querido adecuarla a su fin, añadiéndole un camino (cf. el tardío Is 11,16 y *v.i.* n.34).

Al contrario de la transformación de montes y aguas en camino, que facilita el tránsito, la del desierto en *arboleda* supondría un obstáculo para el

---

[11] *BHS* propone leer צִיּוֹת, pero sería la única vez que las aguas se mudaran a צִיָּה; para que permitan caminar, basta hacerlas tierra firme. ELLIGER prefiere mantener el texto, que traduce por «Land», de acuerdo con DUSSAUD (BKAT XI, 262).

[12] Cf. otras dos transformaciones de montes, no relacionadas tan expresamente con el camino de retorno: Un trillo nuevo y «aguzado» (*NBE*) trilla los montes, convirtiéndolos en paja que el viento arrebata y dispersa. Mientras se desvanecen así las imponentes moles, el trillo-Israel exulta en el Señor (41,15). JHWH caminará arrollador ante Ciro, allanando los montes (? *Targum*: שׁוּרַיָּא, murallas; SOUTHWOOD, *VT* 25 [1975] 801: *wᵉhaddûrîm*, del acádico *dûru*, muralla), haciendo saltar portones blindados y cerrojos, en atención (לְמַעַן) a Israel, su elegido (45,2). -- Transformación de aguas: Demostración del poder liberador de JHWH es que, con su formidable voz (גְעָרָה), reduce (שׂים abs.) a desierto las corrientes (50,2). El que dice a la fuente del abismo: secaré tus venas, instituye a Ciro «su pastor» (44,27s; una probable alusión al camino de retorno, cf. Sal 77,21). -- Cf. además Ex 14,21; Jos 2,10; 4,23; 5,1; Is 11,15; 63,13; Zac 10,11; Sal 106,9; y con הָפַךְ, Sal 66,6 (mar, en tierra firme).

[13] Cf. Os 8,13; Dt 28,68.

[14] Cf. ZILLESSEN: «Für ihn [DtIs] ist Babylonien das Stromland, und viele breite Ströme sind es, die sein Volk von der Heimat scheiden».

[15] Acerca de Is 55,12s, *v.s.* p.41.

retorno (necesitaría, en efecto, el ulterior retoque de un camino, para no estorbar el paso). Y si se entiende que la transformación no acaba en intrincada selva (32,15; 35,2), sino en un parque de dioses (41,18s; 51,3), ¿qué sentido tendría dejarlo atrás? El Edén no es camino, sino término. -- Como el estudio del vocabulario de *desierto* había puesto de relieve, la conversión del yermo en parque (al contrario de otras mutaciones de la Naturaleza) ni tiene que ver en 40-55 con el regreso de Israel, ni pertenece en absoluto a la tradición del éxodo (*v.s.* cap. VI B).

2.- Agua en el desierto

Cabría colegir que no anda lejos de su transformación el desierto en el que *sólo* aparecen aguas (Ex 17,6; Nu 20,11; [Jue 15,18s]; 2 Re 3,17-20; Is 32,2; 48,21; [49,10]; Sal 78,15.16.20; 105,41). Tales aguas, sin embargo, por mucho que se pondere su caudal, sólo quitan la sed, y a eso se destinan solamente (*v.s.* p.38); nunca hicieron brotar árboles[16]. Su sorprendente aparición en el yermo, tanto en los relatos del éxodo, como en Jue 15,18s, 2 Re 3,17 e incluso en Is 32,2, supone un socorro extraordinario que mitiga en un trance el desierto, pero no lo muda. Lo que transforma decisivamente el sequedal, es su conversión a regadío y posterior plantación. Esta última consideración no niega en principio que un poeta *pudiera* sugerir el cuadro completo de la transformación con un solo trazo (lo que constaría por el contexto), sino que la presencia de dicho trazo aislado (agua de beber en el desierto) arguya de suyo la conversión del yermo en parque.

C) Transformación del desierto en regadío (Is 43,16-21)

La ausencia del motivo literario «camino» en determinadas «promesas de retorno», nos había llevado a segregar un grupo que (sin hacer expresa referencia al regreso de Israel) anuncia la transformación de un yermo en parque (*v.s.* p.37). Al abrigo de dicho agrupamiento, ha sido posible identificar en el «desierto» al Pueblo castigado de Israel; un dato de singular trascendencia para la exégesis del Segundo Is.

En posesión de esa clave, es inevitable preguntarse ahora, si no representará asimismo a Israel incluso el desierto que habrá de recibir un camino (40,3;

---

[16] Supone ingenuamente FORERIUS que los árboles prometidos de Is brotaron de las aguas que manó la peña maltratada: «Post *rivos* autem *aquarum* quos in solitudine illa Deus dedit, non dubito quin omnes istæ arbores illic ortæ fuerunt» (*Ad Esaiam*, col. 5138,34; cf. 5137,71).

43,19); y si dicho camino (aunque extraño al tema de la transformación del yermo *en parque*) no supondrá por sí mismo *otra* mudanza del desierto-Israel (u otro aspecto de la misma), como supone ciertamente la de los «montes» (49,11) y las «aguas» (42,15s).

1.- Un «camino» peculiar

Que el camino transfome los desiertos de 40,3 (ערבה // מדבר) y 43,19s (ישמון // מדבר), no es evidente de suyo; y en el segundo pasaje, parece especialmente improbable: El acusado paralelismo del camino en el desierto (v.19) con el camino en el mar (v.16), y la presencia de las fieras salvajes (חית השׂדה // תנים [chacales -?]), que evocan el más geográfico de los desiertos (v.20), amenazan seriamente cualquier lectura figurada. Añádase que להשׁקות עמי (para dar de beber a mi pueblo: v.20) remite al episodio de Cades (Nu 20,8: והשׁקית את־העדה [para que des de beber a la multitud]), haciendo así verosímil que los נהרות de Is 43,19s, aludan al agua milagrosa de la peña (מים רבים: Nu 20,11b), que ponderan de modo parecido Sal 78,16 (נוזלים // נהרות) y 105,41 (מים // נהר). La exégesis común, que refiere 43,16-21 al regreso de Israel desde su exilio en Babilonia, lejos de ser infundada, podría parecer inevitable.

Y sin embargo dista de ser satisfactoria[17]: El verso central de la pieza («Heme creando[18] novedad»: v.19)[19] obliga a considerar el proyecto divino (vv.19b-21) escenificación de la creación futura. Por otra parte, que la novedad (חדשׁה) consista aquí exclusivamente en el camino y los ríos que JHWH proporciona al desierto, hace sospechar que basten dichos elementos para significar la renovación del yermo-Israel. Se requiere considerar el pasaje con mayor detenimiento.

Cabe entonces advertir que, mientras el inaudito camino del mar aparece confirmado en paralelo por el sinónimo נתיבה (senda: v.16), el sorprendente נהרות (ríos, paralelo de דרך) avisa de la *peculiar naturaleza* del camino en el

---

[17] El oráculo no encaja en dicha interpretación, ni a costa de las gravísimas amputaciones que algunos doctores recomiendan (cf., e.g., DUHM, que pretende suprimir vv.20b y 21; *Jesaia*, 326s). SIMIAN-YOFRE aboga por «la necesidad de comprender Is 43,16-21 de otro modo, sin alusión al éxodo» (*Bib* 61 [1980] 545).

[18] Sobre עשׂה = «crear», *v.i.* p.196.

[19] Los poemas de DtIs crecen simétricamente a partir de un núcleo, resumen de la pieza, que coincide con su dístico central (o sus dos dísticos centrales, como en 41,17-20). Sospecho que el autor aplica igual procedimiento en la formación del libro: 44,1-5 (texto clave) debe ser el centro de 40-48; así como 48,20s (cuyo dístico central proclama «Redimió JHWH a su siervo Jacob») debe señalar el centro de la entera sección 40-55.

desierto (v.19): ¡El «camino» en el desierto consiste en ríos![20]. Y para disipar las dudas que provoca el asombro («¿Ha dicho נהרות o נתיבות?»)[21], insiste a renglón seguido el autor en que son *aguas* (נהרות // מים) lo que recibirá el desierto (v.20b). Solamente las aguas tienen fin («para dar de beber [=«para regar»[22]] a mi pueblo»: v.20b) y sólo ellas provocan la alabanza (que no un camino, por donde nadie pasa).

«Ponerle un camino//senda al mar» (v.16a) y «ponerle un camino//ríos al desierto» (v.19b) se contraponen adecuadamente, y no sólo, porque los respectivos soportes del camino sean opuestos. Aquellas expresiones equivalen respectivamente a lo que DtIs llama «secar el mar (u otras aguas)»[23] y «cambiar el yermo en fuentes»[24]. Pero el contraste más acusado lo establecen ambos דרך (que tan sólo coinciden en suponer mutación): El camino impuesto al mar era una senda (נתיבה, «para pasar» [לעבר]: Is 51,10); el futuro «camino» del desierto (Israel) será la vida (מים). Suponerlos de igual naturaleza, es 'seguir pensando en lo de antaño', 'oir y no entender'. Mientras que en el pasado (ראשנות) «mar», «aguas» y «camino» presentan sentido recto, en el futuro reino de lo nuevo (חרשה), «desierto», «aguas» y «camino» lo tienen figurado: escenifican la novedad que anuncia DtIs, la nueva creación. «Ponerle un [nuevo] camino al desierto» es cambiar la suerte de Jacob.

«Lo nuevo» da sentido a «lo antiguo», y no al revés. No es que DtIs anuncie un camino a través del desierto, a semejanza del que antaño cruzó el mar; sino que a semejanza de la futura acción divina, considera aquella otra un acto creador: JHWH «se formó un pueblo» transformando la vieja creación;

---

[20] Un camino en el מדבר nada tiene de asombroso ni de nuevo (cf., e.g., 2 Sam 2,24; 15,23; 2 Re 3,3); mal podría competir en el recuerdo de Israel con el camino del mar.

[21] Qª considera más lógico lo segundo (cf. *BHS*), aunque la consonante final es ilegible (cf. ORLINSKY, *BASOR* 123 [1951] 33-35; TREVER *BASOR* 126 [1952] 26-27; ELLIGER, BKAT XI, 342). Esta lectura (נתיבות, sendas), propuesta por KISSANE (I 57), antes de que fuera descubierto 1QIsª, y preferida por muchos modernos (cf., e.g., FOHRER [66], STEINMANN [182], NORTH [125], McKENZIE [55], STUHLMÜLLER [68] BONNARD [144], SCHOORS [94]), escamotea la palabra clave de la pieza (נהרות, ríos). MUILENBURG, PENNA, WESTERMANN, ELLIGER, aunque (por entender en sentido propio ambos caminos) refieren decididamente el paso al retorno de Israel, aciertan por lo menos al mantener el TM, avalado por todas las Versiones.

[22] השקה se dice con igual propiedad respecto de personas (dar de beber, embriagar), que de la tierra (empapar, regar) y los animales (abrevar). Si en el pasado supuso dar de beber a Israel, en el futuro le quita la sed para siempre, trasformando su desierto en tierra de ríos. Sólo en este supuesto dejan de ser excesivas las aguas, y tiene ya sentido un acto creador.

[23] Cf. 51,10; 42,15b; 44,27a; 50,2b.

[24] Cf. 41,18 (32,15.20; 35,6s).

secando el poderoso mar y extinguiendo el furor de un aguerrido ejército. --
La novedad que 43,19-21 representan, incluye, naturalmente, la liberación de
Jacob; pero lo que describen esos vv., es la pujanza (מים // נהרות) y fidelidad
(תהלתי יספרו // תכבדני) del Israel futuro, no su peregrinación por el desierto.

El futuro «camino» del otrora desierto, permitirá, en efecto, «caminar» al
impedido Jacob, «correr como ciervos» a quienes eran «cojos» (cf. Is 35,6);
pero tan sólo en el sentido figurado de vivir con gran holgura[25]. דרך significa
también la *suerte* de Israel en Is 40,27. Si exceptuamos aquellos pasos en que
designa el antiguo camino del mar (Is 43,16; 51,10), apenas es utilizado con
sentido propio en nuestro Libro[26].

2. Fieras creyentes

¿Cómo integrar el rasgo de los animales salvajes en la figura del yermo-
Israel? -- El poeta considera sin duda globalmente lo que presenta la naturaleza unido: el desierto y su fauna («sus hijos», בנות יענה: v.20); exactamente
como la figura gemela (y contraria) de la tierra feraz y sus árboles. Como los
árboles demuestran el parque, así «chacales» y «avestruces» demuestran el
desierto. Apenas tienen otra función en el AT: De ordinario pertenecen a la
estampa del desierto-castigo (*v.s.* p.114), donde certifican la devastación consumada[27]. Completan, por consiguiente, la imagen del Pueblo consagrado que
profanó JHWH (43,28)[28]; y cumplida la transformación, coinciden plenamen-
te con el Pueblo recién creado en la alabanza del Señor (vv.20.21). En oposición a la conducta reciente de Jacob (לא כבדתני: 43,23b), el futuro Pueblo

---

[25] Cf. Sal 4,2 y el futuro camino de la ventura, que desconocen los «Ciegos» (Is 42,16).

[26] דרך, según ELLIGER (BKAT XI,263), presenta sentido figurado en 40,14.27; 42,24; 45,13;
48,15.17; 53,6; 55,7.8bis.9bis; mientras que lo tiene propio en 40,3; 42,16; 43,16.19; 49,9.11
y 51,10. Pero 40,3; 42,16; 43,19 (y acaso 49,9.11) debieran engrosar el primer grupo (*v.* n.33).
SIMIAN-YOFRE ha llamado la atención acerca del constante sentido figurado de la expresión
«camino de JHWH» (cf.*Bib* 60 [1980] 534s.542; 61 [1981] 63).

[27] Cf. Is 13,21s (Babilonia); 34,13 (Edom); 35,7 (Israel); Jer 9,10 (Jerusalén); 10,22 (Judá);
49,33 (Jazor); 50,39 (Babilonia); 51,37 (Babilonia); Mal 1,3 (montes de Esaú); Job 30,29; Sal
44,20 (Israel). En los tres pasos restantes (Jer 14,6; Miq 1,8; Lam 4,3), como objeto de comparación, ilustran dos veces la desolación de seres personales.

[28] Equiparar a Israel con animales, no es absolutamente excepcional: חיתך (tus animales,
¡עני/!; *v.s.* p.63) designa al pueblo elegido en Sal 68,11 (vv.8-11 coinciden además con Is 43,
16-21 en la mención de las aguas benéficas de JHWH y en el uso del insólito ישימון). Tampoco
1QpHab parece sentir empacho, al señalar en «las bestias» (הבהמות) de Hab 2,17 a «los pequeños de Judá» (פתאי יהודה // אביונים, pobres) que observan fielmente la ley.

honrará al Señor (תכברני: 43,20a), cumplirá con su razón de ser (לכבודי בראתיו: 43,7aβ). Ese כבר Pi de las fieras salvajes (que al dar honor a Dios dejan de serlo, como el desierto al recibir las fuentes), por una parte, corresponde al aprecio (אהבתיך, נכברת: 43,4) del Señor por Israel; por otra, le tributa el honor (כבר) que JHWH rehúsa ceder a los ídolos (42,8; 48,11)[29].

עם־זו y חרשה[30] se corresponden como עשה y יצר, sus verbos respectivos. עם־זו יצרתי לי (este [nuevo] pueblo me he formado) certifica el cumplimiento del proyecto[31], que lleva a cabo el Señor, transformando el sequedal en tierra viva; los aullidos y lamentos (cf. Miq 1,8), en coros de alabanza[32]. Las «fieras» conocerán a JHWH; como los «árboles» (cf. 41,18-20)[33].

D) Conclusiones:

1. Junto a la transformación del yermo en parque (A), existe otra mudanza del

---

[29] Is 42,12 exhorta al מדבר a tributar gloria a JHWH (ישימו ליהוה כבר).

[30] Al contrario de עם הזה, que es frecuentísimo (sobre todo en Nu y Jer), עם זו se repite tan sólo en el cántico de Moisés (Ex 15), justamente para designar al pueblo recién rescatado («creado» diría DtIs): עם־זו גאלת (v.13), עם־זו קנית (v.16).

[31] El demostrativo זה (tan cercano al poético זו) acostumbra designar la nueva creación en lo que he llamado *certificación de cumplimiento* (*v.s.* p.36).

[32] Dt 32,10 (probablemente contemporáneo; cf. SELLIN — FOHRER, *Einleitung*, 206) describe de modo semejante la situación primera de Israel: aullidos (יליל), desierto (מדבר // ישמן).

[33] Otras metamórfosis de la «naturaleza», como las de ríos y lagunas en sequedal, o la transformación de lo quebrado y lo torcido en (camino) llano y recto (*v.s.* pp.122s), quedan fuera del objeto de este estudio. Parece una ingenuidad en todo caso, considerar a DtIs y sus contemporáneos tan ingenuos, como para esperar de estas promesas «eine wirkliche Umwandlung der Natur» (VOLZ, *Jesaja II*, 22 — es obvio que *Natur* se refiere a la naturaleza inanimada). No son pocos los intérpretes modernos que condividen la convicción de VOLZ. A mi entender, ni el propio camino, ni las imponentes mutaciones que lo preparan, son de orden físico, sino de orden político y moral. Esas figuras proponen vívidamente a la imaginación el total allanamiento de los formidables obstáculos (tanto externos como internos) que impiden vivir a Israel. El camino *prometido* en Is 40-55 (40,3; 42,16; 43,19; 49,11) jamás se refiere al que habrá de recorrer el Pueblo de vuelta a Palestina, sino que supone la transformación de las circunstancias políticas que mantienen cautivo a Israel, o la del mismo Pueblo. Su implantación supone para Israel la plenitud de vida que sólo JHWH le proporciona. De manera que, lejos de necesitar un camino las trasformaciones del yermo (como echa de menos algún intérprete), incluso el «camino» que anuncian otras promesas de transformación (un camino llano y recto [40,3s; 42,16], luminoso [42,16], sin obstáculos [42,15s; 49,11]), supone una mudanza de personas.

desierto en regadío (C), menos explícita, que omite el motivo de los árbo-les[34]. Ambas representan, obviamente, la misma bendición. Por el contrario, el camino en el desierto, que describen Is 35,8-10 (al menos, el que resulta de los vv.9b-10 [=Is 51,10bβ-11]), como las aguas que allí aparecen de improviso (B), mitigan la aspereza del yermo, sin llegar a suprimirlo.

2. El «desierto» del Segundo Is (incluso el que no va determinado por ארץ ציה o ערבה) no significa jamás el escenario del éxodo, sino que representa al Pueblo castigado, moribundo. Lejos de remitir a la situación del éxodo (como sostienen de ordinario los intérpretes), la excluye en absoluto.

3. Si convertirse en desierto es una típica figura profética de castigo (v.s. pp. 113s), ¿no será razonable suponer que la conversión del desierto en tierra buena represente contrariamente la ventura? Y si aquello significaba para Israel la ruptura del Pacto y sus efectos, ¿no supondrá lo segundo la renovación de la Alianza y el disfrute consiguiente de los «bienes de JHWH»? -- El creador de esta última figura (véase aún cap. VIII) la ha reservado para sus *proyectos de nueva creación*, sin emplearla nunca en sus fugaces alusiones al apacible regreso hacia la patria.

---

[34] Es muy posible que Is 35 (v.s. p.122) combinara originalmente estas dos figuras de trans-formación, añadiendo a la conversión del yermo en parque (en bosque: vv.1-6) la transforma-ción menos explícita (vv.7.8a.9a) que el «camino» de 43,19b supone para el desierto. Acaso la lectura de Is 43,19b que refleja Qᵃ ([ים-]נתיבת por נהרות [TM]), haya provocado, primero, la manipulación de 35,8s (en cuyo original «camino» podría tener sentido figurado); y al cabo, ese remate final de la pieza (ya muy deteriorada quizás) con un remiendo de parecido paño: 51, 10bβ.11. El restaurador cambió לעבר גאולים (para que atravesaran los redimidos: 51,10bβ) por והלכו גאולים (y caminarán los redimidos).

CAPITULO VIII

El parque de JHWH (v.19)

אתן במדבר ארז   שטה והרס ועץ שמן
אשׂים בערבה ברושׁ תדהר ותאשׁור יחדו

A) Exégesis «exodal» y figurada

1.- La interpretación «exodal» (considerada en conjunto) lo mismo 'quita que añade a las palabras del libro': Por una parte, estima desmesurada e inverosímil la transformación proyectada (DtIs describe «in dichterisch-übertriebener Weise»[1]); por otra, pretende mejorar el parque con frutales[2] y completa por su cuenta el cambio del desierto, poniéndole un camino[3]. Gressmann declara sicológicamente inexplicable esta esperanza[4] (¡como si fuera esa la esperanza!); Knobel (p.320), Penna (p.423), Elliger (p.170) consideran también hiperbólico el pasaje[5]. Este último se permite disculpar indulgentemente al profeta de exageraciones y conclusiones precipitadas.

2.- La exégesis figurada ofrece, por su parte, soluciones ligeramente diversas entre sí: «Todos estos árboles — comenta Cirilo de Alejandría — son fragantes e incorruptibles. También los santos tienen su fragancia; y permanecen incorruptos, pues no se disuelven en apetitos mundanos, y firmes, como

---

[1] ZIEGLER, *Jesaja*, 122.

[2] Cf. FISCHER, *Isaias*, 46; ZIMMERLI, *Gottes Offenbarung*, 223; BONNARD, *Isaie 40-66*, 115. Según MERENDINO, los árboles proporcionarán incluso materia prima para la reconstrucción de la patria (cf. *Der Erste*, 191).

[3] Cf.DUHM, *Jesaia*, 306; WESTERMANN, ATD 19, 68; STUHLMÜLLER, *Creative Redemption*, 72; KIESOW, *Exodustexte*, 48 (en pp.47.153 y 192 remite a Is 41,18s, para ilustrar el motivo «Wegebau»).

[4] Cf. *Der Ursprung*, 216.

[5] Cf. al respecto L. ALONSO SCHÖKEL: del «tópico de la 'imaginación oriental'... se quiere deducir una importante regla hermenéutica, a saber, la necesidad de moderar y atenuar los supuestos excesos imaginativos» (*Poética Hebrea*, 306).

enraizados y sostenidos por Dios»[6]. Eusebio de Cesarea[7], Teodoreto[8], Gregorio[9] consideran también a los árboles figura de los justos[10]. Según Jerónimo, en cambio, los árboles futuros «diversitatem significant gratiæ spiritalis»[11]. De esta misma opinión era Hesychius[12] y, siglos más tarde, Menochius[13]. Pero ni figuraba en primer término el «desierto» a la «inculta gentilitas»[14], ni son los justos, o los pontífices y doctores de la Iglesia, los «árboles» primeros. La fórmula más genérica de Teodoreto (las almas regadas por la gracia) resulta en este caso más exacta. Ya queda dicho (p. 117) que los Padres no parecen reparar en significaciones intermedias.

Los partidarios modernos de esta exégesis figurada (como también otros autores incluídos en el grupo mixto[15]) consideran en general que (las aguas prometidas y) los árboles significan la bendición futura de Israel[16] o incluso la restauración escatológica[17]. Por lo general, no suelen explicar en qué consista la ventura prometida, o cómo un desierto transformado la pueda procurar.

---

[6] Ταῦτα δὲ πάντα ἐστὶν εὐώδη καὶ ἄσηπτα ξύλα. Πρόσεστι δὲ τοῖς ἁγίοις, καὶ τὸ εὔοσμον, νοητᾶς δὲ διὰ πολιτείας εὐαγοῦς· καὶ τὸ γε μὴ καταφθείρεσθαι καθιεμένους ἐκλύτους εἰς ἐπιθυμίας κοσμικάς, ἑστάναι δὲ καὶ ἐρηρεισμένους, ῥιζοῦντος Θεοῦ... (PG LXX, col. 841).

[7] Cf. cap. I n.5.

[8] Cf. cap. I n.8.

[9] Cf. homil. 20 in Evangel.: «Cedri, ait, sunt, quorum corda ita in æterno amore solidata sunt, ut eadem jam terreni amoris putredo nulla corrumpat. Spinæ...» (A LAPIDE, Comm. in Scripturam Sacram, 514).

[10] A S. EFREN y a CASTALIO también les parecen hombres estos árboles (cf. Mc 8,24): «Dabo in solitudine Cedros, & Abietes. i.e. Levitas, Sacerdotes & Pontifices, qui corpus & sanguinem consecrabunt» (Opera omnia, 89). Y el segundo: «per hæc ligna... intellige futuros in Gentilitate... sapientes, Profetas, doctores» («Ann. ad Esaiam», col. 2724).

[11] Cf. CChr 73A, p. 474.

[12] Los cinco árboles de Is(G) 41,19 significan, según él, otras tantas virtudes (cf. Interpretatio Isaiæ, 124).

[13] «Faciam ut hactenus inculta gentilitas, Apostolorum prædicatione exculta, arbores multiplices, & pulcherrimas virtutum germinet» (Biblia Sacra, 200).

[14] Cf., además de MENOCHIUS (n. anterior), HESSLER, EvT 25 (1965) 360.

[15] Cf., e.g., KNABENBAUER: «Solitudo in campum florentissimum mutata et desertum in regionem arboribus consitam imago est mutatæ in melius conditionis populi» (In Isaiam, 112); DILLMANN: «Herrliche Bäume..., ein weiteres Bild der Gnadengaben» (Jesaia, 381).

[16] Cf. LEIMBACH: «Gott wird Quellen in der Wüste erschliessen und dort herrliche Bäume sprossen lassen, d. h. Wundertaten für sein Volk wirken und ihm reichliche Segnungen mitteilen» (Isaias: Kap 40-66, 2. Heft, 30).

[17] Cf. VON WALDOW, Anlass und Hintergrund, 92; SMART, History and Theology, 75; YOUNG, Isaiah, 93.

Entienden los más explícitos que Israel (la Humanidad, según Umbreit, 328) se podrá solazar en ese parque umbroso[18]. Aunque también los árboles puedan gozar su propia sombra (que preserva la humedad de su tierra), aquellos piensan sin duda en el alivio que proporcionan a *otros*. Distinguen, por tanto, entre bosque e Israel, a quien suponen beneficiario del jardín; cuando los árboles futuros no son plantados para Israel, sino para JHWH: «para su gloria» (*v.i.* pp.135.138). -- Sólo Hessler ha dicho expresamente que el parque prometido pueda ser Israel[19]. Delitzsch[20] y Köhler[21], que disponían de la clave, no la aplican al interpretar nuestro paso.

B) El desierto florecido

1.- Origen de la figura

Hasta DtIs no se supo (o no se dijo tan abiertamente[22]) en Israel que el desierto pudiera florecer. Supone Gressmann que un poeta del exilio no puede haber creado tales motivos de carácter mítico, sino que los ha tomado de una tradición extraña y anterior al AT[23]. Y, sin embargo, tenía los mimbres en casa: DtIs no sólo pudo componer, sino que parece haber compuesto, el tema del desierto florecido a partir de dos antiguas figuras de la literatura bíblica: la devastación del pueblo infiel, causada por la Ira (Os 2,5; cf.Is 5,5-7), y la imagen contraria de ventura, que representa al pueblo bendecido como un parque plantado por JHWH (Nu 24,6). Ambas figuras consideran a Israel como una tierra, respectivamente reseca o arbolada; lo que facilita, e incluso

---

[18] Cf. YOUNG, *Isaiah*, 93: «In the wilderness of her misery Israel will seek shade but will not find it. Hence God will also provide for this need».

[19] «Es ist also möglich, in den siebenerlei Bäumen... ein heiliges Gottesvolk zu sehen» (*EVT* 25 [1965] 360.361). -- Ni siquiera en el sugestivo *There is Hope* de NIELSEN hallo alguna indicación en tal sentido.

[20] A propósito de 44,4: «Die Weiden sind das Volk» (*Jesaia*, 450).

[21] «Jahwe gestaltet die Erde und ihre Sprossen (das bedeutet immer die Menschen)» (*Deuterojesaja*, 139).

[22] Os 2,17.25 puede contener el tema en germen: una vez consumada la devastación (v.14) y tras la inútil búsqueda de vida por parte de la mujer (v.9), sobreviene un tiempo de atención divina (v.16: «la hablaré al corazón»; Cf. Is 40,2; 41,17b) e incluso una suerte de transformación contraria (ל+נטע: v.17) que consiguen la correspondencia (ענה) de la que fuera infiel (v.17; cf. Is 41,20).

[23] Cf. *Der Ursprung*, 216.

pudo provocar, su conexión[24].

Si notables eran las coincidencias verbales y temáticas de Is 41,17-20 con Os 2,4ss (*v.s.* pp.81s), no lo son menos respecto de Nu 24,5ss:

...Jacob...Israel...	5	...יעקב...ישראל
como valles extendidos,	6	כנחלים נטיו
como jardines junto al río,		כגנת עלי נהר
como áloes que plantó JHWH,		כאהלים נטע יהוה
como cedros junto al agua.		כארזים עלי־מים
Fluye el agua de sus cubos(?)	7a	יזל־מים מדליו
y su semilla, en aguas abundantes[25].		וזרעו במים רבים

Además de la bina «Jacob//Israel», tan característica en Is 40-49[26], nótense el papel preponderante de las aguas (nombradas 4 veces, como en 41,18), el rasgo común de llamar a los árboles por su nombre específico (no faltan los altivos cedros), el motivo de JHWH cultivador. Es cierto que Nu utiliza a este respecto נטע (plantar), mientras que Is habla de «poner» (שים, נתן) árboles, al parecer, maduros; no fuera acaso el «desierto» a desmayar, ante la perspectiva de atender ἐν ὑπομονῇ (Lc 8,15) a que los vástagos prendiesen y entallecieran. La de Is es, en efecto, una promesa para «rebeldes y alejados»: «... reflexionad, rebeldes (פּוֹשְׁעִים)... escuchadme, tercos (¿desanimados? אבירי לב; cf. *BHS*), los alejados de la justicia (הרחוקים מצדקה): Yo acerco mi justicia (צדק)[27], no está lejos; mi salvación (תשועה) no tardará» (Is 46,8.12s; cf. 5, 19). -- Es probable que la originalidad de DtIs se haya reducido en este caso

---

[24] La figura tradicional de «plantar» al pueblo (jeremiana, según R. BACH [y REINDL], *TWAT* V, 422), que suele añadir el rasgo del plantío (cf. Ex 15,17; Jer 32,41; Am 9,15; Sal 44,3), considera a Israel una planta exclusivamente.

[25] Véase la curiosa exégesis de SIMIAN-YOFRE, *Messianic Hope*, 28-30.

[26] Cf. 40,27; 41,8.14; 42,24; 43,1.22.28; 44,1.5.21.23; 45,4; 46,3; 48,1.12; 49,5.6. En 50-66 no vuelve a aparecer. Es muy posible que DtIs dependa en este uso del antiguo vidente (cf. Nu 23,7.10.21.23bis; 24,5.17.18s), porque sus predecesores más cercanos usan con mayor frecuencia otros paralelos de «Jacob», al designar al Pueblo: Os 10,11 (//Efraim [12,13 designa al patriarca]); Abd 18 (//José); Miq 7,20 (//Abraham). Pero la bina aparece ya en el testamento profético de Jacob (Gen 49,7), Miq 3,1.8s y Sal 78,5.21.71 (en Is 9,7 tiene otro valor). Es frecuentísima en pasos proféticos y litúrgicos, probablemente posteriores: Is 10,20; 14,1 (17,3s [vv. independientes; cf. ATD 18,65]); 27,6; 29,23; Jer 2,4; 10,16; 30,10; 31.7.10s; 46,27; 51,19; Ez 20,5; 28,25; 39,25; Os 12,3; Am (3,13s son independientes) 9,8s; Miq 1,5 (?); 2,12; 7,20; Nah 2,3 (cf. J.M.P. SMITH, *Nahum*, 302-307); Sal 14,7; 22,24; 53,7; 105,10.23; 114,1; 135,4; 147,19.

[27] Cf. ELLIGER, *Deuterojes.*, 120,n.1 y 286: «צדק ist hier wie überall bei Dtjes das 'Heil', das Jahwe schenkt».

a la combinación de dos antiguas figuras opuestas, por cuyo medio consigue ilustrar de manera eficaz el impensable «cambio de la suerte» de su pueblo.

2.- «Dei agricultura»

Las acciones divinas proyectadas en 41,19, y el uso de נטע en Nu 24,6, su presunto modelo, obligan a considerar el tema bíblico de JHWH cultivador.

Apenas convertido en ser viviente el polvo de la tierra, plantó (נטע) el Señor para su 'ādām un parque misterioso, con un árbol de la vida y un árbol de conocer bien y mal (Gen 2,8s). Ni siquiera los árboles circundantes parecen en tal contexto de muy diversa índole. Solamente este paso (de cuyo peculiar carácter histórico estamos advertidos) afirma de JHWH que plante árboles. Clausurado el jardín e iniciada la historia del hombre mortal, JHWH «plantó» *personas* exclusivamente[28].

El Señor puede plantar cualquier nación o reino (Jer 18,9) y hasta parece que planta a los pérfidos impíos (רשעים, בנדי בנד), según arraigan y florecen (Jer 12,1s)[29]. Pero de hecho sólo planta a su pueblo: incluso cuando dice plantar un esqueje de cedro (Ez 17,22s) o una cepa (Is 5,2.7; Jer 2,21; Sal 80, 9.16; cf. Ez 19,10), es a Israel a quien planta (ταπεινούς, a «los pobres»: Sir 10,15). Por eso llama a su pueblo יזרעאל, «Siembra («plantatio»: Zorell, *LH*, 307a) de Dios» (Os 2,24). Esta figura viene a significar (entre nosotros, que explicamos al fin unas imágenes por otras más cercanas[30]) que JHWH asienta a los suyos en la tierra prometida, con la esperanza de verlos prosperar. De manera que «plantar a Israel» supone el don de la tierra y el previo desarraigo de sus antiguos moradores[31]. Cuando la acción se refiere a los desterrados[32],

---

[28] Cf., con נטע: Ex 15,17; (Nu 24,6); 2Sam 7,10 = 1Cr 17,9; (Is 5,2) Jer (1,10) 2,21; 11,17s; 12,2; 18,9; 24,6; 31,27s; 32,41; 42,10; (45,4) Ez 36,36; Am 9,15; Sal 44,3 (80,9.16); con שתל: Ez 17,22s. -- Sal 104,16b (נטע) que BRIGGS considera, por otros motivos, una glosa (cf. *Psalms* II, 335), podría constituir la única excepción. Pero, aun concediendo que ארזים (cedros) presente allí sentido recto, es probable que no pretenda esa expresión sino ponderar la magnificencia de «los árboles de JHWH». Cf. BRIGGS: «as planted by Yahweh» (el subrayado es mío).

[29] La enigmática respuesta (v.5) obliga a esperar el evangelio: Dios siembra buena semilla solamente. Si arraigan y medran plantas bordes, hay que pensar en el que siembra «mientras los hombres duermen», aprovechándose del afán de quien labró con otra esperanza su plantío (Mt 13,24-30). Cf. Mt 15,13: Existen plantíos — de «ciegos» — que no ha plantado el Padre.

[30] Cf. M. DE UNAMUNO: «Los que se creen más libres de ellas, andan entre sus mallas enredados» (*Ensayos* V, 44s).

[31] Cf. Sal 44,3; 80,9; Ex 15,17; 2 Sam 7,10 = 1 Cr 17,9.

[32] Cf. Jer 24,6; 31,28; 32,41; (42,10); Ez 17,22s; 36,36; Am 9,15.

presupone la devolución de la tierra y el retorno. Y si se concibe «plantar» como un transplante (cf. Ez 17,22s; Sal 80,9.16), remite además al rescate (וּלְקַחְתִּי: Ez; a la salida: חֹסִיעַ: Sal) y al proceso completo del éxodo.

Algunos pasos resaltan especialmente el matiz afectivo de נטע[33]: JHWH planta para Sí (cf. Os 2,25: «lo sembraré para mí»); trabaja como cosa propia su plantío, con esmero y esperanza (cf. Is 5,2; Jer 2,21). Lo que planta, «la casa de Israel», es «el plantel (נֶטַע[34] de sus delicias» (Is 5,7). Por eso, cuando el plantel se malogra, lo abandona amargamente (Is 5,5ss; cf. Jer 12,7) o arranca despechado lo que plantó (Jer 45,4).

Esta imagen tradicional de bendición es absolutamente desconocida en Is 40-55[35]. DtIs ha creado, para significar una bendición más decisiva (o más creíble[36]), una figura diversa y más brillante: La actividad de JHWH no tiene aquí parangón («¿con quién podríais compararme?»: 40,25), no se parece al trabajo familiar del viñador; más bien recuerda el grandioso afán creador de todo un día (cf. ברא: 41,20); Israel no es figurado ya por una viña (como en Is [5,1-7], Jer [2,21] y Ez [19,10][37]), sino por un soberbio parque bien regado; y JHWH, por fin, no «planta a Israel *en su tierra*» (en DtIs son figuras complementarias de la misma realidad la planta y el plantío), sino que transforma en Edén su desierto, la tierra castigada que es Jacob[38]. DtIs imagina y propone imaginar cómo, a partir de un principio impensable (cf. Ez 37,1ss), surge imponente y de improviso una arboleda espléndida, bien regada, que mece al viento eterno el esplendor sonoro de su fronda.

---

[33] Cf. REINDL: «*nata'* ist in dieser Bedeutung ein affektiver Begriff» (*TWAT* V, 419).

[34] נֶטַע significa de suyo el plantón, el esqueje; pero aquí, por razón del // כרם (viña), equivale a מַטָּע (plantación) que expresa, tanto la acción de plantar, como el plantío (cf. ZORELL, *LH*, 430.514; *TWAT* V, 417s.422).

[35] DtIs ni siquiera predica נטע de JHWH probablemente: 51,16, לִנְטֹעַ (plantando [el cielo]) o tiene el sentido de instalar, montar (una tienda), o ha sido escrito por לִנְטֹת (extendiendo; cf. *BHS*); a los príncipes y gobernantes de 40,23s, «apenas plantados», los agosta el aliento de JHWH. נטע sólo se dice expresamente en 40-55 del artífice de dioses, del plantador idólatra (44,14; cf. 1,29; 17,10s).

[36] Siempre que Israel es comparado a una viña en el AT, o desemboca el discurso en un lamento por la degradación de ésta, o termina profetizando su pronta destrucción (cf. BERNARD, *John* II, 478). Quizás deseche DtIs la imagen por ese motivo.

[37] Is 40-55 no habla de viñas: נטע no aparece en 40-66; כרם, sólo en 61,5 y 65,21.

[38] Apenas cumple advertir que la transformación de Israel supone su libertad y su retorno (a JHWH y a su tierra), exactamente como la promesa de plantarlo. Pero la «plantación de JHWH» figura en ambos casos al Pueblo bendecido, no adorna el camino de regreso.

C) Los árboles prometidos

1.- Las especies arbóreas de 41,19

Siete son las especies que componen el parque proyectado. El desierto, afirmado cuatro veces (*v.s.* pp.33s), quedará cubierto por entero. Los árboles van dispuestos en dos series, respectivamente encabezadas por el cedro (אֶרֶז, 19a) y el abeto o el ciprés (בְּרוֹשׁ: 19b)[39]; los dos árboles más preciados del AT. Ambos proporcionan la madera de templos (1 Re 5,20; Esd 3,7), palacios (2 Sam 5,11) y navíos (Ez 27,5); contribuyen a la belleza acabada de Tiro (Ez 27,3.5); descuellan en el parque de Dios (Ez 31,8); forman el dosel de la ventura (Cant 1,17). El cedro, de gran porte, evoca la firmeza (se dice con su nombre: אֶרֶז = firme), de manera que es fortísimo quien prevalece sobre ellos (Is 37,24; Sal 29,5: la voz huracanada de JHWH troncha los cedros). Tienen madera de dioses (Is 44,14).

El sg. שִׁטָּה (¿acacia?) sólo aparece en nuestro paso. La forma pl. שִׁטִּים se repite, en cambio, 27 veces[40]. Es un árbol levítico: son de שִׁטִּים el arca[41] y sus varales[42]; las columnas[43], los ángulos[44] y las trancas[45] del santuario; la mesa de los panes[46], el altar del incieso[47] y el mismo altar de los holocaustos[48]. Las maderas de acacia eran consideradas ofrenda digna de JHWH[49].

הֲדַס (mirto, probablemente) ha sido usado en Is 41,19 por primera vez[50]. -- עֵץ שֶׁמֶן[51] sólo aparece además en 1Re 6 (los querubines del arca [v.23], las

---

[39] Es posible que אֶרֶז y בְּרוֹשׁ, más que una determinada especie botánica, signifiquen en general árboles corpulentos (cf., e.g., NOTH, *Könige* I, 90s).

[40] 26 veces en Ex y una en Dt. Existe también el topónimo הַשִּׁטִּים (Nu 33,49; 25,1; Jos 2,1; 3,1; Jl 4,18; Miq 6,5).

[41] Cf. Ex 25,10; 37,1; Dt 10,3.

[42] Cf. Ex 25,13.28; 27,6; 30,5; 37,4.15; 38,6.

[43] Cf. Ex 26,32.37; 36,36.

[44] Cf. Ex 26,15; 36,20.

[45] Cf. Ex 26,26; 36,31.

[46] Cf. Ex 25,23; 37,25.

[47] Cf. Ex 30,1; 37,25.28.

[48] Cf. Ex 27,1; 38,1.

[49] Cf. Ex 25,5; 35,24 .

[50] Sólo aparece además en 55,13; Zac 1,8.10s y Neh 8,15.

[51] «Prob. Pinus Halepensis» (DALMAN; cf. ZORELL, *LH*, 861).

puertas del «camarín» [*NBE*, v.31s], las jambas de las puertas de la nave [v.33], eran de este pino) y Neh 8,15 (con ramas de éste y otros árboles se preparaban las chozas de la fiesta). -- תדהר (quizás el olmo) y תאשור (especie de ciprés acaso) no se identifican con certeza[52]. Estos dos nombres, rematados por יחדו (como en 41,19), tan sólo se repiten en Is 60,13 (y 1QH VIII,5; *v.i.* p.139)[53]. -- Se enumeran, por tanto, árboles espléndidos, sacros y en parte desconocidos, con un cierto aire de misterio, como conviene a un jardín de Dios.

2.- Valor metafórico del vocabulario vegetal

a) En general

El cedro es imagen de lo excelso[54] y lo inaccesible (Jerusalén, por anidar en cedros, se siente inexpugnable: Jer 22,23); es índice de riqueza y hermosura (cf. Jer 22,14s) y término de comparación muy elogioso (como los cedros es magnífico el amado: Cant 5,15)[55]. Cedro y ברוש son, en fin, metáfora usual de personas[56] y pueblos florecientes[57].

Mas no sólo determinadas especies, sino también los genéricos עץ (árbol)[58] y יער (bosque) representan a menudo personas y pueblos[59]. Los hom-

---

[52] Cf. GESENIUS, *Jesaia*, 53-55.

[53] En vez de בת־אשרים (Ez 27,6), cabría leer תאשרים; y el sg. תאשור, en vez de אשור (Ez 31,3; cf. *BHS*). אש' completa en ambos pasos la figura de Tiro y el Faraón respectivamente.

[54] Cf. Is 2,3 y la respuesta irónica y altiva de Joás de Israel a Amasías de Judá: «El cardo mandó a decir al cedro..» (2 Re 14,9).

[55] El amorreo que destruyó el Señor ante Israel, tenía la talla de los cedros, era fuerte como las encinas (Am 2,9). Cf. Nu 24,6 (+ אהלים, áloes); Sal 92,13 (+ תמר, palmera).

[56] El Faraón en su grandeza es un cedro gigantesco (Ez 31,3). Un ברוש verde y fructífero representa al propio JHWH (Os 14,9). La Sabiduría recurre al cedro, el ciprés y el olivo (entre otros muchos árboles), para componer su propia descripción (Sir 24,13-17).

[57] Cf. Jue 9,15 (ארזים); 2 Re 19,23 (בר' // אר'); Is 2,13 (אר' // אלונים); 14,8 (אר' // בר'); 37,24 (בר' // אר'); Jer 22,7 ([?] אר'); Ez 17,23 (אר'); 31,8 ([?] אר' // בר' + ערמנים, plátanos); Zac 11,1s ([?] אר' // בר' + אלונים); Sal 80,11 (אר'); Sir 50,10-12: El sacerdote Simón, como un olivo verde; el pueblo, en torno a él, como cedros, como álamos junto al río (כערבי נחל; cf. Is 44,4).

[58] El árbol tiene algo de divino: עץ pertenece al panteón ugarítico (cf. DE MOOR, «The semitic Pantheon of Ugarit», *UF* 2 [1970] 189, nº 3 y 195, nº 165a) y al cananeo (cf. TEIXIDOR, *Syria* 50 [1973] 413, nº 78: אבמעץ, «árbol, mi padre»). עץ aparece frecuentemente en los Profetas, relacionado con la idolatría: Is 10,15(?); 37,19; 40,20; 44,13.14.19; 45,20; 57,5; Jer 2,20.27; 3,6.13; 7,18; 10,3.8; 17,2; Ez 6,13; 20,28.32; 26,12(?); Os 4,12.

bres, por su parte, parecen ser como los árboles (cf. Mc 8,24), pues con no menor frecuencia «son plantados», «arraigan», «echan frondas», etc.[60]. -- Arboles (lozanos o marchitos) son metáfora usual del pueblo de Israel en los escritos proféticos. Además de Nu 24,6 (cf. pp.132s) y prescindiendo de Is 41, 19; 51,3 y 32,15 (pasos cuestionados), consideran a Israel (como) un jardín (גן) o arboleda, Is 1,30 («como un jardín sin agua»); 2,13 (?); 9,17; 10,18s[61]; 10, 34; 44,4; 58,11; 60,13[62]; 60,21; 61,3; Jer 5,14; 21,14[63]; 22,7(?); 31,12; Ez 21,2s (cf. Sir 50,12).

b) Tritoisaías

La imagen adquiere particular relieve en la sección última de Is, que concibe también al pueblo futuro como «plantación de JHWH» (מטע יהוה: 60,21 Qᵃ [// מעשה ידי, la obra de mi mano; cf. 41,20]; 61,3), como un robledo (61, 3b). Incluso la serie de 60,13aβ, ברוש תדהר ותאשור יחדו, cita exacta y única de 41,19b, debe representar el futuro esplendor de los que habrán vuelto: Con la llegada de sus nuevos hijos (v.4; cargados de oro y plata, v.9), plantación de JHWH (v.21), Jerusalén-Israel será un jardín (cf. 58,11; 61,3)[64]. -- Estos capítulos subrayan que JHWH planta «para su gloria» (להתפאר: Is 60,21; 61,3; cf. 60,13; 1QH VIII,5); un rasgo presente asimismo en 55,13b (ליהוה לשם, para renombre del Señor).

---

[59] עץ: Is 10,19; 44,23(?); 56,3 (el eunuco, un árbol seco); Jer 5,14; 11,19; 17,8 (comparación expresa); 46,22(?); Ez 15,6; 17,24; 21,3; 31,4s.8s.14-16.18; 37,19; Zac 12,6; Sal 1,3 (comparación expresa); 104,16(?). -- יער: 2 Re 19,23 (? // Is 37,24); Is 9,17; 10,18s.34; 29,17(?); 32,15.19; Jer 21,14(?); 46,23; Ez 21,2s; Zac 11,2; Sir 6,3.

[60] Cf., e.g., Is 37,31; Jer 12,2; Job 29,19; Sir 10,15.

[61] Si este paso se refiere a Israel (y no a Asiria, como prefieren, e.g., GRAY, Isaiah, 201 y KAISER, ATD 17, 115s), incluso la menguada bendición del «Resto» estaría representada por (unos pocos) árboles.

[62] No se interpreta así por lo común, pero v.i. b).

[63] En contra, W. MCKANE, Jeremiah, 513.

[64] Los intérpretes entienden de ordinario que se trata de maderas preciosas para la reconstrucción del templo (cf., e.g., GESENIUS, 2. T. 248; UMBREIT, 2.T. 430; ZIEGLER, 172; BONNARD, 408). DELITZSCH piensa en un cuidadoso transplante de los árboles («mit ihren Wurzeln») con finalidad decorativa (581). Mejor, a mi entender, KNABENBAUER: «Hæc symbolice intelligenda esse ex ipsa notione novæ Ierusalem sequitur. Splendor regni messianici hoc loco ut sæpius ex rerum naturalium pulchritudine et amoenitate describitur (cf. 35,1; 41,19)».

c) Qumran

También la comunidad de Qumrán es designada en sus escritos con la misma metáfora[65].1QH VIII cuya compleja alegoría y deficiente conservación impiden establecer con certeza el sentido de la pieza, refleja probablemente la primitiva exégesis hebrea de Is 41,17-20:

1QH VIII[66]		Is
4 א̇וׄ(ד)כה אדוני כי נ(ת)ני		נזלים על־יבשה 44, 3
במקור נוזלים ביבשה		וארץ ציה למוצאי מים 41,18
ומבוע מים בארץ ציה		וצמאון למבועי מים 35, 7
וׄ(מ)שקי 5 גן		ערבתה כגן־יהוה 51, 3
ה(------------)		
מטע ברוש ותדהר		ברוש תדהר 41,19
עם תאשור יחד		ותאשור יחדו 60,13
לכבודכה		מטע יהוה להתפאר 61, 3

He aquí la versión de Carmignac:

(4) *Je [Te rends grâces], mon [Seigneur.*
Car] Tu as fait de moi une fontaine de *flots dans* l'aridité,
un jaillissement d'eaux dans *la terre desséchée*
et *un arrosage* de (5) *jardin*.
[--------- ---------] elle a entouré
(d')une plantation de *pins* et de *platanes*,
ainsi que de *cyprés assemblés* pour Ta *gloire*[67].

Alguien da gracias al Señor por haberlo convertido (¿de desierto?) en fuente y huerto arbolado. ¿Habla «le Docteur de Justice» (como cree Carmignac[68]) o alguna personificación, similar al debatido «yo» de los Salmos? Es suficientemente indicativo, en cualquier caso, que el himno relacione estrechamente Is 41,18s con 44,3 y 60,13.

---

[65] Cf. RINGGREN, *BR* 6 (1961) 3-9.

[66] Cf. SUKENIK, *The Dead Sea Scrolls*. LOHSE aventura נטע(ה---) en la línea 5 (*Die Texte aus Qumran*, 142s).

[67] *Qumran* I, 236.

[68] Cf. *Qumran* I, 135s.141.

3.- La imagen de Is 41,19

El extendido uso de comparar con árboles a las personas y aun representarlas por esa figura, autoriza, sin duda, a considerar posible que los árboles de 41,19 sean imagen de un futuro Israel bendecido. Otras consideraciones previas hacen muy probable la identificación; que exige, al fin, la naturaleza misma de la transformación proyectada (cuyos dos términos han de mantener la identidad del sujeto que la sufre): Si el desierto (término *a quo* de la transformación) es imagen del pueblo castigado, los árboles en tierra buena (término *ad quem*) habrán de ser figura del mismo pueblo bendecido.

a) Los árboles y la hierba

Estos árboles se yerguen como la imagen natural más acertada de una vida pujante. Por su medio significa el profeta el esplendor y la perennidad de la futura carne, del Israel venturo. No son carne mortal; no es que sean lo más alto y lo más precioso de la hierba (pues «toda carne es hierba» [חציר]: 40, 6), sino que pertenecen a un orden superior: el mortal (אֱנוֹשׁ יָמוּת) es como hierba (חציר: 51,12[69]) y toda su belleza, como la flor del campo (Is 40,6), «que el viento la roza y ya no existe» (Sal 103,15s; *NBE*). Los pueblos y los reyes, los más graves consejeros, son כקשׁ, paja liviana[70]. Si los impíos arraigan y dan frutos (Jer 12,2) y hasta parecen árboles lozanos (Sal 37,35; cf. Ez 31), son tan sólo en realidad 'la figura engañosa de este mundo' (cf. 1 Cor 7,31); pues se vuelve a pasar, y ya no son (וְהִנֵּה אֵינֶנּוּ: Sal 37,36; cf.1s.10). Los árboles, en cambio, son longevos («como los años del árbol, los años de mi pueblo»: Is 65,22), no como la hierba efímera que a la mañana florece y por la tarde se seca (Sal 90,6); y arraigan hondo, tienden a poseer la tierra (cf. Is 60,21).

b) La septena

Serán además numerosos: «Siete» (שׁבעה) es sinónimo de «multitud» y

---

[69] חציר no es siquiera la hierba fresca de los montes (עשׁב: Is 42,15), sino «*gramen* (non tenerum progerminans, sed iam in faenum vergens)» (ZORELL, *LH*, 261b). Este sentido peyorativo de חציר recomienda ulteriormente la lectura propuesta por *BHS* en Is 44,4: en lugar de בבין חציר (entre hierba), כבין חצור (como *bîn* [algún árbol] de Jazor; cf. ALLEGRO, *ZAW* 63 [1951] 154-156; 64 [1952] 249-251).

[70] Cf. Is 40,24; 41,2; 47,14.

«abundancia» (cf. Gen 26,33)[71]. Las siete especies arbóreas son los hijos innumerables (e inesperados: 49,21 [cf. Lc 1,34]) de la abandonada, más numerosos que los de la casada y multípara Babel (Is 54,1) que se jactaba de su prole y de tener asegurada su semilla (47,8)[72]. Si la sequedad fué grande, será largamente sobrepujada por la fertilidad futura. También los huesos del valle eran muchos (רבות מאד) y muy secos (יבשות מאד), pero ensamblados, vestidos de carne y pellejo, y puestos en pie por el aliento, resultan una multitud doblemente formidable (חיל גדול מאד־מאד: Ez 37,1-10). «Donde abundó el pecado, sobreabundó la gracia» (Rom 5,20).

c) «Lo nuevo» y la «justicia»

Los árboles ya crecidos que JHWH pone en la estepa, son el pueblo parido de una vez y sin dolor (Is 66,8)[73]: «brotan (צמח) como sauces junto a los ríos» (44,4); le brotan a Israel como «la carne sana» (Is 58,8; *NBE*). Que DtIs haya reservado צמח para ilustrar el principio del nuevo orden[74], permite identificar por otro medio a sus *árboles futuros*: Son la «justicia» (צדקה)[75], la «novedad» (חדשה) que «está brotando» (42,9; 43,19). -- La novedad o nueva creación necesita nombre nuevo (cf. Gen 2,19s). Ya el Señor había puesto nombre de árbol a su primer plantel: «olivo verde» (Jer 11,16). Según Is 61, 3b, «se les llamará 'Robles de la Justicia'» (אילי הצדק)[76]. Y los νεόφυτα (cf. Is 5,7) majestuosos de JHWH, nacidos del («agua» y del) Espíritu (Is 44,3s; cf. Jn 3,5), reconocen su origen llamándose «de JHWH» (ליהוה: Is 44,5). ¡Cuán propiamente llama la Iglesia «pater pauperum» (cf. Seq. Pentecostés) al Aliento divino que regenera a los עניים!

---

[71] «Sieben ist das Göttliche in der Mannigfaltigkeit seiner Entfaltung» (DELITZSCH *Jesaia*, 427). A propósito de series septenarias, cf. ALONSO SCHÖKEL, *Treinta Salmos*, especialmente 125.262.

[72] «Siete» son también los partos de la estéril, en el canto de Ana, mientras la de muchos hijos deja de florecer (אמללה: 1 Sam 2,5).

[73] La nueva carne, que procede del que abre la matriz (Is 66,9), nace sin dolor.

[74] Cf. 42,9; 43,19; 44,4; 45,8 (55,10 Hi). -- HESSLER ha sabido advertir dass das Verb [צמח] in Propheten und Psalmen wesentlich gleichnishaft, und zwar für das Eintreten von Heilsereignissen (Heil, Gerechtigkeit, Treue, etc...)... verwendet wird (*EvT* 25 [1965] 361).

[75] Cf. Is 45,8; 61,11. Sobre el significado de צדק, cf. n.27 y SCHMID, *ZTK* 70 (1973) 7 (צדקה).

[76] El mismo nuevo apellido, cuando Israel es «aedificatio» en vez de «agricultura»: «Ciudad de la Justicia» (1,26; cf. 54,14). -- No es seguro que איל signifique concretamente «roble». ZORELL propone «*arbor grandis*, præsertim numinis cultui dicata» (*LH*, 41b). Con esos árboles pecaba Israel (Is 1,29).

D) Recapitulación

Si los árboles, de una parte, representan a personas con frecuencia y, en concreto, a Israel; y si JHWH, de otra parte, no acostumbra plantar árboles, sino que «planta» a su pueblo, ¿cómo excusarnos de ver en el parque prometido de Is al Israel restaurado? La misma «gloria del Líbano» que Is 60,13 promete a la *oscura* Jerusalén, vendrá sobre el *desierto* Israel, según 41,19 (cf. 35,2: כבוד הלבנון נתן־לה). Cuando el Señor «atiende» (vuelve su rostro hacia la tierra seca; *v.s.* pp.85ss), el desierto moribundo, al contacto de su gloria, se torna parque glorioso. Así pone Dios fin al «servicio» de Israel (40,2); y, para quien pueda ver más lejos, pone el fin glorioso de la Historia, de la «gran tribulación» (Ap 7,14).

Tras el cumplimiento del castigo conminado en Oseas («la convertiré en tierra seca, hasta matarla de sed»: 2,5), corresponde a DtIs anunciar, «en tiempo de gracia», la transformación contraria: Lo sediento florecerá (צמא → צמח); serán arroyos y sauces en vez de sequedal (ערבה → ערבים; cf. 44,3s); un Edén, lo que era yermo (51,3). -- Desierto y vergel (Is 41,18s) no son, pues, el escenario sucesivo de una marcha que sólo se imagina, sino términos *a quo* y *ad quem* respectivamente de la transformación de Israel. Por medio de esa imagen dirige el profeta a su pueblo, no la promesa descabellada de que el escenario de su retorno será transformado en jardín (¡cuando ya estén resecos de sed!), sino el anuncio consolador de que JHWH los «plantará» de nuevo; mejor aún, los cambiará de yermo en parque.

CUARTA PARTE

FINALIDAD DE LA TRANSFORMACION

CAPITULO IX.   EL FUTURO CONOCIMIENTO

CAPITULO X.   LA NUEVA CREACION

CAPITULO IX

El futuro conocimiento (v.20a)

למען יראו וידעו
וישׂימו וישׂכילו יחדו

A) למען: La atención y la intención de JHWH

La interpretación «literal» continúa suponiendo (de nuevo al margen de la letra) que la trasformación se ordena a facilitar el regreso. Es frecuente que sus partidarios prescindan en sus explicaciones por completo de la finalidad expresamente señalada en Is: «Para que vean...». Según Duhm, por ej., no promete nuestro oráculo sino el maravilloso camino que JHWH piensa trazar por el desierto, *para conducir de vuelta* a los desterrados[1]. Son pocos los que atienden al v. final: Marti, por ej., que llama «der letzte Zweck» (*Jesaja*, 282) a la única finalidad señalada por el profeta; o Fohrer, cuando concede que permitir el regreso, no es el único fin de la transformación[2]. -- ¿Cuál es, según Is, la finalidad que persigue el Creador?

למען desempeña en Is 40-55 el doble papel de preposición y conjunción. Como *preposición* (= por, en favor de), seguida siempre por un nombre (de persona o de cosa)[3], indica qué tiene a la vista el agente al actuar; en atención[4] a qué o a quién ejecuta determinada acción. La atención de JHWH (expresada por este למען) está ocupada por Jacob (45,4, «vosotros»: 43,14), o

---

[1] Cf. DUHM, *Jesaia*, 306. De modo parecido opinan VOLZ («... Umwandlung der Natur durch Jahwe für den Zweck der Rückwanderung»: *Jesaia II*, 22s), FISCHER (*Isaias II*, 46), STEINMANN (*Consolation*, 106), G. CORDERO («Isaías», *Antiguo Testamento*, 262), NORTH (*Isaiah*, 55), STUHLMÜLLER (*Creative Redemption*, 72), ELLIGER (BKAT XI, 162s.165s.169), KIESOW (*Exodustexte*, 127), BONNARD (*Second Isaïe*, 115), etc.

[2] «Der Zweck alles dessen liegt aber nicht nur darin, dass die Heimkehr der Deportierten ermöglicht wird...» (*Die Propheten*, 127). -- Mejor, ZIEGLER: «Der Zweck dieser wunderbaren Umwandlung ist die uneingeschränkte Erkenntnis und Anerkennung Jahwes» (*Isaias*, 122).

[3] O por el pronombre correspondiente (43,14.25; 45,4; 48,11; 49,7; 55,5; cf. Tabla XI).

[4] Cf. *supra*, ענה, pp.85ss.

bien, por el misterio de su «Yo» (למעני: 43,25; 48,11[5]; de su nombre[6]: 48,9), por su (proyecto o voluntad de) salvación (צדק — 42,21). -- Cuando quienes actúan son los reyes y los pueblos (sometiéndose a Israel), obran en ambos casos «por JHWH», en atención a la omnipotencia demostrada (cf. 49,7; 55,5).

Como *conjunción* final, למען (para, con el propósito de que), seguida siempre de ipf.[7], no sólo introduce las (previsibles) consecuencias de la acción, sino que descubre la intención del agente. La intención divina (expresada por este medio) consiste invariablemente, según Is 40-55, en provocar un conocer (ידע)[8].

B) Cuatro verbos de conocer

Cuatro verbos, rematados por el mismo יחדו que agrupa los árboles del parque (v.19), describen el conocimiento que resultará de la transformación. No parece sino que la amplitud y profundidad del futuro conocer corresponden a la riqueza y variedad de la futura carne. -- En Os 2, a la acción de plantar (o sembrar [זרע: v.25]) en la tierra, que explica en parte la «atención» (ענה: v.23) divina, corresponde en la mujer un conocimiento (ידע: v.22) del Señor. En Is 41, a la transformación del desierto, que explica la «atención» (ענה: v.17) de JHWH, corresponde asimismo un futuro conocer (ידע, etc.).

1.- El verbo ראה[9]

El verbo ראה aparece 21 veces en Is 40-55 (cf. Tabla XII); aunque el וְנִרְאָ de 41,23 (vocalizado como forma verbal de ראה) es muy probablemente coh.

---

[5] למעני sólo aparece además en 2 Re 19,34 (= Is 37,35, aunque probablemente anterior — cf. KAISER, *Jesaja*, 291s) y 20,6.

[6] A propósito de estas expresiones, cf. SIMIAN-YOFRE, *Nachgeschichte*, 338-342.

[7] Cf. 41,20; 43,26; 44,9; 53,3.6; 43,10. Este למען continúa siempre a la acción cuya finalidad expresa.

[8] Cf. 41,20; 43,10; 45,3.6. En los dos primeros pasos completan otros verbos el significado de ידע.

[9] Los sinónimos נכר[1], פלס ,פקד ,שבר ,שנת ,שור[2], שעה[1] y שקף no aparecen en Is 40-55. -- נצר (42,6?; 48,6; 49,6) nunca significa «ver» en este libro. צפה sólo sale una vez, en ptc. («tus vigías»: 52,8). חזה (47,13; 48,6). נבט (42,18; 51,1s.6; siempre ipr pl.). De los muchos substantivos derivados (חזון ,חזה ,חזות ,חזיון ,מחזה ,מראה ,מבט ,ראה ,ראות ,ראי), sólo aparece מראה (52,14; 53,2).

de ירא (temer)[10]: שׁתע (temer) que precede a dicho ונרא, sólo vuelve a ocurrir en 41,10, en paralelo precisamente con ירא. Tampoco es segura la presencia de ראה en 41,28[11] y 53,11 (cf. *BHS*).

Usando el verbo «ver», nuestro autor se refiere casi siempre a un ver futuro. Solamente el *wayyiqtol* (incierto[12]) de 41,28 y el *wᵉyiqtol* de 53,2 («y lo hubiéramos advertido»)[13] pertenecen a la esfera del pretérito. El inf. de 42, 20 alcanza hasta el presente, como el *yiqtol* בל יראו (no ven, 44,9), que enuncia una verdad de experiencia[14], y el inf. constr. מראות (para que no puedan ver: 44,18). El *qatal* ראיתי (estoy viendo: 44,16), por fin, tiene el mismo valor de presente que el estativo חמותי (estoy caliente) que le precede[15]. Los demás pasos[16], incluídos el *qatal* de 52,15[17] y el *yiqtol* con valor de presente de 52,8b («están viendo»)[18] no expresan sino sucesos futuros.

a) *Sujeto, objeto y sentido de* ראה

Sujeto de ראה son, de una parte, Israel (nunca expresamente nominado, 40,26; 41,20; 42,18.20; 53,2), Sión y sus vigías (49,18; 52,8) y el Siervo de JHWH (53,10s); de otra parte, «las islas» (41,5; cf.52,10), el idólatra (44,9. 16.18), los reyes (49,7; 52,15) y toda carne (40,5). La futura visión les afectará contrariamente: Mientras que hará prorrumpir en gritos de júbilo a los vigías de Sión (52,8), provocará en las islas el terror (41,5)[19]; en los reyes, el pasmo reverente (49,7; 52,15).

Pero esto será en el futuro. Por el momento, y en cierto sentido, *no se ve*:

---

[10] Cf. DUHM, *Jesaia*, 308; ELLIGER, *Deuterojesaja*, 172. --La lectura masorética no carece, sin embargo, de sentido. VOLZ traduce (añadiendo el obj. verbal que el texto omite): «dass wir alle es staunend sehen» (*Jesaia* II, 23). Lo mismo, WESTERMANN (*Jesaja*, 69) .

[11] En lugar de וָאֵרָא (TM: «y miré»), ELLIGER prefiere leer, siguiendo a KÖHLER, מֵאֵלָּה («entre ellos»; cf. *Deuterojesaja*, 175s).

[12] Cf. n. anterior.

[13] Coh. indirecto tras oración nominal (cf. JOÜON 116c). Nótese que, tanto en este caso como en 41,28, defacto *no se ve*.

[14] Cf. JOÜON 113c.

[15] Cf. JOÜON 112a.

[16] Difícilmente se determina la esfera temporal de Is 41,5. Algunos prefieren leer un ipr.

[17] Este pf. sólo expresa que la acción es anterior a otra futura: «los reyes cerrarán la boca, porque *habrán visto...*» (cf. JOÜON 112i).

[18] יראו (están viendo) contribuye, con el *yiqtol* ירננ (jubilan) y el «pf. profético» נשׂאו (elevan [su voz]) que ambos ipfs continúan, a evocar una escena de suyo futura.

[19] También las aguas se estremecen y huyen a la vista de JHWH que conduce a su Pueblo (Sal 77,17; 114,3.5).

No ven expresamente (ni conocen: ידע) los testigos (o devotos; cf.*BHS*) de los ídolos (44,9.18), que tienen en la oscuridad (במחשך: Is 29,15; בחשך: Ez 8,12) su habitación (cf. Jn 3,19s). Allí amparados (como si la tiniebla Le fuera impenetrable; cf. Sal 139,11s; Dan 2,22), pretenden que «El que ve» (cf. Gen 16,13s) no vea (ראה), no conozca ni comprenda (בין, ידע: Is 29,15s; cf. la blasfemia de Babel: אין ראני, no existe quien me vea: 47,10; cf. Is 29,15; Ez 8,12). Y no ven ni pueden ver, porque tienen untados, enlucidos como un muro (טח, de טחח o טוח), los ojos y la mente (44,18)[20].

Tampoco ve Israel, pues está ciego (42,7.16.18.19; 43,8; cf. Dt 29,2s); habitan (caminan: Is 9,1; 50,10) en tinieblas (בחשך: 42,7.16; 49,9; cf. 58,10; 59,9s); siguen sin ver, como antaño (Is 22,11), «la obra de su mano» (ומעשה ידיו לא ראו: Is 5,12; cf. 41,20) y hasta quisieran obligar a los videntes a no ver (Is 30,10). Su ceguera parece voluntaria (la causa su propia rebelión: מרי, Ez 12,2), pero también es querida por JHWH que ha ordenado a su profeta producirla: «ciega» (השע)[21] sus ojos (Is 6,10).

DtIs les concede, sin embargo, un cierto ver; una visión modesta, al alcance de los ojos que sin duda tienen (43,8): «Tanto ver y no observar» (42,20). Probablemente se contenta Israel con este pobre ver (cf. 30,10), como el idólatra se siente satisfecho (האח, ¡ah!), contemplando en su penumbra el cálido resplandor rojizo del hogar (44,16). Pero no obstante ese ver, son invidentes. ¿Qué deja de ver Israel para ser ciego?

Objeto expreso de ראה son רבות (muchas o grandes cosas: 42,20), אור (fuego: 44,16), la ignominia (חרפה) de Babel (47,3), la salvación de nuestro Dios (ישועת אלהינו: 52,10), la descendencia (זרע) del Siervo (53,10) y dos prons. sufijos de 1ª (47,10) y de 3ª persona (53,2) que representan respectivamente a Babel y al Siervo. En 40,26 y 49,28 forman sendas frases el obj. de ראה. Y aún podrían merecer la misma consideración las frases «que la boca de JHWH ha hablado» (40,5)[22], «que la mano de JHWH ha hecho» (41,20) y «el volver de JHWH a Sión» (52,8)[23]; unidas a ראה las dos primeras por כי, y la última, por la prep. ב. Pero también sería lícito, considerar independiente y enfático el כי de las dos primeras y leer en el último caso una oración

---

[20] Cf. 2 Cor 4,4.

[21] שע, como el aram. שעע o שוע, podría haber significado primitivamente «untar, enlucir» (Cf. ZORELL, *LH*, 870b); de modo que equivaldría a טחח y produciría en Israel una ceguera del mismo tipo que la sufrida por el idólatra (cf. 44,18).

[22] Cf. ROSENMÜLLER: «Os Jovae locutum esse» (citado por DELITZSCH, *Jesaia*, 411).

[23] DELITZSCH prefiere «el restaurar JHWH a Sión» (*Jesaia*, 509).

temporal o incluso causal[24]. ראה presentaría entonces el sentido absoluto de *ver, ser vidente*. -- Solamente el cap. 52 engarza el objeto verbal mediante preps.: את (v.10), la propia del acusativo, y ב (v.8), que con los verbos de percibir, y sobre todo con «ver», «implique ideé d'intensité ou de plaisir»[25].

ראה aparece frecuentemente sin obj. en Is 40-55 (cf. Tabla XII): Is 42,18; 44,9.18 y 53,11 (texto dudoso) lo emplean de modo absoluto. En los pasos restantes se acostumbra suponer (no sin razón) que el contexto inmediato indica cuál es el objeto de la visión. Esta tendencia de nuestro autor a omitir o disimular el obj. directo de ראה (como si pretendiese poner así de relieve la pura significación verbal), se manifiesta de modo peculiar, cuando sólo sugiere dicho obj. por el procedimiento de referir alguna cualidad del mismo o la reacción que su visión suscita. Así por ej.,

41, 5 Vieron las islas, y temieron.
   28 Y miré [dudoso], y no existía nadie.
49, 7 Los reyes verán, y se pondrán en pie.
52,15 ... ven lo nunca narrado a ellos.

Según la exégesis más común, serían obj. *implícito* de ראה: la gloria de JHWH (40,5), el avance victorioso de Ciro y su significado (41,5), los dioses (41,28), la restauración gloriosa de Israel (49,7) y la inaudita exaltación del Siervo (52,15).

El obj. de ראה, tanto expreso como implícito, es con frecuencia de carácter intelectual: 40,26, e.g., no ordena «ver» el ejército de los cielos (a donde alcanzan los ojos), sino a su creador; lo que las islas ven de Ciro (41,2-5), no es su figura, sino la significación de su trayectoria histórica, su «camino»[26]. Estos objetos no los «ven» los ojos, sino solamente el «corazón».

ראה tiene, por tanto, varias acepciones en Is 40-55: Usado en absoluto (42,18; 44,9.18; 53,13[?]), significa la facultad de ver, «ser vidente», más que

---

[24] *V.i.* pp.180ss. De ordinario sólo se interpreta como enfático el כי de 40,5; cf., e.g., DELITZSCH, 411; KÖHLER, 5; VOLZ, 1; WESTERMANN, 29; ELLIGER, 1. Suponiendo todos ellos que «la gloria de JHWH» es el obj. verbal, añaden, al traducir, un pron. que la represente: «se revelará la gloria de JHWH y *la* verá toda carne». En cambio, consideran obj. verbal las frases de Is 41,20aγb y 52,8b. En este último caso, ver «de cerca» (? עין בעין: ojo en ojo, ¿como se ve la propia imagen en los ojos cercanos?), exige ver *algo* (muy próximo).

[25] Cf. JOÜON 133c.

[26] Cf. ELLIGER: «Aber was sahen die Völker?... Der unklare Ausdruck bezieht sich wohl auf den Inhalt der vorhergehenden Rede, und zwar sowohl auf das Auftreten des Kyros als auch auf die Deutung, die Jahwe ihm gibt» (*Deuterojesaja*, 128).

su función concreta. Con objetos puramente sensorios («fuego», por ej., 44,16) significa simplemente «ver»; pero con objs. de tipo noético (el caso más frecuente) equivale a percibir mentalmente, «comprender»[27]. De aquí que se le asocien tan a menudo otros verbos de conocer (cf. Tabla XII). -- Este ראה noético debe aportar al concepto genérico de «conocer» los matices de evidencia, inmediatez y claridad, que le son propios a la visión ocular.

b) El «Pueblo ciego»

La carencia de este «ver» es lo que hace de Jacob un pueblo «ciego»[28]. De manera que el reproche de Is 42,18-20; 43,8 deplora falta de comprensión (cf. Lc 24,25), no de vista propiamente; aunque es tanta la evidencia de lo que no percibe Israel, que su incomprensión más parece una ceguera. Si Jacob es «sordo»[29] porque no escucha a su Señor, habría que suponerlo «ciego» también respecto de JHWH. En efecto; los «ojos» de Israel no consiguen penetrar el velo de lo aparente; son incapaces de percibir, más allá del espectáculo del mundo, lo auténticamente real: la obra del Creador que sostiene y dirige el universo.

¿Cómo remediar esta «ceguera»? El Señor asesta solícito la vista de sus «ciegos» («alzad a lo alto vuestros ojos»: 40,26), para luego abrir sus ojos con el imperativo creador: «y ved»[30]; es decir, «y comprended: ¿Quién creó aquello?» (40,26).

La fórmula narrativa «levantó los ojos y vió», acostumbrada en noticias de la vida ordinaria, aunque también frecuente en el relato de visiones y sue-

---

[27] Cf. H. SIMIAN-YOFRE: «'Vedere' è comprendere l'opera di JH...» (Servitore, 68).

[28] «Ciego» (y «sordo»), dicho siempre de Israel en Is 40 -55, no tiene sino sentido figurado. ELLIGER entiende lo contrario en 42,7, donde supone que la obscuridad del calabozo hace a los prisioneros «como ciegos» (Deuterojesaja, 236). Pero los deportados no yacían en obscuras mazmorras (cf. Jer 29); vivían más bien la tiniebla (ישבי חשׁך: v.7) de la «terra aliena» y de sus dioses, a espaldas de JHWH, que aún no había vuelto hacia ellos la luz de su rostro.

[29] «Sordo» (חֵרֵשׁ) aparece en Is 42,18s; 43,8, siempre en paralelo con עִוֵּר (ciego).

[30] Cf. Lc 18,41: ἀνάβλεψον (ve), signo eficaz de la iluminación de los ciegos, que motiva la misión de Jesús (Jn 9,39). Lo de menos, obviamente, es la vista sensoria que recibe el ciego (el pobre ver por el que los «ciegos» se creen videntes: Jn 9,41). Lo más importante de esas curaciones milagrosas es lo que no se comprueba: la apertura de los «ojos» o iluminación interior que permite creer en el Señor (Jn 9,35-38) — ver en Él al Padre (Jn 14,9) — y convierte al ciego en auténtico vidente. -- Cuando, por el contrario, es el pueblo quien se siente desatendido y supone que el Señor no ve, le aplica un tratamiento parecido (נבט en vez de נשׂא עינים), con la misteriosa ingenuidad del Espíritu que ora en el hombre: «Observa desde los cielos y ve» (Is 63,15; cf. Sal 13,4).

ños[31], se dice que denota un mirar interesado, ávido[32]. Pero la misma expresión, formulada en ipr.[33], adquiere un alcance muy diverso: Llama en primer lugar la atención, que tal orden parta exclusivamente de JHWH (/de su ángel: Gen 31,12; Zac 5,5), nunca de un hombre[34]; sólo se dirige a los Padres (Gen 13,14; 31,12), al conductor de Israel (Dt 3,27; Jer 13,20), al Pueblo mismo (Is 40,26; 49,18 = 60,4; Jer 3,2; cf. Is 51,6), a sus profetas (Zac 5,5; cf. Ez 8,5); y «ver» suele tener por obj. *algo que no está al alcance de los ojos*. Es decir, que JHWH la utiliza para «abrir los ojos» de algún elegido; ya sea para revelarle su obra pasada (Gen 31,12; Is 40,26) o futura (Is 49,18 = 60,4; Jer 13,20; cf. Is 51,6), ya sea para concederle la visión de alguna cosa oculta (Zac 5,5; cf. Ez 8,5)[35].

El procedimiento es particularmente frecuente en DtIs: 49,18 («levanta en derredor tus ojos y ve» = 60,4) no ordena ver, obviamente, lo que la mirada abarca en torno, sino que desvela ante los «ojos» recién abiertos de Sión, el futuro que se está fraguando: «Todos ellos se reúnen, vienen a tí»[36]. Otras veces debe porfiar el Creador (a cuyo imperio no pueden resistir la mar y el viento [Prov 8,29; Mc 5,39], pero sí un ciego): «¡Vosotros, ciegos, mirad para

---

[31] Cf. Gen 31,10; Jos 5,13; 1 Cr 21,16; Zac 2-6; Dan 8,3; 10,5.

[32] Cf. FREEDMANN — WILLOUGHBY, «נשא *nāśā'* », *TWAT* III,641d. -- P. DHORME advierte en la frase hebrea «levantar los ojos» un matiz de amor o de deseo, que acentúa el equivalente acád. *našû ênâ* (*Parties du corps*, 77).

[33] Cf. Gen 13,14; 31,12; Dt 3,27; Is 40,26; 49,18 (=60,4); Jer 3,2; 13,20 y Zac 5,5.

[34] Un hombre a otro le dice, para llamar su atención: דע וראה (lit. «conoce y ve»; cf. 1 Sam 23,22; 24,12; 25,17; 2 Sam 24,13; 1 Re 20,7.22; 2 Re 5,7). También JHWH utiliza la fórmula con idéntico sentido (Jer 2,19). -- Acerca del uso técnico de esta bina en el ámbito forense, cf. BOVATI, *Ristabilire*, 69s. 222-224 .

[35] A la vista de estos hechos, cabría preguntarse si la orden recibida por Abrán y Moisés de levantar los ojos y ver (la tierra [«desde el sitio donde estás», Gen 13,14; desde la cima del Pisga, Dt 3,27]), no concede una visión superior, una revelación de la tierra de JHWH, su don futuro. Gen 13,15 («toda la tierra que [¿ya?] estás viendo») nada resuelve. Dt 34,1.4 resume el mandato de 3,27 con el Hi de ראה ([JHWH le] hizo ver) que los LXX traducen, como de ordinario, con δείκνυω (cf. Lc 4,5: El diablo, tras conducir «hacia arriba» a Jesús, «le hace ver [ἔδειξεν] todos los reinos del mundo en un instante»). El soberbio panorama descrito por Dt 34, 1-3 (ampliado aún por el Pentateuco Samaritano; cf. *BHS*) no se contempla desde ninguna cima de Moab: la atalaya mejor permite ver bastante menos (cf. DRIVER, *Deuteronomy*, 418-422). ¿Es entonces hiperbólico el pasaje, como suelen decir? ¿Por qué desatender la acción de Dios («hacer ver») y limitar la visión que proporciona, a la capacidad natural del ojo humano?

[36] Cf. Is 49,12 donde (aunque falta la fórmula) הנה (he aquí, mira) realiza la misma función del ipr. «ve» (acerca del valor deíctico de הנה, cf. ALONSO SCHÖKEL, *Bib* 37 [1956] 74-80). -- En Is 51,6, que no trae el ipr. «ve», podría realizar su función el כי enfático.

ver!» (הביטו לראות :42,18); como si dijera «¡atended, para que podáis vivir!».

Así va cumpliendo JHWH su proyecto de cambiar ante sus «ciegos» la tiniebla en luz (42,16; cf. 9,1; 60,1s.5: אז תראי, entonces verás)[37] o, lo que viene a ser igual, el plan de transformar el desierto de su ceguera (cf. Is 5,10s) en tierra buena y arbolada, «para que vean» (41,20); «entonces se abrirán los ojos de los ciegos» (אז תפקחנה עיני עורים)[38] y «verán (el desierto y la estepa florecidos) la gloria de JHWH» (Is 35,1s.5)[39].

Esta nueva creación, que hace videntes de los ciegos, es a la vez, sin duda, la revelación (de la gloria [40,5]; del brazo [52,10]) de JHWH[40] que permite ver a todos (וראו, w^eqataltî consecutivo, J. 169c). Lo que en último término se ve (lo que se vive, y engendra el gozo eterno de los justos; cf. Is 66,14) es «la salvación de nuestro Dios» (52,10)[41], aquello que siempre anhelaron ver los profetas, los reyes y los justos (Mt 13,17; Lc 10,23).

2.- El verbo ידע[42]

El verbo ידע aparece 37 veces en Is 40-55: 34 en Q[43], 3 en Hi. El subst. דעת ocurre otras cinco[44].

Como reina la oscuridad y no ven (v.s. p.147s), así reina al presente la

---

[37] El Siervo es hecho luz con ese fin: «para abrir los ojos ciegos» (לפקח עינים עורות :42, 6s; cf. Is(G) 61,1: καὶ τυφλοῖς ἀνάβλεψιν) ¿y también los de los reyes (49,6s)?

[38] תפקחנה, dicho igualmente de los ojos, sólo vuelve a ocurrir en Gen 3,5.7. Is 35,5 relaciona y equipara con ello los efectos del cambio del desierto y de la ingestión de la fruta prohibida (v.i. p.182 y n.225).

[39] También Is 29,17s hace coincidir una inminente transformación del Líbano con la curación de (sordos y) ciegos cuyos ojos, ya libres de las tinieblas, podrán ver. Esta pieza, que pertenece quizás a la primera mitad del s.II a.C. (Cf. KAISER, Jesaja, 188), demuestra muchos otros puntos de contacto con 41,17-20 (ואביוני // ענוים [v.19], «ver la obra de su mano», «el Santo de Jacob» [v.23], וידעו [v.24]).

[40] De la ególatra Babel que se arroga la exclusividad de JHWH («Yo y nadie más»: 47,8), no se revela, en cambio, sino su desnudez; de modo que sólo se ve su ignominia (47,3).

[41] El reino de la justicia («como arroyos en secano»: Is 32,2) traerá consigo que no estén embadurnados (שעע, cf. BHS) los ojos de los que ven (v.3).

[42] Los sinónimos ¹נכר Hi y ²שער (hapax) no aparecen en Is 40-55. -- Acerca de שים y שכל, v.i. pp.160ss. -- בין Hi en 40,21; 43,10; 44,18 (siempre // ידע); Pi, en 40,14; Hitpol, en 43,18; 52,15.

[43] Este cómputo incluye el primer לא ידעו de 42,16, que recomiendan suprimir (cf. BHS). También es discutida la presencia de ידע en 45,3.

[44] Cf. 40,14; 44,19.25; 47,10; 53,11.-- Los otros tres subst. derivados, מדע, דעה, דע, no aparecen en Is 40-55.

ignorancia. DtIs parece compartir la antigua convicción de que lo propio del hombre es ignorar[45].

a) El sujeto de ידע

Algunos pasos preguntan («¿no sabéis?») — y no retórica sino formalmente[46] — acerca de la antigua (40,21; cf. *BHS*) y de la nueva creación que ya despunta (43,19), sobre la omnipotencia de JHWH, «un Dios eterno» (40,28). Pero nadie sabe a la sazón (aunque Jacob hubiera alardeado de saber, de no tomar JHWH sus precauciones; cf. 48,7): Los «ciegos» ignoran el camino por dónde serán conducidos (42,16); Israel no comprende (el porqué de)[47] las llamas que lo cercan (42,25); Ciro no conoce al Señor (45,4s); Babel se promete no conocer orfandad (47,8), pero lo que ignora es el conjuro (o «la aurora» = el fin[48]) de la desgracia que ya se cierne sobre ella (47,11); Israel desconoce la secreta novedad futura (48,6) y al pueblo que se le someterá sin conocerlo (55,5). Los idólatras, por fin, no saben, en absoluto (44,9.18s; 45,20).

Hay quien conoce, sin embargo: Conocen el Señor y su Siervo. El primero sabe de la terquedad (48,4) y de la perfidia de Jacob (48,8). El segundo, avezado al dolor (יְדוּעַ חֹלִי: 53,3) y adiestrado para que sepa ayudar (? לָעוּת[49]: 50,4), sabe que no quedará confundido (54,7)[50]. Existen además unos «conocedores de la justicia» (ידעי צדק [51,7], los mismos, al parecer, que según el v.1 la persiguen: רדפי צדק), caracterizados en paralelo como el futuro Pueblo fiel (עם תורתי בלבם, pueblo en cuyo corazón, mi ley: 51,7)[51]. -- En cuanto

---

[45] Una apreciación antropológica, presente ya en la literatura acádica (cf. BOTTERWECK, «ידע *jāḏa'*» *TWAT* III, 487).

[46] Cf. WESTERMANN, *Jesaja*, 48. -- הלוא (de ordinario, «¿acaso no?») no espera confiado en estos casos una respuesta afirmativa; y mucho menos significa «ciertamente».

[47] Para que el castigo no sea totalmente ineficaz, Jacob ha de advertir el cerco y el mordisco de las llamas. Lo que ignora por tanto es su sentido (cf, Jer 44,17s, donde el Resto atribuye su desdicha, no al abandono de JHWH, sino al de los ídolos).

[48] Cf. ZORELL, *LH*, 835. *BHS* propone leer el inf. שַׁחֲרָה (conjurar; cf. DELITZSCH, 473; DUHM, 358) en lugar de שַׁחְרָהּ (cuya aurora).

[49] ZORELL propone traducir el *hapax* עות por «instruir» (cf. *LH*, 583).

[50] Cf 53,11 (texto incierto): «se saciará del conocimiento de él» (ישבע בדעתו).

[51] צדק significa siempre en DtIs, según ELLIGER, la salvación que de uno u otro modo proviene de JHWH. Si también aquí tuviera tal sentido (cosa que dudaba ELLIGER y no llegó a explicarnos por desgracia: «Zweifeln kann man 51,7; s.z.S.!»: *Deuterojesaja*, 120,1), «conocedores de la justicia» serían los redimidos, el pueblo futuro que lleva escrita en el corazón la Ley de Dios (Jer 31,33). «Los días» (Jer 31,31) de tal promesa no parecen coincidir con el tiempo del exilio. -- WESTERMANN entiende que la situación aquí descrita apunta al postexilio,

al saber actual de Babel, es una ciencia (דעת) que extravía (47,10), porque JHWH lo confunde (Q^{ab} יסכל: 44,25; cf. 1 Cor 1,20)[52]. -- En el futuro, en cambio, conocerán Israel (41,20; 43,10; 49,23; 52,6), Ciro (45,3) y toda carne (45,6; 49,26).

b) El objeto de ידע

α. Construcción gramatical

ידע (que no deja de ser usado absolutamente por DtIs[53]), al contrario que ראה, suele llevar obj. expreso. La naturaleza morfológica de éste y hasta su construcción sintáctica cambian curiosamente, según que ידע aparezca en proposición afirmativa o negativa: Cuando se niega el verbo (en 18 casos), el obj. es casi siempre un nombre (o su pronombre), simplemente yuxtapuesto. Solamente en 40,28 podría ejercer de obj. una oración («un Dios eterno es JHWH») que aparece asimismo yuxtapuesta, sin nexo alguno[54]. Por el contrario, cuando se afirma «conocer» (19 veces), su obj. es de ordinario una oración (13 veces), introducida casi siempre por כי (en 10 ocasiones, v. Tabla XIII B)[55].

β. Formulaciones

Si prescindimos del conocer que no cuenta o que nunca se produjo (ידע Hi: 40,13s; 47,13; ידע Q: 41,22s.26; 44,8; 48,7) y de aquello que conocen el Señor (48,4.8) y sus siervos (50,4.7; 51,7; 53,3.11), el saber (ידע) de que se ocupa DtIs es siempre futuro, no tiene más obj. que JHWH, y se formula de modo casi idéntico:

---

y considera un añadido 51,1-8 (cf. Jesaja, 27.189).

[52] Las antiguas Versiones siguen también esta lectura. Según ELLIGER, el TM ha escrito irregularmente שׂ en vez de ס (cf. Deuterojes., 454). Cf. i. n.132.

[53] Cf. 40,13 (Hi); 40,21 (si es certera la conjetura de KÖHLER y DUHM: «desde la fundación de la tierra» [מִיסָּדַת], en vez de «los fundamentos» [מוֹסְדוֹת]: TM); 41,26; 42,25; 44,9.18; 45,20; 48,8.

[54] Cf. Tabla XIII A. El כי (porque) de 44,18 explica la ignorancia, no introduce su objeto. Leyendo מִיסָּדַת en 40,21 (v.s. n.53), podrían ser consideradas obj. de ידע las frases de vv.22-24. -- La negación de ידע puede llevar de suyo כי + frase obj. (e.g., Ex 34,29; Os 2,10).

[55] Este כי no sigue inmediatamente a ידע (sino a algún otro sinónimo) en 41,20 y 43,10; en 52,6 sigue a un primer obj. nominal.

41,20	que			la mano de JHWH ha hecho esto...
43,10	que	yo soy	HW'	
45, 3	que	yo soy	JHWH	
6	que			nadie fuera de mí;
		yo soy	JHWH	
49,23	que	yo soy	JHWH	
26	que	yo soy	JHWH	
52, 6				mi nombre; ...
	que	yo soy	HW'	

A excepción de 41,20 (donde, por otra parte, el כי introductorio del presunto obj. verbal no sigue inmediatamente a ידע; *v.i.* p.180ss), el contenido del futuro conocer es «yo soy JHWH (o HW')»; incluso en 45,6 y 52,6 (con apariencia de «lectio conflata»[56]) que, sin embargo, anticipan otros elementos[57].

אני יהוה (yo soy JHWH)[58], la llamada «Selbstvorstellungsformel»[59], en la que JHWH pronuncia su misterio y se revela[60], aparece incorporada en estos pasos a la más amplia «Erkenntnisaussage» («para que sepas [sepáis, etc.] que yo soy JHWH»)[61], que remata a su vez lo que Zimmerli propone llamar «Erweiswort»[62]. -- Lo que supone o contiene «Yo soy JHWH» (según Zimmerli) no lo resume Ez en un concepto, sino que lo describe en relatos que anuncian tanto juicio como restauración. «Yo soy JHWH» es lo único que viene a conectar esa contraria actividad divina, que aniquila por completo a Israel y lo renueva[63]. -- DtIs ha podido usar la fórmula, influído por Ez[64],

---

[56] Cf. DUHM, *Jesaia*, 391: «Das 'darum an jenem Tage' ist Variante zu dem ersten 'darum'». -- El segundo לכן falta en Qª y en las antiguas Versiones (cf. *BHS*).

[57] Muchos consideran espurio Is 52,4-6 (cf., e.g., DUHM, *Jesaia*, 390s; KÖHLER: «unechte Prosa», *Deuterojesaja*, 1.47; SELLIN — FOHRER, *Einleitung*, 419; WESTERMANN, *Jesaja*, 28. 200s). -- Is 52,4-6 es el único de estos seis pasos, en que el conocimiento de JHWH no corresponde a una previa acción divina. -- Acerca de 45,6s, *v.i.* p.157.

[58] יהוה es predicado (y no aposición) en los cuatro casos (Cf. JEPSEN, «Beiträge», 286; *v.s.* p.83, n.2).

[59] ELLIGER prefiere llamarla «Heiligkeits- oder Hoheitsformel» (cf. «Ich bin der Herr», 15).

[60] Cf. ZIMMERLI, *Erkenntnis*, 58-60.

[61] Cf. ZIMMERLI, *Erkenntnis*, 61.

[62] Cf. «(Erweiswort)», 154-164. -- FOHRER niega que dicha demostración constituya un nuevo género literario (cf. *Einleitung*, 449).

[63] Cf. ZIMMERLI, *Erkenntnis*, 69-73.

pero no cabe excluir que dependa de documentos antiguos, atribuídos a J y JE (Ex 8,6.18; 9,29; 11,7). Como éstos, nuestro autor suele expresar la finalidad de la acción divina mediante לְמַעַן (para que: 41,20; 43,10; 45,3.6) y no por w^eqatal, como es norma en Ez[65].

En cuanto a la fórmula אֲנִי הוּא — creación de Dt Is[66] — bien pudiera ser una simple variante de la anterior, pues se le encomienda la misma función de resumir el obj. de יָדַע. Fabry se inclina por traducirla «Yo soy el mismo (siempre)», aunque no deja de reconocer con Elliger que, donde la fórmula ocurre, se trata del ser y del obrar exclusivos de JHWH[67]. Según esto, es probable que הוּא signifique aquí otra cosa. En efecto; el hecho de que substituya a יהוה en la «Erkenntnisaussage» y aparezca en paralelo con יהוה (41,4b) y con אל (Dios: 43,10.12s), hace pensar que pueda ser empleado como nombre divino[68]. -- El הוּא de la fórmula sólo podría considerarse pron. relativo (y significar entonces simplemente «él, aquel») en 41,4; 43,10.13 y 52,6[69]; porque en 43,22-28 y 46,1-8 es la única designación del «yo» que habla (JHWH indiscutiblemente) y en 48,12-16 y 51,12-16 tampoco lleva anteceden-te[70]. Cabría también, cuando אֲנִי הוּא va seguido de un ptc. (43,25; 51,12; 52,6), que הוּא sirviera de cópula («soy»); pero el hecho de que הוּא sea las más de las veces predicado absoluto de אֲנִי (43,10.13; 46,4; 48,12; Dt 32,39), no permite excluir que aquellos ptcs. hayan de ser considerados a la par de las

---

[64] ZIMMERLI lo excluye por el simple hecho de que DtIs utilice la fórmula en los (presuntos) «oráculos sacerdotales» (priesterlichen Erhörungsorakeln) y en «causas judiciales» (Gerichtsre-den), mientras que en Ez sólo aparece incorporada al oráculo profético (Erkenntnis, 31s).

[65] «Die Formel ist der Schilderung des Tuns Jahwes in der Regel im Perfectum consecuti-vum mit ו angefügt» (Erkenntnis, 12).

[66] הוּא אֲנִי (/אָנֹכִי) («Yo soy Hu'») es un giro casi exclusivo de Is 40-55: 41,4; 43,10.13.25; 46,4; 48,12; 51,12; 52,6; sólo aparece además en Dt 32,39, que suelen datar en torno a la se-gunda mitad del s.VI (cf. SELLIN — FOHRER, Einleitung, 206). Cf. Sal 102,28 (aproximadamen-te de aquel tiempo): אַתָּה הוּא (Tú eres Hu'). ELLIGER supone que ambos pasos dependen del DtIs (Deuterojesaja, 125).

[67] Cf. «הוּא hu'», TWAT II, 367.

[68] WALKER, suponiendo un verbo הוה (existir) en el hebreo primitivo, propone leer הוּא como ptc.: hōweh (el Existente), que aludiría a la revelación del nombre de JHWH en Ex 3,14 (cf. ZAW 74 [1962] 205s). -- También ELLIGER (a quien la «maravillosa imprecisión» de אֲנִי הוּא le recuerda la «igualmente imprecisa» explicación del nombre de JHWH en Ex 3,14) en-tiende que ese הוּא equivale a «Dios»: «Ist der Sinn... also, dass Jahwe und kein anderer Er ist, d.h., Gott...» (Deuterojesaja, 125s).

[69] Contra ZIMMERMANN, BZ NF 4 (1960) 64.

[70] Cf. Dt 32,39: «Ved ahora que yo, yo soy HW' y no hay Dios fuera de mí». El único posible antecedente de ese הוּא se encuentra a cinco dísticos de distancia (v.36).

predicaciones hímnicas que continúan el nombre de JHWH. En efecto; las fórmulas «Yo soy HW'» y «Yo soy JHWH» son continuadas de forma semejante
(*v.i.*) y 48,12 viene a decir de la primera lo que 41,4 predica de la segunda.
הוא — considerado nombre divino en la literatura rabínica[71] — parece presentar idéntico valor en la fórmula deuteroisaiana[72].

γ. *Desarrollos*

Ambas fórmulas aparecen siempre prolongadas por lo que suelen considerar los intérpretes una explicación o desarrollo de su contenido[73]. El desarrollo inmediato experimenta, en los tres primeros casos, una ulterior ampliación (entre paréntesis en Tabla XIV) que acumula fórmulas semejantes. Dichas
prolongaciones son fundamentalmente de dos clases: unas niegan la existencia
de otro Dios; otras proclaman las obras y los títulos del Señor (al estilo de los
himnos asirios[74]). -- En las prolongaciones negativas o protestas de exclusividad — bimembres — es característica la ilación negativa ואין (y no existe): No
existe junto al Señor otro Dios (43,10.11.12.13; 45,5.6; Dt 32,39)[75], ni otro
salvador (43,11.13)[76], nadie más poderoso (43,13), nada (אפס), en una palabra (45,6)[77]. Is 45,6 adelanta a posición enfática el primer miembro de la declaración de exclusividad, separando así la «Hoheitsformel» — objeto propiamente dicho del conocer — de su כי introductorio. -- A partir del cap. 49 falta
dicha declaración: 49,23 la substituye por otra frase negativa, que no excluye
la existencia de otro dios, sino que puedan quedar avergonzados los que
esperan en JHWH; equivale, por tanto, positivamente a que JHWH no defrau-

---

[71] «הוא ist der Name des Heiligen, gelobt sei er» (*S. Schab* 104a); P'siqR 104a (a propósito
de Is 42,8; citado en H. ZIMMERMANN, *BZ NF* 4 [1960] 269 n.11).

[72] Este valor de הוא encaja bien en Jer 5,12: «Israel y Judá... renegaron de JHWH (כִּחֲשׁוּ
בַּיהוָה) diciendo 'no es HW'' (וַיֹּאמְרוּ לֹא־הוּא)» e incluso en algunos pasajes donde podría ser
simple pronombre, e.g., en Is 42,8: «Yo soy JHWH, HW' es mi nombre» (para decir «*ese* es
mi nombre» ¿no usaría el hebreo זה antes que הוא?). Cf., en fin, Sal 115,9-11: (יהוה//) «su
auxilio y su escudo, HW'» (ter).

[73] Cf. ZIMMERLI, *Erkenntnis*, 69-73; «(Erweiswort)», 164; ZIMMERMANN, *BZ NF* 4 [1960]
273-275; WESTERMANN, *Jesaja*, 101; ELLIGER, *Deuterojes.*, 144.323.

[74] Cf. RINGGREN, «הוא *hu'*», *TWAT* II, 370.374.

[75] En contexto diverso presentan la misma prolongación (ואין עוד, y no hay otro) tanto אני
יי (Is 45,18.21) como אל (אני /אנכי) (yo soy Dios: Is 45,22; 46,9).

[76] También lo excluyen, aunque no en «Erkenntnisaussage», Is 45,21 y Os 13,4.

[77] A propósito de tales declaraciones de exclusividad y, en concreto, de 43,10, cf.
WESTERMANN: «Einen so eindeutigen und so grundsätzlichen Satz zur Einzigkeit Gottes hat vor
Deuterojesaja niemand gesprochen» (*Jesaja*, 101).

da. -- Según las prolongaciones afirmativas (formuladas en ptc. casi siempre), el «yo» que habla, es creador del mundo y de la historia (45,3.7)[78], que predice por ello el porvenir (43,12)[79], (único: 43,11; Os 13,4) libertador (43, 12; 49,26)[80], que asiste siempre (52,6)[81] y no defrauda (49,23); es el Dios de Israel (45,3)[82], el Fuerte de Jacob (49,26).

c) El significado de ירע: conocer y reconocer

Si las prolongaciones de ambas fórmulas explican — como parece verosímil — lo que el nombre divino resume, «conocer que 'Yo soy JHWH/HW'"» significa en síntesis: conocer que quien promete actuar, es el único Señor de la Historia, el único Dios, el salvador de Israel. Este sería, según DtIs, el contenido *noético* del futuro conocer. -- Pero este conocimiento no supone exclusivamente la adquisición de un saber. Cuando la Historia cumple lo predicho (demostrando la divinidad de quien predijo), el conocimiento que se produzca en el observador atento, habrá de ser a la vez reconocimiento[83]. Y reconocer que JHWH es el único Dios, supone declararse (Pueblo) de ese Dios: lleva consigo una aceptación de quien se ofrece como Dios, que se demuestra en obediencia, adoración y repulsa de cualquier otra fe (cf. 1 Re 18,39s)[84]. No puede extrañar que Jer 24,7 y Ez 34,30 combinen las fórmulas de reconocimiento y de pacto. El conocimiento termina así por establecer una *relación de*

---

[78] אני (/אנכי) יהוה presenta la misma prolongación en otro contexto (43,15: creador de Israel; 44,24; 45,8). Lo mismo a continuación de יהוה (e.g., 45,18).

[79] También en otro contexto, a continuación de אני יהוה: 45,21.

[80] Cf. 43,3.

[81] También 41,13.17; 58,9, aunque en contextos ajenos a la «Erkenntnisaussage».

[82] אלהיך/אלהי ישראל, a continuación de אנוכי/אני יי, también en 41,13.17; 43,3; 48,17; 51,15.

[83] Cf. ZIMMERLI, *Erkenntnis*, 13s. -- ZIMMERLI, que no ha dejado de notar el carácter a veces decisivo de este conocer (*Erkenntnis*, 31), otras veces parece subrayar en exceso su gratuidad (como si la intervención divina lo suscitara automáticamente; *Erkenntnis*, 12.40); hasta el punto de afirmar que la «extraña» construcción de la «*Erkenntnisaussage*» quiere expresar que JHWH no es el obj., sino el sujeto (y no sólo gramatical) del conocer humano (*Erkenntnis*, 62). En mi opinión, late ahí una verdad, apenas entrevista, que espera aún ser poseída.

[84] Cf. BULTMANN, «γιγνώσκω», *TWNT* I, 697; ZIMMERLI, *Erkenntnis*, 42s,75; BOTTERWECK: «JHWHs Handeln drängt zur Entscheidung in Erkenntnis, Anerkenntnis, Bekenntnis und Erkenntlichkeit» (*TWAT* III, 503).

amor con lo (re)conocido[85], que va desde la oscura adhesión de la bestia de labor a su amo y su pesebre (Is 1,3), hasta la intimidad amorosa del Señor y «vuestra madre» (Os 2,22 — o el mutuo conocer que une a Jesús con los suyos, reflejo de la suma relación de conocimiento y amor que media entre el Hijo y el Padre [Jn 10,14s]).

Sospecho que es el כי — característico en la «Erkenntnisaussage» — lo que dice *expresamente* que el conocer de la fórmula consiste en «reconocer», vivir una convicción (=creer). La partícula, además de introducir el obj. verbal, debe reforzar la significación de ידע, que así modificado, diría «saber con absoluta certeza», «estar persuadido», «comprobar», etc.[86]. Esto debe ser lo que añade la «extraña» construcción de la «Erkenntnisaussage» (cf. en nota 83 la explicación de Zimmerli) al más simple y menos explícito «conocerme».

La falta de «conocimiento» en Israel, tan insistentemente denunciada ya en Os, debía ser poco menos que absoluta en el Exilio[87]. Esta circunstancia explicaría el retorno de las antiguas fórmulas yavistas y el uso repetido en Ez y DtIs de lo que llama Zimmerli «Erweiswort»: JHWH se dispone a demostrar, ante Israel y frente a Babel y sus dioses, lo que ya probó contra el Faraón y los dioses de Egipto, quién es el único Señor. JHWH vuelve a «bajar a Egipto» para ganarse un pueblo: «para que reconozcáis...»

d) El objeto de ידע en Is 41,20

Si la frase «que la mano de JHWH lo ha hecho» (41,20) fuera obj. de ידע, tendríamos una formulación, para DtIs, excepcional del contenido del futuro conocer. Zimmerli considera al v.20 una deformación, al estilo deuteronómico,

---

[85] Cf. WOLFF: «Als entstehende Erkenntnis hört und sieht sie; sie ist vernehmende, einsichtige Erkenntnis. Als verwirklichte Erkenntnis fürchtet und liebt sie; sie ist anerkennende, sich kümmernde Erkenntnis» («Erkenntnis», 427). -- También BOTTERWECK: 'JHWH kennen' bedeutet dann ein praktisches, religiös-sittliches Verhältnis» (*TWAT* III, 499b). -- E. BAUMANN, sobre todo, había puesto de relieve esta dimensión significativa de ידע (cf. *ZAW* [1908] 22-41; 110-143 y *EVT* 15 [1955] 416-425).

[86] La partícula כי debe desempeñar esa doble función incluso en otros contextos (y hasta con otros verbos de percibir; cf. Gen 1,10b): «Bien sé (ידעתי כי) que eres mujer hermosa» (Gen 12,11); «Bien sé (ידעתי כי) que el rey de Egipto no os dejará marchar» (Ex 3,19); «Ten por *seguro* que morirás sin remedio» (מות תמות כי־דע: Gen 20,6s); cf.31,6; Jos 2,9; Job 9,2; Is 41, 23; 48,4; 50,7; etc.); «Jacob ignoraba *por completo* (ולא־ידע יעקב כי) que Raquel los hubiera robado» (Gen 31,32; cf. Ex 34,29; etc.).

[87] V.s. p.75, nn.24 y 25.

de la fórmula acostumbrada[88]. Resultaría entonces que JHWH consigue con su mudanza del desierto lo mismo que alcanza regalando a los desterrados «un corazón capaz de conocerme (לָדַעַת אֹתִי), (de reconocer) que yo soy JHVH, de forma que se me conviertan en pueblo (וְהָיוּ־לִי לְעָם) y también yo me pueda convertir en Dios suyo» (וְאָנֹכִי אֶהְיֶה לָהֶם לֵאלֹהִים: Jer 24,7; cf. 31,33s).

Como permite la revelación de la gloria que se comience a «ver» (v.s. p. 152), así la acción transformadora suscita, efectivamente, el conocer. No volverá a creer Jacob que eran «ellos» (sus amantes) quienes le daban su agua (Os 2,7). Cuando se sientan magníficos árboles regados, podrán reconocer: «todas mis fuentes, en Tí» (Sal 87,7). Pero יָדַע, por sí solo (sin כִּי יַד יהוה etc.), puede expresar ese reconocimiento. ¿No desempeñará otra función el último dístico del poema? Acaso lo pueda decidir el estudio de שִׂים y שָׂכַל.

3. El verbo שִׂים

a) En Is 40-55 cabe observar *dos usos diferentes* de שִׂים (poner)[89]: El más frecuente consiste en construir el verbo *con dos acusativos*. שִׂים significa entonces «poner (algo [/a alguien] como otra cosa)», o sea, «convertir (algo [/a alguien] en otra cosa)». La «novedad» o «término *ad quem*» de la transformación se expresa de ordinario por el 2º acusativo[90], que suele llevar prefijo לְ o כְּ[91]. -- Algo menos frecuente es la construcción de שִׂים *con un solo acusativo*, continuada por una determinación circunstancial que localiza la acción (בְּ + sustantivo)[92], o por obj. indirecto (לְ + [pro]nombre de persona, dat. «[in]commodi»: J. 133d)[93]. שִׂים tiene en estos otros casos el sentido general de «poner», «establecer», «proporcionar». -- Con el subst. לֵב (corazón, mente), se origina en este apartado la fórmula שִׂים (עַל) לֵב, «poner (sobre) el corazón»[94], de la que debe ser elipsis el singular וְיָשִׂימוּ (y pongan) de 41,

---

[88] ZIMMERLI, *Erkenntnis*, 31. -- Lo mismo, BOTTERWECK, *TWAT* III, 507: «Paränetisch-deuteronomisch überladen ist 41,12» (léase: 41,20).

[89] Cf. Tabla XV, que no incluye מְשׂוּמִי (44,7) ni תָּשִׂים (53,10), probables erratas (cf. *BHS*).

[90] Aunque no siempre: 51,23b y 54,12aα lo anteponen al «término *a quo*»; 50,3, al verbo mismo. Los contextos respectivos evitan la ambigüedad en cualquier caso.

[91] Cf. p.120, n.6. -- 50,2.3; 51,10 y 54,12aα omiten la preposición. Is 54,12 utiliza ambas construcciones en la misma frase: 2 acus. (v.12aα) y לְ + 2º acus. (v.12aβ.b).

[92] Cf. 41,19; 42,4; 43,19; 51,16.23a.

[93] Cf. 42,12; 47,6.

[94] Cf. 41,22; 42,25; 47,7.

20[95]. Tal elipsis quizá sólo se repita en Job[96]; pero la fórmula שׂים לב ocurre al menos 30 veces más en el AT.

b) La fórmula שׂים (לב) en el resto del AT[97]

α. Las voces שׂים y לב, diversamente compuestas, dan lugar en el AT a *dos locuciones* parecidas, que semejan significar lo mismo al cabo:

«poner (llevar) el corazón (שׂים [את][98] לב) hacia (על/ל/את/אל) algo/alguien»;
«poner (traer) sobre el corazón (שׂים [על/אל][99] לב) (a [את][100]) algo/a alguien».

El 2° giro שׂים על לב, característico de Is 40-66, no se empieza a escribir hasta el exilio[101], y apenas se repite luego (Mal 2,2; Dan 1,8). En el postexilio se impone la fórmula más breve לב שׂים. La singular expresión de Job 22,22: שׂים בלב (guardar[102] en el corazón // לקח: aceptar) se aproxima

---

[95] Así lo suponen generalmente los intérpretes. EHRLICH considera, en cambio, más probable que el texto original trajera וישמעו («y escuchen»; cf. *Randglosen* IV, 150).

[96] En dos pasos de Job, cuyo sentido no es seguro sin embargo: אך־הוא ישׂם בי, «más bien él me prestaría atención» (23,6; cf. DRIVER — GRAY, *Job* II, 160); «¿Sabes acaso cómo las considera Dios?» (התדע בשׂום־אלוה עליהם: 37,15). Si el pron. se refiere, como parece, a las «maravillas» del v. anterior, mejor sería traducir שׂום por «hacer», «establecer» (cf. DRIVER — GRAY, *Job* II, 293). Otros prefieren corregir el texto (cf. Comentarios). -- En Sal 85, 14 שׂם no parece tener sentido intelectivo: צדק לפניו יהלך וישׂם לדרך פעמיו, la justicia ante su faz camina // y convierte en caminos sus pasos. *BHS* propone substituir וישׂם por ושׂלום (y la ventura); otros, por וישׁע (y la salvación). -- En Jud 19,30 (שׂימו־לכם) se prefiere la lectura *pc Mss* y del *Targum*: לבבכם (cf. *BHS*).

[97] Cf. Tabla XVI. La tabla no registra ni Zac 7,12 (ולבם שׂמו שׁמיר: hicieron de su corazón un diamante) ni Cant 8,6 (שׂימני כחותם על־לבך: ponme como un sello sobre tu corazón), que construyen שׂים con dos objetos directos (directamente afectados por el verbo) y no contienen la fórmula, por tanto. En Cant, no se excluye que suplique la esposa estar tan necesariamente presente al «corazón», como el sello al brazo que lo porta; pero tampoco se puede excluir el significado habitual de שׂים con dos acusativos (cf. Ag 2,23: ושׂמתיך כחותם: te haré [mi] sello).

[98] Exclusivamente en 1 Sam.

[99] Exclusivamente en 2 Sam.

[100] Sólamente en Dt 11,18. El את de Ez 44,5a va directamente regido por שׁמע (escuchar).

[101] Aunque Dt 11,18 es seguramente más antiguo (cf. SELLIN — FOHRER, *Einleitung*, 187. 190), su formulación — excepcional por entonces — podría haber sufrido el influjo del uso posterior. -- Jer 12,11 quizás no sea anterior a DtIs (cf. SELLIN — FOHRER, *Einleitung*, 438; en contra, RUDOLPH, *Jeremia*, 87).

[102] Cf. DRIVER — GRAY, *Job* I, 197.

a esta segunda fórmula.

β. *Sujeto y objeto de* שׂים לב

Sujeto de este שׂים son Dios, Satán y los hombres, Israel y Babilonia, profetas y sacerdotes, reyes y siervos, colectivos y particulares; seres racionales siempre. -- Is *niega* siempre la acción expresada por la fórmula, a no ser que la presente como irreal (41,22) o la prometa para el futuro (41,20). Según DtIs, no «ponen sobre el corazón», ni Jacob el mordisco de las llamas (42,25), ni Babel «esto» (אלה), que parece resumir su papel en la historia (47,7).

El giro שׂים לב va generalmente con *objeto* expreso[103], y cuando no lo lleva, comparte el del verbo paralelo[104]. Excepto en Is, dicho objeto aparece unido con frecuencia por preposiciones (עֹל 8x[105], אל 6x, ל 5x, את 1x, ב 1x, que nunca repiten por cierto la que construye שׂים con לב[106]), pero jamás por כי (si no ocurre en Is 41,20). El repetido obj. de שׂים לב puede ser un דבר [107], una persona[108] y sobre todo un asunto, resumido en un nombre[109], en un pronombre[110], o descrito en una frase[111] que por lo común precede al verbo[112]. Aun cuando representado directamente por algo perceptible a los sentidos, es siempre de naturaleza noética: Los partidarios de Absalón, p. ej. (a quienes sólo interesa suprimir a David; cf. 2 Sam 17,3), «en nosotros (huídos o diezmados) no pondrían su atención» (לא ישׂימו אלינו לב: 18,3); es decir, habiendo errado su objetivo, «no tomarían en consideración *nuestra*

---

[103] Se entiende por objeto del giro, no el objeto directo de שׂים (que es לב en la fórmula 1ª), sino el objeto de la *acción* que significan ambas fórmulas.

[104] Dicho obj. compartido, por lo común antepuesto, aparece entre paréntesis en Tabla XVI: cf. 2 Sam 19,20; 41,20(?); 41,22; 57,11; Ez 44,5a; Mal 2,2b. -- Sir 6,32, que usa el giro absolutamente (y así lo traducen LXX), sería la única excepción. Pero quizás haya que sobrentender en el v.32 los pronombres del v. anterior, visto el uso constante de שׂים (לב).

[105] El hebreo tardío prefiere este engarce (עֹל, sobre) como si quisiera atribuir mayor peso al «corazón», ponderar la intensidad de su acción.

[106] Esta observación podría contribuir a descartar la lectura *nonn Mss* que proponen שׂים אל לב, ante obj. introducido por אל, en 1 Sam 25,25 (cf. *BHS*).

[107] «aviso»: Ex 9,21; 2 Sam 13,33; «mandato»: Dt 11,18; 32,46; Ez 44,5; Sir 16,24; cf. Job 22,22: אמריו).

[108] Cf. 1 Sam 25,25; 2 Sam 18,3; Is 57,11; Ez 44,5b (*BHS*); Job 1,8; 2,3; 23,6; 34,14 (*BHS*).

[109] Cf. Ag 1,5.7; Sir 14,21; 16,20.

[110] Cf. Jue 19,30; 1 Sam 9,20; Is 47,7.

[111] Cf. Is 41,22 y Ag 2,15.18, interrogativas; 2 Sam 19,20; Ez 40,4; 44,5; Dan 1,8, de relativo. Cf. aún nota siguiente.

[112] Cf. 2 Sam 19,20; Is 41,22; 42,25; 57,1; Jer 12,11; Mal 2,2.

derrota». Ez no debe «observar a los que entran al templo», sino «tener en cuenta» *quiénes pueden entrar* (ושמח לבך למבואי הבית: 44,5b, cf. *BHS*). Tampoco Job es en rigor el objeto de שים לב, sino *su vida ejemplar* (cf. 1,8-11); etc.

γ. *Significado de* שים לב

Los paralelos[113] y asociados de שים לב son, a primera vista, de dos clases: Unos significan acciones de orden perceptivo o intelectivo, רהא (ver)[114], שמע (escuchar)[115], ירע (conocer, exclusivo de Is 41-42)[116], בין (comprender)[117], זכר (recordar)[118]. Otros apuntan al orden volitivo o del comportamiento, ירא (respetar: Ex 9,21), יעץ (decidir: Jue 19,30), כזב Pi (traicionar: Is 57,11), לקח (aceptar: Job 22,22), חפץ (querer: Sir 6,32). La diferencia es más bien aparente, sin embargo, pues ירע, בין (sobre todo su Hitpolel, «considerar atentamente»: Sir 14,21; 16,20), זכר, שמע y aun ראה[119] incluyen en su significación la conducta que el conocimiento determina.

Que la acción de «poner sobre el corazón» nunca se ejerza respecto de lo aparente en cuanto tal, excluye que שים לב pudiera consistir en percatarse de lo sensoriamente percibido, en el acto puntual de hacerse cargo de lo visto u oído. El giro significa una acción o actitud duradera[120]; y sus contextos exigen el sentido general de «considerar», «prestar atención a», «tener en cuenta» un dato abstracto[121]. Lo que «se tiene en cuenta» determina la vida: se traduce en sentimientos, acciones y actitudes. El sentido de שים לב se aproxima, por tanto, al propuesto para ענה (*v.s.* p.87.91s).

El «poner (sobre el corazón)», el «atender», de Is 41,20 remediará en el

---

[113] Nunca faltan en Is y Sir, mientras que en los demás libros son escasos; sobre todo, los sinónimos.

[114] Cf. Is 41,20; Ez 40,4; 44,5.

[115] Cf. Ez 40,4; 44,5; Mal 2,2; Sir 16,24.

[116] Cf. Is 41,20; 42,25.

[117] Cf. Is 57,1; Sir 14,21; 16,20.

[118] Cf. 2 Sam 19,20; Is 47,7; 57,11.

[119] En las series de Ez 40,4 y 44,5, ראה y שמע significan sin duda una actividad sensoria; שים לב no es evidentemente sinónimo, sino que supone otra acción que permite luego anunciar (נגד: 40,5; אמר: 44,5b) lo visto y oído.

[120] Cf. la descripción (común a otras expresiones similares) de FABRY: «als ein intensiviertes, aufmerksames Erinnern und Gedenken» (*TWAT* IV, 434).

[121] Del todo semejante es el giro השיב אל/על לב (Is 44,19; 46,8; ambos, de autenticidad discutida), «repensar», acción que omiten igualmente idólatras y rebeldes (פושעים); y las expresiones עלה על-לב (cf. SCHOTTROFF, «*Gedenken*», 116); שית לב; הכין לב.

futuro la maña de no «recordar»[122], de no observar (שמר; cf.42,20) con atención lo mucho visto[123]. Que el poeta haya preferido a ויבינו[124] (y comprendan) el difícil e insólito וישימו, aun a costa de tener que sacrificar al metro la expresión habitual, acaso indique el deseo de evitar que el significado de la serie pudiera quedar orientado (con ידע//בין) hacia lo puramente intelectivo. וישימו desarrolla en cambio el matiz, contenido en ידע (v.s. pp.158s), de la atención mantenida y el trato amoroso. Queda realzado de este modo que el conocimiento pretendido en el v.20a, es reconocimiento, aceptación, obediencia; es decir, el ענה de Isarel (v.s. pp.91s), su correspondencia a la atención divina (ענה: v.17b)[125].

4.- El verbo שכל

a) *La raíz* שכל aparece 116 veces en nuestro AT[126]. Es voz familiar, aunque no exclusiva, de los escritos sapienciales; rara en los proféticos hasta Dan[127]. El uso escaso que nuestro autor hace de ella, y el notable desacuerdo de los autores al interpretarla, obligan a considerar su empleo en todo el AT.

De la raíz שכל sólo entalló «שכל I», porque el substantivo שֵׂכֶל es otra rama del verbo[128]. Suponerle un segundo vástago a שכל, que signifique «cru-

---

[122] Cf. שים // זכר (Is 47,7; 57,11; cf. 2 Sam 19,20).

[123] En el futuro reino de la justicia (Is 32), cuando los ojos vean y los oídos oigan y hable con soltura la lengua antes impedida (cf. «reseca»: 41,17), también obtendrá sensatez «el corazón de los alocados» (לבב נמהרים: vv.3s; cf. 35,4; 29,24).

[124] בין Hi lleva siempre // ידע en Is 40-55 (v.s. n.42 y p.31h). -- LOEB proponía leer ויבינו en lugar de וישימו (*REJ* 23, nº 46 [1891] 190).

[125] El sentido permanecería inalterado, si con EHRLICH se prefiere leer וישמעו (y escuchen [= «atiendan»]).

[126] A los 90 casos registrados en MANDELKERN hay que sumar 4 pasos en arameo (Dan 5, 11.12.14; 7,8) y los 22 hallados por BARTHELEMY — RICKENBACHER en los *mss* hebreos de Sir conocidos al presente (cf. *Konkordanz zum hebräischen Sirach*). No se incluyen en este cómputo Gen 48,14 (²שכל según ZORELL, *v.i.*); Is 44,25 y Qoh 1,17 (donde suponen sendas formas de סכל, escritas por error con שׂ; cf. BLAU, *VT* 7 [1957] 101.3; ELLIGER, *Deutjs.*, 454); ni Jer 50,9 donde cabría leer משכיל (certero) en vez de משכיל (*orbator*; cf. *BHS*; RUDOLPH, *Jeremia*, 300): «sus flechas, como campeón certero (o «victorioso»: משכיל), no vuelven de vacío».

[127] De los profetas anteriores a Daniel, sólo han usado שכל Is 41,20; 44,18; 52,13; Jer 9,23; 10,21; 20,11; 23,5 y Am 5,13, considerado por muchos una glosa. Is 44,18; Jer 9,23; 10,21 y 23,5 son también pasos de autenticidad discutida (cf. SELLIN — FOHRER, *Einleitung*, 419.438).

[128] Aunque GERBER considera denominativo a שכל (cf. *Verba Denominativa*, 47-49), el verbo parece anterior al subst. (cf. BDB, *HEL*, 968a; ZORELL, *LH*, 800b: «quasi nomen verbale ad ¹שכל»).

zar»[129] (con el solo fin de hallar sentido en Gen 48,14), se demuestra, por contraproducente, descaminado. En efecto; traduciendo שֹׂכֵּל אֶת־יָדָיו por «cruzó sus brazos»[130], se priva de su sentido a la explicación siguiente («porque Manasés era el primogénito»). La «crux», entonces, la ponen los intérpretes. -- Según la detallada descripción de Gen 48,13s, Jacob tuvo que cruzar sus brazos de hecho. Pero שֹׂכֵּל אֶת־יָדָיו no dice, a mi entender, tal cosa (descrita ya por el autor), sino que enjuicia la acción del patriarca: Jacob *equivocó* a sus manos (las hizo errar su objetivo [Pi causativo]), *porque* Manasés era el primogénito» y le imponía la mano izquierda, en contra de lo debido (cf. v.18: לֹא־כֵן אָבִי, «no es así, padre»). Este שֹׂכֵל Pi, lo mismo que en Is 44,25 (no ocurre más en el AT), presenta el sentido causativo de «confundir, equivocar». Comoquiera que סכל Pi significa precisamente eso mismo[131], quizás sea lo más fácil suponer que שֹׂכֵל esté en el relato de Gen por סכל[132].

b) *Significación fundamental de* שֹׂכֵל

El verbo שֹׂכֵל aparece una sola vez en Q (1 Sam 18,30) y 82 en Hi, aunque rara vez con sentido causativo[133]. Como significado básico de שֹׂכֵל sue-

---

[129] Los diccionarios suelen registrar un שֹׂכֵל². Cf., e.g., GESENIUS — BUHL, *HAH*, 786: «kreuzweise legen»; *KB*, 922b: «*übers Kreuz legen, vertauschen*»; KÖNIG, *HAW*, 464B: «*verbinden* oder *verwirren:* kreuzweise legen»; BDB 968b: «*lay crosswise*»; ZORELL, *LH*, 800b: «*perperam posuit* manus»; SAEBØ, *THAT* II, 824: «kreuzen». -- BLAU prefiere atribuir a un único שֹׂכֵל los dos significados de «entender» y «colocar en forma de cruz» (*VT* 7, 1957, 101).

[130] Interpretan algunos así, suponiendo un שֹׂכֵל² («cruzar») que correspondería al ár. *šakala*, uno de cuyos significados *secundarios* (cf. J. SKINNER, *Genesis*, 505) es «trenzar», «entrelazar». Pero «trenzar» no expresa con propiedad la acción de cruzar los brazos. Según DRIVER, «the philol. justification from the Arabic is questionable» (*Genesis*, 377). Tal opción es sin embargo la preferida en nuestros días; cf., e.g., WESTERMANN, *Genesis* 3T., 212: «Die sorgfältige Vorbereitung Josephs wird von Jacob 'durchkreuzt'; indem er seine Hände kreutzt».

[131] Cf. n.141.

[132] Cf. ZORELL, *LH*, 800b. -- שֹׂכֵל podría ser, en efecto, un simple error ortográfico (שׂ por ס); el mismo que supone BLAU en Is 44,25 y Qoh 1,17 (*v.s.* n.126); pero tampoco se puede excluir que שֹׂכֵל haya sido grafía usual de סכל en algún tiempo o en algún ambiente (acerca de parecida vacilación gráfica en aram., cf. BAUMGARTNER, *ZAW* 45 [1927] 101-103). En tal caso, habría que reconocer un שֹׂכֵל² (Pi, «hacer errar, confundir»), a semejanza del doble *skl* sir. (Cf. BROCKELMANN, *LS*, 473: «I... *Af.1.* deceptus est 2. erravit... II... *Etpa.* intellexit...»).

[133] שֹׂכֵל sólo presenta sentido causativo en Sal 32,8; Prov 16,23; Dan 9,22; Neh 9,20; 1 Cr 28,19 y quizás 2 Cr 30,22.

len proponer el de «(llegar a) ser inteligente»[134], aunque tal equivalencia (que haría de שכל un verbo estativo) no sea exigida en rigor por ninguno de sus contextos. Antes que una facultad, el verbo significa una *acción*. Más aún; שכל, cuyo pf. Q exhibe vocalización activa, expresa siempre una operación *acertada*; ya sea en el orden del conocer (acertar incoativamente), ya sea en el ámbito de la conducta política y moral (acertar terminativamente). El verbo es, en el primer caso, transitivo y puede reducirse a «acertar (el sentido oculto de lo aprehendido)», «averiguar», «comprender»[135]; asociadas y en paralelo, lleva entonces expresiones de percepción (no de capacidad) intelectiva[136]. En el segundo caso, es con frecuencia (si no siempre; *v.i.* p.169s) intransitivo y se resume asimismo en «acertar», es decir, «obrar acertadamente» y (por extensión) «lograrse», «prevalecer»; escoltando a שכל, aparecen entonces locuciones que significan buen comportamiento[137], o bien, la prosperidad y

---

[134] Cf. BDB, 968a: «be prudent»; KÖNIG, *HAWAT*, 464b: *«Einsicht haben»* (cf. KB, 922a); SAEBØ: «einsichtig, klug sein» (*THAT*, 824,1.3). Este último no deja sin embargo de advertir: «Doch liegt öfter das Gewicht auf dem Akt des aufmerksamen Hinsehens, des Wahrnehmens und Achtgebens». También ZORELL precisa la equivalencia *«sensatus* etc. *fuit»* (que solamente atribuye al verbo en dos pasos), añadiendo a continuación «talem *se praebuit»* (*LH*, 800a). Notan, por consiguiente, que el verbo suele significar una acción.

[135] Cf. Tabla XVII A. -- Algún paso de este grupo admitiría sin duda la traducción «considerar». Pero «considerar» es acción previa que שכל, más que expresar, supone. Esa determinación de la actividad mental expresada por שכל, antes que precisar la significación del verbo, contribuye a multiplicar ociosamente sus equivalencias. «Considerar» no expresa *el logro* que significa שכל. Cuando Sal 64,10, p.e., adelanta que todo hombre השכילו la obra de Dios, no dice propiamente que «considerarán», sino que *averiguarán* el sentido de la historia, «comprenderán (que lo ocurrido es) la obra de Dios». Los paralelos refieren en consecuencia el futuro temor de Dios (su reconocimiento) y el anuncio de lo recién comprendido. Y cuando los principales del pueblo acuden a Nehemías להשכיל אל דברי התורה (8,13), tampoco pretenden «considerar» de suyo, sino «averiguar» las disposiciones de la Ley: «Y encontraron escrito (וימצאו כתוב)...» (v.14).

[136] בין (comprender: Dt 32,29; Is 44,18; Sal 94,8; 119,99), זכר (recordar: Sal 106,7), ידע (conocer: Is 41,20; 44,18; Jer 9,23; Dan 9,25), ³ירה (instruir: Sal 32,8, ראה (ver: Is 41,20; 44, 18; cf. Gen 3,6), שיח (meditar: Sal 119,99), שים (considerar: Is 41,20), שוב אל לב (reflexionar, Is 44,18s). Cf. Tabla XVII A.

[137] «Guardar la ley» (Dt 29,8; Jos 1,7; 1 Re 2,3; 2 Re 18,6), «servir (seguir) al Señor» (Sal 2,10; Jer 10,21) o «confiar en JHWH» (Prov 16,20), «enmendarse» (Sal 2,10), «convertirse» (Dan 9,13), «obrar el bien» (op. און ומרמה, falsedad y traición: Sal 36,4), «caminar perfectamente» (Sal 101,2), «implantar la justicia» (Jer 23,5).

el renombre que derivan de proceder con acierto[138].

El acierto que podríamos llamar «intelectivo», se prolonga en la conducta, a la que informa y determina; como la conducta acertada demuestra el comprender y lo acrecienta[139]. שכל abarca por necesidad ambos aspectos, y no siempre es fácil decidir cuál de ellos prepondera en cada caso. Los paralelos registrados en Tabla XVII A, parecen emplazar a nuestro verbo en el campo semántico del entender, pero el acierto que la mujer codicia (Gen 3,6), el que obtiene de su meditación el salmista (119,99) y alcanzarán los hombres cuando el Señor actúe (Sal 64,10 // נגד Hi, ירא), como el acierto que JHWH procura (Sal 32,8; v.i. n.147; Neh 9,20), trascienden sin ninguna duda el ámbito intelectivo. Dígase otro tanto del acierto que faltó a los Padres (Sal 106,7 // לא זכר) y del que rehúsan idólatras (Is 44,18) y necios (Sal 94,8).

La equivalencia «ser inteligente (prudente/sensato)» encajaría por supuesto en algún paso, porque a quien percibe y actúa con acierto, se le juzga y se le llama inteligente. Pero dicha *cualidad* de inteligente, al no poder trasladar la *acción* que שכל expresa, o desaparece por completo de la traducción (siempre que שכל significa «comprender» y «tener éxito»), o aparece tan sólo incorporada en un adv.: «(obrar) prudentemente». Y aun entonces propone una versión menos precisa, porque más bien *deduce* la prudencia de lo que שכל directamente significa; a saber, *acertar* en la comprensión de sí mismo y del entorno; *acertar* consiguientemente al conducirse. «Ser inteligente /prudente» es más bien condición previa de la acción expresada por שכל (cf. חכם: Dt 32,29; Prov 16,23). No debe ser casual que nunca aparezcan en paralelo de nuestro verbo voces como חכם o ערם I, que significan propiamente aquella condición. בין, que sí aparece, puede significar la capacidad intelectiva (v., e.g., ptc Ni נבון = inteligente), pero expresa también y con mayor frecuencia su ejercicio. -- El antónimo exacto de שכל es סכל, que tampoco significa de suyo «ser insensato /necio» y ni siquiera «obrar neciamente»[140] (otra vez recluída en el adv. la significación verbal), sino directa y simplemente «errar»[141].

---

[138] צלח (prosperar: Jos 1,8), וייקר שמו מאד (pesaba mucho su nombre: 1 Sam 18,30), ירום ונשא וגבה מאד ([mi siervo] será glorioso y sublime y exaltado sobremanera: Is 52,13). Cf. Tabla XVII B.

[139] «Acertando (בהשכיל, obrando con acierto) adquiere el sabio conocimiento» (Prov 21,11b, cf. *BHS*). El texto y el sentido del proverbio son inciertos, sin embargo.

[140] Así traducen los léxicos de ordinario.

[141] סכל, en Ni, significa «equivocarse» (cf. 1 Sam 13,13; 2 Sam 24,10; 1 Cr 21,8; 2 Cr 16, 9); en Pi, «hacer errar» (עצה, un consejo, para que lleve a la ruina; cf. 2 Sam 15,31; Is 44,25 [*BHS*]; en Hi, «errar» (cf. Gen 31,28 [עשו, «al obrar»]; 1 Sam 26,21 con שגה [«*errans deliquit... erravit*»: ZORELL, *LH*, 821b]).

c) Construcciones sintácticas de שכל

Dos diversas construcciones sintácticas corroboran la distinción semántica que sugieren los paralelos:

α. El שכל *intelectivo* (*v.* Tabla XVII A) lleva por lo general obj. expreso, que tiende a construir asindéticamente. Si prescindimos de Is 41,20 («sub iudice» todavía), Neh 8,13 — un texto tardío — constituye la única excepción [142]. Cuando el Hi es causativo[143], lleva siempre asimismo obj. expreso[144] que compone sin que medie preposición alguna.

β. El שכל *práctico*, por el contrario (*v.* Tabla XVII B), va seguido con frecuencia de preposiciones, que introducen alguna circunstancia o determinación de la conducta expresada por שכל.

(-) La determinación más repetida (que suele rematar una frase formulística de corte dtr) está formada por בכל אשר y un verbo de movimiento[145]:

«No te apartes de ella (ley)...para que aciertes (תשכיל: obres atinadamente y prevalezcas) *por doquiera que vayas* (בכל אשר תלך)» (Jos 1,7)[146].

La misma prep. ב conecta otras dos circunstancias de שכל, que algunos consideran en cambio su obj. directo:

«Acertaré (אשכילה) *por el camino perfecto* (בדרך תמים)... caminaré con perfecto

---

[142] En Jer 9,23, אותי (a mí) es obj. inmediato de ידע (no necesariamente compartido por שכל); de manera que cabría traducir: «El que se gloríe, se gloríe de esto: de comprender (השכל) y de conocer...». שכל podría ser incluso intransitivo (cf. RUDOLPH, *Jeremia*, 68: «dass er klug sei») y significar, en sentido más amplio, «acertar».

[143] Cf. n.133.

[144] Acus. de persona (Neh 9,20), de cosa (Prov 16,23; 1 Cr 28,19; 2 Cr 30,22) o doble acus., de pers. y de cosa (Dan 9,22; Sal 32,8). -- Este Hi podría significar «hacer comprender» (instruir), aunque en Prov 16,23 el pensamiento al cabo debe ser: «El corazón sabio hace acertar a su boca».

[145] Cf. Jos 1,7; 1 Sam 18,5 (15; cf. *BHS*); 2 Re 18,7.

[146] Cf. BUTLER, *Joshua*, 2: «...that you may prudently prosper», intentando reproducir «the breadth of the semantic field of the Hebrew» (p.5). El español «acertar» (etimol. «ad certum»), que significa tanto «averiguar», como «obrar debidamente» y «tener éxito, lograrse», corresponde adecuadamente a la voz hebrea.

corazón...» (Sal 101,2)[147].

«Y no aplacamos la faz de JHWH, nuestro Dios, convirtiéndonos de nuestro pecado y acertando *en tu verdad* (ולהשכיל באמתך)» (Dan 9,13)[148].

En Job 34,27 cabría entender (a pesar del paralelo, que no siempre es sinónimo, por supuesto): «no averiguan sus caminos» (שכל + obj. dir. yuxta-puesto). Pero acaso sea más probable sobreentender una prep. ב, innecesaria por otra parte en poesía: Si los poderosos se apartan de El וא ובן כל דרכיו לא השכילו, no es que dejen de averiguar o comprender simplemente esos caminos, sino que abandonado el rastro de JHWH (סרו מאחריו), rehúsan el acierto final de recorrerlos: «no aciertan [en / siguiendo] sus caminos»[149].

(-) Muy semejante a la determinación circunstancial בכל אשר... («por do-quiera...»), es la expresión (את כל אשר תעשה/ון)[150] que substituye a la ante-rior en el mismo giro dtr (*v.s.*). Este último כל parece obj. de שכל (así lo consideran LXX y V); cabría, según eso, traducir:

«... y los cumpliréis (los términos del pacto), para que ejecutéis con acierto (תשכילו) *todo cuanto hagáis* (את כל־אשר תעשון)» (Dt 29,8).

Las versiones modernas, sin embargo, traducen exactamente igual ambos

---

[147] «Acertaré», es decir, «procederé acertadamente y me lograré (caminando)». -- KRAUS, que traduce «Ich will merken auf lauteren Wandel», precisa luego al comentar: «שכל aber meint das einsichtvolle, verständnisvolle Handeln» (*Psalmen* II, 857.860). Cf. BRIGGS: «*I will behave myself wisely*... It is possible... to render 'consider'... but this is not so probable» (*Psalms* II, 314). -- En Sal 32,8 (cf. Tabla XVII A), por el contrario, es más probable que שכל (copulado a ירה, instruir) considere sobre todo el acierto inicial de comprender: אשכילך ואורך בדרך־זו תלך, «te haré comprender y te instruiré acerca del camino que debes seguir». No cabe excluir, sin embargo, «te haré prosperar» etc., porque paralelos y asociados no tienen por qué ser sinóni-mos. דרך(ב) es objeto acostumbrado de ירה (cf. 1 Sam 12,23; Sal 25,8.12; 27,11; 86,11; 119, 33; מדרך: Is 2,3; Miq 4,2), de manera que no es necesario suponerlo exigido (ni compartido) por השכיל.

[148] השכיל באמתך, copulado aquí a שוב מעון (volver del pecado), califica de acertado al mismo proceder que describe la expresión אהלך באמתך (caminaré en tu verdad: Sal 86,11; cf. 25,5; 26,3). אמת expresa en ambos casos la «verdad» de la divina ley (cf. ZORELL, *LH*, 67b: «legis divinae אמת *stabilis conformitas cum rectissima norma... sanctitatis*»).

[149] Cf. *NBE*: «y no siguieron sus caminos».

[150] Cf. Dt 29,8; 1 Re 2,3.

giros[151], como si אֵת introdujera, no el obj. dir. de שׂכל, sino un «accusatif de limitation» (cf. Joüon, *Gramm*., 126g) o relación. De adoptarse tal punto de vista, el שׂכל «práctico» debería ser considerado siempre intransitivo.

(-) En los demás pasos corresponde a las preposiciones אֶל[152], לְ[153], מִן[154] y עַל[155] referir hacia lo que delimita la acción de שׂכל.

d) Sujeto, objeto y modo de שׂכל

JHWH es el *sujeto* acostumbrado del הִשְׂכִּיל causativo, porque el acierto proviene al cabo del Señor[156], de su Espíritu (Neh 9,20), de su ángel (Dan 9,22); según 2 Cr 30,22, lo transmiten los levitas; en el que ya recibió sabiduría, lo presta el corazón a su boca (Prov 16,23). -- Nunca se dice, sin embargo, que JHWH mismo «acierte». שׂכל es privilegio exclusivo del hombre, que la prosopopeya extiende a la «boca» (Prov 16,23) y al «obsequio» (Prov 17,8). Más aún; el suj. de שׂכל es siempre una persona especialmente religada a Dios: Que de hecho «acertaran», sólo se dice del joven David[157], del rey Ezequías (con ambos estaba el Señor: יהוה עמו: 2 Re 18,7) y del varón

---

[151] Cf. *BJ* («... a fin de réussir *dans* [אֵת] toutes vos entreprises»: Dt 29,8), *NBE*, *NEB*. -- KB equipara asimismo ambas construcciones («c. acc. ... = c. בּ») y propone traducir en ambos casos *«Erfolg, Gelingen haben... in etw»* (922b).

[152] אַשְׁרֵי מַשְׂכִּיל אֶל־דָּל (Sal 41,2a) rezaría «bienaventurado el que acierta con el pobre» (tratándolo adecuadamente), aunque todo el contexto (cf. BRIGGS, *Psalms* I, 362) recomienda la conjetura de JOÜON, según la cual, מַשְׂכִּיל habría sido desplazado desde el título del salmo a su v.2a, donde habría desaparecido además (en la vecindad de בַּיּוֹם) la voz אֶבְיוֹן, traducida en LXX. JOÜON propone restablecer según eso v.2a, leyendo: אַשְׁרֵי הַדַּל וְאֶבְיוֹן, «bienaventurado el débil y necesitado» (cf. *MFOB* VI, 1913, 189). -- יַשְׂכִּיל אֶל־כָּל־אֲשֶׁר יִפְנֶה (Prov 17,8: «[el obsequio] alcanza su objetivo hacia doquiera se encare» [en cuanto se propone; cf. TOY, *Proverbs*, 341]).

[153] Cf. 1 Sam 18,14 : «Y era David atinado (מַשְׂכִּיל) para todas (לְכֹל o «en todas»; *BHS*) sus empresas». -- Prov 21,12: «El justo procede con acierto respecto de la casa del malvado». El texto y el sentido del proverbio son inciertos (cf. TOY, *Proverbs*, 402s). Suelen referir a Dios el adj. «justo» (cf., e.g., DELITZSCH, *Das Salomonische Spruchbuch*, 340s; y más recientemente, WHYBRAY, *Proverbs*, 118.121. McKANE lo acepta «as a besser evil»: *Proverbs*, 561), pero צַדִּיק antes parece designar a un tipo humano que a JHWH, de quien se dice que da el acierto, pero no que acierte. -- Prov 21,11b repite probablemente por error la לְ en לָחֶם (cf. *BHS*).

[154] David se distinguía por su acierto (שׂכל מכל), *cuantas veces salían* a luchar (מִדֵּי צֵאתָם) los generales filisteos (1 Sam 18,30).

[155] Cf. Prov 16,20: «Quien actúa certeramente según la ley (מַשְׂכִּיל עַל־דָּבָר), hallará bienes // quien confía en el Señor ¡feliz él!» (cf. TOY, *Proverbs*, 329: מַשְׂכִּיל «is *acts wisely* (in reference to)... The *word* is the law of right... and it is unnecessary to add *of Yahweh»*).

[156] Cf. Sal 32,8; 1 Cr 28,19.

[157] Cf. 1 Sam 18,5.14s.30.

justo, en general[158]. En el futuro, שכל será prenda sobresaliente del Siervo (Is 52,13), del Vástago justo[159] y del mismo Pueblo prometido (Is 41,20); el salmista lo espera de su recto proceder (101,2) y se promete (como fruto de la atenta observancia de la ley) al pueblo que celebra el pacto de Moab (Dt 29,8), a Josué (1,7s) y a Salomón (1 Re 2,3); dos salmos extienden, en fin, la promesa a aquel a quien JHWH conduce (32,8) y a la futura humanidad creyente (64,10). -- La ausencia o incapacidad de acierto ocurre, por el contrario, a espaldas de JHWH: «No acertó» la generación rebelde del desierto[160]; «no aciertan», al presente, los idólatras (Is 44,18), los malos pastores («porque no buscan a JHWH», Jer 10,21), el perverso (רשע: Sal 36,4), los necios (כסילים // בערים[161]: Sal 94,8) y los poderosos (כבירים: Job 34,27); como «no prevalecerán», en el futuro, los que acosan al profeta (Jer 20,11).

También el *objeto* de שכל[162] dice relación a Dios; porque lo que se acierta a comprender, es algo suyo indefectiblemente: «esto» (su intervención en la Historia: Dt 32,29), «sus obras» (Sal 64,10), sus «portentos» (נפלאות: Sal 106,7), la «comprensión» (בינה, es decir, el sentido) de sus revelaciones (Dan 9,22), sus proyectos sobre Israel (Dan 9,25-27) o sobre el templo (1 Cr 28,19), «las palabras de la ley» (Neh 8,13), «el buen acierto» (שכל טוב: 2 Cr 30,22; *v.i.* p.177), quizás el mismo JHWH (Jer 9,23; *v.* n.142).

¿Y en qué consiste שכל? ¿*Cómo* «se acierta» de hecho? -- Según los documentos más antiguos, שכל parece consistir, de un modo general, en la obtención de un propósito. Logrando su propósito, se logra el que propone: «Ser como Dios» — disfrutar el conocer y la fuerza del viviente mejor y más capaz — se le antoja a la mujer engañada la condición ideal para acertar (להשכיל, para comprender y lograrse: Gen 3,6). Si el joven David ישכיל en cuanto Saúl le encomendaba (1 Sam 18,5), es que alcanzaba siempre su objetivo (v.14). Pero el éxito de David no se atribuye a su valor o a su astucia (tanto menos a la suerte); 1 Sam 18,14 parece explicarlo con un dato: «JHWH estaba con él» (o «de su parte», ויהוה עמו: cf. 17,45-47). Se supone de nuevo, por tanto, que el «acierto» deriva de una fuerza divina, que sólo participa

---

[158] Cf. Sal 41,2 (cf. n.152); 119,99; Prov 16,20; 21,12.

[159] צמח צדיק (Jer 23,5). Cf. אילי הצדק (Robles de la Justicia: Is 61,3) y p.141 c).

[160] Cf. Dt 32,29; Sal 106,7; Dan 9,13.

[161] Con sentido ético, ambos nombres (cf. ZORELL, *LH*, 122b.366a).

[162] El שכל intelectivo aparece cuatro veces sin objeto; el práctico no presenta referencia alguna en ocho pasos (cf. Tabla XVII).

quien de algún modo está con Dios[163]. -- La literatura dtr, más tarde, ha conectado expresamente שׂכל con la observancia de la ley del pacto: Cumplir (שׂמר, עשׂה) lo estipulado — mantenerse aliado de JHWH —, asegura la cercana atención del Señor y garantiza así el acierto[164].

Tal acierto, sin embargo, no sólo es consecuencia de observar la ley, sino que viene a consistir al cabo en eso mismo: Si שׂכל, en su aspecto intelectivo, se reduce a «comprender lo que es de Dios»[165], el שׂכל último se logra y se demuestra haciendo las obras de Dios (incluídas sus guerras; cf. 1 Sam 18, 17), adecuando la propia conducta al beneplácito divino. Ya dos salmos, probablemente preexílicos, ponen el acierto en «enmendarse» (יסר Ni) y «servir a JHWH» (2,10s), y en «proceder con rectitud» (101,2). מׂשׂכיל es «quien confía en el Señor» (Prov 16,20), «quien busca a Dios» (Sal 14,2 = 53,3). שׂכל, en fin, llega a ser explicado por «obrar bien» (el malvado «rehúsa acertar obrando bien»: חדל להשׂכיל להיטיב[166], Sal 36,4), y por «conocer a JHWH» («sino de esto se gloríe quien quiera gloriarse, de acertar y conocerme...»: השׂכל וידע אותי, Jer 9,23). שׂכל queda así muy cerca del sentido más pleno de ידע (v.s. p.158s). El «acierto» del hombre reside exclusivamente, según esto, en vivir orientado hacia Dios[167]. No se puede *lograr* el hombre de otro modo: Quien persigue otro proyecto[168] o se fabrica sus dioses y «no conoce» al verdadero, es incapaz de שׂכל (Is 44,18) e incurre, por el contrario, en el

---

[163] PEDERSEN obtiene su concepto de «sabiduría» (a partir de Job 12,13-15), atribuyendo a esa nota divina todo lo que el paso de Job atribuye a la sabiduría *y a la fuerza y al designio y a la inteligencia* de Dios (עמו חכמה וגבורה לו עצה ותבונה: v.13). Concluye así que «Wisdom is the same as blessing: the power to work and to succeed». Y acerca de שׂכל (que considera sinónimo de חכמה) dice asimismo: «Understanding is thus the same as blessing, a power to live and accomplish the purpose one has set onself in life» (cf. *Israel* II, 198s). -- Pero שׂכל significa el logro mismo (no el poder para alcanzarlo) y jamás aparece en relación con ברך (bendecir).

[164] Cf. Dt 29,8; Jos 1,7s; 1 Re 2,3; 2 Re 18,6.

[165] Según la expresión de Mt 16,23: φρονεῖν τὰ τοῦ θεοῦ. Aunque LXX trasladan שׂכל de ordinario con συνίειν (observar, comprender); muy raramente, con φρονεῖν (Sal 94,8), φρόνησις (Job 17,4; Dan 1,17).

[166] El 2º inf. constr. puede traducirse por gerundio (cf. JOÜON, *Gramm.*, 124o).

[167] SAEBØ (*THAT* II, 827) y KOSMALA («Maśkîl», 235s) no dejan de advertir este valor teológico de שׂכל.

[168] Cf. Jer 10,21; 20,11; Sal 36,4; 94,8; 106,7; Job 34,27. Son éstos «consejos» (עצות) o proyectos humanos que, al ser confundidos por JHWH (שׂכל Pi: Is 44,25; cf. 47,13), conducen al malogro inexorablemente.

fracaso de la vergüenza (בוש)[169].-- El antónimo סכל (v.s. p.167) designa igualmente, más allá del error, la conducta pecaminosa. Como coinciden el acierto (שכל) con la observancia de la ley, así coinciden pecado y desatino (סכל): «¡Te equivocaste! No guardaste el mandato de JH» (נסכלת לא שמרת את־מצות יהוה: 1 Sam 13,13)[170].

e) Usos nominales de שכל

El nombre מַשְׂכִּיל, el inf. לְהַשְׂכִּי(ל) y el abstracto שֶׂכֶל siguen puntualmente la significación verbal:

α. La forma participial משכיל, usada 36 veces como nombre[171], exhibe con frecuencia valor de substantivo[172]. Su pl. המשכילים (siempre determinado) designa en los dos últimos capítulos de Dan a un grupo en el seno del pueblo (משכילי עם: 11,33), forjadores de justos (מצדיקי הרבים: 12,3), que «harán comprender a los muchos» (יבינו לרבים: 11,33). המשכילים, relacionados al parecer con «los conocedores de su Dios» (עם ידעי אלהיו: 11,32), debe significar aquí, por tanto, «instructores» o maestros de vida («los que hacen acertar»)[173]. -- En cuanto al משכיל que encabeza algunos salmos, bien pudiera traducirse por «acierto» (incluso en el sentido de «capolavoro»[174]).

---

[169] Cf. Is 44,11(18); Jer 20,11. מביש es el opuesto más característico de משכיל (cf. Prov 10,5; 14,35; 17,2). El Siervo, en cambio, persuadido de que se logrará (ישכיל: Is 52,13), viene a decir confiado: «non confundar in aeternum» (כי־לא אבוש: 50,7).

[170] Cf. 1 Sam 26,21 y 2 Sam 24,10 (1 Cr 21,8) donde se corresponden exactamente חטא (pecar) y סכל. En 2 Cr 16,9 סכל Ni resume el pecado de Asá, rey de Judá, que prefirió apoyarse en Benadab antes que en JHWH (v.7). El uso más antiguo de סכל (Gen 31,28) no atestigua con certeza ese valor, aunque הִסְכַּלְתָ עַשׂוֹ podría significar «has obrado mal», y anticipar así la acusación de robo (cf. v.30).

[171] Cf. Tabla XVIII A, que registra exclusivamente los usos nominales de משכיל, a excepción del que titula los salmos 32,42,44,45,52-55,74,78,88,89,142 y ocurre además en 47,8. Tampoco incluye la tabla Sir 13,22, donde משכיל (en relación con el hablar del pobre [דל]) es traducido por las versiones como adv. (cf. v.g., NBE: «habla con acierto»).

[172] Cf., además de los 14 salmos citados en la nota anterior, Am 5,13; Sal 14,2(= 53,3); Job 22,2; Prov 10,19; 15,24; Dan 11,33.35; 12,3.10. Es raro de suyo el empleo de la forma מקטיל con dicho valor substantivo (JOÜON, Gramm., 88m).

[173] KOSMALA los relaciona con los que enseñaban en Qumrán el camino de la vida (cf. «Maśkîl», 240).

[174] DELEKAT deduce de Sal 47,7s una equivalencia parecida: «ein erfolgreicher Psalm» (ZAW 76 [1964] 282). KRAUS propone asimismo «kunstvoll gestaltetes Lied», «Kunstlied» (Psalmen, XXIII).

משכיל ejerce de calificativo 13 veces. Es adjetivo de humildes (que podrían ser maltratados o despreciados; cf. Sir 7,19.21; 10,23): se dice exclusivamente del súbdito o del siervo (עבד)[175], de la esposa[176], del hijo[177] y del pobre (דל)[178]. Incluso algunos de los משכילים de Dan deberán sucumbir en una prueba (11,35), y tampoco el משכיל de Am 5,13[179], que prefiere callar, domina su circunstancia. El significado de משכיל incluye una nota de sumisión.

El AT nos proporciona indirectamente alguna definición de משכיל: משכיל es «el que busca a Dios» (Sal 14,2=53,3) o quien tiene el acierto de cosechar en el estío (Prov 10,5), de contener sus labios (Prov 10,19); משכלת, la esposa que ayuda y asiste mejor que los amigos (Sir 40,23; cf. 25,8). «Acierta», por consiguiente, el משכיל, ajustando su proceder a la conducta recta, debida. Ese matiz de fidelidad que incorpora משכיל, permite traducirlo por «fiel», «perfecto», «cabal»[180]. משכיל(/ת) es el hombre atinado, el hombre (la mujer) cabal. Y la justa norma, que parece alguna vez dictada por la prudencia simplemente, es al cabo expresión de la voluntad divina; pues el proceder contrario a ella se califica en algún caso de פשע (pecado: Prov 10,19).

Es curioso advertir que משכיל no aparece en el vasto campo semántico de la «sabiduría» o la «sensatez»: «prudente» (צנוע, ערום, נבון, מבין, חכם, בן, etc.) y su opuesto acostumbrado, «necio» (פתי, נבל, כסיל, שפש, בער, אויל), tan frecuentemente combinados entre sí, no componen jamás el paralelo de משכיל [181]. Tampoco debe ser casual que משכיל nunca se construya con לב (facultad

---

[175] Cf. Prov 14,35; 17,2; Sir 7,21; 10,25.

[176] Cf. Prov 19,14; Sir 7,19; 25,8; 40,23.

[177] בן (Prov 10,5; Sir 47,12); ילד (Dan 1,4).

[178] Cf. Sir 10,23 (y 13,22).

[179] Cf. n.127. -- Según SELLIN, «משכיל bedeutet hier aber nicht den *Klugen*, sondern... eine Liedart» (*Das Zwölfprophetenbuch* 1.H., 239). JACKSON propone, por su parte: «the successful... person will wail... at that time, for it will be a time of disaster» (*ZAW* 98 [1986] 435).

[180] Es posible que los adjs. ἀγαθός (bueno, perfecto) y πιστός (fiel) que Mt 25,21 (// Lc 19, 17) predica del siervo (δοῦλος), expliquen la condición del עבד משכיל sapiencial, el siervo atinado: cabal y fiel. -- Mt 24,45 (// Lc 12,42: οἰκονόμος) califica al siervo de πιστός y φρόνιμος (prudente) que en LXX nunca traduce משכיל, sino נבון (לב), חכם (לב) מזמה y איש ערום.

[181] El חכם // que aparece en Sir A10,25 es conjetura. El editor de Sir B prefiere suponer otro משכיל en paralelo. LXX (que corresponde en este punto al ms B) trae ἐπιστήμον (conocedor, inteligente, diestro) que traduce generalmente formas de בין y ידע (sólo traduce משכיל en Dan 1,4 y Sir 47,12). -- נבל (Sal 14,1) podría ser considerado opuesto de משכיל (v.2). Así lo entiende, p.e., BRIGGS que, sin embargo, precisa al respecto: «The *Nabhal* is not a 'fool'... He is not the antith. of the wise, but of the one acting intelligently v.2» (*Psalms* I, 105). Mejor que

intelectiva), al contrario de lo que ocurre con חכם o נבון[182]. Al sensato no se le llama משכיל, «al sensato (לחכם לב) se le llama inteligente» (נבון: Prov 16,21)[183]. El משכיל personifica más bien la conducta acertada de quien vive orientado hacia Dios (דרש את־אלהים: Sal 14,2)[184]. En paralelo se le oponen los enemigos de Dios y de su pueblo, «que obran la iniquidad» (פעלי און: Sal 14,4), los malvados (רשעים: Dan 12,10), el violento (איש [חמ]ס: Sir 10,23) y, sobre todo, el מביש: el que obra vergonzosamente y está abocado a la vergüenza[185].

El משכיל, por el contrario, está destinado al éxito: El destino dichoso de «los que hacen comprender» será también «comprender» (בין, por oposición a los malvados que «no comprenderán»: Dan 12,10) y brillar como brilla el firmamento (Dan 12,3)[186]. El siervo atinado, cabal, terminará por ser servido (Prov 17,2; SirB 10,25); obtendrá la estima de su dueño (Prov 14,35; Sir 7, 21), la libertad (Sir 7,21), herencia entre los hijos (Prov 17,2) y gloria (רום: Sir 10,25). Para el משכיל, en suma, hay un camino que asciende hacia la vida, divergiendo de la cuesta abajo hacia el שאול (Prov 15,24).

β. *El abstracto* שֵׂכֶל es frecuente sobre todo en el hebreo tardío[187]. שֵׂכֶל, que se predica del hombre exclusivamente[188], proviene al cabo de JH[189],

---

«inteligentemente», sería «acertada, debidamente». En cualquier caso, BRIGGS, no sólo distingue al sabio del משכיל (y al necio del נבל), sino que considera a נבל opuesto de משכיל, en cuanto que personifican dos *conductas* contrarias.

[182] Cf. חכם־לב (Ex 31,6; Prov 10,8; etc.), לב חכם (1 Re 3,12); לב נבון (1 Re 3,12; Prov 14, 33; 15,14; 18,15).

[183] Un análisis detallado de חכם, נבון, etc., que ayudaría sin duda a precisar ulteriormente el concepto de משכיל, queda fuera de los límites de este estudio.

[184] KOSMALA, a pesar de admitir con la mayoría que שׂכל significa «ser prudente», ha conseguido de su estudio una definición bastante certera de משכיל, que no incorpora la nota de prudencia o sensatez: «He who aspires to that right understanding [conocimiento de Dios], who thinks and acts in the consciousness of his dependence on God is the only true *maśkîl*» («Maś-kîl», 235).

[185] Cf. Prov 10,5; 14,35; 17,2. *V.s.* p.172s.

[186] Eso viene a decir de los «justos» (δίκαιοι) Mt 13,43.

[187] Ocurre 30 veces, 14 de ellas en Sir (cf. Tabla XVIII B). Es incierta la presencia del subst. en Sir 32 [35 en BR], 18b, un verso de autenticidad discutida (cf. STRACK): E y D (SCHEIBER) traen שׂכל, pero B presenta en su lugar שחד (regalo, soborno). שׂכל parece menos probable en Sir 40,18 donde LXX ha leído וְשָׂכָר (καὶ ἐργάτου, y del trabajador). La tabla no incluye estos dos pasos.

[188] Aunque, como cualquier otra realidad (דבר), no resulte ajeno a Dios: ולא[] לֹא נ[ע]מְדַּר (//ולא חָלְפוּ, «no se le escapa»: Sir 42,20).

lo da de comer la sabiduría (Sir 15,2s) o se adquiere (לקח) de las palabras de los sabios[190]; es don precioso, de más valor que la hermosura (חן)[191] y las riquezas (Sir 10,30). Por eso es motivo de honra[192] y obtiene el favor de Dios y de los hombres[193]. Solamente lo desprecia el כסיל (insensato, inmoral: Prov 23,9). Es condición indispensable para el éxito[194], el éxito mismo [195] y, en fin, una fuente de vida[196].

Por lo que atañe a la significación concreta, שכל podría reducirse al acierto intelectivo, cuando aparece en paralelo de תבונה (comprensión[197]) o copulado a בינה (comprensión, inteligencia)[198]; aunque el Cronista parece atribuirle mayor alcance, al resumir el gobierno ideal en שכל ובינה (acierto y comprensión; cf. Sir 10,3). Que se adquiera (לקח) este שכל de la enseñanza de los sabios, permite derivar al substantivo, en algún caso, del causativo השכיל (proporcionar acierto, hacer comprender) y traducirlo por «instrucción»[199]. Es éste un «acierto» frecuentemente unido a la palabra[200], que lo entrega y lo exhibe; metonímicamente puede equivaler a «ciencia»[201].

El substantivo aparece sobre todo en el ámbito del comportamiento, significando el acierto práctico (la conducta acertada, debida) o el éxito que deri-

---

[189] Cf. Sir 11,15; 1 Cr 22,12. -- El significado de שכל en Sir 11,15 resulta incierto: Los vv. 15s faltan en BSA y son atestados sólo por algunos Mss de menor autoridad. Quizás וחכמה («sabiduría y», en un estico excesivamente largo, 15a) sea glosa equivocada del siguiente שכל que, en // con חטא (pecado), debiera significar «error» (v. n.132): «error y comprensión de la palabra, de JHWH ello // pecado y caminos rectos, de JHWH ello» (cf. el juego de opuestos del v. anterior: «bien y mal, vida y muerte..., de JHWH»).

[190] Cf. Sir 8,9; 16,24 (//דבר); Prov 1,3 (הַשְׂכֵּל); לא יקח, no lo adquiere el inicuo o violento (איש חמס :Sir D,E 32,18b; cf. n.187).

[191] Cf. Sir 26,13.

[192] Cf. Prov 12,8; Sir 10,30; 13,23.

[193] Cf. Prov 13,15 (3,4).

[194] Cf. Job 17,4; Sir 10,3; Dan 8,25; 1 Cr 22,12; 2 Cr 2,11.

[195] Cf. Prov 19,11 (// תפארה, adorno); Sir 32,2.

[196] מקור חיים (Prov 16,22; cf. Sir 26,13).

[197] Sólo una vez: «le dará de comer el pan del acierto (שכל) // y el agua de la comprensión (תבונה) le dará de beber» (Sir 15,3). תבונה, abstracto de בין (Ni = «ser inteligente»; Hi = «comprender»), es más probable que derive su significado del Hi (cf. JOÜON, Gramm., 880).

[198] Cf. 1 Cr 22,12; 2 Cr 2,11. La bina שכל ובינה es exclusiva de Cr (cf. Sir 11,15: דבר והבין, «y comprensión de la ley» [// «caminos rectos»]).

[199] Cf. Sir 8,9; 16,24; 50,27; Neh 8,8.

[200] Cf., con דבר, Job 34,35; Sir 13,23; 16,24; 42,20; con מלל, Prov 23,9; Sir 32,3.

[201] Sólo en este sentido no le falta a JHWH (cf. n.188).

va de aquel: שׂכל corresponde en paralelo al «temor de Dios» (Sal 111,10) y quizás a «los caminos rectos» (Sir 11,15; *v.* n.189); o bien se contrapone al mal obrar[202], a la perfidia (דרך בגדים: Prov 13,15), la estupidez, el desatino (אִוֶּלֶת: Prov 16,22)[203], o alguna personificación de la conducta depravada[204]. La expresión שׂכל טוב (lit. «buen acierto»)[205] podría significar *praegnanter* el buen criterio y la consiguiente conducta acertada.

שׂכל no aparece con sinónimos de «prudencia», si es que no se atribuye tal sentido a las formas de בין que raramente le acompañan en la literatura más tardía. Tampoco ha formado nunca el paralelo de חכמה (sabiduría, sensatez); lo que sería sorprendente, si fuera éste el significado radical de שׂכל. Pero חכמה no es sinónimo de שׂכל, sino la fuente que lo procura[206]. שׂכל siempre significa más de cerca lo conseguido (lo acertado, lo certero) que la prudencia que permite alcanzarlo.

γ. El inf. abs. הַשׂכ(י)ל, usado siempre como nombre[207], permanece en la misma línea de significación: de ordinario aparece con דַּעַת (ciencia «imprimis *scientia de Deo*»: Zorell, *LH*, 177a)[208]; y en el diccionario sapiencial de Prov 1,1-6, está inmediatamente referido (no a חכמה o בינה [v.2], sino) a la *conducta* ideal que describen «justicia y derecho (o «probidad») y rectitud» (v.3).

f) La peculiaridad significativa de שׂכל *consiste en que refiere al compor-*

---

[202] Abigail era mujer de conducta acertada (טובת־שׂכל, «buena de acierto»; שׂכל es gen. determinativo), en oposición a su marido, «duro y malo de acciones» (קשה ורע מעללים: 1 Sam 25,3). No se contraponen caracteres, sino conductas (cf. ZORELL, *LH*, 458b: «male se gerens») y la expresión הקשה...מעלליהם resume en Jud 2,19 el atropello del pacto y sus leyes (v.17).

[203] TOY describe al אויל como «ignorant, inapprehensive, disobedient to human and divine law» (*Proverbs*, 329s). Cf. ZORELL, *LH*, 22a: «stultitia... praesertim ea qua quis se a virtute abduci sinit». אולת resume en Prov la conducta improcedente (cf., e.g., 5,23).

[204] «Perverso de corazón» (נעוה־לב: Prov 12,8); «ethice deflexus» (ZORELL, *LH*, 578a); «a wrongheaded man» (TOY, *Proverbs*, 245), a lo que se opone propiamente «el acierto» del otro y no, «his intelligence», como traduce TOY. El proverbio no contrapone cualidades exclusivamente, sino dos tipos de criterio y de conducta (cf. PLÖGER, *Sprüche*, 149). -- «Depravado» (פרוע: Sir 10,3), «dissolutus, effrenatus» (ZORELL, *LH*, 669a).

[205] Cf. (1 Sam 25,3) Sal 111,10; Prov 3,4; 13,15; 2 Cr 30,22.

[206] Cf. Sal 111,10; Sir 15,3; 2 Cr 2,11.

[207] Cf. Tabla XVIII C. -- En Jer 3,15 (ורעו אתכם דעת והשׂכיל, y los apacentarán conocimiento [de Dios] y acierto), suelen traducirlo como adv. (cf. RUDOLPH, *Jeremia*, 26).

[208] Cf. Jer 3,15; Job 34,35 (Prov 1,3s). Dan 1,17 lo asocia con el aramaizante y tardío מַדָּע (conocimiento, ciencia; cf. ZORELL, *LH*, 412b).

tamiento más expresa y constantemente que ידע: aun donde significa en primer término «comprender», incluye el acierto práctico de la conducta justa (cf.
p.166s) e incluso el éxito (la vida) que aquella garantiza (cf. p.172). -- Aunque
«acertar» y «ser inteligente» sean conceptos relativamente próximos (sobre
todo, a nivel de abstracción, en que «acierto» puede ser sinónimo — al menos,
en nuestras lenguas — de «prudencia», «cordura»), representan ideas rigurosa-
mente distintas. Atribuyendo a שכל el significado propuesto, no sólo se obtiene una equivalencia más exacta y más constante (cf. n.146), sino que desaparece al punto la dificultad que supone sin duda[209], derivar del concepto «ser
sensato» los distintos sentidos de שכל.

g) *En Is 40-55*, שכל puede expresar, por consiguiente, tanto el acierto
intelectivo como el práctico. Si los verbos de conocer, asociados a שכל en
41,20 y 44,18s, realzan al parecer la primera acepción («comprender»), los
sinónimos de enaltecimiento que lo escoltan en 52,13, parecen orientarlo a
significar el buen éxito, la futura excelencia del Siervo. Y como en este caso
el éxito (שכל) presupone la comprensión y el saber certeros (cf. Is 53,11), así
el comprender (שכל) de 41,20 incluye la demostración práctica del acierto
intelectivo e incluso la prosperidad que la conducta debida trae consigo. --
Este último sería el sentido preponderante de שכל, aun en 41,20, si el verbo
estuviera usado aquí con valor intransitivo (*v.i.* C): «Los árboles verán...y
acertarán»; es decir, Israel se logrará, como el Siervo del Señor (52,13).

C) La estructura sintáctica de Is 41,20

Conocidos el uso y el valor del vocabulario precedente, quedamos en mejor disposición para decidir la estructura sintáctica (y la consiguiente función
formal) de la última estrofa del poema.

1.- ¿«Erkenntnisformel»?

La serie verbal de 20a podría ser considerada, en cuanto a la forma, una
«Erkenntnisaussage» propiamente dicha[210]. El v.20 presenta, en efecto, no

---

[209] Cf. BDB: «meanings hard to classify: scholars differ greatly» (968a).

[210] Así se considera comúnmente, desde el momento que Is 41,20 pasa por representar una
«Erkenntnisformel», amplificada al estilo deuteronómico (cf. n.88). -- Según la terminología de
ZIMMERLI, la «'Erkenntnis'-Aussage im engeren Sinne» es la expresión concreta del (re)conocer
futuro (es decir, כי + ידע), abstracción hecha de la formulación de su objeto (*Erkenntnis*, 48).

pocas coincidencias respecto de la EF en general; y más en concreto, respecto de Dt 4,35-40; 29,1-8, dos EFn compuestas quizás en tiempo del exilio[211]:

Is 41,20a   Dt 4,

למען
יראו

35 A tí se te hizo ver (הָרְאֵתָ [אַתָּה רָאיתם], Dt 29,1], para
que reconozcas (לָדַעַת) que JH es Dios (כִּי יי הוּא הָאֱל)

36 ... te hizo oir (הִשְׁמִיעֲךָ)... te hizo ver (הֶרְאֲךָ)...

37 ... y te sacó de Egipto...

38 ... para introducirte, a fin de entregártela, en la tierra...

וְיָדְעוּ
וישימו

39 Pues reconocerás (וְיָדַעְתָּ) [Dt 29,5: לָמַעַן תֵּדְעוּ]) hoy y
llevarás a tu corazón (וַהֲשֵׁבֹתָ אֶל־לְבָבֶךָ) que JHWH es
Dios (כִּי יי הוּא הָאֱל)...

40 Y guardarás los mandatos... de modo que te vaya bien

וישכילו יחדו

(לְמַעַן תַּשְׂכִּילוּ] אֲשֶׁר יִיטַב לָךְ, Dt 29,8]).

כי יד־יי עשׂתה זאת

La confrontación pone también de relieve notables diferencias: ראה (ver) y שׂכל (acertar, prosperar) no configuran en Dt el conocer futuro: El primero reprocha una experiencia fallida que no bastó para engendrarlo (cf. 29,3); y el segundo no significa sino la prosperidad que resulta del cumplimiento de la ley. De manera que no integran la EA, ni rigen por consecuencia la oración-objeto «JHWH es Dios».

Aunque la acentuación masorética de Is 41,20 (al puntuar יחדו con *zāqēf parvo* [en vez de *'āṭnah*]) favorece la lectura común (oración final, prolongada por «proposition-objet syndétique»; Joüon 157c), no es ésta razón suficiente

---

La confrontación... Aquí la llamaremos simplemente «Erkenntnisaussage» (EA), y al conjunto de los dos elementos (conocer + objeto), «Erkenntnisformel» (EF); de acuerdo con la nomenclatura propuesta por el mismo autor en «(Erweiswort)», 157.

[211] Se estima que ambos pasos pertenecen al segundo marco redaccional de Dt (cf. SELLIN — FOHRER, *Einleitung*, 191). Dt 29,4.5 (EF) parecen un desarrollo posterior (cf. ZIMMERLI, *Erkenntnis*, 28). Si en realidad lo fueran, sería más difícil entender la observancia de la ley (v.8) como exigencia o demostración del reconocimiento de JHWH (v.5), que no pertenecería al discurso primitivo.

para excluir que los dos últimos dísticos sean sintácticamente autónomos[212]. Trasladando a יחרו el 'aṯnāh (cf. p.31), la estrofa final quedaría tan simétricamente dividida como las tres anteriores.

2.- Oraciones independientes

Existen además otros indicios que corroboran la estructura propuesta en p.34:

a) Is 41,20aαβ, como EA, es ciertamente peculiar: De ella sorprende, sobre todo, su enorme desarrollo. Semejante dilatación verbal de la EA, desconocida incluso en el marco propicio de la parénesis deuteronómica[213], se repite tan sólo en Is 43,10. Se diría característica de DtIs, si no fuera porque las restantes EAn de 40-55 se contentan con el formulístico ידע para expresar el conocimiento pretendido[214]. La esmerada descripción de 41,20a demuestra el particular interés del autor (y concentra la atención del lector) en el fenómeno mismo del futuro conocer; lo que hace verosímil que los verbos sean usados sin obj., con el valor absoluto que exhiben frecuentemente en DtIs[215].

b) ראה (ver), si bien insólito, no es del todo extraño en la EA[216]. שׂים (tener en cuenta), presente en el contexto de la EF de Is 41,23 (שׂים לב: v.22), no queda lejos del שׁוב אל־לב (recordar) que amplía la EA de Dt 4,39. שׂכל (acertar) aparece ante ידע en Jer 9,23 (donde, sin embargo podría tener sentido

---

[212] Los intérpretes han desatendido la misma indicación en Is 40,5 (cf. n.24), porque כי פי יהוה דבר (que de suyo podría ser una formulación más libre del contenido del conocer, expresado en este caso por ראה) aparece en otros contextos como fórmula conclusiva (Cf. Is 1,20; 58,14 (Miq 4,4). «Bestätigunsformel» la llama ELLIGER (cf. *Deuterojesaja*, 7.21).

[213] De las 12 EAn que registra ZIMMERLI en Dt (4,35.39; 7,9; 29,5) y literatura dependiente (Jos 23,14; 1 Re 8,43//2 Cr 6,33; 1 Re 8,60; 2 Re 19,19//Is 37,20; Sal 100,3; 2 Cr 33,13; cf. *Erkenntnis*, 28s), 11 utilizan exclusivamente el característico ידע; solamente Dt 4,39 le añade la locución השיב אל־לב (recordar). Una ampliación adverbial («con todo vuestro corazón y toda vuestra alma»), en Jos 23,14.

[214] Cf. 45,3.6; 49,23.26; 52,6.

[215] *V.s.* pp.148s; 154, n.53; 169.171, n.162 (incluso שׂים aparece alguna vez sin obj. expreso [p.162]). -- ELLIGER percibe también en el ירא de 41,20 el sentido absoluto de «ser vidente» (cf. *Deuterojesaja*, 168).

[216] Frente a los 78 pasos de Ez, que utilizan ידע más o menos formulísticamente, ZIMMERLI registra uno, acaso dos, que lo substituyen por ראה (*Erkenntnis*, 7s).

intransitivo: «acertar y conocerme»[217]) y en el discurso inicial de Dt 29 (v. 8), aunque la EF de este paso (v.5) pudiera ser secundaria (cf. n.211). Pero שִׂים y שָׂכַל parecen especialmente inadecuados, porque nunca (de no ser en este caso) han construído su obj. con el כי que la fórmula exige[218]. ¿Habría que leer 20aβ como un paréntesis, de manera que וַיֵּדְעוּ continuase con el acostumbrado כי?

c) La serie isaiana aparece, por fin, cerrada por יַחְדּוּ (a una) (וֹ)יַחְדָּ[219], frecuente sobre todo en la sección central de Is[220], es un recurso estilístico *conclusivo*, especialmente en nuestro autor: 15 veces (de 19) coincide (וֹ)יַחְדָּ con el final de su oración[221]. Y en aquellos otros pasos de 40-55, en que יַחְדּוּ va seguido por כי[222], éste se considera enfático o explicativo, y nunca, engarce del obj. verbal. -- El que las EFn de 40-55 formulen constantemente de otro modo el contenido del conocer, con «Yo soy JHWH /HW'» (*v.s.* pp. 154s), favorece ulteriormente este punto de vista.

Parece por consiguiente más probable que Is 41,20 contenga dos oraciones autónomas, de diversa función estructural: La primera, delimitada por לְמַעַן y יַחְדּוּ, expresa la *finalidad* de la transformación («para que vean... y se logren a una»); la segunda («En verdad que la mano del Señor... lo ha creado») *certi-*

---

[217] Cf. n.142. -- En Jer 9,23, considerado en general tardío (cf. SELLIN — FOHRER, *Einl.*, 438; en contra, RUDOLPH, *Jeremia*, 69), falta la previa acción divina que suscite el conocimiento. ZIMMERLI (quizá por eso) no lo considera, al parecer, EF (cf. *Erkenntnis*, 34 y n.48). Su formulación del conocer es, sin embargo, idéntica a la de Jer 24,7 (יָדַע אֹתִי כִּי אֲנִי יהוה), que ZIMMERLI propone como única en todo el AT (*ibid.*).

[218] Cf. Tablas XV, XVI y XVII (A y B). Tampoco רָאָה construyó nunca su obj. con כי en 40-55 (cf. Tabla XII), aunque tal construcción es perfectamente regular.

[219] Cf. JOÜON, *Gramm.*, 102d y n.3: «Le suffixe a une valeur vague». -- Según MAUCHLINE, *GlasgOrTrans* 13 (1947-49) 51, «the use of *yahad* cannot in any way be distinguished from that of *yahdau*». De parecida opinión es De MOOR, *VT* 7 (1957) 350.

[220] Cf. 40,5; 41,1.19.20.23; 42,14; 43,9.17.26; 44,11; 45,8.16.20.21; 46,2; 48,13; 50,8; 52, 8.9. También Jer emplea (וֹ)יַחְדָּ frecuentemente (15 veces).

[221] (וֹ)יַחְדָּ lleva en 10 ocasiones *sillûq* o '*atnāḥ* («qui lui est pratiquement égal»: JOÜON, *Gramm.*, 15j); 5 veces, *zāqēf parvum*; 2, *tifḥā* y una, *rʿvîʿ*. -- La tendencia conclusiva de יַחְדּ se advierte hasta donde no marca el final de la frase: 41,1(TM) trae יַחְדּוּ (acentuado con *tifḥā* disyuntivo) al inicio del segundo estico (al estilo peculiar de Job, cuyo autor gusta de adelantar יַחְדּ a posición enfática), pero LXX lo han leído concluyendo el estico primero. En 45,20 y 52,9 también cierra y contiene יַחְדּ las respectivas series de imperativos, aunque deje luego rebosar sendos solemnes vocativos de dos acentos. Sólo en 52,8 lleva יַחְדּוּ acento conjuntivo (*mûnāḥ*), eufónicamente antepuesto al verbo en que *termina* la frase.

[222] Cf., además de 41,20, 40,5; 52,8.9.

fica el cumplimiento del proyecto[223].

D) Series verbales semejantes

1.- En Is 40-55

La primera parte del v.20, aun cuando se prefiera considerar EA, amplía el horizonte literario de la fórmula que transforma. Is 41,20aαβ promete todo el «conocimiento» que falta en Israel, y recuerda por eso las series contrarias que describen al idólatra (el dechado de la insensatez o la ignorancia) y al Israel obcecado[224]. En oposición a quienes abandonan a JHWH, eligiendo lo que le desagrada (Is 65,11s), y ni conocen (ידע) ni comprenden (בין), impedidos de ver (ראה) y acertar (שׂכל), Is 41,20 viene a decir: «Mis siervos conocerán y se lograrán» (cf. Is 52,13).

2.- El árbol del conocer y los árboles prometidos

a) Pero la atmósfera primordial de Is 41,18-20 y su concreta descripción del conocimiento pretendido (שׂכל, ידע, ראה[225]) evocan sobre todo la escena genesíaca de la tentación (Gen 3,1-7). En efecto; lo que JHWH espera conseguir con su grandiosa trasformación del desierto, coincide en buena parte con lo que el tentador promete a la mujer (ידע, הפקח עינים — un ver y un conocer extraordinarios — 3,5) y con lo que espera obtener ella misma, comiendo del árbol prohibido (v.6):

Y vió la mujer				ותרא האשה
	que era	bueno	el árbol	para comida,	כי טוב העץ למאכל
	y que era	deseo	él	para los ojos	וכי תאוה הוא לעינים
	y	apetecible	el árbol	para acertar.	ונחמד העץ להשכיל

---

[223] *V.s.* p.34 e Is 40,5, un remate similar: כי פי יהוה דבר (La boca de JHWH ha hablado). 45,8 (representación, más que proyecto, de nueva creación), tras un יחד, acentuado asimismo con *zāqēf parvo*: «Yo, JHWH, lo he creado».

[224] Dichas series negativas son especialmente frecuentes en Is: 6,9 (ראה ידע, בין); 40,21 (השיב, שׂכל ראה בין ידע); 42,25 (בין שמע, ידע); 44,9 (ידע ראה); 44,18s (שׂים על־לב ידע); 48,8 (ידע שמע); Dt 32,28s (שׂכל חכם בין, אבד עצות); Sal 82,5 (בין ידע, בחשכה הלך אל־לב). Cf. Mc 8,17s: νοεῖν, συνίημι, πεπωρωμένη καρδία, βλέπειν, ἀκούειν.

[225] Is 35,5 interpreta este «ver», relacionado con la transformación del desierto, como un «abrirse los ojos» (הפקח עינים), expresión que sólo se repite en Gen 3,5.7 (cf. n.38).

b) Las antiguas Versiones (G[226]VS) traducen pleonásticamente los dos últimos incisos: «grato a los ojos y agradable de observar»[227]. Según esto, la mujer diría del árbol prohibido, lo que dice Gen 2,9 de los árboles del jardín, que eran «hermosos de ver (o «de aspecto») y buenos para comida»:

<table>
<tr><td align="center">2,9</td><td align="center">3,6</td></tr>
<tr><td align="center" dir="rtl">נחמד למראה
וטוב למאכל</td><td align="center" dir="rtl">טוב למאכל
תאוה לעינים
נחמד להשכיל</td></tr>
</table>

Pero שׂכל nunca significó «mirar (lo que aparece)» en el hebreo del AT (si acaso lo significa en aram., cf. Dan 7,8); de forma que parece preferible la interpretación del *Targum*[228], que suprime además el pleonasmo de la versión anterior. Así, el último inciso de Gen 3,6 suele ser traducido por «deseable para obtener inteligencia». Más ajustado sería: «deseable para acertar»[229] (cf. p.165s).

c) Pues bien; es posible que ni siquiera תאוה לעינים signifique una atracción sensible. «Hermoso de ver» lo dice de otro modo el mismo autor (נחמד למראה: 2,9) y el resto del AT[230]. תאוה es el deseo *del alma*, por lo que se construye casi siempre con נפשׁ (con לב, corazón, en Sal 21,3), nunca — fuera de aquí — con ל + עינים; de manera que «hermoso a los ojos» no es

---

[226] LXX (ὅτι ἀρεστὸν τοῖς ὀφθαλμοῖς ἰδεῖν) resulta ambigua en este punto (cf. HUMMELAUER, *Genesis*, 154).

[227] Algunos modernos de fama consideran preferible esta versión; cf., e.g., GESENIUS (*Thes.*, 1330); GUNKEL opina que «agradable de ver» es variante (incorporada de otra fuente) de la cláusula anterior (*Genesis*, 14); -- *NEB*: «pleasing to the eye and tempting to contemplate».

[228] ומרגג אילנא לאסתכלא (SPERBER, *The Bible in Aramaic* I, 4). Nuestra *Biblia Medieval Romanceada* traduce: «e presçioso el árbol para entender».

[229] Cf. *NBE:* «para tener acierto».

[230] Cf. יפת־מראה, dicho de Saray (Gen 12,11), de José (Gen 39,6), de las vacas del sueño (Gen 41,2), de David (1 Sam 17,42); יפת תאר (Abigail; 1 Sam 25,3); טוב מראה (Rebeca; [Gen 24,16; 26,7]; Dan 1,4); טוב ראי (David; 1 Sam 16,12); מחמד עינים (1 Re 20,6; Ez 24, 16.21.25; Lam 2,4; Sir 45,12). Esta última expresión (probablemente la más cercana a תאוה עינים) designa a personas y cosas del mayor precio: joyas, templo de JHWH, seres queridos; antes que su hermosura (o el placer que procuran a los ojos) considera el valor que aquellas tienen en opinión («a los ojos») de quien aprecia. A diferencia de las otras expresiones, que se refieren al *aspecto* externo, esta última significa más bien «precioso», «apreciado».

un sentido que pueda corroborar otro pasaje. Acaso quepa la interpretación siguiente:

ותרא (y vió) resume los pensamientos, la nueva convicción de la mujer, y no meramente el espectáculo que se ofrece a sus ojos; porque un simple mirar sólo podría recoger del árbol la grata sensación de su hermosura. La mujer, en consecuencia, más que ver, cree, cegada ya por la serpiente. Y no parece improbable que su discurso vaya luego repasando la inmediata sugestión del tentador («se *abrirán* vuestros ojos», «seréis *como dioses conocedores del bien y del mal*»: v.5): «...el árbol era bueno para [dar] comida [aunque el Señor asegurase que producía la muerte] y deseo (o «conveniente»[231]) para [*que se abrieran*] los ojos y apetecible para *acertar*». Lo que atraía de aquel árbol no era principalmente su hermosura (común si acaso a los demás), sino la belleza de otro orden, que su fruto permitiría percibir a unos ojos abiertos. El deseo (*de la mujer*) para los ojos era que se abriesen.

Por otra parte, el puro deleite de los ojos no exigía comer; para que los ojos *se abrieran*, sí era en cambio necesario. Y el argumento de que la belleza descubierta en el fruto [?] por los ojos, habría de inducir a la mujer a poseerlo con sus demás sentidos, pierde alguna fuerza, cuando se considera que los tres asertos de la mujer (incluído el que predica supuestamente la hermosura) se refieren con monótona insistencia al árbol, no a su fruto.

Los comentarios, que hablan con fina perspicacia de la seducción de los sentidos[232] y del encanto de lo vedado[233], suponen en la mujer un deterioro que sólo el pecado posterior trajo consigo. Aquella mujer diferente, que ignoraba estar desnuda (2,25; 3,7.11) y no estaba condenada a sus deseos todavía (3,16), debió decidir con ecuanimidad incomparable. La primera mujer sólo anhelaba ser como Dios, vislumbrando compatibles ambos modos de existir: ansiaba oscuramente «en el principio» al Hombre-Dios de «la plenitud del tiempo» (Gal 4,4). Quién sabe si, de haber contenido en un ruego su impaciencia, sólo hubiera tenido que escuchar del Creador: τί ἐμοὶ καὶ σοί, γύναι; οὔπω ἥκει ἡ ὥρα μου (Jn 2,4); algo así, como «nuestros planes son distintos, mujer; aún no es hora de eso». La atracción de los sentidos no debió

---

[231] En lugar de תאוה (subst., «choquant» entre dos adjs.), P. JOÜON propone leer נָאוָה (hermoso) y traduce: «'beau' a voir» (*MUSJ* 6 [1913] 206). -- La conjetura es mejor que la traducción: נאוה sólo significa «hermoso» en Cant (1,5; 2,14; 4,3; 6,4 [Jer 6,2, cf. *BHS*]); en los autores restantes (Sal 33,1; 147,1; Prov 17,7; 19,10; 26,1; Sir 10,18) significa «conveniente», «apropiado» (cf. ZORELL, *LH*, 490b: «decens»).

[232] Cf. SKINNER, *Genesis*, 75

[233] Cf. WESTERMANN, *Genesis*, 338.

jugar un papel preponderante. De las palabras de la protagonista (¿por qué
suponerlas una disculpa pueril?) más bien resulta que no fué la belleza sensible lo que sedujo a la virgen Eva, sino el deseo de una vida superior y, en
último término, la astucia de la serpiente antigua («la serpiente me engañó»,
Gen 3,13).

E) Recapitulación

Ver y conocer, atender y acertar, equivalen a vivir una vida de rango
superior o más auténtica, en cuya comparación cualquier otra es una muerte
(ser desierto, tener ojos y no ver). La bendición prevista en Is 41,18-20, hará
del «Pueblo ciego» un pueblo de videntes (cf. שְׁתֻם הָעָיִן [«abierto de ojo»], Nu
24,3.15; cf. 2 Re 6,17-20), cuya agudeza visual hace de pronto transparente
el espeso velo de la Historia, descubriendo su sentido y su verdad. El nuevo
conocedor o nuevo viviente está en el secreto de Dios.

En Is 41,18-20 es el propio Creador quien, prometiendo convertir a Israel
de yermo en parque, «para que vean y conozcan», viene a decirles: «seréis
como dioses». Estos árboles prometidos sí que son «deseables para los ojos»,
para que al fin se abran; pues significan (representando a un pueblo nuevo)
que ya cesó la maldición de oir sin entender y ver (ראה) sin comprender (ידע);
la misma maldición que convirtió a Israel en un desierto (cf.Is 6,9-13).

CAPITULO X

La nueva creación (v.20aγb)

כי יד־יהוה עשׂתה זאת
וקדוש ישׂראל בראה

La frase duplicada del último dístico tiene por doble sujeto יד יהוה //
קדוש ישׂראל (la mano de JHWH // el Santo de Israel); resume en זאת // ה (esto
// ello) todo el afán de Dios sobre el desierto, y caracteriza la acción misma
de acto creador (ברא // עשׂה).

A) El Creador

1.- יד־יהוה («la mano de JHWH»)

En nuestro Libro, יד (mano) se presenta de ordinario en singular[1]; sólo
en el cap.45 aparece por tres veces su dual: JHWH usó *las dos* manos, para
extender (נטה) los cielos (v.12)[2] y para modelar (יצר) a sus hijos (v.11)[3]; de
la obra del alfarero (o quizás del alfarero mismo[4]) no puede el barro decir que
le falten las manos (v.9). -- Convendrá observar primero qué dice nuestro
Libro de la mano creada, por si ayuda a comprender cómo concibe la mano
del Creador.

---

[1] Cf. 40,2; 41,20; 42,6; 43,13; 44,5; 47,6.14; 48,13; 49,2.22; 50,2.11; 51,16.17.18.22.23;
53,10.

[2] 48,13 atribuye la misma acción (טפח) a su diestra.

[3] Supone JOHNSON que el empleo de ambas manos se consideraba más eficiente (cf. *The
Vitality*, 60s).

[4] Cf. DUHM, *Jesaja*, 343. -- El texto incierto de 45,9-11 permite distintas lecturas. En todo
caso, parece reflejar la desconfianza de Israel en el poder salvífico de JHWH o de su mediador
(cf. 50,2: «¿Acaso es demasiado corta mi mano para librar?»).

a) *La mano de las criaturas*

Is 40-55 hablan siempre «in obliquo»[5] de *la mano del hombre*, que nunca obtiene papel de sujeto en la sección y se limita a soportar la acción del verbo. Solamente aparece operativa la «mano» del Siervo, por cuyo medio se logrará la voluntad de JHWH (53,10), aunque también se adivinan activas la mano de Babel (47,6) y la mano implacable de la llama (47,14) — todas ellas, de algún modo, prolongación de la mano divina.

La mano creada aparece en los sintagmas ביד החזיק, coger (de, por) la mano (42,6 [*v.i.* b]; 51,18), כתב [ב]ידו, grabar [en] su mano (44,5), נתן ביד, poner en la mano, someter (47,6), הציל מיד, librar de la mano (47,14), לקח מיד, retirar de la mano (51,22), שים ביד, poner en la mano (51,23) y צלח ביד, prosperar por la mano (53,10). Sólo en 44,5 (y en 42,6, si el propietario de esa mano fuera un individuo) presenta יד sentido recto. En 47,6.14; 53,10, significa más bien *el poder* de esa «mano» y su ejercicio; en 51,18.22s, aparece *incorporada a la figura* que imagina dotados de dos manos a los pueblos; y en 53,10 (con suf. de 3ª pers.; *v.i.* b) podría equivaler al pron. personal «él».

b) *La mano de JHWH* (יד יהוה[6], o bien ידי, mi[s] mano[s]) es sujeto de acción o cualidad expresa en cuatro casos; en los ocho restantes desempeña el papel de complemento circunstancial, pero aun entonces se manifiesta particularmente operativa:

α. Es la mano ciclópea que extiende los cielos, pone los cimientos de la tierra (45,12; 48,13) y transforma un sequedal en parque (41,20); la que modela (יצר) a sus hijos (45,11; como al primer Adán [Gen 2,7]); la que alcanza a librar en cualquiera situación (porque no es «corta»: 50,2; cf. Nu 11,23; Is 59,1), y proyecta sobre los suyos una sombra protectora (49,2; 51,16; cf. Ex 14,20); y en fin, la mano soberana, de obrar irrevocable (43,13), que dirige[7] con un gesto la conducta de los pueblos (49,22; cf. Sal 123,2).

Otras acciones divinas que, de cumplirse sin intermediario, serían propias de la *mano* del Señor, se atribuyen en nuestro libro a su *persona*: יהוה (אני) substituye a su «mano» (que el poeta evita repetir), cuando JHWH «coge de

---

[5] Dicha mano va precedida siempre de alguna preposición (ביד: 42,6; 44,5 [cf. *BHS*; la ב contigua facilita la lectura בידו]; 47,6; 51,18.23; 53,1s; מיד: 47,14; 51,22).

[6] La cadena constructa יד יהוה sólo aparece tres veces en Is 40-55. Esta mano va determinada de ordinario por un suf. pers. (cf. Tabla XIX). -- La *diestra* (ימין) de JHWH es mencionada por 41,10 y 48,13; su *brazo*, por 40,10s; 51,5(bis).9; 52,10 y 53,1; sus *palmas* (כפים), sólo por 49,16. *Puño* (אגרף) y *dedo* (אצבע) no aparecen en esta sección de Is.

[7] La mano, en este caso, no sólo es signo (cf. // נס, estandarte), sino que pone en movimiento.

la mano» al Siervo (הַחֲזִיק בְּיַד: 42,6; «de su diestra», 45,1)[8], para asegurar el buen éxito de su camino[9]; o cuando retira de la mano de Israel (לָקַח מִיַּד) el amargo cáliz de la ira, para ponerlo en otra (שִׂים בְּיַד: 51,22s).

β. La mano de JHWH, cuya sola mención puede bastar en el AT para significar el infortunio (porque azota con frecuencia)[10], resulta particularmente formidable en Is 40-55, cuando, como complemento circunstancial (מִיַּד), indica procedencia: No existe quien pueda librar (מַצִּיל) *de la mano* de JHWH (43,13); *de ella* proviene el tormento (50,11) y se recibe el cáliz de la ira (51,17). La forma מִיַּד, en nuestro Libro, pudiera contener un timbre de fatal amenaza (cf. además 47,14: «no pueden librarse *de la mano* de la llama»). Y sin embargo, la mano de JHWH castiga siempre con mesura (cf. 48,9-11; por eso la prefiere David a «la mano de hombre»: 2 Sam 24,14). El exceso (כִּפְלַיִם: 40,2) del castigo propinado a Israel, lo imputa 47,6 a la mano mediadora de Babel.

γ. La «mano» y el «brazo» de JHWH (al contrario de lo que cabe observar con «brazo» y «mano» en el resto del AT[11]) no se equivalen simplemente en Is 40-55. Aunque el «brazo de JHWH» sea personificación del Señor en 51,9 y — lo mismo que su «mano» — corresponda alguna vez en paralelo a una designación de la persona divina (40,10; 51,5), es posible advertir alguna diferencia de valor entre ambas expresiones: Mientras que la mano de JHWH es eminentemente operativa (produce seres y acontecimientos), su brazo es sobre todo metáfora de «poder»; y tanto del poder que conquista o libera (51,9; 52,10), cuanto, particularmente, del que mantiene un dominio (cf. 40,10 [מָשַׁל].11; 51,5[bis]; 42,4b: תּוֹרָה en lugar de זֶרַע)[12]. -- Las «palmas» (כַּפַּיִם) de JHWH, que guardan tatuada la imagen de Sión (49,16)[13], representan por

---

[8] הַחֲזִיק יָמִין (41,13, sin בְּ de obj.) tiene probablemente idéntico sentido (cf. ZORELL, *LH*, 232a).

[9] Ocurre exactamente lo contrario con los dioses inertes, cuando el rey asirio los «toma de la mano» (*tamâḫu / sabâtu qâta*), para invitarlos, según THUREAU — DANGIN, a comenzar la procesión (cf. DHORME, *L'emploi métaphorique*, 146s). -- Según Is 41,7, los dioses fabricados, en vez de fortalecer a los suyos, reciben de estos su firmeza (חָזַק Pi). El autor describe el proceso con cáustica ironía: el artesano consigue la firmeza del fetiche, a costa de asegurarlo con clavos, que más bien inmovilizan («no puede moverse», לֹא יִמּוֹט), garantizando la inoperancia del dios.

[10] En acadio está documentado el mismo uso (cf. DHORME, *L'emploi métaphorique*, 144s).

[11] Cf. VAN DER WOUDE, *THAT* I, 669 y ACKROYD, *TWAT* III, 427,3a.

[12] זְרוֹעַ presenta otro valor en 44,12 (que se considera espurio): el brazo del herrero (artífice de dioses) *hace* (פָּעַל).

[13] Cf. Is 62,3 y la correspondencia del Israel futuro (Is 44,5b).

su parte sin cesar.

δ. Cabría suponer que יד יהוה se concibe como el instrumento por cuyo medio opera el Señor[14], pero la frase es también expresión de su potencia operativa (cf. 43,13 [//פעל, hacer]; 50,2 [//כח, vigor) e incluso mera designación del Dios activo (cf.41,20 [//קדוש ישראל]; 45,12 [//אנכי]). Este último parece en nuestro autor el sentido predominante de יד יהוה: יד no es aquí, probablemente, sino sinécdoque de la persona divina. Es igualmente probable que el repetido ידי (mi[s] mano[s]), perdido el valor primitivo de יד (como les ocurre, e.g., a נפש y פנים, cuando llevan suf.[15]), equivalga simplemente al pron. de 1ª persona.

La expresión יד יהוה que, según esto, no supone imaginar a JHWH con figura de hombre, no es al cabo más antropomórfica que cualquier otra representación (humana) del misterio divino. En Is 41,20, (יהוה) יד corresponde estrechamente al (יהוה) אני del v.17, prolongado por la preform. de 1ª persona (א) en los cuatro ipfs. iniciales de 18s (v. Tabla I).

2.- קדוש ישראל («El Santo de Israel»)

a) Antecedentes y uso bíblico de קדוש

Las escrituras más antiguas de Israel llaman a Dios עליון (Altísimo)[16] y שדי[17]. Lo consideran desde un principio formidable (el lugar de su casa es terrible [נורא: Gen 28,17]; su «terror» [חתת אלהים : Gen 35,5] sobrecoge a los pueblos, al paso de Jacob), pero nunca lo definieron קדוש[18]. Israel no ha llamado קדוש a su Dios, al parecer, sino influído por el uso cananeo, tras haberse establecido en Canaán[19].

Desde entonces, קדוש se dice exclusivamente de Dios y de lo relativo a

---

[14] Según ROBINSON, el hebreo concibe el cuerpo humano como un conglomerado de órganos, dotado de cuasi-conciencia. La creencia en esa «diffused consciousness» explicaría la costumbre de considerar conscientes a determinados componentes del organismo (cf. *Inspiration*, 72). Pero el uso antiguo (y moderno) de referir a diversas partes del cuerpo acciones e incluso intenciones, que de suyo no cabe sino imputar a la persona, se explica más fácilmente por el tropo de la sinécdoque, en cuya virtud una parte (sobre la que se centra ocasionalmente la atención) puede significar el todo.

[15] Cf. JOHNSON, *The Vitality*, 65s.

[16] Cf., e.g., Gen 14,18-20.22.

[17] Cf. Gen 28,3; 35,11 (Dios se llama a Sí mismo שדי).

[18] Gn solamente dice קדשה ([con]sagrada, hieródula) de Tamar, que se había disfrazado de ramera (cf. 38,21s).

[19] Cf. W. SCHMIDT, ZAW 74 (1962) 62-66.

Él[20]. A la vista de tal uso, quizás fuera más justo traducir קָדוֹשׁ por «divino»; un adj. del que carece אל (Dios). La divinidad o «santidad» que el adjetivo expresa, se ha concebido *negativamente* desde antiguo como «lo distinto, lo separado» (respecto del hombre y su mundo); y en consecuencia, la «santidad», que ocasionalmente y de algún modo participa lo terreno (personas, objetos, lugares), como un tránsito de la esfera de lo profano a la esfera de Dios[21]. En cualquier caso, no es ésta la única concepción bíblica de קָדוֹשׁ: La conjunción frecuente del adj. con los ritos de purificación y los conceptos de «luz», «gloria» y «realeza»[22] permite concebirlo *positivamente* como «lo puro, luminoso, magnífico, regio».

b) קדשׁ *en Is 40-55*

α. Los únicos derivados de קדשׁ que conoce esta sección de Is, son el abstracto קֹדֶשׁ y el nombre קָדוֹשׁ[23]. Éste presenta siempre valor substantivo y se dice exclusivamente de JHWH: 13 de 14 veces, en la cadena constructa קְדוֹשׁ יִשְׂרָאֵל[24]. Para calificar de «santo», «consagrado» o «divino» (incluso algo tan propio de Dios como su brazo), se utiliza en cambio el abstracto[25].

---

[20] En la literatura mesopotámica y semítico-occidental se observa un uso paralelo de *qdš* y sus derivados (cf. SCHMIDT, *ZAW* 74 [1962] 62-66; MÜLLER, *THAT* II, 589-594; COSTECALDE, *DBSup* X, 1346-1415).

[21] Cf. EICHRODT, *Theologie* I, 176-185; COSTECALDE, *DB Sup* X, 1356-1359. BAUDISSIN ha pretendido enraizar esta explicación filosófica de «lo santo» en el significado mismo de קדשׁ: La raíz (cuya significación primitiva, dice, cabe sólo conjeturar) se habría desarrollado a partir de una bilítera *qd*, que significaría «separar, dividir», como también las demás voces hebreas que empiezan por *qd*, indican una separación (*Studien*, 20). GILBERT considera, por el contrario, que la relación de *qdš* con la idea de separación es secundaria (cf. «Le Sacré», 280).

[22] Cf., e.g., Ex 19,10 (כָּבַס, lavar); Ex 29,43, Lv 10,3, Is 6,3 y Ez 28,22 (כבד, gloria, resplandor); Is 6,3-5 y Sal 89,19 (מֶלֶךְ, rey); Hab 3,3s (הוֹד, majestad, esplendor; אוֹר, luz; קרנים, resplandor). -- El babilonio antiguo y el neobabilonio acostumbran asociar asimismo *qdš* con los sinónimos *ellu, namru* (puro, resplandeciente, lozano). También en Ugarit aparece *qdš* junto a *rhb* (grandeza) y *adr* (noble, magnífico [DEL OLMO, *Mitos y Leyendas*, 511]; cf. COSTECALDE, *DBSup* X, 1366s.1375).

[23] *Defective scriptum*, sólo en 49,7b. No aparecen aquí ni formas verbales, ni los otros dos derivados: קדשׁ (hieródulo/a), מקדשׁ (cosa/lugar sagrado).

[24] Cf. Tabla XX. Is 43,15 y 49,7a substituyen יִשְׂרָאֵל por un pron.; como 10,17, que estiman tardío (cf. SELLIN — FOHRER, *Einleitung*, 406; KAISER, ATD 17, 115s); Is 29,23, por יעקב.

[25] Cf. 43,28 (lit.: «príncipes de santidad» = príncipes consagrados); עיר הקדשׁ (la ciudad santa: 48,2; 52,1); 52,10 (lit.: «el brazo de su santidad» = su santo brazo).

β. La expresión קְדוֹשׁ יִשְׂרָאֵל, que no debe ser original de nuestro autor[26], recibe en él, sin embargo, un uso y un sentido peculiares. Concluye de ordinario una fórmula de mensajero amplificada, que compone además indefectiblemente el ptc. גֹּאֵל, sufijado con un pron. de Israel: כֹּה־אָמַר יהוה גֹּאַלְךָ (גֹּאַלְכֶם/ גֹּאַלְכֶם) קְדוֹשׁ יִשְׂרָאֵל (así dice JHWH, tu [/nuestro/vuestro] *gō'ēl*, el *q'dôš* de Israel). El קְי׳שׁ del primer Is se antoja pasivo y lejano[27]. Pero aunque semeja soportar pacientemente la perfidia y el menosprecio de los suyos[28], su «Santidad», religada a un pueblo que no es «santo»[29], se adivina una amenaza: Israel será incapaz de convivir con ese Dios (cf. Jos 24,19), cuya luz se trocará en llama (cf. Is 10,17).

El קְי׳שׁ del Segundo Is es, por el contrario, cercano — familiar — y eminentemente activo: Por una parte, es su *gō'ēl*, es decir, su valedor, el pariente que protege o rescata (como por oficio) de cualquier poder extraño[30]; por otra parte, modela (יָצַר), crea (בָּרָא, עָשָׂה)[31] y enaltece (פָּאַר)[32] a Jacob. La cercanía de este קְי׳שׁ, incondicionalmente propicio, lejos de suponer un riesgo, conforta decisivamente.

קְי׳שׁ, en general, es un nombre del Dios de Israel; y por cierto, el que se dice en último lugar[33], como si fuera su título más ilustre. Frecuentísimamen-

---

[26] El giro aparece en oráculos de Is, considerados generalmente más antiguos (1,4; 5,19; 30,11.15). PROCKSCH lo atribuye al primer Is (cf. *TWNT* I 93,29). De parecida opinión son, más recientemente, STAMM (cf. גאל, *THAT* I, 391) y ELLIGER (cf. BKAT XI, 151). Lo dudan otros autores, por considerar que Sal 78,41 y 89,19 (que incluyen el giro) podrían ser anteriores a Is (cf. SCHMIDT, *ZAW* 74 [1962] 64; WILDBERGER, BKAT X,1, 23; GILBERT, «Le Sacré», 227. 229).

[27] קְי׳שׁ, fuera de Is 40-55, Is 30,15 y 31,1 (donde comparte las acciones de יהוה) y 60,9 (=55,5), nunca aparece como sujeto de acción (cf., además de Tabla XX, Jer 50, 29; 51,5; Sal 71,22; 78,41; 89,19; Sir 50,17).

[28] Cf. 1,4; 5,19; 30,11.

[29] La religación del Dios קָדוֹשׁ a Israel, expresada por la cadena constructa, ha de tener por meta un עַם קָדוֹשׁ (un pueblo santo; cf. PROCKSCH, *TWNT* I, 93[36s]).

[30] La conjunción de קְדוֹשׁ יִשְׂרָאֵל con גֹּאֵל (substituído por el equivalente מוֹשִׁיעֶךָ, tu salvador, en 43,3) es característica y exclusiva de DtIs (Cf. Tabla XX).

[31] Cf. en Tabla XX 41,20; 43,15; 45,11; 54,5.

[32] Cf. 55,5 (60,9). Tales acciones (que se resumen en procurar una vida pujante) podrían decirse «santificar» o «divinizar», de incorporar ese causativo el sentido que presentan en acadio el adj. *qdš* y sus sinónimos (*v.s.* n.22); es decir, entendiendo «divinizar» como «hacer resplandeciente», «dar vida inmarcesible».

[33] Cf., además de Tabla XX, Jer 50,29; 51,5; Sal 71,22; 78,41; 89,19; Sir 50,17. La única excepción es Is 31,1 (cf. 29,23: קְ' יַעֲקֹב). Ocurre el mismo fenómeno con קָדוֹשׁ (sin י׳שׁ; cf. [Is 40,25] Os 11,9; 12,1; Hab 3,3; [Job 6,10]; Prob 9,10), incluso usado adjetivadamente (אֵל׳

te (sobre todo, en 40-55) aparece asociado a יהוה o en paralelo de יהוה[34]. En DtIs (y a partir de él) no es infrecuente el // יי) אלהיך) ([JHWH] tu Dios)[35]. אלהים podría substituir a קדוש en nuestra fórmula con la misma propiedad que יעקב a ישראל (cf. Is 29,23). De modo que la expresión isaiana, habida cuenta además del constante valor substantivo de קדוש[36], quizás equivalga simplemente a «el Dios de Israel»[37]. Como se corresponden, en Is 41,17-20, יד־יי (la mano de JHWH: v.20b) con אני יי (yo, JHWH: v.17b)[38], así ק יש׳ (Is 41, 20b) es la réplica de אלהי יש׳ (el Dios de Israel: v.17b) en el marco inclusivo que configuran ambos versos.

B) La acción creadora

Is 41,20 resume la actividad de JHWH (vv.18s) con ברא // עשה (hacer // crear), los dos verbos que más veces expresan el obrar divino en Is 40-55[39].

1.- עשה en Is 40-55

עשה (hacer, obrar) es de suyo tan genérico como su equivalente en nuestras lenguas[40]. ¿Habrá que suponerle idéntico valor en el Segundo Is?

קדוש[ה]: Is 5,16; Hab 1,12); lo que excluye que la acostumbrada posición final de ק יש׳ se deba al segundo substantivo.

[34] Además de Tabla XX, cf. Jer 50,29; 51,5; Sal 71,22; 78,41; 89,19 (Sir 50,17 // עליון). También קדוש es a menudo // de אל/יי (cf. Is 5,16; Os 11,9; 12,1; Hab 1,12; 3,3; Prov 9,10).

[35] Cf. 43,3; 55,5; 60,9 (29,23).

[36] V.s. p.190.

[37] qdš puede ser en Ugarit título y hasta nombre propio de dioses (cf. COSTECALDE, DBSup X, 1372s). Nótese la curiosa equivalencia de קדוש que propone ZORELL: 'sanctus Deus Israelis' (LH, 708b).

[38] V.s. p.189.

[39] Cf. ELLIGER, BKAT XI, 358. -- Un detallado estudio del vocabulario deuteroisaiano de creación, en STUHLMÜLLER, Creative Redemption, 209-229.

[40] עשה, después de אמר (decir) y היה (ser), es el verbo más repetido del AT (cf. VOLLMER, THAT II, 360).

a) Sujeto y objeto de עשה

De las 32 veces que aparece עשה en Is 40-55, 23 se predica de Dios[41]. Dos veces más, en realidad, porque 45,9 lo atribuye a un alfarero (יצר) que representa al Creador[42] (cf. Is 29,16; 64,7); y 48,5, a los ídolos de Israel, cuya divinidad estaría dispuesto a confesar así el pueblo idólatra. Otros 6 pasos[43], considerados comúnmente secundarios, lo predican, por el contrario, del hombre; y en concreto, del artífice (חרש) de dioses. Solamente Is 53,9 utiliza genéricamente עשה para describir la conducta del Siervo. Si es acertada la opinión que atribuye a escritores más recientes estos siete pasos últimos, DtIs habría reservado el verbo עשה para significar una actividad divina[44].

עשה, usado alguna vez en absoluto, lleva por lo general obj. expreso que, con la sola excepción de 55,11, construye asindéticamente[45]. También 40,23 resulta excepcional en la sección, al construir עשה con dos acusativos, precedido el segundo de כ: A los que rigen el mundo (y semejan «hacer») los convierte (עשה...כ) el Hacedor en nulidad (cf. 54,16s).

Los objs. más frecuentes del עשה divino son Israel — siempre representado por un pronombre[46] — y la «voluntad» (חפץ) de JHWH, es decir, lo que Él ama o anhela[47]. De las famosas obras primordiales solamente la tierra aparece como obj. expreso de עשה (45,12.18); aunque el כל de 44,24 abarca

---

[41] Cf. Tabla XXI. Este cómputo incluye el Ni de 46,10, cuyo suj. lógico es Dios, y 48,14, de texto incierto (cf. WESTERMANN, *Jesaja*, 163); pues, aunque el suj. de יעשה no fuera aquí יהוה (TM), sino «mi amigo» (según propone DUHM; cf. *Jesaia*, 364), o bien, una 3ª pers. que representara a Ciro, no serían éstos sino instrumentos del hacer divino (como su palabra en 55,11).

[42] Is 40-55 utilizan generalmente יצר (modelar, formar) en sentido figurado, con JHWH de suj. e Israel de obj. más frecuente (ya lo advirtieron *v.g.* ELLIGER [BKAT XI,190] y STUHL-MÜLLER, *Creative Redemption*, 213-216). El sentido figurado de יצר es especialmente manifiesto en 46,11(// דִּבֶּר), donde lleva por obj. los sucesos de la historia.

[43] Is 44,13(bis).15.17.19; 46,6.

[44] El derivado מעשה (obra) no se predica en esta sección de JHWH, sino de los dioses (41, 29 [sólo aquí se mencionan las obras de los dioses; cf. VOLLMER, THAT II 366]); y en su parte final (54,16), otra vez del herrero (חרש), pequeño creador de lo que es nada. Nótese que dicha obra se niega en ambos casos:Como es nada (אפס) la «obra» de esos dioses, así la «obra» (la destrucción de Israel) para la que forja sus armas (כלי, cf. v.17) el herrero (לא יצלח). Ya no sirven al proyecto del Hacedor (v.15a) que ahora construye a Jerusalén inexpugnable (vv.11-15); lo crea (כון) incólume, firmemente cimentado en la ventura (בצדקה: v.14).

[45] Cf. Tabla XXI.

[46] Cf. 43,7; 44,2; 51,13; 54,5.

[47] Cf. 46,10b.11; 48,14; 55,11 (cf. כל אשר־חפץ עשה, cuanto quiere lo hace; queriendo crea: Sal 115,3b).

sin duda los cielos, y el de 45,7b, la luz[48]. Los objetos restantes son «eso» (זאת; 41,20; דברים: 42,16[49]), «[lo] nuevo» (חדשה: 43,19), la dicha (שלום: 45, 7a) y el pasado (הראשנות: 48,3). -- La variedad es sólo aparente, sin embargo. Si prescindimos de 45,12.18, la actividad que עשה significa, o bien afecta directamente a Israel[50], o bien produce la nueva situación histórica que supone la restauración de los elegidos[51]; lo que viene a ser lo mismo. Estos son los proyectos (הדברים: 42,16b), la novedad (חדשה: 43,19) o el designio (חפץ) que realizan JHWH (46,10s), «su amigo» (? 48,14)[52] o «su palabra» (55,11). La creación misma de la tierra (45,12.18), expresamente proyectada para el hombre (12aβ.18aγ), semeja ser concebida, dentro de la historia, como un primer episodio de la creación de Israel (v.i. p.203).

b) Paralelos y modo de עשה

Acompañan a las frases de עשה (ilustrando de paso su sentido) tres clases de expresiones: Unas describen la construcción del universo, «fundar la tierra» (רקע [כון/יסר] / ארץ[53]) «extender los cielos» (נטה [מתח/] שמים[54]), y «ordenar existir (צוה)[55]a su entero ejército» (45,12); otras, la hechura de la historia (JHWH confunde los proyectos humanos [44,25] y cumple en cambio sus decretos [44,25-28; 55,11], suscita al triunfador [41,2-4], rescata [44,23; 54,5] reúne [43,7], conduce [42,16], auxilia [44,2] y toma por esposa [54,5] a los que había probado con medida [48,11]); otras, en fin, suponen la transformación (שים [נתן/]...ל[56]) de algo ya existente. -- En cuanto a verbos, los más repetidos en el entorno de עשה son ברא y יצר (7 veces cada uno), que forman

---

[48] Comoquiera que «cielos» y «luz» componen en dichos pasos sendas expresiones polares (cielos/tierra; luz/tiniebla), el כל obj. de עשה incluye la primera creación. Es probable, sin embargo, que no coincida la «luz» de 45,7 con la de Gen 1,3; antes parece la futura luz en que JHWH piensa trocar la oscuridad de sus ciegos (cf. 42,16).

[49] Aunque v.s. p.99, n.101.

[50] Cf. 41,20 (v.i. p.203); 43,7 (aunque el masc. sg. ו, que representa mal a los «hijos e hijas» del v.6 y aun al colectivo כל que los resume, podría referirse al suceso [cf. בראתיו, lo he creado: 45,8] de la congregación y retorno de los dispersos; en cualquier caso, al Israel futuro); 43,19 (v.s. p.128); 44,2; 51,13; 54,5.

[51] Cf. 41,4; 42,16 (v.s. p.99); 44,23 (abs.).24; 45, 7 (כל־אלה incluye el éxito de Ciro [vv.1-5; cf. ELLIGER, BKAT XI 501]).

[52] V.s. n.41; cf.44,28 («mi pastor»); 46,11 («el hombre de mi designio»).

[53] Cf. 44,24; 45,48; 51,13.

[54] Cf. 40,23; 44,24; 45,12; 51,13.

[55] Cf. ZORELL, LH, 686b. -- «Dar órdenes» (?), entiende WESTERMANN (ATD 19,133.136).

[56] Cf. 40,23; 41,20; 42,16.

su paralelo estricto en seis y dos ocasiones respectivamente (*v.* Tabla XXI).

¿Qué notas peculiares exhibe este עשה? -- Dios obra cuando le place y sin trabas, «de improviso» (פתאם: 48,3). De manera que el עשה del Segundo Is no incluye la fatiga y el sudor que supone el verbo en otros casos (p.ej., en 44,12, considerado espurio)[57]. Tampoco expresa una labor de tipo *manual*, no obstante que יצר (modelar)[58] matice tan a menudo su sentido. La compañía de יצר incorpora más bien al sentido de עשה que el producto depende por entero del arbitrio del Hacedor[59]. -- עשה es la expresión más común de la *creatio per verbum*[60]: Alguna vez consiste expresamente en un mandato (cf. 48,5: «Mi ídolo lo ha creado [עשם] // mi fetiche... lo ordenó» [צום, como el צוה que produjo los astros: 45,12]); y se llama Hacedor (עשה: 44,24b) al que *decreta* (האמר) los sucesos (vv.26-28). El mismo anuncio profético es un imperativo creador: La *palabra* que sale de mi boca[61] realiza (עשה) mi voluntad (55,11; cf.44,26; 46,11). -- Aunque עשה suponga una materia previa alguna vez (cuando significa convertir [40,27], resume una conversión [41,20; 42,16] o tiene lugar en algún ámbito [43,19; 48,14]), produce, incluso entonces, algo *nuevo*; no porque la novedad proceda en ese caso de la nada[62], sino porque relega a la «nada», al olvido, lo de antaño (cf. 43,16). La frase que califica la futura creación de «novedad» (43,19), ha preferido עשה a ברא o cualquier otro sinónimo. -- עשך (tu Hacedor: 44,2[63]), explicado en paralelo por יצרך מבטן (tu Formador desde el seno) y יעזרך ([el que] te auxilia[64]), demuestra que DtIs no considera la hechura de Israel un acto pasado y puntual, sino actividad

---

[57] El Creador, no sólo es inasequible a la fatiga, sino fuente de vigor para el exhausto (40,28-31). El *tertium comparationis* entre JHWH y la parturienta (42,14), no consiste según eso en el esfuerzo, sino en la inminente producción de vida; actividad, por otra parte, bien notoria, en contraste con el silencio y la pasividad anteriores (v.14a).

[58] Cf. n.42.

[59] Cf. Jer 18,4.6 («como el barro en manos del alfarero, así vosotros en mis manos, casa de Israel»).11.

[60] No sólo en el DtIs; también en P (Gen 1s).

[61] Cf. Ex 4,15s.

[62] Tal consideración metafísica es seguramente extraña a la mentalidad semítica, que exige más bien imaginar un escenario donde situar la acción divina. En realidad, el «desierto» de 41,18s o 43,19 describe tan certeramente nuestro concepto «nada» como el תהו ובהו de Gen 1,2.

[63] Cf. 51,13; 54,5 (עשיך, a pesar del suf. de nombre f. pl. [DELITZSCH lo refiere al anterior pl. אלהים; *Jesaia*, 535], es ptc. sg., como en los demás casos [cf. DUHM, *Jesaia*, 408; ZORELL, *LH*, 631b]).

[64] Qᵃ trae ועוזרכה (ptc., cf. V [*auxiliator*], S). Quizá fuera original ועזרך (el que te auxilia; cf. ELLIGER, BKAT 363), pero el *yiqtol* (TM) expresaría a fin de cuentas la misma idea.

continuada[65]: JHWH no sólo introdujo a Israel en el mundo, sino que *continúa formándolo*, al ir tejiendo los hilos de la historia humana que lo enmarca y configura. Es la mano del Creador, en consecuencia, tanto la que derriba y reseca a Israel, cuando lo pisotean los pueblos (51,23); como la que en volandas[66] lo lleva luego de vuelta, cuando las naciones lo devuelven en brazos a la patria (49,22). El mismo Creador es «autor de la ventura y creador de la desdicha» (45,7)[67]. Es probable que los ptcs. hímnicos pretendan, antes que fundar la confianza en el poder de JHWH recordando su «primera» creación [68], celebrarlo como «El que (siempre) hace», el (único) Hacedor[69]. La comprobación de que es El quien crea, «avergüenza» naturalmente a los idólatras (42,17).

c) Significado de עשה

עשה es en DtIs la expresión más frecuente de la actividad divina que llamamos «crear». Cuando forma un paralelo sinonímico, ocupa el primer lugar sin excepción[70], como si fuera la voz que primero se ocurre; cuando compone series de sinónimos, ocupa en cambio el postrero (43,7; 46,11), como si fuera la expresión definitiva de la acción creadora. No sólo substituye a ברא en sintagmas idénticos (*v.i.* p.202), sino que resume en 45,7 toda la actividad creadora de Dios; primero descrita (vv.1-3), luego expresada con יצר y ברא (v.7; cf. 44,24)[71]. Usado en absoluto (41,4; 44,23; 46,4; 48,11), no

---

[65] Cf. ELLIGER, BKAT XI, 388.

[66] Cf. על־כנפי נשרים, en alas de águila (Ex 19,4).

[67] Contra ELLIGER, BKAT XI, 388: «Jahwes Schöpfertum in der Geschichte seines Volkes bewährt sich darin, dass er hilft». La afirmación no parece pretender que también «ayuda» (y consiguientemente «crea») cuando castiga.

[68] Cf. VON RAD, *Theologie* II, 254-260. Véase la discusión del problema en HARNER, *VT* 17 (1967) 298-306. -- Si la aparición de cielos y tierra se considera un primer *suceso* (*v.s.* p. 194), no tiene ya sentido distinguir la creación del cosmos de la creación de la historia. Parece más acorde con el punto de vista de DtIs, distinguir entre creación pasada (ראשנות) y creación futura (חדשות).

[69] Dichos ptcs., de suyo atemporales, no refieren al pasado exclusivamente (cf. CRÜSEMANN, *Studien*, 93).

[70] ברא//עשה (40,20; 45,7.12); יצר//עשה (44,2); שים//עשה (43,19); צוה//עשה (48,5).

[71] Estimar impropio el uso de עשה en tales casos, y debido a la demanda de sinónimos del paralelismo (VAN DER PLOEG, *Mus* 59 [1946] 157), resulta poco verosímil. Más acertado parece ELLIGER, al afirmar que עשה ni le va a la zaga a ברא «an theologischer Gefülltheit», ni es en absoluto un ripio («kein Flickwort»), sino expresión vigorosa de la especial operación divina (BKAT XI,124.499-501). -- עשה resume asimismo la obra de la creación tanto en J (Gen 2,4b) como en P (Gen 2,2[bis]s).

debiera ser traducido, según eso, con los genéricos «actuar» o «intervenir», sino por medio de «crear». Probablemente incluye el matiz de terminar, llevar a cabo[72].

2.- ברא

ברא I[73] ha comenzado a ser usado con frecuencia en tiempos del exilio, pero no es absolutamente seguro que date de ese tiempo[74]. En cualquier caso, el uso de la raíz en el Segundo Is (el autor que más la emplea[75] y uno de los primeros en hacerlo), debe ser de singular importancia para determinar el significado del verbo.

a) Etimología

ברא es de origen incierto, pues no aparece en los idiomas semíticos más antiguos[76]. Pudiera ser pariente del acad. *banû*[77] (construir, crear/hacer, engendrar[78]), que da lugar a expresiones sorprendentemente similares a las que compone el Segundo Is con ברא (/עשׂה). Compárense, p.ej.[79]:

---

[72] Cf. DELITZSCH, a propósito de 43,7 (*Jesaia*, 442).

[73] ZORELL registra tres raíces homónimas: I = *creavit, procreavit*; II = *cecīdit, secavit*; III = *pinguis, robustus fuit* (*LH*, 126bs). *HALAT* invierte el ordinal de los dos últimos (147b). MANDELKERN (lo mismo BDB) distingue solamente dos, considerando a ברא II como Pi del I.

[74] BERNHARDT lo da por cierto (*TWAT* I, 773). Otros, como por ej., GUNKEL (*Genesis*, 102), SKINNER (*Genesis* 15), HUMBERT (*TZ* 3 [1947] 401-421), ANGERSTORFER (*Der Schöpfergott*, 49-65) suponen en cambio un uso mucho más antiguo, aunque tal opinión no es hoy compartida por la mayoría de los autores (cf. WESTERMANN, BKAT I, 136). -- Si Ex 34,10 y Nu 16,30 se debieran a P, y Sal 89,13.48 no fuera preexílico (la opinión más común excluye que lo sean Dt 4,32; Jer 31,22; Am 4,13 y los restantes salmos que contienen ברא), Ez 28,12-19 podría ser el testigo más antiguo de ברא I. En un poema que ha conservado varios motivos míticos de origen babilónico (cf. COOKE, *Ezekiel*, 315), Ez utiliza dos veces el inf. Ni («el día de tu creación», vv.13.15).

[75] De las 48 veces que ocurre ברא I en el AT, 16 pertenecen a Is 40-55. P, considerado posterior (cf. SELLIN — FOHRER, *Einl.*, 201), lo ha usado (en Gen) 11 veces; dos veces más, si se le asignan Ex 34,10 y Nu 16,30.

[76] El ár. *bara'a* (crear) procede del hebreo a través del arameo (cf., e.g., ZORELL, *LH*, 126b; VAN DER PLOEG, *Mus* 59 [1946] 149.153).

[77] Cf. J. BARTH, *ZA* 3 (1888) 58; PROCKSCH, *Die Genesis*, 424; BÖHL, *Altt. Studien*, 43; BDB 135A; ZORELL, *LH*, 126b.

[78] Cf. VON SODEN, *AHw*, 103; *CAD* 2, 83-87.94s.

[79] Los cinco títulos divinos, citados a continuación, los recoge TALLQVIST (citado en *TWAT* I, 772); las dos últimas expresiones, en *CAD* 2, 87.89.

bān kalâmi	(creador de todo)	עשׂה כל	44,24
bānû kibrāti	(« de los confines del mundo)	בורא קצות הארץ	40,28
bān šamê u erseti	(« de cielos y tierra)	בורא השמים//רקע הארץ	42, 5
		בורא השמים	45,18
bānû nišê	(« de los hombres)	ואדם עליה בראתי	45,12
bānû kīnāti	(« de la justicia)	וצדקה...אני יי בראתיו	45, 8
ra'imka...ib-ni-ka	(quien te ama te ha creado)	בעליך עשׂיך	54, 5
gillata saburta ib-ni	(él creó pecado y maldad)	בורא חשׁך...רע	45, 7

La hipótesis, aunque no inverosímil[80], tampoco satisface[81]. Hoy obtiene mayor aceptación la teoría que supone un solo ברא, con el significado fundamental de su Pi: Según van der Ploeg, ברא ha significado primitivamente «cortar», «tallar», y derivado por *généalogie sémantique* (de la talla resulta en cierto modo un ente nuevo) a la idea de «crear»[82]. A partir del mismo sentido primitivo y habida cuenta de que «cortar» produce una separación, supone Dantinne que ברא incluye la noción de «separar»[83]. -- Pero también estas explicaciones son discutibles[84]: ברא (II) nunca ha significado «tallar»[85]. La evolución semántica desde «cortar» a «crear» (y en concreto, la relación entre «tallista» y «creador»[86]) parece más evidente en holandés que en hebreo. Tampoco es incuestionable la relación de ברא con «separar»: En los 3 lugares

---

[80] Interchanges between *n* and *r*... are also fairly common (MOSCATI, *Comparative Grammar*, 8,26). El aram. בר (hijo) cuyo pl. es בנין, deriva de *bin* (cf. BL 179f); como el antiguo sudaráb. *br'* (construir) corresponde sin duda al pansemítico *bnh* (cf. BERNHARDT, *TWAT* I,773).

[81] En opinión de VAN DER PLOEG, es la menos verosímil (*Mus* 59 [1946] 151).

[82] Cf. *Mus* 59 (1946) 151. -- DELITZSCH (*Genesis*, 76) y DRIVER (*Genesis*, 3) ya suponían una evolución semántica similar. También ANGERSTORFER considera lo más plausible a este respecto, suponer un pansemítico *p/b-r-'*, con el sentido fundamental de «cortar» (cf. *Der Schöpfergott*, 31).

[83] «Pour exprimer l'idée de créer... les anciens Hébreux ont employé un mot [ברא] auquel s'associe la notion de séparer, si souvent formulée explicitement dans le récit de la création» (*Mus* 74 [1961] 446). -- Por la misma razón cabría decir que ברא consiste en lo contrario, en «juntar» (קוה: Gen 1,9).

[84] Cf., e.g., las reservas de BEAUCHAMP (*Création*, 234).

[85] Los ברא de Ez 21,24, que parecen una doble errata (cf. COOKE, *Ezekiel*, 231s; *BHS* [en contra, ZIMMERLI, *Ezechiel* I, 481; ANGERSTORFER, *Der Schöpfergott*, 36s]) no *exigirían* significarlo en cualquier caso; en Jos 17,15.18 significa «talar»; en Ez 23,47, posterior quizás al profeta (cf. COOKE, *Ezekiel*, 248.256; SELLIN — FOHRER, *Einleit*., 450), «cortar» o «descuartizar» (con la espada); y el fen. הברא (*CIS* I, 347,4) equivale más probablemente a «gravador» (cf. *DISO*, 43).

[86] Cf. VAN DER PLOEG, *Mus* 59 (1946) 148.

en que se apoya Dantinne (Jos 17,15.18; Ez 23,47), la acción de «cortar» causa una separación, sin duda; pero en algo que cesa por lo mismo de existir. La acción se ordena a erradicar o suprimir al objeto que la sufre; y de ningún modo, a formar un nuevo ser. El AT, por otra parte, no ilustra ברא con voces que signifiquen «separación». «Separar» (בדל), en Gen 1,6s.14.18, es *función o finalidad* de lo *ya* creado, y no *representación* de la acción creadora, que esos vv. centrales del relato P expresan por cierto con עשה, no con ברא.

Is 40,26 y 45,8, relacionando ברא con הוציא (hacer salir) y con צמח (brotar) respectivamente, orientan en otra dirección: Los idiomas semíticos permiten suponer un primitivo *br*[87], cristalizado luego en raíces diferentes, con el sentido fundamental de «estar afuera»[88], «ser visible, real»[89]. ברא (I), con sentido causativo, sería «sacar (/poner) afuera (/a la vista, de lo oculto o inexistente, a lo visible o real)»; en una palabra, «pro-ducir». Lo producido o dado a luz se dice también בר, «hijo» y «trigo» (el producto por antonomasia de la tierra). El estativo ברא (III), por su parte, expresaría la plenitud de lo real[90]. Y el intensivo (ברא II) — dicho sólo del hombre —, teniendo quizás en cuenta el aspecto contrario del concepto fundamental (considerando ahora el «afuera» como el ámbito de lo inexistente), sería «echar fuera», «suprimir»[91].

---

[87] BOTTERWECK supone la existencia de una raíz pansemítica *br* que expresaba el ruido producido al hender o quebrantar alguna cosa y, sucesivamente, la actividad misma que lo produce. De aquí traería su origen, según él, el hb. ברא (cf. BBB 3, 64). ANGERSTORFER se demuestra muy escéptico al respecto (cf. *Der Schöpfergott*, 22s).

[88] Algunos antiguos atribuyen a ברא este sentido primigenio: Cf., p.ej., DILLMANN (que lo deriva — a través de ברר — del ár. *bari'a* [*Genesis*, 16s]); BEVAN, *JPh* 29 [1904] 263ss).

[89] Cf. acad. *bâru(m)* III, *in Erscheinung treten, auftauchen; Bestand haben...greifbar werden* (VON SODEN, *AHw*, 108b); hb. בר II (*campus apertus*: ZORELL, *LH*, 126a; aram. בר II, 1) *spatia camporum* 2) *foras* 3) *extra, praeter, praeterquam* (VOGT, *LLA*, 31b.32a); sir. *br'* 1. *campus* 2. *externum*; '*br, extra, foras* (BROCKELMANN, *Lexicon Syriacum*, 44). Compárense aún acad. *birîtu(m)* («Zwischenraum»: VON SODEN, *AHw*, 128b) y ug. *brr* II (to be free: GORDON, *UG*, 527); como el ár. *bari'a* («ser/estar libre»; cf. WEHR, *WAG*, 43s).

[90] *pinguis, robustus fuit* (ZORELL, *LH*, 127a). Cf. acad. *bâru*, ser estable, saludable; resultar cierto, comprobado (*CAD*, 125b); בר IV (ברר), «excelente», «sin tacha».

[91] Cf. acad. *birûtu*, destrucción (*CAD*, 256a).

b) Uso y significado de ברא en el DtIs

α. Sujeto y objeto de ברא

Dios, según es bien sabido, es el único *sujeto de* ברא (1) en todo el AT[92]; lo que permite considerar a este verbo (de acción) como la expresión más apropiada de la actividad divina (*ad extra*). «JHWH», incorporado a menudo en declaraciones de divinidad, precede casi sin excepción a las formas de ברא; singularmente, al título «Creador»[93].

Como en el caso de עשה, son *objeto de* ברא, tanto las magnitudes cósmicas[94], como los acontecimientos de la historia[95] y el propio Israel (43,1.15); cuyo futuro ser representan los prons. de 41,20 y 45,8. Son también objeto expreso: el hombre (45,12), las fuerzas que configuran la historia[96] y sus vicisitudes más sombrías (רע//חשך, tiniebla//desventura [op. שלום, dicha]: 45,7). -- Concluir de estos últimos objetos que ברא (a diferencia de עשה que no los lleva[97]) es el verbo apropiado para expresar la creación del mal, se antoja excesivo. Su elección obedece más probablemente en estos casos a preferencias fonéticas[98]. Quizás por el mismo motivo, no dice nunca nuestro autor עשה השמים, sino ברא השמים (crear los cielos, 2x)[99]; lo que da lugar a que ברא se refiera a la «primera» creación con alguna mayor frecuencia que עשה.

β. Paralelos y modo de ברא

עשה (hacer, 6x) y יצר (formar, 5x) son los paralelos más frecuentes (*v.* Tabla XXII); de donde se deduce que ברא significa una suerte de producción. La magnitud y la índole incomparable de la acción constan exclusivamente por

---

[92] Es el suj. lógico de las formas Ni de Ex 34,10; Ez 28,13.15 e incluso de la que contiene el posterior Ez 21,35, supuesto el carácter alegórico del pasaje.

[93] Cf. 40,28; 42,5; 43,1.15; 45,7.18 (54,16 substituye «JHWH» con un «Yo» enfático). Pero de las formas de עשה cabe decir otro tanto (cf. 41,20; 44,2.23.24; 45,7.12, etc.).

[94] Cf. Tabla XXII: los cielos (42,5; 45,18; cf. 40,26), (los confines de) la tierra (40,28; 45,18).

[95] Cf. 43,7 (*v.s.* n.50); 48,7 (חרשות [lo nuevo] es objeto lógico).

[96] חרש // משחית לחבל (herrero // devastador: 54,16) representan a la industria bélica y sus usuarios.

[97] Aunque también עשה reduce al caos o aniquila (40,23).

[98] Ante חשך (45,7) y חרש (54,16) es sin duda preferible ברא: עשה חשך (hacedor de la tiniebla; cf. 45,7) parece trabajoso y malsonante.

[99] P utiliza עשה para expresar la misma acción, pero cambia el substantivo (רקיע, firmamento — Gen 1,7).

el contexto; las demuestran la grandeza de lo producido y la potencia sobrehumana del agente. Según 42,5[100] (el paso que más información reúne sobre
el modo de ברא), la operación de «crear» los cielos (40,26; 45,18) parece
consistir en *desplegarlos*[101] (lo que hacen «las manos»: 45,12); la de «crear»
la tierra (40,28; 45,18), en *aplanarla* y extenderla (apisonando con los pies:
רקע[102]); y la de crear al hombre (אדם: 45,12), que 42,5 considera humanidad
(עם), en *infundirles el aliento*. El ברא que produce a Israel, es ilustrado, como
en el caso de עשה (44,2), con la acción de *modelar* (יצר: 43,1). ברא, en 45,18,
no sólo resume las acciones de יצר, עשה y כון (predicadas todas ellas de un
mismo objeto, «la tierra»), sino que corresponde simplemente a יצר (18aγ)
[103]. Si el ברא de P no informa acerca del modo de la acción, no cabe ciertamente decir lo mismo del ברא de DtIs.

Tales representaciones poéticas no arguyen, sin embargo, que la acción de
ברא se conciba como labor manual o fatigosa; sólo pretenden revestir lo abstracto, hacerla imaginable. Cuando יצר la ilustra, por ej., de sobras saben el
profeta y sus oyentes que ni Dios es alfarero, ni son de arcilla la tierra, los
acontecimientos o el pueblo de Israel. Por otra parte, y aunque menos evidentemente que עשה, ברא también expresa la *creatio per verbum* o por mera voluntad divina: Is 40,26 parece representarse la creación de los astros como un
hacerlos salir (a la voz de Dios, sin duda); y la «salvación-justicia» de 45,8
brota asimismo de la vieja creación a imperativo divino.

ברא no significa sino el *hacer* divino; exactamente como el עשה que se
predica de Dios[104].Traducir sistemáticamente el primero por «crear» y el
segundo por «hacer», es una generalización engañosa. La distinción acostumbrada entre el «teológico» ברא y el «artesanal» עשה apenas tiene cabida en

---

[100] STUHLMÜLLER (*Creative Redemption*, 212), siguiendo a WESTERMANN (ATD 19,27.84)
y varios antiguos (cf. DUHM, *Jesaia*, 313), considera espurio 42,5. No es ésta, sin embargo, la
opinión común (cf. SELLIN — FOHRER, *Einleit.*, 419; ELLIGER, BKAT XI, 223-229).

[101] נטה (cf. 40,22; 44,24; 51,13.16 [con טפח, 48,13]).

[102] Cf. 44,24 (45,18 [כון Polel, *statuit, condidit, fecit*: ZORELL, *LH*, 349b] y 48,13; 51,13.16
[יסד, *fundavit, fecit*: ZORELL, *LH*, 315b]).

[103] Tampoco el autor de Ez 21,35 (COOKE [*Ezekiel*, 235], entre otros, lo juzga posterior) ha
tenido inconveniente en resumir con ברא un proceso de fabricación tan artesano y manual como
la forja de una espada (ברא se corresponde con «afilar» y «bruñir»; cf. vv.15s).

[104] También en Ex 34,10 (que podría ser anterior al Segundo Is) el Ni de ברא no parece
sino decir por pasiva lo que dice por activa עשה: «...haré (אעשה) prodigios como nunca fueron
hechos (נבראו)... y verá todo el pueblo la obra (מעשה)... que voy a hacer (עשה) contigo». «Ser
creado (suceder, llegar a ser)» se dice indistintamente con el Ni de עשה o el de ברא (cf. Is
46,10 con 48,7).

nuestro autor[105]. No sólo están frecuentemente en paralelo y son ilustrados de igual modo, sino que se alternan indistintamente, en sintagmas idénticos, para expresar lo mismo: la producción de la tierra (por extensión, la creación del mundo), la hechura de la historia y la formación (transformación constante) de Israel[106]:

וקדוש ישראל בראה		כי יד יי עשתה זאת 41,20
לא־תהו בראה		יצר הארץ ועשה 45,18
כה־אמר יי בראך יעקב 43,1		כה־אמר יי עשך 44, 2
עתה נבראו ולא מאז 48,7		מניד...אשר לא־נעשו 46,10

ברא puede significar sin duda «producir *'ex nihilo sui et subjecti'*» (si no en boca del Segundo Is, ajeno quizás a semejante abstracción, sí en cambio a nuestros oídos[107]), pero siempre en virtud de su contexto, no por sí solo. Ni la acción divina parece siempre de tal índole[108], ni la *productio ex nihilo* es expresada siempre por ברא, pues עשה (en determinados contextos) la significa con igual aptitud[109].

C) La nueva creación

A la promesa de atender y no abandonar, hecha solemnemente por «Yo, JHWH» // «el Dios de Israel» (v.17b), corresponde en el segundo dístico del v.20 la no menos solemne declaración de su cumplimiento: «La mano de JH» // «el Santo de Israel» lo han creado.

---

[105] *V.s.* p.193 y n.44.

[106] Tiene razón VOLLMER al afirmar que no cabe establecer diferencias en el uso de estos verbos (*THAT* II, 367). La neta oposición entre ambos, que pretende SCHMIDT (WMANT 17, 165: «Jes 45,12: Gott 'machte' die Erde, aber 'schuf' den Menschen»), no explicaría que tanto «tierra» como «Israel» sean indistintamente obj. de ברא y עשה. En la enumeración de 45,12 «tierra» precede lógicamente a «hombre», y עשה, según es norma, al paralelo (*v.s.* n.70). Tampoco STUHLMÜLLER comparte la opinión de SCHMIDT (*Creative Redemption*, 211, n.682).

[107] Según la terminología clásica, lo significaría, no *ex voluntate auctoris*, sino *vi verborum*.

[108] La moderna reflexión teológica tiende a considerar «creación», aunque no siempre *productio ex nihilo*, toda la divina actividad *ad extra* (Cf. RUIZ DE LA PEÑA, *Teología de la Creación*, 119-128).

[109] Nuestros símbolos alternan espontáneamente «facere» y «creare»; exactamente como DtIs y el relato P de la creación.

El objeto pronominal זאת[110] (// ה) se corresponde igualmente con los pronombres de v.17b (cf. Tabla I), aunque ya no designa a los עניים, sino al nuevo Israel[111], transformado por la *atención* divina. זאת, que no refiere por tanto a una futura situación histórica, en general, ni por supuesto al camino transformado del retorno, resume la nueva creación, como el triple זאת de Gen 2,23 en aquella otra *certificación de cumplimiento* (*v.s.* pp.34.36). -- La creación proyectada consiste aquí propiamente en transformar. El nuevo Edén brota de la tierra seca. Como de ordinario, la salvación es alumbrada por Dios de un seno estéril.

Como los cielos son para la tierra[112], así la tierra es para el hombre; לשבת, para ser habitada[113]. Este ordenamiento al hombre de la creación material[114], por una parte, determina el carácter unitario de la creación, que se concibe como actividad continuada[115]; por otra, integra la creación del cosmos en la creación de la historia, la configuración constante del devenir humano (*v.s.* n.68). Pues bien; si P considera la creación del mundo como el principio de la historia[116], DtIs parece concebirla como el inicio de la formación de Israel, porción elegida y meta de la humanidad: El mundo y las naciones no parecen sino escenario y contorno del «primero de los pueblos»; el Hacedor es sobre todo «Tu Hacedor» (בראך [עקב יעקב] עשך]; *v.s.* p.195s). -- Que el objeto directo de la acción creadora sea para nuestro autor (poco menos que

---

[110] En nuestro Libro — singularmente en su primera parte —, זאת es casi siempre obj. de «anunciar» (cf. [con שמע Hi] 45,21; 48,20; [con נגד Hi] 43,9; 48,20); o bien, algo que se invita a escuchar (cf. [con שמע] 47,8; 48,1.16; 51, 21; [con אזן Hi] 42,23; [con זכר] 46,8a). La noticia que resume, es siempre el «evangelio» que se anuncia a «los Pobres»: la salvación de Israel. En los pasos restantes se resuelve en lo mismo (cf. 54,9.17).

[111] STUHLMÜLLER viene a decir lo mismo («in... 41,20... Jahweh is creating the new Israel»: *Creative Redemption*, 211); lo que se compadece mal con su exégesis del pasaje («the... pronoun... *zô't*... refer immediately to Jahwe's wonders in nature...»: *ibid.*, 73). También otros partidarios de la lectura «exodal», desmintiendo asimismo sus respectivas exégesis, aciertan al afirmar que la transformación operada supone la creación de un nuevo Israel (cf., *e.g.*, McKENZIE [*v.s.* p.21]).

[112] Siempre que menciona nuestro autor la creación de los cielos, recuerda la de la tierra en paralelo (cf. 40,12 (26.28); 42,5; 44,24; 45,12.18; 48,13; 51,13.16). Unica excepción sería 40,22; pero לשבת (para habitar [*los hombres*; cf. ELLIGER, BKAT XI, 84]) insinúa «tierra», cuya mención evita el poeta, por demasiado repetida en los vv.21-24.

[113] Cf., además de 45,18aγ, 42,5; 45,12 y *s.* p.194.

[114] También se advierte en Qumran (cf. RINGGREN, *TWAT* I, 777).

[115] Cf. ELLIGER, BKAT XI 231.

[116] Cf. DELITZSCH, *Genesis*; WESTERMANN, BKAT I, 136. La misma apreciación, en J (cf. BERNHARDT, *TWAT* I, 775).

exclusivamente, sobre todo si la expresa עשה) el pueblo de Israel (v.s. p. 194), no sólo corrobora la equivalencia propuesta para זאת, sino, indirectamente, toda la exégesis del paso.

La exégesis «exodal» que pretende «tomar en serio»[117] (¿= en su sentido propio?) cada una de las expresiones del oráculo, termina negando la seriedad del proyecto divino. Sus partidarios suelen ponderar con entusiasmo la «nueva creación» futura, pero si la sed de Jacob no es real al cabo (v.s. pp.78-82), tampoco es firme el designio divino de apagarla; a lo más quedaría *condicionado* a que pudiera hacer falta (!). El Señor de la Historia, Hacedor de cuanto ocurre, queda así a merced de lo que pueda ocurrir.

---

[117] «Die Ausdrücke sind ganz wirklich zu nehmen» (VOLZ, *Jesaja*, 22). -- ¡Por supuesto! Y precisamente no lo cumple quien desatiende el sentido figurado que exigen a menudo las palabras; particularmente en nuestro autor.

Recapitulación
(Entre paréntesis, las **pp**. que tratan cada asunto)

El tema bíblico de **la transformación del desierto** es peculiar del libro de Isaías. Como la correcta comprensión del tema depende por completo de la exégesis de 41,17-20 — el pasaje que mejor lo representa — el estudio que precede se ocupa preferentemente de ese paso (**9-11**).

Tres líneas de interpretación cabe advertir en las lecturas de Is 41,17-20, hechas a lo largo de los siglos: una exégesis *figurada*, otra que suelen decir *literal*, y una tercera *mixta*. Estas dos últimas, a diferencia de la primera, encuadran el pasaje en el éxodo de Israel. -- El *Targum* de Is, abandonando la primitiva exégesis hebrea de 41,17-20 (1QH VIII [**139**]), refirió pronto el paso de Is al regreso de Israel desde su exilio. Esta lectura del poema en clave «exodal», perfeccionada luego por los doctores hebreos de los ss. XII y XIII, ha prevalecido netamente sobre la exégesis figurada de los Padres de la Iglesia, y ha terminado por ser en nuestros días la interpretación común de 41,17-20 (**15-27**).

Si la exégesis figurada se antoja infundada e ingenua, la lectura «exodal» sólo en apariencia es objetiva: *Supone* gratuitamente que los עניים sedientos son los exiliados que regresan; que el desierto, transformado en camino, es el escenario del retorno; y que los árboles y las aguas proporcionan a los que vuelven sombra y bebida (cuando el oráculo *no habla* ni de exiliados, ni de camino, ni de retorno, ni de sombra o bebida). Pero además es inviable, pues una sed de orden físico no se apaga con promesas (**27s.71s**). La exégesis «exodal» de 41,17-20, no sólo ha equivocado el contexto del pasaje, sino que ha omitido el análisis de su lenguaje y sus imágenes (y lo primero es a la vez causa y consecuencia de lo segundo). Así tropieza a cada paso con la letra misma que pretende explicar, queda expresamente desmentida por otras promesas del DtIs, y al cabo deja incomprendido el texto (**38s.78-80**).

Is 41,17-20 es un **proyecto de creación**; un monólogo divino que, (a) tras resumir una situación funesta (v.17a), (b) anuncia el propósito divino de intervenir (v.17b), (c) expone la maqueta del proyecto (v.18s), (d) descubre su finalidad (v.20aαβ) y (e) certifica finalmente el cumplimiento de lo proyectado (v.20aγ.b) (**31-36**).

Los motivos de la *sed*, el *desierto* y las *aguas* no bastan para suponer en nuestro paso la situación del éxodo. De comparar 41,17-20 con los demás pasos de Is, que la mayor parte de los autores adscriben al tema *Nuevo éxodo*, resultan **dos grupos de promesas**, perfectamente diferenciados por dos diversas constelaciones de motivos literarios (incluso los motivos comunes reciben un trato diverso en uno y otro grupo): Los pasos del primer grupo, más nutrido, incluyen el motivo del *camino* y excluyen los de la *sed* y los *árboles futuros*. Los del segundo (41,17-20; 44,1-5 y 51,3), que desconocen el motivo del *camino*, denuncian la *sequedad* extrema de Israel y prometen una *arboleda*. Si en los del primero JHWH *rescata y conduce* a su pueblo, en los otros ni libera ni conduce, sino que *transforma*. En suma; mientras que las promesas del primer grupo *podrían* aludir a un éxodo, las del grupo segundo son en cambio *proyectos de creación*. Is 41,17-20 debe ser entendido, por tanto, en función de 44,1-5 y 51,3 (**36-42**).

העניים, el objeto de la atención divina, no son los que regresan, sino el *pueblo de Israel*. -- עָנִי (que podría incluir el significado colateral de *afligido*) no ha designado probablemente hasta el exilio sino al *pobre*, en el sentido socio-económico del término (**45-59**). Pero DtIs ha reservado las formas nominales de ענה II para designar al pueblo elegido. La significación de עני deriva así de lo económico a lo teológico, dando origen, según creo, al valor religioso de todo el vocabulario de pobreza. עניה, עניים (cf. לא נחמה, Desconsuelo/Desamparo; «No-Pueblo», por decirlo con Os), por una parte, *designan* (exclusivamente) al pueblo de Israel; por otra, *describen* la situación «anticonstitucional» del pueblo, sometido a otros dioses, alejado de la tierra y el sosiego de las promesas. Del significado de עניים se sigue una doble e importante consecuencia para la exégesis de 41,17-20: en primer lugar, que el v.17a no contempla a los que regresan, sino al *pueblo sometido* de Israel; y en segundo lugar, que la acción de buscar aguas (predicada por tanto de la entera nación) ni ocurre durante el regreso, ni puede tener sentido recto. -- והאביונים es probablemente un añadido (**59-69**).

Para evitar la incongruencia de que una simple promesa alivie la sed física, algunos partidarios de la lectura «exodal» proyectan asimismo al futuro la búsqueda de aguas y la sed: 17a sería prótasis de 17b y el ptc. מבקשים quedaría integrado en la esfera de futuro de su apódosis («Cuando busquen [/Si buscaran] agua... Yo los atenderé»). Pero el carácter introductorio del v.17a y el estilo asindético del Segundo Is recomiendan la autonomía sintáctica del primer dístico. En tal contexto y determinado por el pf. נשתה, **el participio** מבקשים presenta su valor acostumbrado de presente continuo: «están buscando». La letra misma rechaza la supuesta situación del éxodo y continúa exigiendo su lectura figurada (**70-72**).

Quien se tome la molestia de investigar un vocabulario tan común como el que forma la expresión «**buscar agua**», podrá advertir, no sin sorpresa, que la frase es absolutamente insólita en todo el AT. En hebreo no *se busca* el agua; *se excava* para encontrarla; y una vez hallada y conocida, *se acude* a donde brota o fluye. Los עניים no buscan agua de *beber* en el desierto. La expresión, inspirada en profetas anteriores, significa pretender de los dioses una vida pujante. Por eso fracasa dicha búsqueda angustiosa (ואין), que sería impensable, por otra parte, durante un éxodo glorioso (**72-77**).

La interpretación «exodal», o bien traslada caprichosamente al futuro la sed, reduciéndola a mera posibilidad futura (con lo que niega la sed histórica [נשתה, pf.] de los עניים), o bien ha de entender la promesa de intervención futura (vv.17b-19) como intervención cumplida (y entonces niega la promesa y la sed). En cualquier caso, comprime en una misma circunstancia (vuelta del destierro) dos momentos sucesivos de la historia, que nuestro paso distingue, refiriendo el primero en pf. (v.17a) y anunciando el segundo en ipf. (vv.17b-19 — ¡No se trata aquí de la alternancia *qatal//yiqtol*, común en esticos paralelos!). Forzada, pues, a ignorar esa tensión temporal, por suponer lo que *no dice* el texto (regreso), termina negando aquella exégesis lo que *sí dice* el texto (sed que reseca). -- **La sed o sequedad** es consecuencia y castigo de la idolatría en la tradición profética. Significa en primer término carencia de «agua» (de vida). Así pues, no es que, por estar en el desierto, tengan sed los עניים y consiguientemente busquen agua; sino que, por «buscar aguas que no son» (por buscar vida donde no hay), «se resecan de sed» hasta el punto de convertirse en «desierto»: *lengua reseca* se considera en los vv. siguientes *tierra seca, desierto*. Esa es la sequedad, el sequedal, que se dispone a transformar JHWH. DtIs anuncia «en tiempo de gracia» la transformación contraria a la que conminara Os siglos atrás (2,5) y venía sufriendo Israel a la sazón con su destierro (**78-82**).

El ענה de 17b no es verbo de decir, sino de hacer (está más cerca de ענה III [(pre-)ocuparse] que de ענה I [responder]). Este ענה-hacer ni supone reacción, ni significa propiamente «responder». Su traducción más adecuada es «atender»; que además de significar directamente «(pre-)ocuparse» y «cuidar», conserva el sentido etimológico de ענה (aplicar los sentidos) y no exige suponer un ruego previo. ענה-hacer, que «atiende» siempre a seres personales (nunca una súplica), expresa una acción interpersonal que ocurre casi exclusivamente entre JHWH y su Pueblo. Y como la «atención» divina consiste defacto en *salvar* (a los suyos), y la de Israel, en *obedecer* (a su Dios), este ענה viene a ser expresión de lo que he llamado *el débito contractual.* -- En Is 40-55, ענה I nunca es verbo de decir, sino expresión del auxilio divino y del acatamiento (negado) de Israel. En 41,17 supone que ya cesó «el instante del abandono» y anuncia que JHWH vuelve a hacerse cargo de su Pueblo, a ser su Dios (**83-95**).

La conocida pertenencia de עזב al vocabulario del pacto subraya el desconocido sentido contractual, recién apuntado, del paralelo ענה. -- **La promesa de «no abandonar»** no se repite en ningún otro profeta. Supone siempre, entre quien la hace (JHWH) y quien la recibe (sólo Israel o su caudillo), una relación tan peculiar como la del pacto e incluye una referencia más o menos explícita a la posesión de la tierra. Al «no abandonar» precede siempre, en las diversas redacciones, una declaración de asistencia, אנכי/יין עמך, que la formulación dtisaiana substituye por ענה (lo que confirma el sentido propuesto para este verbo). En Is 40-55, עזב significa lo contrario de «atender»: la quiebra de aquella relación de amor que mediaba entre JHWH y su pueblo (y el sometimiento consiguiente a otro señor). De manera que en 41,17 sería insuficiente entender: «no los abandonaré (a su suerte)»; לא אעזבם proclama el propósito divino de mantener por siempre el «atender», la relación de amor eficaz que supone el pacto: «y nunca volveré a abandonarlos» (**95-100**).

El lenguaje es típicamente profético y no tiene que ver en absoluto con la tradición del éxodo. Los motivos del *agua* (que habrá de participar la naturaleza figurada de *la sed* que remedia), *el desierto* (consecuencia de la misma «sed») y *el parque* que lo transforma, deben ser entendidos en la misma clave figurada de la literatura profética. -- Teniendo presente que los עניים de lengua reseca *son la tierra reseca*, es como mejor se comprende que JHWH, a renglón seguido de prometerse atenderlos, anuncie su propósito de transformar el *sequedal*. La atención prometida consiste primeramente en alumbrar aguas; no para que *beban* los sedientos (*Targum*), sino para *transformar* su desierto (Is). **La especie de estas aguas** se revela en 44,3s (el agua prometida a *Tierraseca*) y 55,1-3 (el agua que se ofrece a los *Sedientos*): Is 44,3 no promete un doble riego, sino la sola efusión del רוח יהוה, caracterizado aquí de מים. Tampoco es doble, sino único, el objeto de ese riego: Israel (no su *futura* descendencia, ni por supuesto otra tierra), caracterizado aquí de צמא y יבשה. Por ser «agua» el רוח y «Tierra-sedienta» Israel, será Jacob — una vez «atendido» — *como* una espesa arboleda bien regada. -- לוֹא־לחם (55,2) no son los comestibles, sino cuanto resulta del inútil culto idolátrico. Su opuesto מים es el ali-

mento *verdadero* (hace vivir, v.3) que da JHWH; si no es el propio JHWH
que se da a Sí mismo. DtIs ha sido probablemente el primero en concebir el
רוח יהוה como un *agua que da vida*. «Las aguas», tanto en 44,3 y 55,1 (donde
son clave), como en 41,18 (donde son cifra), no remiten a otra realidad que
el Don de Dios. Esta *especie* de «aguas» (= *vida* pujante) buscaban inútilmente
los Sedientos en la Nada de sus ídolos (**103-108**).

La identificación del **desierto** es de capital importancia en la exégesis del
pasaje. -- Con la sola excepción de Jer 2,6, ארץ ציה y ערבה nunca pretenden
significar, en los Profetas, un concreto desierto geográfico, sino que representan exclusivamente una situación de muerte o la muerte misma. Dicha situación se entiende por lo general *condición* intrínseca de quien la sufre. En todos
estos casos, «el desierto» es término *a quo* o *ad quem* de una transformación.
De manera que la sola presencia de ציה y ערבה, así como el contexto de transformación de Is 41,18s, obligan a considerar la posibilidad de que tales nombres designen figuradamente en nuestro paso alguna persona castigada. Ya el
acusado (e inadvertido) paralelismo de Is 41,17s con Os 2,5 (vocabulario coin-
cidente, transformación contraria del mismo sujeto, castigado de igual modo
por el mismo crimen [«buscar aguas», Os 2,7b]), exigiría ver representado a
«No-Pueblo» Israel en el «desierto» de 41,18s. Pero dicha identificación consta
por el propio DtIs: Is 44,3 no sólo conecta expresamente la sed con lo reseco
(como 41,17a), sino que establece sin lugar a dudas la identidad de lo «sediento» // «tierra seca» (3a) con la raza de Jacob (3b). La misma terminología y
el mismo contexto de transformación obligan a considerar epexegéticos los
genitivos de Is 51,3: מדברה // ערבתה, «el desierto de ella» = el desierto *que
es* ella. -- El «desierto» del Segundo Is *es el propio Israel*, que de algún modo
ha vuelto al polvo, porque JHWH le ocultó un momento su rostro (**109-118**).

La conversión del desierto en parque es un tema peculiar del DtIs, sólo
reproducido por Is 32,15 y 35,1s.6bs. Integran dicho tema tres motivos principales, que tan sólo 41,17-20 contienen de modo expreso: (a) JHWH, transformador; (b) conversión del desierto en regadío; (c) florecimiento de la tierra
convertida. Los tres pasos de Is 40-55 subrayan la intervención de JHWH. La
acción divina es expresada por el ipf de שׂים + ל(/כ), y su efecto es la mudanza
del desierto en hontanar (o ya directamente en parque). El medio de la conversión son «las aguas»; y la metamórfosis termina y se demuestra en «los árboles». Consecuencia de la colosal mudanza es el reconocimiento de JHWH por
parte de lo convertido. -- Is 32,15 y 35 disimulan la intervención divina y
convierten su proyecto de transformación en anuncio de cambio. Pero tampoco
aquí faltan «los árboles» que ponderan, sin embargo, la frondosidad del par-

que, convirtiéndolo en selva (**119-122**).

Junto a la transformación del sequedal en parque, y aparte las mitigaciones del desierto que suponen el camino y las aguas que no llegan a cambiarlo (**122-124**), existe otra mudanza del desierto en regadío (43,16-21), que omite el motivo de «los árboles», pero representa la misma bendición: El Señor muda el sequedal en tierra viva; a «los hijos del desierto» (בנות יענה), en hijos suyos. -- El *desierto* del Segundo Is (incluso el que no va determinado por ארץ ציה o ערבה) no significa jamás el escenario del éxodo, sino que representa siempre a un pueblo castigado, moribundo. Lejos de remitir a la situación del éxodo (como sostienen de ordinario los intérpretes), la excluye por tanto en absoluto (**124-129**).

DtIs ha podido componer su alegoría del desierto florecido (apuntada quizás en Os 2,17.25) a partir de dos figuras bíblicas más antiguas: La devastación del Pueblo infiel (Os 2,5; Is 5,5-7) y la imagen contraria de ventura, que representa al Pueblo bendecido como **un parque plantado por JHWH** (Nu 24,5-7). Las coincidencias verbales y temáticas de Is 41,17-20 y Nu 24,5ss (que los intérpretes tampoco relacionan) son tan notables como las observadas respecto de Os 2,4ss. -- Sólo Gen 2,8 dice de JHWH que plante árboles. Iniciada la historia del hombre mortal, JHWH ha plantado *personas* exclusivamente; de hecho, sólo ha plantado a su Pueblo. Para significar una bendición estable, dice a menudo el AT que JHWH planta *a* Israel (representado en general por una viña) *en la tierra* prometida. Esta imagen tradicional es desconocida en Is 40-55. A fin de significar una bendición más decisiva, DtIs ha imaginado otra figura más brillante: El Hacedor recrea al viejo Israel (desierto a la sazón), convirtiéndolo en espléndido parque. En DtIs, los árboles y el plantío son figuras complementarias de la misma realidad: el Pueblo bendecido. Si el extendido uso metafórico del vocabulario vegetal hace *posible* que los árboles representen a Israel, y 44,3s lo hace *muy probable* (al comparar expresamente la estirpe de Jacob a una arboleda), la naturaleza misma de la transformación proyectada (cuyos dos términos [desierto → jardín] han de mantener la identidad del sujeto que la sufre) *exige* ver en estos árboles al Israel bendecido. -- Los árboles, que son longevos (al contrario de la hierba efímera) y tienden a poseer la tierra, se yerguen como la imagen más certera de una vida pujante. Son los hijos innumerables de la Abandonada. Son «la novedad que está brotando»: brotan (44,4) como la Salvación (45,8; 61,11); le brotan a Israel como la carne sana (58,8). צמח (brotar), dicho de la nueva creación incluso en 43,19 (donde «la novedad» no tiene forma de arboleda), demuestra hasta qué punto la imagen del árbol domina las representaciones deuteroisaianas de la futura vida bendecida (**130-142**).

Lo que persigue JHWH con su proyecto, no es facilitar el regreso de Israel, sino «que vean, conozcan... y vivan». La intención divina que expresa DtIs por medio de למען e ipf., consiste invariablemente en provocar un conocer. -- En nuestro caso, se requieren cuatro verbos para describirlo: ראה equivale generalmente a «comprender», y debe aportar al concepto genérico de «conocer» los matices de evidencia, inmediatez y claridad, que le son propios a la visión ocular (**145-152**). -- El saber (ידע) futuro de que se ocupa DtIs, no tiene más obj. que JHWH y se formula de modo casi idéntico: «que yo soy JHWH (o הוא)». Pero ידע no supone exclusivamente la adquisición de un saber. Es a la vez *reconocimiento* de que JHWH es el único Dios; lo que supone declararse (Pueblo) de ese Dios. Este conocimiento termina así por establecer una *relación de amor con lo (re)conocido* (**152-160**). -- El giro שים לב (del que debe ser elipsis וישימו) significa una acción o actitud duradera; y sus contextos exigen el sentido general de «considerar», «prestar atención a», «tener en cuenta». Lo que «se tiene en cuenta» determina la vida: se traduce en sentimientos, acciones y actitudes. El sentido de שים לב se aproxima, por tanto, al propuesto para ענה. Queda realzado de este modo que el conocimiento pretendido en el v.20a, es reconocimiento, aceptación, obediencia; es decir, el ענה de Israel, su correspondencia a la atención divina (ענה, v.17b) (**160-164**). -- El significado básico de שכל que proponen los diccionarios «(llegar a) ser inteligente», no es exigido en rigor por ninguno de sus contextos. Antes que una facultad, el verbo significa una *acción*. Más aún; שכל expresa siempre una operación *acertada*; ya sea en el orden del conocer (acertar incoativamente), ya sea en el ámbito de la conducta política y moral (acertar terminativamente). *Acertar* es el sentido radical del verbo. El acierto deriva de una fuerza divina que sólo participa quien de algún modo está con Dios. No sólo es consecuencia de observar la ley, sino que viene a consistir al cabo en eso mismo. No se puede *lograr*, no *acierta*, el hombre de otro modo: Quien persigue otro proyecto, incurre en el fracaso o malogro de «la vergüenza» (בוש). La peculiaridad significativa de שכל consiste en que refiere al comportamiento más expresa y constantemente que ידע: aun donde significa en primer término «comprender», incluye el acierto práctico de la conducta justa e incluso el éxito (la vida) que aquella garantiza. Este último debe ser el sentido preponderante de שכל en 41,20: «Los árboles verán...y acertarán»; es decir, Israel *se logrará*, como el Siervo del Señor (52,13) (**164-178**).

El análisis de los cuatro verbos, aparte de revelar lo que JHWH persigue, favorece **otra comprensión del último versículo**: En contra de la lectura común (que considera al v.20 *Erkenntnisformel*), parece más probable que 41,20 contenga dos oraciones, independientes entre sí: la primera — delimitada por למען y יחדו — expresa la *finalidad* de la transformación («para que vean... y se logren a una»); la segunda («En verdad que la mano de JHWH...lo ha creado») *certifica el cumplimiento* del proyecto (**178-181**). -- Nuestro autor describe la futura condición de los transformados a semejanza de la **vida de rango superior**, que sedujo a la primera mujer: «ver», «conocer» y «tener éxito» («acertar», Gen 3,5s). En este «conocer» consiste la vida verdadera que representa el parque bien regado (**181-185**).

El Señor firma su proyecto con dos nombres: El primero, «**la mano de JHWH**», es una mera designación del Dios activo. Es probable que «mano» equivalga simplemente al pronombre personal. En nuestro paso, (יהוה) יד se corresponde estrechamente con el (יהוה) אני del v.17 (**186-189**). -- El segundo, קדוש ישראל (*gō'ēl* de Jacob; Dios familiar e incondicionalmente propicio), no significa probablemente sino «el Dios de Israel». Como se corresponden יד (v.20b) con אני (v.17b), así קדוש (v.20b) con אלהי (v.17b) en el marco inclusivo que forman ambos versos (**189-192**).

La obra grandiosa de JHWH es caracterizada de acto creador (עשה // ברא). -- Es verosímil que DtIs no haya afirmado עשה sino de Dios. La actividad que el verbo significa, afecta en último término a Israel, que además es su objeto directo más frecuente. Este verbo, lejos de suponer en nuestro autor una labor *manual* o fatigosa, es la expresión más común de la *creatio per verbum*. No sólo alterna con ברא en sintagmas idénticos, sino que es preferido para resumir toda la actividad creadora de Dios (**192-197**). -- Es posible que ברא (I) tenga el sentido fundamental de «sacar (/poner) afuera» (de lo oculto o inexistente, a lo visible o real); en una palabra, «pro-ducir». ברא y עשה son ilustrados por nuestro autor de modo semejante. Si tales representaciones poéticas no arguyen que ברא suponga un trabajo fatigoso, tampoco secundan ciertamente la distinción tópica entre el humilde עשה y el enigmático ברא (**197-204**).

***

Referir la transformación del yermo al retorno de Israel, no sólo impide radicalmente la comprensión del oráculo, sino que ha evitado considerar la transformación del desierto por sí misma, descuidando así un tema de singular importancia en el anuncio del Segundo Is. Atendiendo, en cambio, al sentido figurado que tienen (y exigen) a menudo las palabras (*el único sentido auténtico* en tales casos), el oráculo se torna al punto transparente: **La conversión**

del yermo en parque es una *alegoría* (metáfora continuada) de la regeneración de Israel: El pueblo castigado, moribundo bajo la dominación asiria («desierto»), será resucitado por su Hacedor a una vida lujuriante, inmarcesible («Edén»). Esa vida verdadera consiste en «*conocer*» al Señor (cf. Jn 17,3); lo que, a su vez, es el único modo de «*lograrse*» (שׂכל, Is 41,20).

Es la misma promesa de Is 44,1-5: Sobre lo sediento (//la tierra seca) que es Jacob (//Israel), promete JHWH derramar el agua — la vida — de su Espíritu. La exuberante vida futura que producirá la acción divina, no sólo es ilustrada con la misma imagen de árboles abundantes, bien regados (v.4), sino que vuelve a consistir en *conocer* al Señor: «Soy de JHWH» (v.5). Ni es otro el mensaje de 51,3: El Señor tratará compasivamente (נחם [cf. ענה: 41,17]) a Sión: su desierto lo trocará en jardín. Y sonará el *reconocimiento* (תודה, v.3b).

Éste es el consuelo que gritan al corazón de Jerusalén, las promesas divinas de transformar su desierto en Edén. El interés primordial del DtIs queda así centrado, no en el *Nuevo éxodo* propiamente, sino en el *Nuevo Israel*, «la Novedad que está brotando». Mucho más importante que el trance del camino, es la bendición duradera de una vida lozana. DtIs, escenificador inigualado de la vida «eterna» o verdadera, pinta con el brillo de la gloria el término, no el tránsito.

Nuestro tema, ajeno por completo a la tradición del éxodo, está enraizado — a través de Os sobre todo — en la más rancia literatura de Israel: J y E (Gen 3,1-7; Nu 24,3-9).

TABLAS

EL DESIERTO TRANSFORMADO

TABLA I: Sinópsis sintáctica de Is 41,17-20

objeto	ablativo	predicado	advs., conjs.	sujeto	v.
מים	-בצמא + -	מבקשים +אין -נשתה	-ו +ו	העני -האב' +לשׁונם	17a
+ם +ם :	---	+ענ +עזב	לא	אני יהוה +א אלהי יש +א	17b
נהרות מעינות מדבר לאגם־ מים +ארץ ציה למוצאי מים:	על־שׁפיים +בתוך בקעות	+פתח +שׁים	+ו +ו	+א +א	18a 18b
ארז שׁטה +הדס +עץ שׁמן	במדבר	+תן	+ו +ו	+א	19a
ברושׁ תדהר +תאשׁור	בערבה	+שׁים	+ו יחדו:	+א	19b
---	---	+ראו +דעו +שׂימו +שׂכילו	למען -ו -ו -ו יחדו	+י +י- +י- +י-	20a
זאת פ +ה:	---	עשׂתה +ברא	כי -ו	יד־יהוה קדושׁ יש-	20b

TABLA II: Proyectos de creación

Gen 1,26-27	Gen 2,18-23	Is 41,17-20	Is 42,14-17
(A) Introducción: Situación vigente			
ויאמר אלהים 26a (mundo sin dueño)	10a ויאמר יי אלהים לא־טוב...האדם לבדו	[אמר יי] 17a העניים והאב'... לשונם בצמא נשתה	[אמר יי] עורים (16a) 14a התשיתי...אחריש [אתאפק]
(B) Designio divino de actuar			
נעשה אדם	אעשה־לו עזר 18b	17b אני יי אענם\לא אעזבם	14b אפעה אשם [ואשאף]
(C) Exposición del proyecto			
בצלמנו כדמותנו	(19 כנגדו (ויצר יי מן־האדמה) (22 ויבן יי אלי' את־ הצלע...לאשה)	אפתח...נהרות 18a אשים מדבר 18b לאגם־מים 19 אתן במדבר ארז...	אחריב\ואוביש 15a ושמתי נהרות 15b לאיים אשים מחשך... 16b לאור
(D) Finalidad de la intervención			
וירדו...בכל... 26b		למען יראו... 20a	והולכתי עורים 16a 17 יבשו...הבטחים בפסל
(E) Certificación de cumplimiento			
ויברא אלי' ... 27 ברא...ברא אתם	זאת...בשר מבשרי 23	כי יד־יי עשתה 20a זאת...	עשיתם ולא 16b עזבתים

TABLA III: Proyectos de creación en anuncios de ventura

Is 41,14-16	Is 43,16-19	Is 44, 1-5	Is 49,7-13

(A) Introducción: Situación vigente

Is 41,14-16	Is 43,16-19	Is 44, 1-5	Is 49,7-13
... 14a תולעת\\מתי (↑)	... 18 אל־תזכרו ראשנות (↑)	... 3a צמא\\יבשה	... 7a בזה\\מתעב\\עבד 9a אסורים\\בחשך

(B) Designio divino de actuar

Is 41,14-16	Is 43,16-19	Is 44, 1-5	Is 49,7-13
14b אני\\קדוש יש׳ עזרתיך\\גאלך	19 הנני עשה חדשה	(↓)	8a עניתיך\\עזרתיך

(C) Exposición del proyecto

Is 41,14-16	Is 43,16-19	Is 44, 1-5	Is 49,7-13
ולמורג 15 הנה שמתיך הרים...כמץ תשים 16a תזרם ורוח תשאם	ודרך 19b אף אשים במדבר בישמון נהרות 20b כי־נתתי במדבר מים\\נהרות בישמן	3 כי אצק־מים\\רוחי (↓) 4a וצמחו...כערבים	8b ואצרך...לברית עם 11 ושמתי כל־הרי ולדרך ומסלתי ירמום

(D) Finalidad (/consecuencia) de la intervención

Is 41,14-16	Is 43,16-19	Is 44, 1-5	Is 49,7-13
16b ואתה תגיל בי׳	20b להשקות עמי 20a תכבדני חית הש׳ 21b תהלתי יספרו	5a זה יאמר ליי אני	7a מלכים...וישתחוו

(E) Certificación de cumplimiento

Is 41,14-16	Is 43,16-19	Is 44, 1-5	Is 49,7-13
(↑)	21a עם־זו יצרתי לי	5b וזה יכתב ידו ליי	13 כי נהם יי עמו...

TABLA III: **Proyectos de creación en anuncios de ventura (cont.)**

Is 51,3	Is 54,11-17	Ez 37,1-14	Am 9,11-12
(A) Introducción: Situación vigente			
... 3a חרבתיה	11a עניה סערה לא נחמה[	... 5a עצמות (יבשות 2)	... 11a סכת...הנפלת
(B) Designio divino de actuar			
(↓) 3a כי־נחם יי ציון	11b הנה אנכי	5b הנה אני מביא בכם רוח	ודויד[11a אקים את־סכת
(C) Exposición del proyecto			
3aוישם מדברה כעדם כגן־יהוה	11b מרביץ...אבניך 12a ושמתי...לאבני אפדה[...לאבני־חפץ	6a ונתתי עליכם גדים והעלתי עליכם בשר ונתתי בכם רוח...	ופרציה[11b וגדרתי את־ והרסתיה אקים ובניתיה כימי עולם
(D) Finalidad (/consecuencia) de la intervención			
3b ששון\\ותודה	13a בניך למודי יי 13b ורב שלום	6a וחייתם 6b וידעתם כי־אני יי	12a למען יירשו...
(E) Certificación de cumplimiento			
(↑)	17b זאת..מאתי נאם־יי	14b דברתי ועשיתי	12b נאם־יי עשה זאת

TABLA IV: Motivos «exodales» en Is 40-55

Is	desierto	camino	(no) aflicción (sf)	vegetación
40, 1-11	3 מדבר\\ערבה	3 דרך\\מסלה	מישור\\ 4 \\בקעה	6 חציר\\ציץ
41,17-20	(17 (נשתה 18 מדבר\\אי צי 19 ערבה	---	17 בצמא נשתה	19 ארז\\שטה\\הדס עץ שמן\\ברוש תדהר\\תאשור
42,14-17	(19 (איים	16 דרך\\נתיבות	אור 16 מישור 16	15 עשב
43, 1- 7	(2 (אש\\להבה	(2 (במים \\במו־אש	2לא ישטפוך 2לא תכוה...	---
43,16-21	19s מדבר\\ ישמון	16 דרך\\נתיבה 19 דרך	(20 (להשקות	---
44, 1- 5	3 צמא\\יבשה	---	צמא 3	4 בין\\ערבים
48,20-21	21 חרבות	(21 (בחרבות	21 לא צמאו	---
49, 9-12	(9 (שפיים	9 דרכים 11 דרך\\מסלת	10 לא ירעבו לא יצמאו ולא־יכם...	---
49,14-23	(19 חרבת\\שממת (הרסת\\	(22 (בוא	בחצן 22 על־כתף	---
51, 1- 3	3 מדבר\\ערבה	---	---	3 עדן\\גן־יי
51,10-11	---	10 דרך	רנה 11 נסו יגון...	---
52,11-12	---	(11 (סור\\יצא (12 (יצא\\הלך	12לא בחפזון לא במנוסה	---
55,12-13	(13 (נעצוץ \\סרפד	(12 (יצא\\יבל	בשמחה 12 בשלום	12s עצי הש׳ נעצוץ ברוש\\הדס סרפד

TABLA IV: Motivos «exodales» en Is 40-55 (cont.)

aguas	acciones de YHVH		acc. de Israel	Is
---	1 בוא 10 אמר	7 נשב	---	40, 1-11
	11 רעה\\קבץPi\\נשא\\נהל Pi			
17 מים	18 פתח\\שים	17 ענה\\לא אזב	17 בקש מים	41,17-20
18 נהרות\\מעינות	19 נתן\\שים		20 ראה\\ידע	
אגם־מ'\\מוצאי מ'	20 עשה\\ברא		ישם\\שכל	
15 נהרות\\אגמים	15Hiחרב\\יבש			42,14-17
	15 שים	16 Hi הלך \\דרך Hi	(16 הלך\\דרך)	
2 מים\\נהרות	6 אמר	1 גאל	2 עבר\\הלך	43, 1-7
		5 בוא Hi קבץ Ni		
16 ים\\מים עזים	16ssנתן\\יצא Hi		(20 שקה)	43,16-21
19 נהרות	19 עשה\\שים	20s שקה Hi\\יצר		
20 מים\\נהרות				
3s מים\\נזלים	3 יצק	3 יצק	4s צמח\\אמר\\קרא	44, 1-5
יבלי־מים			כתב\\כנה	
21 מים מצור	21בזל\\בקעHi	20s גאל\\הלך Hi	20 יצא\\ברח\\נגד Hi	48,20-21
10 מבועי־מים	11 שים	10 נהג Pi\\נהל Pi	9s יצא\\גלה\\רעה	49, 9-12
			לא רעב\\לא צמא	
			12 בוא	
---	15 לא שכח	14 אמר	49,14-23
	22רום\\נשא Hi	(22 Hi נשא\\בוא)	18 ראה\\קבץ	
			22 (בוא) 23 ידע	
---	3נחם\\Piשים	3 נחם Pi	(1 רדף\\בקש)	51, 1-3
10 ים\\מי תהום	10חרב\\שים Hi	(10 גאל)	10 עבר	51,10-11
			11 שוב\\בוא	
---		12 הלך	11 סור\\יצא\\ברר Ni	52,11-12
			12 יצא\\הלך	
---		(12 יבל Ho)	12 יצא\\(הלך Q')	55,12-13

TABLA V: עני/ו en la literatura bíblica más antigua

opuestos	paralelos	asociados	עני/ו	lugar
(יש')	---	גר 20 עם (יש') עם (יי) אלמנ\יתום רֵע (יש')	את־העני	Ex 22,24 (21) (25)
(יש')	---	גר	לעני	Lv 19,10
(יש')	---	גר	לעני	23,22
(יש')	---	ולאביונך את (יש')	לעניך	Dt 15,11
(יש')	---	רֵע (יש')	איש עני	24,12
(יש')	---	ואביון את (יש') גר	שכיר עני	14
(יש')	---	↑	שכר עני	15
זקני (יש')	הכרם	---	גזלת העני	Is 3,14
שרי (יש')	עם (יי)	---	פני ענים	15
חקקים־און	דלים	אלמנות\יתומים עם (יי)	עניי	10, 2
---	---	והאביונים צמא	העניים	41,17
---	עם (יי)	(יי)	וענוי	49,13
23 מוניך (יש')	שכרת	ירושלם 17	עניה	51,21
---	---	סערה\לא נחמה	עניה	54,11
עשק 17	---	ואביון רֵע 13 נקי 17	עני	Jer 22,16
פריץ שפך דם 10	---	ואביון	עני	Ez 18,12
(6- יש')	דלים	אביון\צדיק 6	דרך ענים	Am 2, 7
(יש')	אביון	ארץ אביון\דלים 6	עניי־	8, 4
אויבי (יי) 2 3 רשעים	חית (יי)	צדיקים\אלמ\יתומים (4 יחידים\אסירים 7	לעני	(6) Sal 68,11
---	עם (יי)	(יי)	ועניך	72, 2
עושק	בני אביון	עם (יי)	עניי־	4

opuestos	paralelos	asociados	ענ"י	lugar
חמס 14	אביון	(דל 13) אין־עזר	ועני	72,12
רשעים 2.4	דל ויתום	ורש (אביון 4)	עני	82, 3
פי רשע 2	נכאה לבב	ואביון	איש־עני	109,16
לשון שקר 2	לב חלל	ואביון	עני	22
(יש')	רֵעַ	---	עניים	Prv 14,21
טוב־לב	←	רֵעִים	ימי עני	15,15
גאים	←	שפל־רוח	עניים	16,19
(יש')	דל	שער	עני	22,22
דור חרבות [שניו]	אביונים	מארץ	לאכל עניים	30,14
---	---	אובד\\מרי נפש ריש\\עמל 6s	בני־עני	31, 5
---	בני־חלוף 8	ואביון	עני	9

TABLA VI: אביון en la literatura bíblica más antigua

opuestos	paralelos	asociados	אביון	lugar
(יש')	---	3 דל / 7 צדיקנקי 9 גר	משפט אבינך	(3) / Ex 23, 6
---	---	עם (יש') חית השדה	אביני	11
ברך	---	בארץ	לא בך אביון	Dt 15, 4
(יש')	---	את (יש') בארץ	בך אביון	7a
(יש')	---	את (יש')	האביון	7b
(יש')	---	את (יש')	האביון	9
---	---	(ב)ארץ ↓	אביון	11a
(יש')	---	את (יש') בארץ	לעי ולאבינך	11b
(יש')	---	את (יש') נר\בארץ	עני ואביון	24,14
נדיבים	דל	7 רש עפר\\אשפת	אביון	1Sm 2, 8
---	---	צמא	העני ואביונים	Is 41,17
---	---	רע 13 17 נקי	עני ואביון	Jer 22,16
פריץ שפך דם 10	---	---	עני ואביון	Ez 18,12
יש'	צדיק	7 ענוים\דלים	ואביון	Am 2, 6
יש' 5	דלים	---	אביונים	4, 1
יש' 15	צדיק	דל 11	אביונים	5,12
יש' 2	עני־ארץ	---	אביון	8, 4
יש' 2	דלים	---	ואביון	6
עושק	עני־עם		בני אביון	Sal 72, 4
תוך\חמס 14	עני	אין־עזר דל 13	אביון	12
«	נפ' אביונים		דל ואביון	13
רשעים 4	---	3 עני ורש דל ויתום	אביון	82, 4
רשע 2	נכאה לבב	↓	עני ואביון	109,16

opuestos	paralelos	asociados	אביון	lugar
לשׁון שקר 2	לב חלל	צום 24	<u>עני ואביון</u>	109,22
שׁפטים	---	עבד (יי) 28	לימין אביון	31
---	---	ציון 13 כהנים\חסידים 16	אביוניה	132,15
עשׁק	דל	---	אביון	Prv 14,31
דור חרבות [שׁניו	עניים	מאדם	ואביונים	30,14
---	בני חלי 8	בני־עני 5 אובד\ומרי נפש 6 רש\עמל 7 אלם 8	<u>עני ואביון</u>	31, 9

TABLA VII: ענה-hacer en los libros poéticos

sujeto	objeto	nexo	verbo	paralelos	asociados	lugar
יי	---	---	וענתך	נתן	הרבתʔישע	2S 22,36
יי	ם	---	ולא ענם	ואין משיע	---	42
יי	ך	---	ענך	חנן	שמע 17 רחם / לחמים 23ss / ורפא	Is 30,19
יי	ם	---	אענם	לא עזב	מים 18	41,17
אל	---	---	ולא יענה	לא ישע	לא ימיש	46, 7
יי	ך	---	עניתיך	עזר	יצר-רצון/ישע	49, 8
יש׳	---	---	ואין עונה	אין-איש	---	50, 2
יי	---	---	יענה	אמר הנני	8 אורʔארוכה / שבעתʔʔמים 11	58, 9
עזבי יי	---	---	ולא עניתם	לא שמע	עשה הרע	65,12
יי	---	---	אענה	שמע	18 ניʔלʔʔשʔ	24
יש׳	---	---	ואין עונה	לא שמע	עשה הרע	66, 4
יש׳	---	---	ולא עניתם	לא שמע	עשה (הרע)	Jer 7,13
יש׳	כה	---	ולאʔענוכה	לא שמע	לא שמע 28	27
יש׳	---	---	ולא ענו	לא שמע	לא שמע / אחרי אחרים 15	35,17
יש׳	---	---	וענתה	---	קרא ʔאישי	Os 2,17
יי	---	---	אענה	---	---	23a
יי	השמים	את-	אענה	---	---	
השמים	הארץ	את-	יענו	---	---	23b
הארץ	הדגן	את-	תענה	---	---	24a
הם	יזרעאל	את-	יענו	---	---	24b
יי	---	---	עניתי	---	שור\פרה	14, 9
יי	ני	---	ויענני	שמע	העלה משחת 7	Jon 2, 3

sujeto	objeto	nexo	verbo	paralelos	asociados	lugar
יי	ם	אוֹת	ולא יענה	הסתיר פנים	---	Miq 3, 4
יי	ם	---	ואענם	---	אלהיהם ישע נבריהשיבדרחם	Zac 10, 6
יי	וֹ	את	אענה	אמר יעמי	---	13, 9
יי	הוּ	---	ויענהו	---	---	Job 12, 4
יי	ני	---	ולא תענני	כוּן (cf.BHS)	עני 16	30,20
יי	---	---	ולא יענה	לא שמע 13	לא שׁוֵר 14	35,12
חכמות	---	---	ולא אענה	לא מצא	---	Prv 1,28
(יי)	---	---	ולא יֵָעֶנֶה	---	---	21,23
כסף	הכל	את־	ענה	---	---	Qoh10,19
יי	ני	---	ויענני	---	סמך 8 ישע 6	Sal 3, 5
יי	ני	---	ענני	הרחב	חנן\שמע	4, 2
יי	ני	---	ענני	האיר עינים	הביט 6 ישע	13, 4
יי	ני	---	כי־תענני	אזן שמע	פלט 7 ישע 13	17, 6
יי	---	---	וענתך	נתן	סעדההרבה ישע	18,36
יי	ם	---	ולא ענם	ואין משיע	---	42
יי	ך	---	יענך	שֹגב	סעד\עזר 6 ישע 3	20, 2
יי	הו	---	יענהו	ישע	ישע	7
יי	נו	---	יעננו	ישע	↑	10
יי	---	---	ולא תענה	לא־דומיה	מישועתי עזב\רחוק 2	22, 3
יי	ני	---	עניתני	ישע	נצל 21 לא־בזה\לא שקץ לא הסתיר פני שמע	22 (25)
יי	ני	---	וענני	שמע	חנן 9 עזר לא הסתיר פני ישע	27, 7 (9)
יי	ני	---	וענני	נצל	שמע ישע 7	34, 5

sujeto	objeto	nexo	verbo	paralelos	asociados	lugar
יי	---	---	תענה	---	22לא עזבלא רחק 23 עזרישע	38,16
יי	ני	---	וענני	---	קשב 2 אזן שמעמפרהישע17ss	55, 3
יי	נו (ני ק)	---	וענני	---	חלקישע	60, 7 (=108)
יי	נו	---	תענני	ישע	שמע 3 צדק	65, 6
יי	ני	---	ענני	ישע	חסד 15 נצל	69,14
יי	ני	---	ענני	פנה	חסד רחם	17
יי	ני	---	ענני	לא הסתיר פני]	19 קרבגאלפדה 34 שמעלא בזה	18
יי	ך	---	אענך	חלץ	7 הסיר מסבל	81, 8
יי	ני	---	ענני	---	אזן 2 שמרישע 3 חנן	86, 1
יי	ני	---	כי תענני	---	13 חסד נצל 16 פנהחנןשמע	7
יי	הו	---	ואענהו	עמו אנכי	חלקיכבד 14 שגבפלט 16 השביעישע	91,15
יי	ני	---	ענני	הטה אזן	2 שמעלא הסתיר 14 רחםחנן פני] 19 פנהלא־בזה	102, 3
יי	ני	---	ענני	---	מרחב 6 יי לי	118, 5
יי	ני	---	כי ענתני	ישע	25 הצליחישע	21
יי	ני	---	ותענני	---	למד 31 לא הביש	119,26
אני	---	---	טרם אענה	שמר אמרת יי]	(לא) שגג	67
יי	ני	---	ענני	146 ישע	נצר חק' יי 149 שמעהחיה	145
יי	ני	---	ויענני	---	נצל	120, 1
דוד	---	---	כל־ענותו	---	2 נשבעתגדר	132, 1

sujeto	objeto	nexo	verbo	paralelos	asociados	lugar
יי	ני	---	ותענני	הרהיב עז	7 החיתז ישע 8 חסד	138, 3
יי	ני	---	ענני	שמע	צדקאמונה	143, 1
יי	ני	---	ענני	לא הסתיר [פני	8 חסדידע 9 נצל לפדיהנחת החיה	7 (10s)

TABLA VIII: La promesa de no abandonar

						μὴ φοβοῦ...		
...כִּי	לֹא אֶעֶזְבְךָ	לְהַנִּיחֲךָ בְּכֹל אֲשֶׁר־תֵּלֵךְ	עִמָּךְ	אֲנִי	הִנֵּה			Gn 28,13 / 15
לֹא יַרְפְּךָ וְלֹא יַעַזְבֶךָּ		עִמָּךְ	יְהוָה הוּא הַהֹלֵךְ	כִּי	[אַל־תִּירָא וְאַל־תֵּחַת] חֲזַק וֶאֱמָץ		כִּי	Dt 31,6
לֹא יַרְפְּךָ וְלֹא יַעַזְבֶךָּ		עִמָּךְ הוּא הַהֹלֵךְ עִמָּךְ	""		...חֲזַק וֶאֱמָץ		---	7 / 8a / 8b
לֹא אַרְפְּךָ וְלֹא אֶעֶזְבֶךָּ		אֶהְיֶה עִמָּךְ	↓	עִמָּךְ " אֵל בְּכֹל אֲשֶׁר תֵּלֵךְ	[אַל־תֵּחַת] וְאַל־תַּעֲרֹץ... חֲזַק וֶאֱמָץ ...אַל־תִּירָא		כִּי	Jos 1,5 / 6 / 9
לֹא אֶעֱזֹב אֶת־עַמִּי יִשְׂרָאֵל		אֶעֶזֹב אֶת עַמִּי "				---	---	1Re 6,13
לֹא יַרְפְּךָ וְלֹא יַעַזְבֶךָּ		עִמָּךְ	"" אֵל...	[אַל־תֵּחָת...] חֲזַק וֶאֱמָץ			כִּי	1C 28,20
לֹא אֶעֶזְבֵם		...אֶעֱנֵם	"" אֵל...				---	Is 41,17
לֹא עֲזַבְתִּים		וַהֲלַכְתִּים מִישׁוֹר					---	Is 42,16
---	μεθ' ὑμῶν εἰμι πάσας τὰς ἡμέρας	ἐγὼ μεθ' ὑμῶν εἰμι	καὶ ἰδοὺ	καὶ ἰδοὺ			---	Mt 28,20

TABLA IX: ערבה y ציה (א') en Profetas y libros poéticos

asociados	paralelos	ארץ ציה ערבה	verbo	lugar
אבל‧אמל‧חפר‧קמל	נער	+ערבה	+היה כ	Is 33,9
---	מדבר	ציה \\ ערבה	שיש‧גיל‧פרח	35,1
שרב‧צמאון	מדבר	בערבה	בקע / היה ל	6 (7)
---	מדבר	בערבה	ישר	40,3
גיא‧הר‧גבעה			נשא‧שפל	(4)
בקעות‧שפיים	מדבר	ארץ ציה	שים ל	41,18
---	מדבר	בערבה	שים	19
חרבת	מדבר	ערבתה	שים כ	51,3
שרש	---	מא' ציה	עלה	53,2
שוח‧הר‧צלמות לא־עבר‧לא־ישב	מדבר	בא' ציה בא' ערבה	הלך	Jer 2,6
לא טוב א' מלח‧לא תשב	מדבר	בערבה	היה כ	17,6
מדבר בוש‧חפר לא תשב	אחרים גוים שממה	ציה וערבה	היה	50,12 (13)
לא־עבר‧לא־ישב	שמה	א' ציה וערבה	היה ל	51,43
צמא	מדבר	בא' ציה	שתל	Ez 19,13
צמא	מדבר	+א' ציה	+שית כ	Os 2,5
שממה	---	אל־א' ציה	נדח	Jl 2,20
מדבר	שממה	ציה	שים ל	Sof 2,13
עיף‧צמא	בלי־מים	בא' ציה	כמה	Sal 63,2
מדבר 19	---	בציה	מרה	78,17
---	---	בציות	הלך	105,41
מלחה 34 מדבר‧צמאון	מדבר	ארץ ציה	שים ל	107,35 (33)

asociados	paralelos	ארץ ציה ערבה	verbo	lugar
לחם	מדבר	ערבה	---	Job 24, 5
חם	שאול	ציה	גזל	19
חפר\כפן	שואה\משאה	ציה	ערק	39, 3
הרים 8	מלחה	ערבה	שים	6

TABLA X: El desierto transformado en arboleda

consecuencia	árboles en el desierto	conversión a regadío	JHVH, transformador	Is
למען יראו...	במדבר ארז...	ציה למוצאי מים	אשים...ל\ ואתן...ל	41, 17-20
זה יאמר ל"יי [אני...	כְּבֵין\ כערבים	(יבשה) על-יבלי-מים	אצק-מים	44, 1-5
ששון\תודה	מדברה כערן\ כגן-יי	←	ישם...כ	53, (1-)3
משפט\צדקה\ שלום	מדבר... ליער	←	רוח ממרון... והיה...ל	32, 15-20
שישו\גיל\פרח יראו\תפקחנה [עיני	כבוד הלבנן	צמאון למבועי מים	נבקעו מים... והיה...ל	35, 1-10

TABLA XI: למען en Is 40-55

A) Preposición

acción	sujeto	(pro)nombre	prep.	Is	
חפץ	יהוה	צדקו	למען	42,	21
שלחתי בבלה	(יי')	+כם (יש')	למענ+	43,	14
מחה פשעיך	אנכי (יי')	+י (יי')	למענ+		25
ואקרא לך בשמך	(יי')	עבדי	למען	45,	4
אאריך אפי	(יי')	שמי	למען	48,	9
אעשה	(יי')	+י (יי')	למענ+		11
יראו וקמו	מלכים	יהוה	למען	49,	7
אליך ירוצו	גוי	יהוה	למען	55,	5

B) Conjunción

fin (ipf.)	conj.	sujeto	acción	Is	
יראו וידעו	למען	(יי')	19 אשים בערבה ברוש...	41,	20
תדעו	למען	(יי')	בחרתי	43,	10
תצדק	למען	אתה (יש')	ספר		26
יבשו	למען	(עדיהם)	בל-ידעו	44,	9
תדע	למען	(יי')	ונתתי לך אוצרות חשך	45,	3
ידעו	למען	(יי')	5 אאזרך		6

TABLA XII: ראה en Is 40-55

objeto	nexo	sujeto	ראה	paralelos	asociados	Is
פי יי דבר ?	כי	כל־בשׂר	וראו	---	---	40, 5
מי ברא אלה	---	(יש׳)	וראו	---	נשׂא עינים	26
---	---	איים	ראו	---	---	41, 5
יד יי עשׂתה ?	כי	ארז וגו׳	יראו...	שׂימ/שׂכל	ידע	20
---	---	יי וגו׳	ק וְנִרְאָ ?	ידע	שׂתע	23
---	---	יהוה	וארא	---	---	28
---	---	עורים	לראות	שׂמע	נבט	42,18
רבות	---	עורים	ק ראות	פקוח אזנים	שׂמר	20
---	---	עדיהם	בל־יראו	ידע	---	44, 9
אור	---	idólatra	ראיתי	---	חמם	16
---	---	idólatra	מראות	שׂכל	ידע/בין/שׂיב [אל לב]	18
(חרפתך)	---	חרפתך(בבל)	תֵּרָאֶה	גלה	---	47, 3
ני (בבל)	---	---	אין ראני	---	---	10
---	---	מלכים	יראו	---	---	49, 7
כלם..באו־לך	---	ציון	וראי	---	נשׂא עינים	18
שׂוב יי ציון	ב	צפיך (ציון)	יראו	---	---	52, 8
ישׂועת אל׳נו	את	ל־אספי־ארץ	וראו	---	---	10
---	---	מלכים	ראו	בין	---	15
הו (עבד יי)	---	(יש׳ ?)	ונראהו	חמד	---	53, 2
זרע	---	עבדי (יי)	יראה	האריך ימים	---	10
---	---	עבדי (יי)	יראה	שׂבע	ידע	11

TABLA XIII: ידע en Is 40-55

A) en proposición negativa

objeto	nexo	sujeto	verbo	paralelos	asociados	Is
מוסרות הארץ	---	יש׳	הלוא תדעו	שמע	הֲגֻדּתהבין	40, 21
אלי עולם יי	---	יש׳	הלוא ידעת	שמע	---	28
דרך	---	עורים	לא ידעו	ידע	---	42, 16a
נתיבות	---	עורים	לא־ ידעו	ידע	---	16aβ
---	---	יש׳	לא ידע	שים על לב	---	25
ה (חדשה)	---	יש׳	הלוא תדעוה	---	---	43, 19
צור	---	יי	בל־ ידעתי	---	---	44, 8
---	---	idólatras	בל־ ידעו	ראה	---	9
---	---	idólatras	לא ידעו	---	בינדאת שכלשוב [אל־לב	18
ני (יי)	---	כורש	לא ידעתני	---	---	45, 4
ני (יי)	---	כורש	לא ידעתני	---	---	5
---	---	idólatras	לא ידעו	---	---	20
שכול	---	בבל	לא ארע	ישב (אלמנה)	---	47, 8
שַׁכְרָה	---	בבל	לא תדעי	יכל (כַּפְּרָה)	---	11
ם (נצרות)	---	יש׳	לא ידעתם	שמע	---	48, 6
---	---	יש׳	לא ידעת	פתח (אזן)	שמע	8
גוי	---	יש׳	לא־תדע	---	---	55,5aα
ך (יש׳)	---	גוי	לא־ ידעוך	---	---	5aβ

TABLA XIII: ידע en Is 40-55

B) en proposición asertiva

objeto	nexo	sujeto	verbo	paralelos	asociados	Is
נו	---	מי	יודיענו	(רוח יי) תכן	---	40, 13
דרך תבונות	---	מי	יודיענו	למד (דעת)	בין•למד	14
יד־יי עשׂתה...?	כי	ארז וגו׳	למען..וידעו..	שׂים•שׂכל	ראה	41, 20
אחריתן	---	יי וגו׳	ונדעה	שׂים (לב)	---	22
אלהים אתם	כי	יי וגו׳	ונדעה	---	---	23
---	---	יי וגו׳	ונדעה	אמר (צדיק)	---	26
אני הוא...	כי־	אתם	למען תדעו...	בין	אמן	43, 10
אני יי...	כי־	כורש	למען תדע ?	---	---	45, 3
אפס בלעדי אני יי...	כי־	todos	למען ידעו	---	---	6
מאשר יבוא	---	מודיעם	מודיעם	---	חזה כוכבים	47, 13
קשה אתה	כי	יי	מדעתי	---	---	48, 4
ן (נצרות)	---	יש׳	ידעתין	---	שׁמע	7
בגוד תבגוד	---	יי	כי ידעתי	---	---	8
אני יי...	כי־	ציון	וידעת	---	---	49, 23
אני יי...	כי	כל־בשׂר	וידעו	---	---	26
לעות את־יעף	---	עבד	לדעת	---	---	50, 4
לא אבושׁ	כי־	עבד	ואדע	---	---	7
שׁמי אני הוא...	--- כי־	עמי	לכן ידע לכן...	---	---	52, 6
חלי	---	עבד	וידעו	---	אישׁ מכאבות	53, 3

TABLA XIV: Desarrollos del objeto de ידע en Is 40-55

negativos	positivos	obj. de ידע	Is
לפני לא־נוצר אל ואחרי לא יהיה: ס		כי־אני הוא	43, 10
ואין מבלעדי מושיע: [	אנכי א׳ יי		11]
ואין בכם זר... [	אנכי הגדתי והושעתי והשמעתי ואני אל:		12]
	גם־מיום		13]
ואין מידי מציל [ומי ישיבנה: ס]	אני הוא אפעל		
	הקורא בשמך אלי יש׳:	כי־אני יי	45, 3
ואין עוד זולתי אין אלי... [	אני יי		5]
אפס בלעדי ואין עוד:		כי־ אני יי	45, 6
[	יוצר אור ובורא חשך		7]
[	עשה שלום ובורא רע		
ס]	עשה כל־אלה: אני יי		
---	אשר לא־יבשו קוי: ס	כי־אני יי	49, 23
---	מושיעך וגאלך אביר יעקב: ס	כי־אני יי	49, 26
---	המדבר הנני: ס	שמי... כי־אני־הוא	52, 6

TABLA XV: שׂים (לב) en Is 40-55

sujeto	locativo	objetos	nexo	giro verbal	paralelos	asociados	Is
?	---	לַבֹּהוּ	---	זֶה מִשְׁפָּטוֹ	---	---	41, 15a
?י	---	לְבַב שׁוֹמֵעַ	---	שָׂמֶם	וַיְשַׁקֵּק	---	15b
?	---	לְאֹרֶם הֶרֶה	---	שָׂמֶם	---	---	18
?	הַמִּדְבָּר	(?)...שֵׂעַ לִי	---	שָׂמֶם	גַּן	---	19
(?)	---	(?)...שׂמה יַעֲשֵׂר	חַ...	אָשִׁית	בּוֹר	לַמַּדְבָּר	20
?י	---	(פֶּן חֵטְא)	---	שָׂמֵתַּ לְבָב	יָרֵב	אֱלֹהֵי אֵל	22
אָבֹם	אֵזוֹר	מַעֲשֵׂם	---	יָשִׂים	---	---	42, 4
3ª pl.	---	לֵב	לִי	יָשֵׂם	(ייֹ דָּעָה)	שׂוֹמְרֵי יֹדְעִים	12
?	---	מֵאֵלֶּה לָל	---	יָשֵׂם	הַלֹּא	הַהִילִילִישׁ	15
?	---	יָאֵל	---	אָשִׂים	לֹא יָשֵׂם	אֱלָהֵרִיב הֹרֵם	16
?י	---	נֶהָפֵק־הוּ	---	לָשִׂים־לֵי	לֹא יָשִׂים	---	25
?	בַּמִּדְבָּר	דֶּרֶךְ	---	אָשִׂים	---	מַפֹּבְרֵין	43, 19
כָלָל	---	לֹם	אֶלֶּה	לֹא־שַׂמְתָּ	(עַל) הַבֵּין	---	47, 6
כָלָל	---	---	---	לֹא־שַׂמְתָּ	זֵךְ לֹא	---	7
?	---	בְּחִיּוֹת	פֶּ	שָׂמֵי	(וַ)יָּשֶׂם	---	49, 2a

sujeto	locativo	objetos	nexo	giro verbal	paralelos	asociados	Is
?	---	לראת	---	והראני	החרדי(ך)	---	49, 2b
?	---	ידוך	---	השלמה	במצפ (מלפה)	חרב מ (") כ 10	11
?	---	כחם	---	סימא	הברכה	מ	50, 2
?	---	פא	---	אמים	שבלם	↑	3
נכה	---	מימלכם	מים	ישבר פא־מתל	---	חרב אל בלם	7
?	---	נכל הישב	ממלם	שמל	---	מים	51, 3
?	---	ורד םמרכמים	ממתבם	שמל	---	החרה	10
?	החב	לדרי	חרד	השלאם	נבל	אמר (לחם אשרה)	16
לפ	הד	אמרל	ה	הלחמתה		(פלל) לקח (פלם)	23a
ט	---	אמרל	ל	ישלאם		שאב	23b
?	---	לקבן אלהם מגלהל ואבם אלחם לבר		שמלת	---	הברחל 11 ↑	54, 12a 12b

TABLA XVI: שׂים (לב) en el resto del AT

sujeto	objeto	nexo	giro verbal			paralelos	asociados	lugar
יהוה עברי מצה	"	אל־	לבּו	שׂם	לא־	יירא (") (לא)	---	Ex 9,21
(שׂים)	דברי אלה־	את־	על־לבבכם	ושׂמתם...		---	קשׁר (על יד") (ולמד)	Dt 11,18
(שׂים)	כל־הדברים	ל +	לבבכם	ושׂמתם		---	בנה (ולמד)	32,46
(שׂים)	+זה	על־	לבבכם	שׂימו			יעץ ודברו	Jue 19,30
(שׂאתּי)	חם (אתנה)	ל +	אל־לכה	שׂית	אל־	---	---	1Sm 9,20
אדני	אשׁ	אל־	את־לבּו	שׂם	אל־אלּה	---	---	25,25
אשׁר חילם	לבה	---	אל־לבּי	שׂומו	אל־	---	---	2Sm13,33
3ª p.pl.	+ על	את־	לב...	שׂמו	לא־	---	---	bis 18,3
לשׂם (...)		---	את־לבּי	לשׂוב		---	---	19,20
אישׁ	הצדיק אבד	(את) +	על־לבּו	שׂם	אין	אין מבין	זרע (")	Is 57,1
(שׂים)	(.) +	(את)+	על־לבבּך	שׂמת	לא יראני	לא זכר		11
אישׁ	חמדה כל־הארץ	---	על־לב	שׂם	...אין מ...		---	Jer 12,11
בלבּך	כל אשׁר...	ל +	לבּך	שׂים			וראה עיניך ושׂים	Ez 40,4
בלבּך	(...אשׁר (לכל	את	לבּך	שׂים			וראה עיניך ושׂים	44,5a
בלבּך	+מבוא הבית	ל +	לבּך	ושׂמתּ			6 אמר	44,5b

sujeto	objeto	nexo	giro verbal		paralelos	asociados	lugar
(יי)	דרכיכם	על־	לבבכם	שימו	---	---	Ag 1,5.7
(יי)	שׂימו לבבכם 16	---	לבבכם	שימו	---	---	2,15
(יי)	והנה הבל 19	---	לבבכם	שימו bis	---	---	18
מהבה	נשא לב +	+ל	על־לב	שׂימו לא	---	שׁבע לא	Mal 2,2a
מהבה	(נשא לב+)	+ל	על־לב	שׂים אנכם	---	---	2b
יצר	כבד לבו איוב	על־	לך	נשבה	---	---	Job 1,8
שם	כבד לבו איוב	אל־	לך	נשבה	---	---	2,3
איוב	אמרי	---	להלך	שׂם	(חיה) לקח	---	22,22
(יי) את (איוב) +	”+	+אל	לך ...	שׂם	---	---	23,6
(יי)	”+	+אל	לך ...	שׂם אל...	---	---	34,14
אלוה	לבם+	+על	לך ...	שׂבים חשׁבים	---	---	37,15
לבבכם	אשר לא תראל־אל		מבלך לב	שׂם אם	---	---	Dan 1,8
בן	---	על	לך	שׂים	החכמה החכמה	החכם בלב בס החכם רגה	Sir 6,32
אלבך	(הבן הדעת) +	+על	לך	שׂים	החכמה יפן	רגה לבב	14,21
יי	(םלב הבן) +	על	אל	שׂים	מבטא אם	ראה ואיש 21	16,20
2ª p.pl.	(םלב) ת(םלב) +		לב	שׂם אל		---	24

TABLA XVII: Uso verbal de שכל

A) en el orden intelectivo

sujeto	objeto	nexo	verbo	paralelos	asociados	lugar
אשה	---	---	להשכיל	---	תאוה [לעינים]	Gn 3, 6
יש'	זאת	---	ישכילו	בין	חכם	Dt 32,29
(יש')	יד יי עשתה ?	כי	למען..ישכילו	ראה\ידע	שים	Is 41,20
idólatra	---	---	מהשכיל	ראה	ידע\בין \ שוב אל לב	44,18
המתהלל	+י כי אני יי	+אות	השכל	---	ידע	Jer 9,23
יי	ך (בדרך...)	---	אשכילך	יעץ (עיני)	הורה	Sal 32,8
כל אדם	מעשהו (אלי)	---	השכילו	ירא \גגד	---	64,10
כסילים	---	---	ישכילו	בין	---	94, 8
אבותינו	נפלאות (יי)	---	לא השכילו	לא זכר	---	106, 7
(אני)	---	---	השכלתי	100 בין	שיח (עדותיך)	119,99
לב חכם	פיהו	---	ישכיל	יסף (לקח)	---	Prv16,23
נבריאל	ך בינה	---	להשכילך	---	---	Dan 9,22
דניאל	(25-27)	---	תשכל	---	ידע	25
ראשים	דברי התורה	אל-	להשכיל	---	---	Neh 8,13
רוח יי	ם (יש')	---	להשכילם	---	---	9,20
יי	כל-מלאכות	---	השכיל	---	---	1Cr28,19
לוים	שכל-טוב ליי	---	המשכילים	---	---	2Cr30,22

TABLA XVII: Uso verbal de שׂכל

B) en el orden práctico

sujeto	referencia	nexo	verbo	paralelos	asociados	lugar
ישׂ׳	כל־אשר תעשׂון+	את־	למען תשׂכילו	---	שׁמר (ברית)	Dt 29,8
יהושע	כל אשר תלך+	ב+	למען תשׂכיל	---	שׁמר (תורה)	Jos 1,7
יהושע	---	---	ואז תשׂכיל	---	צלח	8
דוד	כל אשר ישלחנו	ב+	ישׂכיל	---	יצא(למלחמה)	1Sm 18,5
דוד	כל דרכו+	ל+	משׂכיל	---	יי עמו	14
דוד	---	---	מאד משׂכיל	---	---	15
דוד	די צאתם+	מ+	שׂכל	---	יקר	30
שלמה	כל אשר תעשׂה	את	למען תשׂכיל	---	שׁמר (תורה)	1Re 2,3
חזקיה	כל אשר־יצא+	ב+	ישׂכיל	---	יי עמו (↑ 6)	2Re 18,7
עבד	---	---	ישׂכיל	רום נשׂא גבה	---	Is 52,13
רעים	---	---	לא השׂכילו	---	בער לא דרשׁ ייַ	Jr 10,21
רדפי (Jer)	---	---	לא השׂכילו	---	בושׁ	20,11
צמח צדק	---	---	השׂכיל	עשׂה (צדק)	---	23,5
מלכים	---	---	השׂכילו	Ni יסר	עבד את־יי 11	Sal 2,10
רשׁע	---	---	חדל להשׂכיל	דבר און	(חדל) להיטיב	36,4
משׂכיל	דל	אל־	משׂכיל	---	---	41,2
(אני)	דרך תמים+	ב+	אשׂכילה	הלך בתם־לבב	---	101,2
כבירים	כל־דרכיו	---	לא השׂכילו	סור (מיי)	---	Jb 34,27
משׂכיל	דרך	על־	משׂכיל	בטח (ביי)	---	Prv 16,20
שׁחד	כל־אשר יפנה	אל־	ישׂכיל	---	---	17,8
חכם ?	חכם+	ל+	בהשׂכיל	---	---	21,11
צדיק	בית רשׁע+	ל+	משׂכיל	סלף (לרע)	---	12
ישׂ׳	אמתך (יי)+	ב+	להשׂכיל	---	שׁוב מעון	Dn 9,13

TABLA XVIII: Usos nominales de שׂכל

A) מַשְׂכִּיל (excluídos títulos de Salmos)

éxito	paralelos	conducta	adjetivo	sujeto	lugar
---	---	דמם		המשׂ׳	Am 5,13
---	דרש את־אל׳	←	היש משׂ׳		Sal 14, 2 (=53,3)
---	נבר	---	משׂ׳		Job 22, 2
--- ---	בן מביש פשׁע	אגר בקיץ חשׂך שׂפת׳	בן משׂ׳ משׂ׳		Prv 10, 5 19
רצון־מלך	מביש	---	לעבד משׂ׳		14,35
ארח חיים	---	---	למשׂ׳		15,24
משׁל/חלק נחלה	(בן מביש)	---	עבד משׂ׳		17, 2
---	בית והון	---	אשׂה משׂ׳ת		19,14
עמד בהיכל	(ידעי דעת)	---	ילדים משׂ׳ים		Dan 1, 4
--- כשׁל	--- ---	הבין לרב׳ ---		משׂ׳ עם מן־המשׂ׳ים	11,33 35
זהר בין	מצדיקי הרבים רשׂעים	← ---		המשׂ׳ים המשׂ׳ים	12, 3 10
אל חמאס חבב/חפשׂ	טובה חן ---	--- ---	אשׂה משׂ׳ת עבד משׂ׳		Sir A 7,19 A 21
אין לבזות הורם חורים ויעבדוהו	B איש (חמ(ס עבד חכם (? נב(ר משׂכיל (?	--- --- ---	דל משׂ׳ עבד משׂ׳ עבד משׂ׳		A 10,23 A 25 B 25
(אשׂרי בעלה)		---	אשׂה משׂ׳ת		C 25, 8
---	אהב וחבר	(נהג בעלה)	אשׂה משׂ׳ת		B 40,23
שׂכן לבטח	---		בן משׂ׳		B 47,12

TABLA XVIII: Usos nominales de שׂכל

B) שֵׂכֶל

paralelos	שׂכל y asociados	lugar
קשה ורע מעללים (האיש)	שׂכל ... והאשה טובת־	1Sm 25, 3
יראת יי	שׂכל טוב ... ראשית חוכמה....	Sal 111,10
לא תרמם	משׂכל ... לבם צפנת	Job 17, 4
(3 חסד ואמת)	ושׂכל טוב ... מצא־חן	Prv 3, 4
נעוה־לב	יְהֻלַל איש ... שׂכלו ... לפי־	12, 8
דרך בגדים	יתן־חן ... שׂכל טוב	13,15
אולת	שׂכל ... מקור חיים	16,22
תפארתו	אדם האריך אפו ... שׂכל	19,11
---	מליך ... לשׂכל ... כסיל...יבוז	23, 9
---	שׂכל ... ממני תקח	Sir A 8, 9
מלך פרוע בגלל עשרו	שריה ... בשׂכל / בגלל שׂכלו ... עיר נושבת / דל נכבד	A10, 3 / 30
דרכים ישרים חטא	והבין דבר מיי ... שׂכל (cf.n.189) ... חכמה ו ?	A11,15
---	עד עב יגיעו ... את שׂכלו ... עשׂיר דובר...	A13,23
מי תבונה	שׂכל ... האכיל לחם	A15, 3
דברי (25 רוחיאדעי)	שׂכלי ... שמעו... וקחו	A16,24
[נתן] אשה	שׂכלה ... ירדשן	C26,13
--- / מלל	שׂכל / שׂכל ... על מוסר תשׂא / הצנע	B32, 2 / 3
דבר	שׂכל ... לוא נ]עדר...	B42,20
---	ומושל ... שׂכל ... מוסר	B50,27
(הצליח מרמה)	(cf. BHS) שׂכלו ... על־עם קדשים	Dan 8,25
---	שׂכל ... איש	Esd 8,18
---	שׂכל ... מפרש ושׂום	Neh 8, 8

paralelos	asociados			lugar
(צלח　　שמר תורה)	ובינה	שכל	אך יתן...	1Cr 22,12
---		בשכל	יועץ	26,14
---	ובינה	שכל	חכם יודע	2Cr 2,11
---	ליהוה	שכל טוב	המשכילים	30,22

TABLA XVIII: Usos nominales de שכל

C) הַשְׂכֵּ(י)ל

paralelos	השכ(י)ל y asociados			lugar
(כְּלֵבִי [יין])	ורעו אתכם דעת והשכיל			Jer 3,15
לא־בדעת	דבריו　　לא בהשכיל			Job 34,35
חכמה ומוסר ובינה		---	לדעת	Prv 1,(2)
צדק ומשפט ומישרים		השכל	לקחת מוסר	3
ערמה ודעת ומזמה		---	לחת	(4)
(בקהל רפאים)		השכל	תועה מדרך	21,16
הבין בכל־חזון וחלמות	בכל־ספר וחכמה	והשכל	נתן להם...מדע	Dan 1,17

TABLA XIX: יד יהוה en Is 40-55

objeto	acción expresa	cualidad expresa	paralelos	יד sujeto	lugar
זאת(מדבר לאנם)	עשׂתה	---	קדוש ישׂ'	כי יד-יי	41, 20
שׁמים	נטו	---	אנכי	ידי	45, 12
ארץ	יסדה	---	ימיני	ידי	48, 13
---	---	הקצור [קצרה]	כח	ידי	50, 2
	acción sugerida	cualidad descrita		יד complemento	
כפלים	da	---	---	כי לקחה מיד יי	40, 2
---	---	es la más fuerte	אפעל	ואין מידי מציל	43, 13
(ישׂ' וגו')	hace	---	---	ועל-פעל ידי חצוני	45, 11
-ני (עבד יי)	protege	---	---	בצל ידו החביאני	49, 2
אל-גוים	ordena	---	נסי	הנה אשׂא... ידי	22
זאת (למעצבה)	causa	---	---	מידי היתה	50, 11
ך- (עבד יי ?)	protege	---	---	ובצל ידי כסיתיך	51, 16
את-כוס חמתו	propina	---	---	אשׁר שׁתית מיד יי	17

TABLA XX: «El Santo de Israel» ('ק יש) en Is

compl.	suj.	predicado de ק יש'	proposición paralela	lugar
את־ק יש'	---	---	עזבו את יי	1, 4
עצי ק יש'	---	ותבואה	יחישה מעשהו	5, 19
אמרת ק יש'	---	---	מאסו את תורת יי	24
---	וקדושו	ללהבה	והיה אור־ישראל לאש	10, 17
על־יי ק יש'	---	---	לא־יוסיף...יש'...להשען על־מכהו...	20
---	ק יש'	כי־גדול...	זמרו יי כי גאות עשה	12, 5s
אל־ק יש'	---	---	ישעה האדם על־עשהו	17, 7
בק יש'	---	שמחה	ויספו ענוים ביי	29, 19
ואת־אלי יש'	---	יעקב	והקדישו את־קדוש	23
את־ק יש'	---	---	סורו מני־דרך...	30, 11
---	ק יש'	כה־אמר	---	12
---	ק יש'	כה־אמר...יי	---	15
על־ק יש'	---	---	ואת־יי לא דרשו	31, 1b
אל־ק יש'	---	---	ועל־מי הרימותה קול	37, 23
---	ק יש'	וגאלך	אני (יי) עזרתיך	41, 14
בק יש'	---	---	ואתה תגיל ביי	16
---	וק יש'	בראה ...	כי יד יי עשתה	20
---	ק יש'	כה־אמר יי מושיעך	כי אני יי אלהיך	43, 3
---	ק יש'	כה־אמר יי גאלכם	אני יי קדושכם	14
---	→	בורא ישראל מלככם		15
---	ק יש'	כה־אמר יי ויצרו	---	45, 11
---	ק יש'	[אמר] יי גאלנו	---	47, 4
---	ק יש'	כה־אמר יי גאלך	---	48, 17
---	קדושו	כה־אמר יי גאל יש'	---	49, 7a
---	ק יש'	ויבחרך	למען יי...	7b

compl.	suj.	predicado de ק יש׳	proposición paralela	Is
---	ק יש׳	ונאלך	כי בעליך עשיך יי ...	54, 5
ולק יש׳	---	כי פארך	למען יי אלהיך	55, 5
ולק יש׳ ציון ק יש׳	--- ---	כי פארך ---	לשם יי אלהיך עיר יי	60, 9 14

TABLA XXI: El עשה divino en Is 40-55

objeto	verbo	paralelos	asociados	Is
שפטי א׳ כתהו	עשה	נתן ל	נטה\\מתח (שמים 22)	40, 23
--- זאת	ועשה עשתה	--- ברא	פעל (a Ciro העיר 2) שים לתתן\\שים 18s	41, 4 20
(דברים) ם	עשיתם	---	שים להוליך\\ לא עזב	42, 16
(יש׳) ו חדשה	אף־עשיתיו הנני עשה	ברא שים (דרך)	יצר (הביא 6) צמח	43, 7 19
(יש׳) ך --- כל	עשך כי־עשה עשה	יצר עזר גאל\\\\תפאר נטה שמים\\רקע ארץ שכל חכמים\\מקים (x4) האמר ודבר עבדו	--- --- גאל\\\\יצר	44, 2 23 24 (25ss)
שלום כל־אלה ארץ (ארץ) ה	עשה עשה עשיתי ועשה	ברא (רע) ברא\\עשה (7a) ברא (אדם) ברא יצר כון	ברא(חשך)\\ יצר(אור) נטה שמים\\ צוה ברא השמים יצר	45, 7a 7b 12 18
--- --- (יי) כל־ חפצי («) נה	עשיתי לא־נעשו אעשה אף־אעשנה	סבל\\מלט אחרית קום (עצת יי) הביא	נשה --- --- קרא (עיט) יצר	46, 4 10a 10b 11
(הראשנות) («) ם --- (יי) חפצו	פתאם עשיתי עשם למעני אעשה יעשה	--- (עצבי יש׳)] צוה --- ---	בוא --- 9s האריך (אף\\צרף) (cf.BHS) אהב	48, 3 5 11 14
(יש׳) ך	עשך	נטה שמים\\יסד ארץ	---	51, 13
(יש׳) ך	עשיך	---	בעל\\גאל	54, 5
את־אשר חפצתי	כי אם־ עשה	הצליח	---	55, 11

TABLA XXII: ברא en Is 40-55

objeto	verbo	paralelos	asociados	Is
אלה (שמים)	מי־ברא	מוציא צבאם\קרא בשם	---	40, 26
קצות הארץ	בורא	אלהי עולם	לא ייעף\ולא ייגע אין חקר לתבונתו נתן (כח)	28
ה (זאת)	בראה	עשה	18s שים לתתן\שים	41, 20
השמים	בורא	רקע (ארץ)\נתן (רוח)	נטה (שמים)	42, 5
ך (יש׳)	בראך	יצר	---	43, 1
ו (יש׳)	בראתיו	יצר עשה	5 הביא\קבץ	7
יש׳	בורא	קדושכם (יש׳)	מלככם (יש׳)	15
חשך רע ו (צדקה) (ישע)	ובורא ובורא בראתיו	יצר (אור) עשה (bis)	הצמיח	45,7aα 7aβb 8
אדם	בראתי	(ארץ) עשה	נטה (שמים) העיר (a Ciro)	12 (13)
השמים ה (ארץ)	בורא בראה	(ארץ) עשה	כונ\צר יצר	18aα 18aγ
חדשות 6	עתה נבראו	---	---	48, 7a
חרש משחית לחבל	בראתי בראתי	---	---	54, 16a 16b

Siglas y abreviaturas

AB	Anchor Bible, New York.
AEL	E.W. Lane, *An Arabic-English Lexicon* (London-Edinburgh 1863-1893).
AHw	W. von Soden, *Akkadisches Handwörterbuch* (Wiesbaden 1959-1981).
AnBib	Analecta biblica, Roma.
ANET	J.B. Pritchard (ed.), *Ancient Near Eastern Texts* (Princeton [3]1969).
AnOr	Analecta Orientalia, Roma.
ARM	Archives royales de Mari, Paris.
ARW	*Archiv für Religionswissenschaft*, Leipzig, Berlin.
ATD	Das Alte Testament Deutch, Göttingen.
Aug	*Augustinianum*, Roma.
AWG	H. Wehr, *Arabisches Wörterbuch für die Schriftsprache der Gegenwart* (Wiesbaden [5]1985).
BAC	Biblioteca de autores cristianos, Madrid.
BASOR	*Bulletin of the American Schools of Oriental Research*, New Haven, Baltimore.
BCAT	Biblischer Commentar über das Alte Testament, Leipzig.
BDB	F. Brown - S.R. Driver - C.A. Briggs, *A Hebrew and English Lexicon of the Old Testament* (Oxford 1977).
BHK	R. Kittel. *Biblia hebraica* (Stuttgart [13]1937).
BHS	*Biblia hebraica stuttgartensia* (Stuttgart 1967-1977).
Bib	*Biblica*, Roma.
BibOr	Biblica et orientalia, Roma.
BKAT	Biblischer Kommentar: Altes Testament, Neukirchen.
BL	H. Bauer - P. Leander, *Grammatik des Biblisch-Aramäischen* (Halle-Saale 1927).
BO	*Bibliotheca orientalis*, Leiden.
BR	D. Barthélemy - O. Rickenbacher, *Konkordanz zum Hebräischen Sirach* (Göttingen 1973).
Burg	*Burgense*, Burgos.
BWANT	Beiträge zur Wissenschaft vom Alten und Neuen Testament, Stuttgart.
BZ NF	*Biblische Zeitschrift Neue Folge*, Paderborn.

BZAW   Beihefte zur *ZAW*, Berlin.

BZRGG   Beihefte zur *ZRGG*, Köln.

CAD   *The Assyrian Dictionary of the Oriental Institute of the University of Chicago.*

CBQ   *Catholic Biblical Quarterly*, Washington.

CChr   *Corpus Christianorum*, Tvrnholti.

CIS   *Corpus inscriptionum semiticarum*, Paris.

Conc   S. Mandelkern, *Concordantiae Hebraice atque Chaldaicae* = קונקורדנציה לתנ"ך (ט"חשכ אביב-תל ותל ירושלים).

CS   E. Hatch, - H.A. Redpath, *A Concordance to The Septuagint* (Graz 1954).

DBSup   *Dictionnaire de la Bible, Supplément*, Paris.

DISO   C.F. Jean - J. Hoftijzer, *Dictionnaire des inscriptions sémitiques de l'ouest* (Leiden 1965).

EHAT   Exegetisches Handbuch zum Alten Testament, Münster.

EstBib   *Estudios bíblicos*, Madrid.

EvT   *Evangelische Theologie*, München.

GB   W. Gesenius - F. Buhl, *Hebräisches und aramäisches Handwörterbuch über das Alte Testament* (Leipzig [17]1921).

GEL   H.G. Liddell - R. Scott, *A Greek-English Lexicon* (Oxford 1968).

GCS   Griechische christliche Schriftsteller, Berlin.

GKC   *Gesenius' Hebrew Grammar*, ed. E.Kautzsch, tr. A.E. Cowley (Oxford [2]1970).

GlasgOrTrans Glasgow University Oriental Society Transactions, Glasgow.

HALAT   W. Baumgartner y otros, *Hebräisches und aramäisches Lexicon zum Alten Testament* Leiden 1967-1990).

HAT   Handbuch zum Alten Testament, Tübingen.

HAWAT   F.E. König, *Hebräisches und aramäisches Wörterbuch zum Alten Testament* (Leipzig [5]1931).

HKAT   Handkommentar zum Alten Testament, Göttingen.

HR   Homo Religiosus, Louvain-la-Neuve.

HUCA   *Hebrew Union College Annual*, Cincinnati.

IB   Interpreter's Bible, New York, Nashville.

ICC   International Critical Commentary, Edinburgh.

IDB   G.A. Buttrick (ed.), *Interpreter's Dictionary of the Bible* (New York-Nashville 1962-1976).

ISJ   Institución San Jerónimo, Valencia.

JA   *Journal asiatique*, Paris.

JANESCU   *Journal of the Ancient Near Eastern Society of Columbia University*, New York.

JAOS	*Journal of the American Oriental Society*, New Haven.
JBL	*Journal of Biblical Literature*, Philadelphia.
JNES	*Journal of Near Eastern Studies*, Chicago.
JTS	*Journal of Theological Studies*, Oxford.
Judaica	*Judaica: Beiträge zum Verständnis des jüdischen Schicksals in Vergangenheit und Gegenwart*, Zürich.
KAI	H. Donner - W. Röllig, *Kanaanaische und aramäische Inschriften* (Wiesbaden 1966-1969).
KAT	E. Sellin (ed.), Kommentar zum A. T., Leipzig, Gütersloh.
KB	L. Koehler - W. Baumgartner, *Lexicon in Veteris Testamenti libros* (Leiden 1958).
KD	*Kerygma und Dogma*, Göttingen.
KHCAT	Kurzer Hand-Commentar zum Alten Testament, Tübingen.
KHw	W. Westendorf, *Koptisches Handwörterbuch. Bearbeitet auf Grund des koptischen Handwörterbuchs von Wilhelm Spiegelberg* (Heidelberg 1965-1977).
Konk	G. Lisowsky, *Konkordanz zum Hebräischen Alten Testament* (Stuttgart ²1981).
KQ	K.G. Kuhn, *Konkordanz zu den Qumrantexten* (Göttingen 1960).
Laval TPh	*Laval Théologique et Philosophique*, Québec.
LH	F. Zorell, *Lexicon Hebraicum* (Romae 1984).
LLA	E. Vogt, *Lexicon Linguae Aramaicae* (Roma 1971).
LS	C. Brockelmann, *Lexicon Syriacum* (Gottingae ²1928).
MEAH	*Miscelánea de Estudios Arabes y Hebreos*, Granada.
MIOr	*Mitteilungen des Instituts für Orientforschung*, Berlin.
MK	*Magyar Könyvszemle.*
Mus	*Le Muséon*, Louvain.
MUSJ	*Mélanges de l'université Saint-Joseph*, Beyrouth.
NBE	*Nueva Biblia Española* (Madrid 1975).
NEB	*New English Bible* (Oxford 1970).
NICOT	New International Commentary on the Old Testament, Grand Rapids, Michigan.
OrBibLov	*Orientalia et Biblica Lovaniensia*, Louvain.
OTS	*Oudtestamentische Studiën*, Leiden.
PG	J. Migne, *Patrologia graeca*, Tvrnholti.
PL	J. Migne, *Patrologia latina*, Tvrnholti.
RB	*Revue biblique*, Paris.
REJ	*Revue des études juives*, Paris.
RevSém	*Revue Sémitique*, Paris.
RevThom	*Revue Thomiste*, Paris.

RHPR *Revue d'histoire et de philosophie religieuses*, Strasbourgh.

SC Sources chrétiennes, Paris.

Schol *Scholastik*, Freiburg.

Str-B [H. Strack -] P. Billerbeck, *Kommentar zum Neuen Testament aus Talmud und Midrash* (München 1956-1961).

TBü Theologische Bücherei, München.

Thæs W. Gesenius, *Thaesaurus philologicus criticus Linguæ Hebrææ et Chaldææ* (Lipsiæ 1829-1853).

THAT E. Jenni y C. Westermann (eds.), *Theologisches Handwörterbuch zum Alten Testament* (München 1971-1976).

TSK *Theologische Studien und Kritiken*, (Hamburg, Gotha, Leipzig) Berlin.

TSW *Theologische Studien aus Württemberg*.

TWAT G.J. Botterweck y H. Ringgren (eds.), *Theologisches Wörterbuch zum Alten Testament* (Stuttgart 1970ss).

TWNT G. Kittel - G. Friedrich (eds.), *Theologisches Wörterbuch zum Neuen Testament* (Stuttgart 1932-1979).

TZ *Theologische Zeitschrift*, Basel.

UT C.H. Gordon, *Ugaritic Textbook* (AnOr 38; Roma 1965).

UUA *Uppsala Universitets Arsskrift*, Uppsala-Leipzig.

VT *Vetus Testamentum*, Leiden.

VTS Vetus Testamentum Supplements, Leiden.

WAG H. Wehr, *Wörterbuch der Arabischen Schriftsprache der Gegenwart* (Wiesbaden [5]1985).

WÄS A. Erman - H. Grapow, *Wörterbuch der Aegyptischen Sprache* (Leipzig 1926-1963).

WBC Word Biblical Commentary, Waco, Texas.

WMANT Wissenschaftliche Monographien zum Alten und Neuen Testament, Neukirchen.

WUS J. Aistleitner, *Wörterbuch der Ugaritischen Sprache* (Berlin [3]1967).

ZA *Zeitschrift für Assyriologie*, Berlin.

ZAW *Zeitschrift für die alttestamentliche Wissenschaft*, Berlin.

ZDMG *Zeitschrift der deutschen morgenländischen Gesellschaft*, Wiesbaden.

ZRGG *Zeitschrift für Religions- und Geistesgeschichte*, Köln.

A	= versión Arábica		ib(id).	= *ibidem*
Ä	= versión etíope		ipt.	= imperativo
abl.	= ablativo		ipf.	= imperfecto
abs.	= absoluto		ind.	= indicativo
a.C.	= antes de Cristo		inf.	= infinitivo
acad.	= acadio		*K*	= *Ketîb*
act.	– activa/o		lat.	= latín
acus.	= acusativo		lín.	= línea
adj.	= adjetivo		lit.	= literalmente
ad loc.	= *ad locum, ad loca*		loc.	= locativo
adv.	= adverbio		masc.	= masculino
ár.	= árabe		Mm	= Masora magna
aram.	= arameo		Mp	= Masora parva
art.	= artículo		Ms(s)	= manuscrito(s)
ca.	= *circa*		n(n).	= nota(s)
cap.	= capítulo		n.p.	= nombre propio
cf.	= *confer(endum)* etc.		nhb.	= neohebreo
col.	= columna		Ni	= *Nifal*
conj.	= conjunción		nom.	= nominal, nominativo
const.	= constructa/o (cadena, estado)		obj.	= objeto
dtr	= deuteronomístico		p(p).	= página(s)
du.	= dual		par.	= paralelo(s)
ed.	= editor(es)		pas.	= pasiva/o
e.g.	= *exempli gratia*		p.ej.	= por ejemplo
esp.	= español		pers.	= persona(1)
est.	= estado		pf.	= perfecto
fem.	= femenino		Pi	= *Pi˜el*
fen.	= fenicio		Pu	= *Pu˜al*
fig.	= figurado		pl.	= plural
FS.	= *Festschrift*		prep.	= preposición
fut.	= futuro		pron.	= pronombre
G	= versión gr. (según Rahlfs)		ptc.	= participio
G*	= *textus Græcus originalis*		pún.	= púnico
ger.	= gerundio		Q	= *Qal*
gr.	= griego		*Q*/ק	= *Qere*
hb.	= hebreo		(x)Q(x)	= Qumran
Hi	= *Hifil*		1QH	= הודיות
Hit	= *Hitpa˜el*		(1)Q(Isa)ᵃ/ᵇ	= 1ª/2ª copia de Is
Ho	= *Hofal*		1QM	= מלחמת
			1QS	= סרך היחד

S   = versión siríaca

s(s)   = siguiente(s)

sg.   = singular

sir.   = siríaco

subst. = substantivo

suf.   = sufijo

suj.   = sujeto

T   = *Targum* (Sperber)

t.   = tomo

ug.   = ugarítico

V   = Nova Vulgata (Ioannis Pauli PP.II)

v(v).   = versículo(s)

Vers.   = (antiguas) Versiones

v.g.   = verbigracia

v.i.   = *vide infra*

v.s.   = *vide supra*

vol(s). = volumen (/volúmenes)

וגו׳   = etc.

ק   = *Qere*

/   = lectura alternativa

//   = paralela/o

>   = (lo anterior al signo) deriva de (lo siguiente).

Bibliografía

AARTUN, K., «Hebräisches 'ānī und 'ānāw», *BO* 28 (1971) 125-126.

ACKROYD, P.R., «יד *jād*», *TWAT* III, 421-455.

ALLEGRO, J.M., «The Meaning of בין in Is 44,4», *ZAW* 63 (1951) 154-156; 64 (1952) 249-251.

ALONSO SCHÖKEL, L., *Estudios de Poética Hebrea* (Barcelona 1963).

— «Sobre el estudio literario del Antiguo Testamento», *Bib* 53 (1972) 544-556.

— MATEOS, J. (dirs.), *Nueva Biblia Española* (Madrid 1975).

— SICRE DIAZ, J.L., *Profetas* (Madrid 1980).

— *Treinta Salmos: Poesía y Oración* (Madrid 1981).

ALT, A., «Die Ursprünge des israelitischen Rechts», *Kleine Schriften zur Geschichte des Volkes Israels* I (München 1953) 278-332.

ANDERSON, B.W., «Exodus Typology in Second Isaiah», *Israel's Prophetic Heritage* (Essays in Honor of J. Muilenburg; [ed. B.W. ANDERSON y W. HARRELSON] New York 1962) 177-195.

ANGERSTORFER, A., *Der Schöpfergott des Alten Testaments. Herkunft und Bedeutungsentwicklung des hebräischen Terminus* ברא *(bara) «schaffen»* (Frankfurt/M - Bern - Las Vegas 1979).

AQUINO, Th. DE, «Expositio super Isaiam ad litteram», *Opera Omnia* XXVIII (Roma 1974).

ARCHIATI, P., *«Evangelizare Pauperibus»: Lettura patristica di Is 61,1* (Romae 1984).

ARCONADA, R., «Los Salmos», *La Sagrada Escritura* IV (BAC 293; Madrid 1969).

AUDET, J.P., «La soif, l'eau et la parole», *RB* 66 (1959) 379-386.

AUGUSTINUS, *Enarrationes in Psalmos* (CChr SL XXXVIII; Tvrnholti 1956).

BACH, R., «Bauen und Pflanzen», *Studien zur Theologie der alttestamentlichen Überlieferungen* (FS. G. von Rad; [Hrsg. R. RENDTORFF, K. KOCH] Neukirchen 1961) 7-32.

BALTZER, D., *Ezechiel und Deuterojesaja. Berührungen in der Heilserwartung der beiden grossen Exilspropheten* (BZAW 121; Berlin 1971).

BAMMEL, E., «πτωχός, πτωχεία, πτωχεύω», *TWNT* VI, 888-915.

BARR, J., *The Semantics of Biblical Language* (Glasgow 1961).

BARTH, C., «Die Antwort Israels», *Probleme biblischer Theologie* (FS. G.von Rad; [Hrsg. H.W. WOLFF] München 1971) 44-56.

BAUDISSIN, W.W.G., *Studien zur semitischen Religionsgeschichte* (Berlin 1911).

BAUER, H. — LEANDER, P., *Historische Grammatik der Hebräischen Sprache des Alten Testaments* (Hildesheim 1962).

BAUMANN, E., «'Wissen um Gott' bei Hosea als Urform von Theologie?», *EvT* 15 (1955) 416-425.

BAUMGARTNER, W., *Die Klagegedichte des Jeremia* (BZAW 32; Giessen 1917).

— «Das Aramäische im Buche Daniel», *ZAW* 45 (1927) 101-103.

BEAUCHAMP, P., *Création et Séparation. Étude exégétique du chapitre premier de la Genèse* (Bibliothèque de Sciences religieuses; Paris 1969).

BEAUDET, R., «La Typologie de l'Exode dans le Second-Isaïe», *Laval TPh* 19 (1963) 11-21.

BECK, B., «Kontextanalysen zum Verb בטח», *Bausteine Biblischer Theologie* (Fg. f. G.J. Botterweck; [Hrsg. H.J. FABRI] Köln - Bonn 1977) 71-97.

BECKER, J., *Gottesfurcht im Alten Testament* (AnBib 25; Roma 1965).

BEEK, M.A., «The religious background of Amos II 6-8», *OTS* 5 (1948) 132-141.

BEGRICH, J., «Jesaja 14,28-32 — Ein Beitrag zur Chronologie der israelitisch-judäischen Königzeit», *ZDMG* 86 (1933) 66-79.

— «Das priesterliche Heilsorakel», *Gesammelte Studien zum Alten Testament* (TBü 21; München 1964) 217-231.

BERGHE, P. VAN DER, «'ANI et 'ANAW dans les Psaumes», *OrBibLov* 4 (1962) 273-295.

BERGMAN, «יד *jād*», *TWAT* III, 421-424.

BERGSTRÄSSER, G., *Hebräische Grammatik* (Leipzig 1918-1929).

BERNARD, J.H., *The Gospel according to St. John* (ICC; Edinburgh 1928).

BERNHARDT, K.H., «ברא», *TWAT* I, 773-777.

BEUKEN, W.A.M., «Isaiah LIV: The multiple identity of the person addressed», *OTS* XIX (1974) 29-70.

BEWER, J.A., *A Critical and Exegetical Commentary on Jonah* (ICC; Edinburgh 1961).

— *A Critical and Exegetical Commentary on Obadiah and Joel* (ICC; Edinburgh 1965).

BEYERLIN, W., *Werden und Wessen des 107. Psalms* (BZAW 153; Berlin-New York 1979).

BIRKELAND, H., *'Anî und 'Anāw in den Psalmen* (Oslo 1933).

BLAU, J., «Über Homonyme und Angeblich Homonyme Wurzeln II», *VT* 7 (1957) 98-102.

BÖHL, F., «ברא, *bārā*, als Terminus der Weltschöpfung im alttestamentlichen

Sprachgebrauch», *Alttestamentliche Studien* (FS. R. Kittel; Leipzig 1913), 42-60.

BONNARD, P., *Le Second Isaïe. Son disciple et leurs éditeurs: Isaïe 40-66* (Paris 1972).

BOOIJ, Th, «Negation in Isaiah 43,22-24», *ZAW* 94 (1982) 390-400.

BOTTERWECK, G.J., *Der Triliterismus im Semitischen. Erläutert an den Wurzeln GL KL KL* (BBB 3; Bonn 1952).

— «אביון», *TWAT* I, 28-43.

— «ידע *jāḏa'*», *TWAT* III, 486-512.

BOVATI, P., *Ristabilire la giustizia* (AnBib 110; Roma 1986).

BRAUN, F.M., «L'eau et l'esprit (Jn 7,37-38; 19,34; 1 Jn 5,6)», *RevThom* 49 (1949) 5-30.

BRAUN, R.L., *1 Chronicles* (WBC 14; Waco, Texas 1986).

BRIGGS, CH.A. y E.G., *A Critical and Exegetical Commentary on The Book of Psalms* (ICC; Edinburgh 1960).

BRIGHT, J., *La Historia de Israel* (Bilbao 1966).

BROCKELMANN, C., *Kurzgefasste Vergleichende Grammatik der Semitischen Sprachen* (Berlin, London, New York 1908).

— *Hebräische Syntax* (Neukirchen 1956).

BUDDE, D., *Das Buch Jesaja. Kap. 40-66 (Die heilige Schrift des Alten Testament*; Tübingen [4]1922) 653-720.

BULTMANN, R., «γιγνώσκω», *TWNT* I, 688-719.

BURNEY, C.T., *Notes on the Hebrew Text of the Books of Kings* (New York 1970).

BUTLER, T.C., *Joshua* (WBC 7; Waco, Texas 1983).

CALMET, A., *Commentarius literalis in omnes libros Veteris Testamenti* (Wirceburgi 1792).

CAPDEVILA I MONTANER, V.M., *Liberación y divinización del hombre* (Salamanca 1984).

CARMIGNAC, J. — GUILBERT, P., *Les Textes de Qumran* (Paris 1961-1963).

CARNITI, C., *Il Salmo 68 — Studio letterario* (Roma 1985).

CASTALIO, «Annotata ad Esaiam» (*Criticorum Sacrorum* II; Francofurti ad Moenum 1695).

CHEYNE, T.K., *Introduction to the Book of Isaiah* (London 1895).

— *The Prophecies of Isaiah* (London 1886).

CHILTON, B.D., *The Isaiah Targum* (The Aramaic Bible II; Edinburgh 1987).

CIRILO DE ALEJANDRIA, Εἰς τὸν Προφήτην Ησαιαν, *PG* 70, cols. 9-1450.

CLERICUS JOANNES, *Veteris Testamenti Prophetae* (Amstelaedami 1731).

COFFIN, H.S. — MUILENBURG, J., *The Book of Isaiah. Chapters 40-66* (IB V; New York - Nashville 1956) 381-773.

CONDAMIN, A., *Le Livre d'Isaïe* (Paris 1905).

COOKE, G.A., *A Critical and Exegetical Commentary on the Book of Ezekiel* (ICC; Edinburgh 1967).

CORTÉS, J.B., «Torrentes de agua viva. ¿Una nueva interpretación de Jn 7,37-38?», *EstBib* 16 (1957) 279-306.

— «Yet Another Look at Jn 7,37-38», *CBQ* 29 (1967) 75-86.

COSTECALDE, C.B., «Sacré et sainteté dans l'Ancien Testament», *DBSup* X, 1346-1415.

CRAIGIE, P.C., *The Book of Deuteronomy* (Grands Rapids 1976).

CRÜSEMANN, F., *Studien zur Formgeschichte von Hymnus und Danklied in Israel* (WMANT 32; Neukirchen 1969).

CURTIS, E.L. — MADSEN, A.A., *A Critical and Exegetical Commentary on the Book of Chronicles* (Edinburgh 1910).

DAHOOD, M., «Denominative *rihham*, to conceive, enwomb», *Bib* 44 (1963) 204-205.

— *Psalms* (AB; Garden City, New York 1966-1970).

DANTINNE, E., «Création et Séparation», *Mus* 74 (1961) 441-451.

DAVIDSON, A.B., *Hebrew Syntax* (Edinburgh ^{3}1902).

DELEKAT, L., «Probleme der Psalmenüberschriften», *ZAW* 76 (1964) 280-297.

— «Zum hebräischen Wörterbuch», *VT* 14 (1964) 28-31; 35-49.

DELITZSCH, F., *Das Salomonische Spruchbuch* (BCAT, IV/3; Leipzig 1873).

— *Neuer Commentar über die Genesis* (Leipzig ^{5}1887).

— *Das Buch Jesaia* (BCAT; Leipzig 1889).

DHORME, P.P., *L'emploi métaphorique des noms de parties du corps en hébreu et en akkadien* (Paris 1923).

DILLMANN, A., *Numeri, Deuteronomium und Josua* (EHAT 13; Leipzig ^{2}1886)

— *Der Prophet Jesaia* (EHAT 5; Leipzig ^{5}1890).

— *Die Genesis* (EHAT 11; Leipzig ^{5}1886).

DODD, C.H., *The Interpretation of the fourth Gospel* (Cambridge 1965).

DONNER, H., *Israel unter den Völkern* (VTS 11; Leiden 1964).

DOSSIN, G., «L'inscription de fondation de Iaḫdum-Lim, roi de Mari», *Syria* XXXII (1955) 1-28.

— FINET, A., *Correspondance Féminine* (ARM X; Paris 1978).

DRIVER, S.R., *The Book of Genesis* (London ^{9}1913).

— *A Critical and Exegetical Commentary on Deuteronomy* (ICC; Edinburgh 1965).

— GRAY, G.B., *A Critical and Exegetical Commentary on the Book of Job* (ICC; Edinburgh 1964).

DUHM, B., *Das Buch Jesaia* (HKAT 3.,1.; Göttingen ^{5}1968).

EHRLICH, A.B., *Randglossen zur Hebräischen Bibel*, IV (Leipzig 1912).

EICHRODT, W., *Der Prophet Hesekiel* (ATD 22; Göttingen 1966).

—— *Theologie des Alten Testaments* (I B., Göttingen [8]1968; II B., Göttingen [5]1964).

EISSFELDT, O., *Einleitung in das Alte Testament* (Tübingen [3]1964).

ELLIGER, K., *Deuterojesaja in seinem Verhältnisse zu Tritojesaja* (BWANT 63; Stuttgart 1933).

—— «Ich bin der Herr — cuer Gott», *Theologie als Glaubenswagnis* (FS. K.Heim [Furche-Studien 23; Hamburg 1954) 9-33.

—— *Die Propheten Nahum, Habakuk, Zephanja, Haggai, Sacharja, Maleachi* (ATD 25; Göttingen 1975).

—— *Deuterojesaja* (BKAT XI/1-6; Neukirchen - Vluyn 1970-1978).

—— «Der Sinn des hebräischen Wortes שׁפי», *ZAW* 83 (1971) 317-329.

EPHRAEM SYRI, *Opera Omnia* (Roma 1740).

—— *Commentaire de L'Evangile concordant ou Diatessaron* (Introd., trad. et notes par L. LELOIR [SC 121]; Paris 1966).

ERMANN, A, «Das Weisheitsbuch des Amen-em-ope», *OLZ* 27 (1924) 241-252.

EUSEBIO DE CESAREA, *Commentarii in Hesaiam* (Collectio nova Patrum et Scriptorum Graecorum II; Parisiis 1707).

—— *Der Jesajakommentar* (*Eusebius Werke IX B.;* [Hrsg. J. ZIEGLER] GCS; Berlin 1975).

EWALD, H., *Die Propheten des Alten Bundes* II (Stuttgart 1841).

FABRY, H.J., «לב *lēḇ*», *TWAT* IV, 413-451.

FARFÁN NAVARRO, E., «Los 'pobres' bienaventurados», *Cum Vobis et pro vobis* (Homenaje a Mons. Roca Cabanellas; [ed. R. ARNAU y R. ORTUÑO] Valencia 1991) 23-32.

FELDMANN, F., *Das Buch Isaias Übersetzt und Erklärt* (EHAT 14; Münster i. W. 1925).

FENSHAM, F.C., «Widow, orphan, and the poor in ancient near eastern legal and wisdom literature», *JNES* 21 (1962) 129-139.

FERNÁNDEZ, A., «Hermeneutica», *Institutiones Biblicae* (Roma [6]1951).

FISCHER, G., «Die Redewendung דבר על-לב im AT — Ein Beitrag zum Verständnis von Jes 40,2», *Bib* 65 (1984) 244-250.

FISCHER, J., *Das Buch Isaias*, II Teil (Die Heilige Schrift des Alten Testamentes; Bonn 1939).

FOHRER, G., *Das Buch Jesaja* (Zurich - Stuttgart 1964).

—— *Die Propheten um die Mitte des 6. Jahrhunderts* (Gütersloh 1975).

FORERIUS, F., «Annotata ad Esaiam» (*Criticorum Sacrorum* II; Francofurti ad Moenum 1695).

FREEDMAN — WILLOUGHBY, «נָשָׂא *nāsā'* », *TWAT* V, 626-643.

FREY, H., *Das Buch der Weltpolitik Gottes* (Stuttgart 1954).

FRIEDRICH, J., *Phönizisch-Punische Grammatik* (AnOr 32; Roma 1951).

FUERST, J., *A Hebrew & Chaldee Lexicon to the Old Testament* (Leipzig/London/Edinburgh 1885).

GARCÍA CORDERO, M., «El Santo de Israel», *Mélanges Bibliques* (FS. A. Robert; [Travaux de l'Institut catholique de Paris 4] Paris 1957), 165-173.

—— «Isaias», *Biblia Comentada* III (BAC 209; Madrid 1961), 57-391.

—— «Libros Sapienciales», *Biblia Comentada* IV (BAC 218; Madrid 1967).

GELIN, A., *Les pauvres que Dieu aime* (Paris 1968).

GEMSER, B., *Sprüche Salomos* (HAT 16; Tübingen ²1963).

GEORGE, A., «Pauvre», *DBSup* 387-406.

GERBER, W.J., *Die hebräische Verba denominativa* (Leipzig 1896).

GERSTENBERGER, E.S., «אָבָה, 'bh wollen», *THAT* I,20-25.

—— *Der bittende Mensch. Bittritual und Klagelied des Einzelnen im Alten Testament* (WMANT 51; Neukirchen - Vluyn 1980).

—— «ענה II, 'ānāh», *TWAT* VI, 247-270.

GESENIUS, W., *Commentar über den Jesaia* (Leipzig 1821).

GILBERT, M., «Le Sacré dans l'Ancien Testament», *L'expression du sacré dans les grandes religions* I (Louvain-La-Neuve 1978) 205-289.

GITAY, Y., *Prophecy and Persuasion. A Study on Isaiah 40-48* (Linguistica Biblica Bonn 1981).

GLAZIER — MCDONALD, «Malachi 2:12: 'ēr wᵉʿōneh — Another Look», *JBL* 105 (1986) 295-298.

GLUECK, N., «The topography and History of Ezion-Geber and Elath», *BASOR* 72 (1938) 2-13.

GOLDINGAY, J.,«The arrangement of Isaiah XLI-XLV», *VT* 29 (1979) 289-299.

GONZÁLEZ, A., «Le Psaume LXXXII», *VT* 13 (1963) 293-309.

GORDON, C.H., *Ugarit Textbook* (AnOr 38; Roma 1965).

—— *Ugarit and Minoan Crete* (New York 1966).

GRÄTZ, H., *Emendationes in plerosque Sacrae Scripturae Veteris Testamenti libros, secundum veterum versiones nec non auxiliis criticis caeteris adhibitis*, Fasc. II (Breslau 1893).

GRAY, G.B., *A Critical and Exegetical Commentary on Numbers* (ICC; Edinburgh 1965).

—— *A Critical and Exegetical Commentary on the Book of Isaiah* (ICC; Edinburgh 1962).

GREGORIUS MAGNUS (cf. A LAPIDE).

GRESSMANN, H., *Der Ursprung der israelitisch-jüdischen Eschatologie* (Göttingen 1905).

— «Die literarische Analyse Deuterojesajas», *ZAW* 34 (1914) 254-297.

GUINOT, J.N., *Théodoret de Cyr, Commentaire sur Isaïe II* (SC 295; Paris 1982).

GUNKEL, H., *Genesis* (Göttingen [8]1977).

— *Einleitung in die Psalmen* (Göttingen [2]1966).

— *Die Psalmen* (Göttingen [5]1968).

HALDAR, A., *The Notion of the Desert in Sumero-Accadian and West-Semitic Religions (UUA* 1950: 3; Uppsala - Leipzig).

HALÉVY, J., «Le Livre d'Osée», *RevSém* X (1902) 1-12.

HALLER, M., *Das Judentum* (Göttingen 1914).

HÄRING, Th., «Die *[ʿa]nijjîm* und *[ʿa]nawîm* im Alten Testament», *TSW* 5 (1884) 157-161.

HARNER, Ph.B., «Creation Faith in Deutero-Isaiah», *VT* 17 (1967) 298-306.

— «The Salvation Oracle in Second Isaiah», *JBL* 88 (1969) 418-434.

HARPER, W.R., *A Critical and Exegetical Commentary on Amos and Oseas* (ICC; Edinburgh 1966).

HASENFRATZ, H.P., *Die Toten Lebenden* (BZRGG 24; Leiden 1982).

HEINEMANN, I., *Les méthodes de l'Aggadah* (Jerusalem [3]1970).

HEMPEL, J., *Das Ethos des Alten Testaments* (BZAW 67; Berlin 1938).

HERBERT, A.S., *Isaiah Chapters 40-66* (The Cambridge Bible Commentary; London, New York, Melbourne 1975).

HERNANDO GARCÍA, E., «Actualización de la palabra de Dios por los pobres», *Burg* 23 (1982) 103-139.

HERTZBERG, H.W., *Die Samuelbücher* (ATD 10; Göttingen [3]1965).

HESSLER, E., «Die Struktur der Bilder bei Deuterojesaja», *EvT* 25 (1965) 349-69.

HESYCHIUS HIEROSOLYMITANUS, *Interpretatio Isaiae Prophetae* (ed. M. FAUL-HABER; Friburgi Brisgoviae 1900).

HIERONYMUS, *Commentariorum in Esaiam Libri XII-XVIII* (CChr SL LXXIII A; Tvrnholti 1963).

— *Opera Homiletica* ([ed. G. MORIN] CChr LXXVIII; Tvrnholti [2]1958).

HITZIG, F., *Der Prophet Jesaja* (Heidelberg 1833).

HUBMANN, F.D., «Der 'Weg' zum Zion» Literar- und stilkritische Beobachtungen zu Jes 35,8-10, *Memoria Jerusalem* (FS. Sauer; [Hrsg. J.B. BAUER — J. MARBÖCK] Graz 1977) 29-41.

HUMBERT, P., «Le mot biblique "èbyon'», *RHPR* 32 (1952) 1-6.

— «Emploi et portée du verbe bārā' (créer) dans l'AT», *TZ* 3 (1947) 401-421.

HUMMELAUER, F. DE, *Commentarius in Genesim* (Cursus Scripturae Sacrae; Paris 1895).

IBN EZRA, *Commentary on Isaiah* (ed. M. FRIEDLÄNDER; London 1873-1877).

IHROMI, 'Am 'ānī wādāl nach dem Propheten Zephanja (Diss. Mainz 1972).

IOANNIS CHRYSOSTOMI, In Isaiam Prophetam interpretatio (Venetiis 1887).

ITKONEN, L., Deuterojesaja (Jes. 40-55) metrisch untersucht (Helsinki 1916).

JACKSON, J.J.,«Amos 5,13 contextually understood», ZAW 98 (1986) 434-435.

JEFFERSON, H.G., «Notes on the Authorship of Isaiah 65 and 66», JBL 68 (1949) 225-230.

JENNI, E., Das hebräische Píel — Syntaktisch-semasiologische Untersuchung einer Verbalform im Alten Testament (Zurich 1968).

JEPSEN, A., «Gnade und Barmherzigkeit im Alten Testament», KD 7,4 (1961) 261-271.

—— «Beiträge zur Auslegung und Geschichte des Dekalogs», ZAW 79 (1967) 277-304.

—— «Kleine Bemerkungen zu drei westsemitischen Inschriften», MIOr 15,1 (1969) 1-5.

JOCZ, J., «God's 'Poor' People», Judaica 28 (1972) 7-29.

JOHNSON, A.R., The Vitality of the Individual in the Thought of AT (Cardiff 1964).

JOHNSON, B., «אָבָה», TWAT I, 24-27.

JOÜON, P., «Le sens du mot Hébreu שׁפי», JA (1906) 137-142.

—— «'ābā 'vouloir' en hébreu, 'ne pas vouloir' en arabe», Bib 8 (1927) 338s.

—— «Notes de critique textuelle», Mélanges de la Faculté Orientale [hoy: MUSJ] VI (1913) 184-210.

—— «Notes philologiques sur le texte hébreu du Psaume 2,12; 5,4; 44,26; 104,20; 120,7; 123,4; 127,2b.5b; 132,15; 144,2», Bib 11 (1930) 81-85.

—— «'Respondit et dixit'», Bib 13 (1932) 309-314.

—— «Divers emplois métaphoriques du mot 'yad' en Hébreu», Bib 14 (1933) 452-459.

—— Grammaire de l'hébreu biblique (Rome 1947).

KAISER, O., Der Prophet Jesaja Kapitel 1-12 (ATD 17; Göttingen ²1963).

—— Der Prophet Jesaja Kapitel 13-39 (ATD 18; Göttingen 1973).

KEIL, C.F., Chronic, Esra, Nehemia und Ester (Leipzig 1870).

—— Die Bücher der Könige (Leipzig 1876).

KENNICOT, B., Vetus Testamentum hebraicum cum variis lectionibus (Oxonii 1776-1780).

KIESOW, K., Exodustexte im Jesajabuch (Göttingen 1979).

KILIAN, R., «Ps 22 und das priesterliche Heilsorakel», BZ NF (1968) 172-185.

KIMCHI, D., Commentarii in Jesaiam Prophetam (trad. lat. C. MALANIMA; Florentiae 1774).

KISSANE, E.J., The Book of Isaiah II (Dublin 1943).

KITTEL, R., Die Psalmen (Leipzig ⁴1922).

KNABENBAUER, J., *Commentarius in Isaiam Prophetam*, Pars posterior (Parisiis [2]1923).

KNIGHT, G.A.F., *Deutero-Isaiah* (New York - Nashville 1965).

KNOBEL, A., *Der Prophet Jesaja* (Leipzig [3]1861).

KOCH, K., *Die Profeten II. Babylonisch-persische Zeit* (Kohlhammer/Urban-Taschenbücher B. 281; Stuttgart, Berlin, Köln, Mainz 1980).

KÖHLER, L., *Deuterojesaja stilkritisch untersucht* (BZAW 37; Giessen 1923).

KÖNIG, F.E., *Historisch-kritisches Lehrgebäude der Hebräischen Sprache. Erste Hälfte* (Leipzig 1881).

—— *Historisch-Comparative Syntax der Hebräischen Sprache. Schlussteil* (Leipzig 1897).

KOSMALA, H., «Maśkîl», *JANESCU* 5 (1973) 235-241.

KRAUS, H.J., *Psalmen 1. T* (BKAT XV/1; Neukirchen [5]1978).

—— *Psalmen 2. T.* (BKAT XV/2; Neukirchen [5]1978).

—— *Theologie der Psalmen* (BKAT XV/3; Neukirchen - Vluyn 1979).

KUSCHKE, A., «Arm und reich im Alten Testament mit besonderer Berücksichtigung der nachexilischen Zeit», *ZAW* 16 (1939) 31-57.

KUTSCH, E., «'Ich will meinen Geist ausgiessen auf deine Kinder'. Jes 44,1-5: Zu Auslegung und Predigt», *Kleine Schriften zum Alten Testament* (z. 65. Geburtstag; [Hrsg. L. SCHMIDT und K. EBERLEIN] Berlin - New York 1986) 157-168.

—— «Deus humiliat et exaltat», *Kleine Schriften zum Alten Testament* (z. 65. G.) 348-375.

LABUSCHAGNE, C.T., «ענה *'nh* I antworten», *THAT* II, 335-341.

LACK, R., *La Symbolique du Livre d'Isaïe* (AnBib 59; Rome 1973).

LAMBDIN, Th.O., «Egyptian loan words in the OT», *JAOS* 73 (1953) 145-155.

LAPIDE, C. a, *Commentaria in Scripturam Sacram*, t. XI (Parisiis 1866 — ed. nova).

LE DÉAUT, *Targum du Pentateuque* (SC 245; Paris 1978).

LEENHARDT, F.J., *La notion de sainteté dans l'Ancien Testament — Etude de la racine QD^{H}S^H* (Paris 1929).

LEIMBACH, K.A., *Das Buch des Propheten Isaias: Kap 40-66* (Fulda 1909).

LEVY, R., *Deutero-Isaiah* (London 1925).

LIAÑO, J.M., «Los pobres en el Antiguo Testamento», *EstBib* 25, 2º (1966) 117-167.

LOEB, I., *La littérature des Pauvres dans la Bible* (Paris 1892), que reúne artículos del mismo título, publicados en *REJ* 21 (1890) 1-42.164-206; 23 (1891) 1-31.161-193.

LOHFINK, N., «Die deuteronomistische Darstellung des Übergangs der Führung Israels von Moses auf Josue», *Schol* 37 (1962) 32-44.

— «Von der 'Anawim-Partei' zur 'Kirche der Armen'. Die bibelwissenschaft-liche Ahnentafel eines Hauptbegriffs der 'Theologie der Befreiung'», *Bib* 67 (1986) 153-176.

LOHSE, E., *Die Texte aus Qumran hebräisch und deutsch* (München 1964).

LORETZ, O., «Ugaritische und Hebräische Lexicographie», *UF* 12 (1980) 279-286.

LOWTH, R., *Isaiah* (London 1848).

LUDWIG, Th.M., «The Traditions of the Establishing of the Eart in Deutero-Isaiah», *JBL* 92 (1937) 344-357.

LLAMAS, J., *Biblia Medieval Romanceada Judío-Cristiana* (Madrid 1950).

MAIER, J., *Die Texte vom Toten Meer* (München - Basel 1960).

MALDONATUS, I., *In Isaiam* (*Biblia Sacra cum selectissimis litteralibus Commentariis,* t. XVII; Venetiis 1752).

MALVENDA, Th., *In Isaiam* (*Biblia Sacra cum selectissimis litteralibus Commentariis,* t. XVII; Venetiis 1752).

MANNATI, M. — SOLMS, É. DE, *Les Psaumes* (Paris 1966-1968).

MARGERIE, B. DE, *Introduzzione alla Storia dell' esegesi* (Roma 1984).

MARIANA, I., *In Isaiam* (*Biblia Sacra cum selectissimis litteralibus Commentariis,* t. XVII; Venetiis 1752).

MARTI, K., *Das Buch Jesaja* (KHCAT X; Tübingen 1900).

MARTIN-ACHARD, R., «Yahwé et les *ʿⁿāwîm*», *TZ* 21 (1965) 349-357.

— «ענה *'nh* II **elend sein**», *THAT* II, 341-350.

MAUCHLINE, J., «The uses of *YAHAD* and *YAHDAU* in the Old Testament», *GlasgOrTrans* 13 (1947-1949) 51-53.

MCKANE, W., *Proverbs A New Approach* (London 1980).

— *A Critical and Exegetical Commentary on Jeremiah* (ICC; Edinburgh 1986).

MCKENZIE, J.L., *Second Isaiah* (AB; New York 1968).

MELUGIN, R.F., *The Formation of Isaiah 40-55* (BZAW 141; Berlin - New York 1976).

MENOCHIUS, I.S., *In Isaiam* (*Biblia Sacra cum selectissimis litteralibus Commentariis,* t.XVII; Venetiis 1752).

MERENDINO, R.P., «Literarkritisches, Gattungskritisches und Exegetisches zu Jes 41,8-16», *Bib* 53 (1972) 1-42.

— *Der Erste und der Letzte. Eine Untersuchung von Jes 40-48* (Leiden 1981).

MERWE, B.J. VAN DER, *Pentateuchtradisies in die Prediking van Deuterojesaja* (Groningen 1955).

MEYER, R., *Hebräische Grammatik* (Berlin 1966-72).

MITCHELL, H.G., *A Critical and Exegetical Commentary on Haggai and Ze-*

chariah (ICC; Edinburgh 1961).

MOOR, J.C. de, «Lexical remarkes concerning *YAHAD* and *YAHDAW*», *VT* 7 (1957) 350-355.

MOORE, G.F., *A Critical and Exegetical Commentary on Judges* (ICC; Edinburgh 1966).

MORGENSTERN, J.,«The Mythical Background of Psalm 82», *HUCA* 14 (1939) 29-126.

— «Jerusalem — 485 B.C.», *HUCA* 27 (1956) 101-179.

— «The Message of Deutero-Isaiah in its sequential unfolding», *HUCA* 30 (1959) 1-102.

MORIARTY, F.L., «Isaías», *La Sagrada Escritura* V (BAC 312; Madrid 1970).

MOSCATI, S. *et al., An Introduction to the Comparative Grammar of the Semitic Languages* (Wiesbaden [2]1969).

MOWINCKEL, S., *Psalmenstudien* (Kristiania 1921-24).

— «Die Komposition des deuterojesajanischen Buches», *ZAW* NF 8 (1931) 87-112; 242-260.

MUILENBURG, J. — COFFIN, H.S., *The Book of Isaiah. Chapters 40-66* (IB V; New York - Nashville 1956) 381-773.

MÜLLER, H.P., «קדש *qdš* heilig», *THAT* II, 589-609.

MUNSCH, P.A., «Die Stellung Jesajas zu den sozialen Fragen seiner Zeit. Eine soziologische Studie», *TSK* 107 NF II (1936) 217-235.

MURILLO, L., «La restauración de Israel en los discursos de Isaías 40-48», *EstBib* 2,3 (1930) 169-178.

NICOLAS DE LYRA, *Postilla, Bibliorum Sacrorum cum Glossa ordinaria iam ante quidem a Strabo Fulgensi collecta nunc autem novis, cum Graecorum tum Latinorum, Patrum expositionibus locupletata:... Et Postilla Nicolai Lyrani: Additionibus Pauli Burgensis ad ipsum Lyranum ac ad easdem Matthiae Toringi Replicis*: per fr. F.FEUARDENTIUM, I.DADRAEUM, et I. CUILLY; t. IV (Venetiis MDCIII).

NIELSEN, E., «Deuterojesaja. Erwägungen zur Formkritisch, Traditions- und Redaktionsgeschichte», *VT* 20, 2 (1970) 190-205.

NIELSEN, K., *There is Hope for a Tree. The Tree as Metaphore in Isaiah* (Sheffield 1989).

NÖLDEKE, Th., «Aramäische Inschriften», *ZA* 21 (1908) 375-388.

NORTH, Ch.R., *Isaiah 44-55* (Torch Bible Paperbacks; London 1966).

NOTH, M., *Die israelitischen Personennamen in Rahmen der gemeinsemitischen Namengebung* (Hildesheim 1966).

— *Könige I* (BKAT IX,1; Neukirchen - Vluyn 1968).

NÚÑEZ ALBACETE, H.M.,«ʿAnî, πτωχός, pobre», EstBib 25,2° (1966) 193-205.

OLIVA, M., *Jacob en Betel: Visión y voto (Gn 28,10-22)* (ISJ 3; Valencia

1975).

OLMO LETE, G. DEL, *Mitos y Leyendas de Canaán según la tradición de Uga-rit. Textos, versión y estudio* (ISJ, Fuentes 1; Madrid 1981).

ORELLI, D.C. VON, *Der Prophet Jesaja* (München ³1904).

ORIGENES, Εἰς τὸ κατὰ Ἰωάννην Εὐαγγέλιον τόμος I', *PG* 14, 313C.

ORLINSKY, H.M., «Photography and Paleography in the Textual Criticism of St.Mark's Scroll, 43:19», *BASOR* n 123 (1951) 33-35.

— WEINBERG, M., «The Masorah on ענוים in Amos 2,7», *Estudios Masoréti-cos* (V Congreso de la International Organisation for Masoretic Studies; [ed. E. FERNÁNDEZ TEJERO] Madrid 1983) 25-35.

OTTLEY, R.R., *The Book of Isaiah according to the Septuagint (Codex Alexan-drinus)*. II. Text and Notes (Cambridge 1906).

PASCUAL RECUERO, P., «El 'desierto' en Isaías», *MEAH* 6 (1957) 149-58.

PEDERSEN, J., *Israel. Its life and culture* (Copenhagen 1946).

PENNA, A., *Principi e caratteri dell'esegesi di S. Girolamo* (Roma 1950).

— «Isaia», *La Sacra Bibbia* (Torino 1958).

PERETTO, E., «'Evangelizare pauperibus (Lc 4,18; 7,22-23)' nella lettura pa-tristica dei secoli II-III», *Aug* XVII (1977) 71-100.

PLEINS, J.D., *Biblical Ethics and the Poor: The Language and Structures of Poverty in the Writings of the Hebrew Prophets* (Michigan 1988).

PLOEG, J. VAN DER, «Le sens du verbe hébreu *bārā'*, étude sémasiologique», *Mus* 59 (Mélanges Th. Lefort; Louvain 1946), 143-157.

— «Les pauvres d'Israël et leur piété», *OTS* 7 (1950) 236-270.

PLÖGER, O., *Sprüche Salomos (Proverbia)* (BKAT XVII; Neukirchen - Vluyn 1984).

PORTEOUS, N.W., «Jerusalem—Zion: The growth of a symbol», *Verbannung und Heimkehr* (Fs. W. Rudolph; [Hrsg. A. KUSCHKE] Tübingen 1961) 235-252.

POWER, E., *A Catholic Commentary on Holy Scripture* (London and New York 1953).

PREUSS, H.D., «...ich will mit dir sein!», *ZAW* 80 (1968) 139-173.

— *Deuterojesaja. Eine Einführung in seine Botschaft* (Neukirchen - Vluyn 1976).

PROCKSCH, O., *Die Genesis* (Leipzig 1913).

— ἅγιος, *TWNT* I, 87-97.

RAD, G. VON, *Theologie des Alten testaments* (I B., München ⁵1966; II B., München ⁴1965).

— «Das Werk Jahwes», *Studia Biblica et Semitica* (FS. Th.Ch. Vriezen; [H. VEENMAN EN ZONEN] Wageningen 1966) 290-298.

— *Das erste Buch Mose Genesis* (ATD 2-4; Göttingen 1976).

RAHLFS, A. עני und ענו in den Psalmen (Göttingen 1892).

RAVASI, G., Il Libro dei Salmi — Commento e Attualizzazione (Bologna 1981-1984).

REINDL, «נָטַע nāta'», TWAT V, 415-424.

RIGNELL, L.G., A Study of Isaiah Ch. 40-55 (Lund 1956).

RINGGREN, H., «The Branch and the Plantation in the Hodayot», RB 6 (1961) 3-9

—— Sprüche (ATD 10; Göttingen ²1967).

—— Das Hohe Lied (ATD 10; Göttingen ²1967).

—— «עָבַד 'ābad», TWAT V, 982-988.1010-1012.

ROBINSON, H.W., Inspiration and Revelation in the Old Testament (Oxford 1946).

RUDOLPH, W., Das Buch Ruth. Das Hohe Lied. Die Klagelieder (KAT XVII, 1-3; Gütersloh 1962).

—— Hosea (KAT XIII,1; Gütersloh 1966).

—— Jeremia (HAT, 1. R. 12; Tübingen ³1968).

RUIZ DE LA PEÑA, J.L., Teología de la Creación (Santander 1986).

SAEBØ, M., «שׂכל śkl hi. einsichtig sein», THAT II, 824-828.

SANCTIUS, G., In Isaiam Commentarius (Lugduni 1615).

SCHEIBER, A., «A Leaf of the Fourth Manuscript of the Ben Sira from the Geniza», MK 98 (1982) 179-185.

SCHMID, H.H., «Schöpfung, Gerechtigkeit und Heil — 'Schöpfungstheologie' als Gesamthorizont biblischer Theologie», ZTK 70 (1973) 1-19.

SCHMIDT, W.H., «Wo hat die Aussage: Jahwe 'der Heilige' ihren Ursprung?», ZAW 74 (1962) 62-66.

—— Die Schöpfungsgeschichte der Priesterschrift (WMANT 17; Neukirchen ³1973).

SCHOORS, A., I Am God Your Saviour. A Form-Critical Study of the Main Genres in Is 40-55 (VTS 24; Leiden 1973).

SCHOTTROFF, W., «Gedenken» im Alten Orient und im Alten Testament. Die Wurzel zākar im semitischen Sprachkreis (WMANT 15, Neukirchen - Vluyn ²1967).

SCHÜPPHAUS, J., «Stellung und Funktion der sogenannten Heilsankündigungen bei Deuterojesaja», TZ 27 (1971) 161-181.

SCHWANTES, M., Das Recht der Armen (Frankfurt a.M. 1977).

SCULLION, J., Isaiah 40-66 (Wilmington - Delaware 1982).

SEGERT, S., Altaramäische Grammatik (Leipzig 1975).

SELLIN, E., Das Zwölfprophetenbuch (Leipzig 1929).

—— FOHRER, G., Einleitung in das Alte Testament (Heidelberg 1969).

SELMS, A. VAN, «The expression 'The Holy One of Israel'», Von Kanaan bis

Kerala (FS. van der Ploeg; [Hrsg. W.C. DELSMAN, J.T. NELIS, J.R.T.M. PETERS, W.H.Ph. RÖMER und A.S. VAN DER WOUDE] Neukirchen - Vluyn 1982) 257-269.

SICRE DIAZ, J.L., *Los dioses olvidados* (Madrid 1979).

— *«Con los pobres de la tierra». La justicia social en los profetas de Israel* (Madrid 1984).

— ALONSO SCHÖKEL, L., *Profetas* (Madrid 1980).

SIMIAN-YOFRE, H., *Die Theologische Nachgeschichte der Prophetie Ezechiels. Form- und traditionskritische Untersuchung zu Ez 6;35;36* (Würzburg 1974).

— «Éxodo en Deuteroisaías», *Bib* 61 (1980) 530-553.

— «La Teodicea del Deuteroisaías», *Bib* 62 (1981) 55-72.

— «Wächter, Lehrer oder Interpret? Zum theologischen Hintergrund von Ez 33,7-9», *Künder des Wortes: Beiträge zur Theologie der Propheten* (FS. J. Schreiner; [Hrsg. L. RUPPERT, P. WEIMAR, E. ZENGER] Würzburg 1982) 151-162.

— «Ez 17,1-10 como enigma y parábola», *Bib* 65 (1984) 27-43.

— *Messianic Hope in the Prophets* (Rome 1984).

— *Studi sul Profeta Osea* (Roma 1984/5).

— «נחם *nhm*», *TWAT* V, 366-384.

— «Testigo y Servidor. Is 43,8-13, ¿el 'segundo' cántico del Servidor?», *II Simposio Bíblico Español* (Valencia - Córdoba 1987) 255-264.

— «עָבַד *'ābad*», *TWAT* 1003-1010.

— *I Testi del Servitore di Jahwe nel Deuteroisaia* (Roma 1989).

SIMONETTI, M., *Profilo storico dell'esegesi patristica* (Sussidi Patristici 1; Roma 1981).

SKINNER, J., *A Critical and Exegetical Commentary on Genesis* (ICC; Edinburgh ²1963).

SMART, J.D., *History and Theology in Second Isaiah* (Philadelphia 1965).

SMITH, G.A., *The Book of Isaiah* (The Expositor's Bible II; London 1890).

SMITH, H.P., *A Critical and Exegetical Commentary on The Books of Samuel* (ICC; Edinburgh 1961).

SMITH, J.M.P., *A Critical and Exegetical Commentary on the Books of Micah, Zephania and Nahum* (ICC; Edinburgh 1965).

SODEN, W. VON, «Nachwort zu G.R. DRIVERS 'Objections' S.68», *ZAW* 55 (1937) 71s.

— «Zur Herkunft von hebr. *'ebjōn* 'arm'», *MIOr* 15,2 (1969) 322-326.

— «יד *jād*», *TWAT* III, 424-425.

SOUTHWOOD, Ch.H., «The Problematic *hᵃdūrîm* of Isaiah XLV 2», *VT* 25 (1975) 801-802.

SPERBER, A., *The Bible in Aramaic Based on Old Manuscripts and Printed Text* (Leiden 1959-1969).

SPREAFICO, A., *Esodo: Memoria e Promessa* (Suppl. RivB 14; Bologna 1985).

SPYKERBOER, H.C., *The Structure and Composition of Deutero-Isaiah* (Groningen 1976).

STÄHLI, H.P., «ʿzb, **verlassen**», *THAT* II, 249-252.

STÄILIN, W., *Symbolon* (Stuttgart 1958).

STAMM, J.J., «נאל g'l **erlösen**», *THAT* I, 383-394.

STEINMANN, J., *Le Livre de la Consolation d'Israël et les Prophètes du retour de l'Exil* (Paris 1960).

STENDEBACH, «עָנָה I ʿānāh», *TWAT* VI, 233-247.

STENNING, J.F., *The Targum of Isaiah* (Oxford 1949).

STRABUS, W., *Glossa ordinaria, PL* 113-114.

STRACK, H.L. — BILLERBECK, P., *Kommentar zum Neuen Testament aus Talmud und Midrasch* (München [2,3]1954-1961).

STRACK, L., *Die Sprüche Jesus', des Sohnes Sirachs. Der jungst gefundene hebräische Text mit Anmerkungen und Wörterbuch* (Schriften des Institutum Judaicum in Berlin 31; Leipzig 1903).

STUHLMÜLLER, C., «The Theology of creation in Second Isaias», *CBQ* 21 (1959) 429-467.

—— *Creative Redemption in Deutero-Isaiah* (AnBib 43; Roma 1970).

SUKENIK, E.L., *The Dead Sea Scrolls* (Jerusalem 1955).

TALMON, S., «Wilderness», *IDBSup* 946-949.

TEIXIDOR, J., «Bulletin d'épigraphie sémitique», *Syria* 50 (1973) 401-442.

TEODORETO DE CIRO (*v.s.* GUINOT).

THOMAS, W., «Hebrew עני 'captivity'», *JTS* 16 (1965) 444-445.

TORREY, Ch.C., *The Second Isaiah* (New York 1928).

TOY, C.H., *A Critical and Exegetical Commentary on the Book of Proverbs* (ICC; Edinburgh 1959).

TREVER, J.C., «Some corrections regarding Isaiah xliii,19 in the Isaiah Scroll», *BASOR* n 126 (1952) 26-27.

UMBREIT, F.W.C., *Praktischer Commentar über den Jesaja* (2.T.; Hamburg 1842).

UNAMUNO JUGO, M. DE, *Ensayos* (Madrid 1917).

VACCARI, A., «Historia Exegeseos», *Institutiones Biblicae* (Roma [6]1951).

VINCENT, J.M., *Studien zur literarischen Eigenart und zur geistigen Heimat von Jesaja, Kap.40-55* (Frankfurt a.M. 1977).

VIRGILII MARONIS *Opera* (Matriti 1779).

VOLLMER, J., «עשה ʿśh **machen, tun**», *THAT* II, 359-370.

VOLZ, P., *Jesaja II* (Leipzig 1932).

WALDOW, H.E. VON, *Anlass und Hintergrund der Verkündigung des Deutero-jesaja* (Bonn 1953).

WALKER, N., «Concerning *hû'* and *'anî hû'*», *ZAW* 74 (1962) 205-206.

WARD, W.A., «Comparative Studies in Egyptian and Ugaritic», *JNES* 20 (1961) 31-40.

WARD, W.H., *A Critical and Exegetical Commentary on Habakkuk* (ICC; Edinburgh 1965).

WEISER, A., *Die Prophetie des Amos* (BZAW 53; 1929).

— *Das Buch der Zwölf kleinen Propheten* I: *Die Propheten Hosea, Joel, Amos, Obadja, Jona, Micha* (ATD 24; Göttingen ⁷1979).

WESTERMANN, C., «Die Begriffe für Fragen und Suchen im Alten Testament», *KD* 6 (1960) 2-30.

— «Das Heilswort bei Deuterojesaja», *EvT* 7 (1964) 355-373.

— *Sprache und Struktur der Prophetie Deuterojesajas* (TBü 24; München 1964).

— *Das Buch Jesaja. Kapitel 40-66* (ATD 19; Göttingen 1966).

— *Das Loben Gottes in den Psalmen* (Göttingen 1968).

— *Genesis* (BKAT I/1.2; Neukirchen - Vluyn 1974-1981).

WHYBRAY, R.N., *The Book of Proverbs* (The Cambridge Bible Commentary — *NEB*; Cambridge 1972).

— *Isaiah 40-66* (The New Century Bible Commentary; London 1981).

WILDBERGER, H., *Jesaja* (BKAT X/1-3; Neukirchen - Vluyn 1972-1978).

WOLFF, H.W., «Erkenntnis Gottes Im Alten Testament», *EvT* 15 (1955) 426-431.

— *Dodekapropheton I: Hosea* (BKAT XIV/1; Neukirchen - Vluyn ²1965).

WOUDE, A.S. VAN DER, «יד *jād* **Hand**», *THAT* I, 667-674.

WOUDSTRA, M.H., *The Book of Joshua* (NICOT; Grand Rapids, Michigan 1981).

WÜRTHWEIN, E., *Das Erste Buch der Könige* (ATD 11,1; Götingen 1977).

YOUNG, E.J., *The Book of Isaiah* (NICOT; Grand Rapids, Michigan 1972).

ZIEGLER, J., *Die Liebe Gottes bei den Propheten* (Münster i. W. 1930).

— *Isaias* (Würzburg 1948).

ZILLESEN, A., «Der alte und der neue Exodus. Eine Studie zur israelitischen Prophetie, speziell zu Jesaja 40ff», *ARW* 6 (1903), 289-304.

ZIMMERLI, W., *Erkenntnis Gottes nach dem Buche Ezechiel* (Zürich 1954).

— «Das Wort des göttlichen Selbsterweises (Erweiswort), eine prophetische Gattung», *Melanges Bibliques* (FS. A. Robert [Travaux de l'Institut catho-lique de Paris 4]; Paris 1957), 154-164.

— «Der 'Neue Exodus' in der Verkündigung der beiden grossen Exilsprophe-ten», *Gottes Offenbarung. Gesammelte Ansätze* (TBü 29; München 1963)

192-204.

—— *Ezechiel* (BKAT XIII/1.2; Neukirchen - Vluyn 1969).

—— «Yahwes Wort bei Deuterojesaja», *VT* 32 (1982) 104-24.

ZIMMERMANN, H., «Das absolute ἐγώ εἰμι als die neutestamentliche Offenbarungsformel», *BZ NF* 4 (1960) 54-69.266-276.

ZURRO, E., «La voz y la palabra», *El Misterio de la Palabra* (Homenaje a L. Alonso Schökel; [ed. V. COLLADO] Madrid 1983) 23-39.

—— *Procedimientos iterativos en la poesía ugarítica y hebrea* (BibOr, Rome 1987).

Indice de palabras hebreas

אביון 64-69,**224s**
אני הוה 156s
אני יהוה 83,155s
ארז 136s
בּוּשׁ 172s
בקשׁ מים 72-77
ברא 197-202,**251**
ברושׁ 136s
דרך 122-127
הרס 136
זהזאת 36,128,194,203s
זרע 104
חרשׁה 125,128,141
חכמהאחכם 167,174,177
חציר 39,140
חָרְבָּה 37
חָרָשׁ 193
חֶרֶשׁ 150
חשׁךְ 148
טחח 148
יבשׁה 117
יד 186-189,**247**
ידע ..146,152-160,181,**235-237**
יחרו 181
יער 137
כבר 128
לוא-לחם 105s
למען 145s,156,**233**
לשׁון 79
מבישׁ 173,175
מדבר ... 111s,114s,116s,118
מחיר 105
מים 103-108,125-127
משׂכיל 172-175,**244**
נאוה 184
נבל 174

נטע 134s
סכל 165,167,173
עֵוֵּר 76,150-152
עזב 95-100,**230**
עינים (הפקח) 152,182
עינים (נשׂא) 150s
ענה 45-49,59,85-95,99,146,164, **226-229**
עָנִי 39,49-64,69,141,**222s**
עָנִי 39,49-51
עֵץ 137
עץ שׁמן 136s
ערבה ... 112-115,117s,129,**231s**
עשׂה 192-197,**250**
צדק 133,141
צריק 67s
ציה 113-116,129,**231s**
צמא 38,81s,116s
צמח 141
קדושׁ (ישׂראל) .. 189-192,**248s**
ראה 146-152,180-183,**234**
רוח יהוה 107s
שׁים (לב) . 160-164,180,**238-241**
שׂכל ...164-178,180-184,**242.246**
שֵׂכֶל 175-177,**245s**
שׁטה 136
שׁמע 91,106
שׁעע 148
תְּאַשּׁור 137
תַּאֲנָה 183s
תִּרְהָר 137
תֹּהוּ 74

Indice selectivo de citas bíblicas

GÉNESIS

1,3 194
1,26 34
2,7 187
2,18-23 34
2,25 184
3,1-7 182
3,5 182
3,6 167,171
3,7 184
3,11 184
3,13 185
3,16 184
13,14 151
16,13s 148
21,15 73
24,13 73
24,20 73
24,27 96
26,19 73
26,32 73
28,15 98
31,12 151
31,28 167,173
35,3 91,95
35,10 95
41,16 85
48,13s 165
48,14 165

ÉXODO

2,16 72

3,7 70
3,14 83
6,5-7 94
7,1 73
7,19 103
7,24 73
8,1 103
8,6 156
8,18 156
9,21 163
9,29 156
11,7 156
14,20 187
14,27 41
15,13 128
17,3 80
17,6 124
19,5 91
19,19 85
21,10 89
22,24 51
23,6 66
23,6ss 67
23,11 66
34,10 201
34,29 107

LEVÍTICO

19,10b 51
23,22b. 51
26,9 94
26,44 98

NÚMEROS

11,6 117
11,23 187
12,3 49
14,2s 82
20,8 125
20,11 124
20,11b 125
24,3 185
24,5-7 133
24,6 132
24,7 121
24,15 185

DEUTERONOMIO

1,40 82
3,27 151
4,27 75
4,29 75
4,31 98
4,35-40 179
4,39 180
8,7 104
11,18 161
12,9s 64
15,11 51
24,12 51
24,14s 51
28,68 41
29,1-8 179
29,2s 148
29,8 169,171
31,6 98
31,8 98
31,16 96
31,17 97
32,29 167,171
32,39 156,157

JOSUÉ

1,5 98
1,7 168
1,7s 171
1,9 98
4,8 41
24,19 191

JUECES

5,25 72
15,18 73
19,30 163

RUT

1,16 96
2,20 96

1 SAMUEL

2,8 68
7,9 88,91,95
7,12 95
8,18 88
9,11 73
9,17 85,86
12,21 74
12,22 98
13,13 167,173
14,28 85
14,37 85
15,31 167
17,45-47 171
18,5 171
18,14 170,171
18,17 172
18,30 165,170
23,4 85

25,25 162
26,21 167,173
28,6 85
28,15 85

2 SAMUEL

4,2 84
17,3 162
18,3 162
22,28 49
24,10 167,173
24,14 188

1 REYES

2,3 171
5,18 98
6,13 98
18,24 84,88
18,26 88
18,29 88
18,37 90
18,39s 158

2 REYES

6,17-20 185
18,7 170

1 CRÓNICAS

5,12 84
21,8 167,173
21,26 88,90,91
21,27 88
22,9 98
22,18 98
28,19 171
28,20 98

2 CRÓNICAS

16,9 167,173
28,24 76
30,22 170,171

NEHEMÍAS

8,13 166,168,171
8,14 84
9,20 167,170
10,23 84

JOB

1,8-11 163
6,19 72
9,16 85
12,4 88
19,16 88
22,22 161,163
23,5 85
23,6 161
24,19 113
30,3 113
30,20 88
33,13 85
34,27 169,171
35,12 88
37,15 161
38,1 85
40,1 85
40,6 85

SALMOS

2,10s 172
3,5 88
4,2 88
9,11 96

13,4 150
14,1 174
14,2 172,174,175
14,4 175
17,6 88
20,10 88
21,3 183
22,3 88,92
22,6 88
22,16 79
22,22 90
22,27 106
27,7 88
30,3 88
32,8 167,169,171
34,5 88
36,4 171,172
37,28 96
41,2a 170
42,2 72
45,16 41
53,3 172,174
63,2 82,113
64,10 166,167,171
65,6 86,87,90
68 56
68,11 56,127
69,14 90
69,17 85
69,22 82
72,4 55
77,11 96
77,20 41
77,21 123
78,15s 124
78,16 125
78,17 113
78,20 124
80,9 134,135
80,16 134,135

81,8 85,88
82 56
82,3s 56
84,7 119
85,14 161
86,7 88
87,7 160
90,3 82
91,15 88
94,8 167,171
94,14 96
99,6 85,88
99,8 85
101,2 169,171,172
102,3 88
102,28 156
103,15s 140
104,16b 134
105,41 113,124,125
106,7 167,171
107,6 73
107,35 30,103,115,119
109 56
111,10 177
114,6 30
114,8 103
115,3b 193
115,9ss 157
116,10 48
118,5 88,90
118,21 90
119,67 48,90
119,99 167
119,107 48
119,145 88,91
120,1 88
132,15 68
135,18 92,95
136,1-26 92
138,3 88

139,11s 148
143,1 90
143,6 82,113

PROVERBIOS

1,1-6 177
1,28 88
8,29 151
10,5 174
10,19 174
13,15 177
14,35 175
15,15 58
15,24 175
16,4 92
16,19 58
16,20 170,172
16,21 175
16,22 177
16,23 167,168,170
17,2 175
17,8 170
21,11 167
21,11b 170
21,12 170
21,13 88
23,9 176
25,25 71
29,19 88
30,16 93
31,1-9 57

ECLESIASTÉS

1,13 48
1,17 164
3,10 48
10,19 89

CANTAR DE LAS CANTARES

8,6 161

ECLESIÁSTICO

5,12 88
6,32 162,163
7,19 174
7,21 174,175
10,3 176
10,15 134
10,23 174,175
10,25 174,175
10,30 176
11,15 175,177
13,22 173
14,21 163
16,20 163
25,2s 176
25,8 174
32,14 88
32,14b 89
32,18 175
40,18 175
40,23 174
44,8 88
46,50 88

ISAÍAS

1,3 159
3,14s 54
3,15 54
4,4 107
5,2 134
5,4 107
5,7 82,134,141
5,10s 152
5,12 148

6,10 148
6,11-13 185
9,1 148,152
10,2 54
10,17 191
12,3 74
14,23 103
14,32b 52
22,11 148
29,10 107
29,15s 148
29,17s 152
29,18s 76,79
29,23 192
30,10 148
30,19 88
30,26 79
30,28 107
31,4 48
32,2 124,152
32,15 107,121
33,9 112,114
35 41,122
35,1 114,115,121
35,1-10 129
35,1s 152
35,3-6a 79
35,5 76,152,182
35,5-7 121
35,6 121,127
35,6-8 123
35,6b 121
35,7 103,121
35,8-10 122
35,9 123
40,1 40
40,2 75,188
40,3 37,40,124,125
40,3-11 37
40,3s 33,122,128

40,4 38,39
40,5 147-149,152
40,6 39,81,140
40,7 39
40,9 33
40,10 40,188
40,11 40,189
40,12-24 76
40,13s 154
40,20 76
40,21 153,154
40,23 193
40,25 135
40,26 147-151
40,27 81,127
40,28 153,154
41,1 181
41,1-5 76
41,2-5 149
41,4 156,157
41,5 147,149
41,8 104
41,9 30
41,10 147
41,15 123
41,17-20 . . . . passim
41,21-29 76
41,22s 154,161
41,23 146,180
41,24 77
41,26 83,154
41,28 94,95,147,149
41,29 193
42,4b 188
42,5 201
42,6 187,188
42,6s 152
42,7 148,150
42,8 128,157
42,9 141

42,12 40,128
42,14 33,35,39,195
42,14-17 34,37,110
42,14a 71
42,15 38-40,77,81,103
42,15s 123,128
42,16 38,40,99,127,128,
          148,152,153,194
42,18 40,147-149,152
42,18-20 150
42,19 148
42,20 147,148,164
42,21 146
42,22 83
42,25 153,162
43,1 40
43,1-7 37
43,2 38,40,80,103
43,4 128
43,5 40,104
43,6 38,40
43,7 128,194
43,8 148,150
43,8-13 76
43,10 154-157
43,11 83,157,158
43,12 83,157,158
43,12s 156
43,13 156,157,187-189
43,14 40,145
43,16 38,39,77,103
43,16-18 71
43,16-21 37,124
43,17 40
43,18 42
43,19 37-40,123,125,
          141,153,194
43,19s 125
43,20 38,40,103,127,128
43,22-24 76,105

43,22-28 156
43,23 127
43,25 146,156
43,28 127
44,1-5 37-40,42,104,116,
          120,121
44,2 195
44,3 38,40,81,104,107,
          108,116,117,120
44,4 38,40,41,76,140
44,5 38,121,141,187
44,6-8 76
44,8 154
44,9 147-149,153
44,9-20 76
44,12 103
44,16 147,148,150
44,18 147-149,154,167,
          171,172
44,18s 153,178
44,23 60
44,24 193
44,25 . . . 154,164,165,167,172
44,27 38,81,123
45,1 188
45,2 123
45,3 154-156,158
45,4 145
45,4s 153
45,5 83,157
45,6 83,154-157
45,7 158,194
45,7a 194
45,7b 193
45,8 33,104,118,182,194
45,9 186,193
45,11 187
45,12 187,189
45,13 105
45,14 83

45,15 110
45,18 83
45,19 74,104
45,20 76,153,181
45,20-25 76
45,21 83
45,22 83
45,23 79
45,25 104
46,1-8 156
46,4 156
46,6 105
46,7 84,88,95
46,8 133
46,9 83
46,10 193
46,11 193,195
46,12 133
47,3 148,152
47,6 187,188
47,7 162
47,8 152,153
47,10 148,154
47,11 153
47,13 154,172
47,14 187,188
47,15 83
48,1 103
48,3 194
48,4 76,153,154
48,5 76,193
48,6 153
48,7 153,154
48,8 153,154
48,9 146
48,9-11 188
48,10b 63
48,11 128,146
48,12 156,157
48,12-16 156

48,13 187
48,14 193
48,17 83
48,19 104
48,20 33,37,40
48,21 38-40,78,80,103,124
49,2 120,187
49,6s 152
49,7 146,147,149
49,7-12 37
49,7a 71
49,8 87,94
49,8-12 37
49,9 40,148
49,9-11 38
49,10 38-40,78,80,103
49,11 39,122
49,12 151
49,13 60
49,14 71,96,100
49,14-20 37
49,14-23 37
49,15 97
49,16 188
49,18 40,42,147,151
49,21 141
49,21-23 37
49,22 39,187
49,23 154,155,157,158
49,26 40,154,155,158
49,28 148
50,2 38,77,83,88,92,95,
                103,123,187,189
50,2b 76
50,4 79,153,154
50,7 154
50,10 148
50,11 188
51,1 40
51,1-3 37-40

51,1-8 153
51,1b 82
51,2 81
51,2a 82
51,3 38,40,42,114,117,
                120,121
51,5 188
51,6 151
51,7 153,154
51,9 188
51,9-11 37
51,10 38-41,77,103,122,
                123
51,11 40,41,123
51,12 140,156
51,12-16 156
51,16 135,187
51,17 188
51,18 187
51,21 62
51,22 187
51,22s 187,188
51,23 118,187
52,4-6 155
52,6 154-156,158
52,8 42,147,148,181
52,9 60,181
52,10 147,148,152,188
52,11 33,37,40
52,12 40
52,13 171,182
52,15 147,149
53,2 82,113,147,148
53,3 153,154
53,6 82
53,9 193
53,10 104,147,148,187
53,11 147,149,178
53,13 149
54,1-10 95
54,3 104
54,5 195
54,6 100
54,7 39,95,97,100,153
54,8 97,100
54,9 103
54,10 100
54,11 62
54,16 193
54,17 79
55,1 73,74,81,107
55,1-3 76,104,108
55,1-5 106
55,5 146,153
55,11 71,193
55,12 37,40,77,123
55,12s 41
55,13 39,119
57,11 163
57,17 75,95
58,9 85,88
58,10 148
59,1 187
59,9s 148
60,1s 152
60,4 151
60,5 152
60,13 138,142
60,21 138
61,3 138
62,12 100
63,15 150
65,12 88,92
65,13 80
65,24 88
66,4 88,92
66,8 141
66,14 152

JEREMÍAS

2,2 92
2,5 77
2,6 113
2,13 77,80
2,18 77
2,21 134
2,23-25 77
2,25 80
2,31 82
2,34 67
3,2 151
5,6-30 76
5,7 96
5,12 157
5,28 67
7,13 88,92
7,23 91
7,27 88,92
9,23 168,171,172,180,181
10,21 171
11,16 141
12,1s 134
12,7 92
12,11 161
13,20 151
14,3 73
14,22 80
17,6 114
17,13 80
18,9 134
20,11 171
20,13, ... 67
23,35 85
23,37 85
24,7 158
25,18 115
31,32 92
31,33 153

31,33s 160
33,3 85
33,14-26 97
33,25s 97
35,17 88,92
42,4 85
50,9 164
50,12 82,114,115,118
51,32 103
51,43 114,115

LAMENTACIONES

4,4 79

BARUC

5,8 39

EZEQUIEL

3,26 79
8,5 151
8,12 96,148
9,9 96
11,24 114
12,2 76,148
14,4 85,89
14,7 85,89
16,49 67
17,5 77
17,7 77,114
17,22 134,135
19,10 134
19,13 114,116
20,35 114
20,36 114
20,38 76
22,29 67
27,6 137

29,4 79
31,3 137
31,4 77
34,30 158
36,35 119
37,2 80
37,11 80
39,29 107
44,5b 163

DANIEL

1,8 161
2,22 148
4,3 48
7,8 183
9,13 169
9,22 170,171
9,25-27 171
11,32 173
11,33 173
11,35 174
12,3 173,175
12,10 175

OSEAS

1,3-9 94
2 146
2,4 114
2,5 75,81,114,115,132
2,5b 82
2,7 84,160
2,7-14 80
2,7b 77
2,9 75,77
2,16 75,92
2,17 92,93,132
2,17-25 94
2,22 159

2,23 89
2,24 134
2,25 92,132
3,1 92
4,10 106
5,6 74
5,15 75
13,4 158
14,9 87

JOEL

2,19 85
2,20 114
2,22 119
3,1 107

AMOS

2,6 67
2,7 53
4,6-11 75
4,8 73
5,12b 67
5,13 174
8,4 53
8,11s 74
8,12 73

JONÁS

2,3 88,91
2,11 88

MIQUEAS

1,5-7 76
3,4 88

HABACUC

2,2 85
3,13s 52

SOFONÍAS

2,13 114
3,12 52

ZACARÍAS

1,3 93
1,13 85
5,5 151
7,12 161
10,1 19
10,2 48
10,6 94
13,9 88,94

MALAQUÍAS

2,2 161

MATEO

3,9 82
7,7 88
8,26 35
11,5 76
13,17 152
13,43 . . . . 175`
15,13 134
15,34 82
24,45 174
25,21 174

MARCOS

4,15-19 82
5,39 151
8,17s 182
8,24 138

LUCAS

1,34 141
1,54 95
4,5 151
8,15 133
9,31 42
10,23 152
12,42 174
16,24-26 80
18,41 150
19,17 174
24,25 150

JUAN

2,4 184
2,10 108
3,5 141
3,19s 148
4,10 108
4,10-15 108
4,14 108
6,35 108
6,44 75
7,37-39 106-108
9,39 150
9,41 150
10,4 73
10,14s 159
13,1 42
19,28 82,108
19,34 82

HECHOS DE LOS APÓSTOLES

8,35 82

ROMANOS

5,5 107
5,20 141

1 CORINTIOS

1,20 154
6,17 108
10,4 82

2 CORINTIOS

4,4 148

GÁLATAS

4,4 184

HEBREOS

4,9 99

Indice de autores

AARTUN, 46,49,53
ACKROYD, 188
AUGUSTINUS, 83
AISTLEITNER, 64,86
ALLEGRO, 140
ALONSO, 40,75,96,130,141,151
ALT, 69
ANGERSTORFER, 26,197-199
AQUINO, TH. DE, 15,18
ARCONADA, 55
BACH, 133
BALTZER, 25,106
BAMMEL, 46,66
BARR, 49
BARTH, 93,197
BARTHELEMY — RICKENBACHER,
  164,175
BAUDISSIN, 190
BAUER — LEANDER, 46,47,49,198
BAUMANN, 159
BAUMGARTNER, 45,46,64,86,112,
  165
BEAUCHAMP, 198
BEEK, 67
BEGRICH, 52,99
BERGHE, P. VAN DER, 45
BERGSTRÄSSER, 47
BERNARD, 135
BERNHARDT, 197,198,203
BEVAN, 199
BEYERLIN, 119
BIRKELAND, 46-49,55-57,85
BIRKELAND, 47,48
BLAU, 164,165

BÖHL, 197
BONNARD, 20,80,105,126,130,138,
  145
BOTTERWECK, 45,65,153,158-160,
  199
BOVATI, 53,68,88,105,151
BRIGGS, 30,55,56,61,119,134,169,
  170,174
BRIGHT, 76
BROCKELMANN, 47,165,199
BROWN — DRIVER — BRIGGS, 45,
  86,113,115,164-166,178,197
BUDDE, 23,39,80,109
BULTMANN, 158
BURNEY, 98
BUTLER, 168
CALMET, 19
CAPDEVILA, 106,108
CARMIGNAC, 139
CARNITI, 56
CASTALIO, 131
CHEYNE, 21,71
CIRILO ALEJANDRINO, 17
CIRILO JEROSOLIMITANO, 130
CLERICUS IOANNES, 19,45
COFFIN, 22
COOKE, 67,75,76,89,107,197,198,
  201
COSTECALDE, 190,192
CRÜSEMANN, 37,60,61,196
DAHOOD, 55,56,61
DANTINNE, 198,199
DELEKAT,   46,49,53,56,85-89,94,
  173

DELITZSCH, 21,40,62,71,104,105, 109,132,138,141,148,149,153, 170,195,197,198,203

DHORME, 151,188

DILLMANN, 21,69,80,131,199

DODD, 108

DONNER, 48

DONNER — RÖLLIG, 46,47,58

DOSSIN — FINET, 64

DRIVER, 51,151,165,198

DRIVER — GRAY, 161

DUHM, 24,30,37,40,60,62-64,78,79, 122,125,130,145,147,153-155, 186,193,195,201

EFREN, 17,28,45,80,131

EHRLICH, 40,48,87,95,161,164

EICHRODT, 67,190

EISSFELDT, 49,52

ELLIGER, 18,25,29,31-33,35,40,41, 45,52,62,70,71,74,76-79,83,95, 99,103,104,110,122,126,127, 130,133,145,147,149,150,153-157,164,180,191,192-196,201, 203

ERMAN — GRAPOW, 65,85

ERMANN, 57

EUSEBIO DE CESAREA, 16,17,131

EWALD, 20,81

FABRY, 156

FARFÁN NAVARRO, 52,63

FELDMANN, 20-22,37

FENSHAM, 51

FERNÁNDEZ, 15-17,108

FISCHER, G., 75

FISCHER, J., 25,78,130,145

FOHRER, 25,32,78,79,95,126,145, 155

FORERIUS, 124

FREEDMANN — WILLOUGHBY, 151

FREY, 22,80

FRIEDRICH, 47

GARCÍA CORDERO, 25,55,145

GELIN, 45,66

GEMSER, 57

GERBER, 164

GERSTENBERGER, 45-47,50

GESENIUS, 17,23,45,80,81,85,86,89, 90,109,137,138,183

GESENIUS — BUHL, 45,165

GESENIUS — KAUTZSCH — COW-LEY, 47,62

GILBERT, 190,191

GITAY, 30,31

GLAZIER — MCDONALD, 89

GLUECK, 84

GOLDINGAY, 31,33

GONZÁLEZ, 56

GORDON, 64,69,199

GRÄTZ, 82

GRAY, 52,54,61,138

GREGORIO MAGNO, 17,131

GRESSMANN, 9,24,31,75,119,130, 132

GUINOT, 16

GUNKEL, 32,55,56,60,183,197

HALÉVY, 82

HALLER, 20,80

HARNER, 99,196

HASENFRATZ, 57

HERBERT, 25,78,79

HESSLER, 24,32,38,80,109-111,115, 131,132,141

HESYCHIUS, 131

HIERONYMUS, 16,17,19,77,113,131

HITZIG, 24,78,95

HUBMANN, 122

HUMBERT, 66,197

HUMMELAUER, F. DE, 183

IBN EZRA, 18

IHROMI, 52

JACKSON, 174
JEFFERSON, 92
JENN, 160
JEPSEN, 58,60,83,155
JOHNSON, 186,189
JOÜON, 24,34,36,46,47,49,59,64,65,
71,81,85,90,99,106,147,149,152,
160,170,172,173,176,179,181,184
KAISER, 41,52,54,107,112,119,138,
146,152,190
KIESOW, 26,36,41,78,79,122,130,
145
KIMCHI, 18,19,70
KISSANE, 17,26,37,81,126
KITTEL, 55
KNABENBAUER, 21,74,81,131,138
KNIGHT, 22
KNOBEL, 24,78,95,130
KOCH, 26
KOEHLER — BAUMGARTNER, 45
KÖHLER, 24,71,119,132,147,149,
154,155
KÖNIG, 45,86,165,166
KOSMALA, 172,173,175
KRAUS, 55,56,90,169,173
KUSCHKE, 52,54
KUTSCH, 40,45,47,90,104
LABUSCHAGNE, 46,49,85-87
LACK, 108
LAMBDIN, 65
LANE, 46-48,50,87
LAPIDE, C. A, 131
LE DÉAUT, 16
LEIMBACH, 23,81,109,131
LEVY, 20,37,78,80
LIDDELL — SCOTT, 74
LISOWSKY, 45,48
LOEB, 24,164
LOHFINK, 45,99
LOHSE, 139

LORETZ, 56
LOWTH, 24,74,78
MAIER, 52
MALDONATUS, 19,70
MANDELKERN, 45,48,164,197
MANNATI — DE SOLMS, 55,68
MARGERIE, B. DE, 15
MARTI, 24,37,78,145
MARTIN-ACHARD, 46
MAUCHLINE, 181
MCKANE, 57,58,138,170
MCKENZIE, 21,27,126,203
MELUGIN, 31
MENOCHIUS, 19,45,131
MERENDINO, 26,31-33,74,95,130
MERWE, B.J. VAN DER, 26
MOOR, 137,181
MORGENSTERN, 25,27,31,55,56,78
MORIARTY, 22
MOSCATI, 198
MOWINCKEL, 56,62,119
MUILENBURG, 22,31,126
MÜLLER, 190
NICOLAS DE LYRA, 18
NIELSEN, 132
NÖLDEKE, 58
NORTH, 25,78,79,126,145
NOTH, 84,136
OLIVA, 98
OLMO, G. DEL, 48,64,69,86,190
ORELLI, D.C. VON, 20,74,80
ORIGENES, 16,72
ORLINSKY , 126
ORLINSKY — WEINBERG, 53
PEDERSEN, 172
PENNA, 15,78,126,130
PLOEG, J. VAN DER, 49,196-198
PLÖGER, 57,58,177
PORTEOUS, 63
POWER, 25,74,78

PREUSS, 25,98
PROCKSCH, 191,197
RAD, G. VON, 50,196
RAHLFS, 50
RASHI, 74
RAVASI, 55,56,68
REINDL, 133,135
RIBERA, 19
RINGGREN, 139,157,203
ROBINSON, 189
ROSENMULLER, 148
RUDOLPH,   63,75,81,97,161,164,
    168,177,181
RUIZ DE LA PEÑA, 202
SAEBØ, 165,166,172
SANCTIUS, 19,70
SCHEIBER, 175
SCHMID, 141
SCHMIDT, 189-191,202
SCHOORS, 22,27,33,80,81,126
SCHOTTROFF, 163
SCHÜPPHAUS, 33
SCHWANTES, 26,33,45-47,49,51-55,
    61,62,65,66,76,78,87
SEGERT, 46
SELLIN, 174
SELLIN — FOHRER, 30,49,52,55-57,
    63,65,67-69,97,98,115,128,155,
    156,161,164,179,181,190,197,
    198,201
SICRE DÍAZ, 40,75,77
SIMIAN-YOFRE, 19,27,36,37,42,60,
    71,76,77,84,104,106,115,127,
    133,146,150
SIMONETTI, 17
SKINNER, 165,184,197
SMART, 24,110,111,131
SMITH, G.A., 23,80,109
SMITH, J.M.P., 52,133
SODEN, W. VON, 49,64,65,85,197,

199
SOUTHWOOD, 123
SPERBER, 183
SPYKERBOER, 31
STÄHLI, 95
STÄHLIN, 108
STAMM, 191
STEINMANN, 25,76,78,126,145
STENDEBACH, 45,46,84,85,94
STENNING, 15
STRABUS, 17
STRACK, 175
STUHLMÜLLER, 23,25,37,78,95,126,
    130,145,192,193,201-203
SUKENIK, 139
TALMON, 112
TEIXIDOR, 137
TEODORETO DE CIRO, 16,17,131
THOMAS, 50
TOY, 57,58,170,177
TREVER, 126
UMBREIT, 23,80,109,132,138
UNAMUNO, M. DE, 134
VACCARI, 15
VINCENT, 36
VIRGILIO, 114
VOGT, 86,199
VOLLMER, 192,193,202
VOLZ,   24,40,78,79,128,145,147,
    149,204
WALDOW, H.E. VON, 23,109,131
WALKER, 156
WARD, W.A., 85
WARD, W.H., 52
WEHR, 87,199
WEISER, 75,119
WESTENDORF, 65
WESTERMANN, 18,25,32,33,40,60-
    63,76-78,94,95,99,105,106,126,
    130,147,149,153,155,157,165,

184,193,194,197,201,203

WHYBRAY,   26,30,32,33,57,78,95,
  170

WILDBERGER, 52,191

WOLFF, 159

WOUDE, A.S. VAN DER, 188

WÜRTHWEIN, 98

YOUNG, 24,42,71,111,131,132

ZIEGLER, 16,21,60,130,138,145

ZILLESSEN, 20,123

ZIMMERLI,   25,32,67,74,114,130,
  155,157-160,178-181,198

ZIMMERMANN, 156,157

ZORELL,   37,45,46,50,52,54,58,65,
  69,72,74,77,85-87,89,90,97,103,
  104,107,112,113,115,134-136,
  140,141,148,153,164-167,169,
  171,177,184,188,192,194,195,
  197, 199,201

ZURRO, 30,84

Indice general

Prólogo 7
Introducción 9

I PARTE: IS 41,17-20 Y EL «NUEVO EXODO» DE ISRAEL

CAPÍTULO I: **Breve historia de la exégesis de Is 41,17-20** 15

  A) **Hasta el s. XVIII** 15

    1. El *Targum* de los Profetas 15
    2. La exégesis patrística 16
    3. La Escolástica 17
    4. El Renacimiento 18
    5. El Criticismo 19

  B) **Siglos XIX y XX** 20
    1. La exégesis «mixta» 20
    2. La exégesis figurada 23
    3. La interpretación «literal» 24

  C) **Valoración de las diversas líneas interpretativas** 27

CAPÍTULO II: **Is 41,17-20 en el contexto del Libro de la Consolación** 29

  A) **El texto de Is 41,17-20** 29

  B) **La forma literaria de Is 41,17-20** 31
    1. Unidad literaria 31
    2. Género literario 32
    a) Diversas opiniones 32
    b) «Proyecto de creación» 32
    α. Estructura 33
    β. Descripción 34

  C) **El horizonte literario de Is 41,17-20** 36
    1. Comparación de motivos 36

   a) El desierto, la sed y las aguas   37
   b) Los árboles y la hierba   39
   c) Las acciones de los protagonistas   39
   2. Conclusión   41

              II PARTE: LOS ⁽ᵃ⁾niyyîm SEDIENTOS

CAPÍTULO III: העניים והאביונים (v.17aα)   45

   A) העניים   45
   1. Etimología   45
      a) Ordenamientos léxicos   45
      b) La teoría de BIRKELAND   47
   2. עָנִי en la literatura preexílica   49
      a) Códigos   51
      b) Profetas   52
      c) Salmos y Proverbios   54
   3. ענה II en Is 40-55   59
      a) Peculiaridades   59
      b) Significado   59
         α. Is 49,13   60
         β. Is 51,21 y 54,11   62
      c) Nombres de Israel   63

   B) האביונים   64
   1. Etimología   64
   2. אביון en la literatura preexílica   65
      a) Códigos   65
      b) Profetas   67
      c) Salmos y Proverbios   68
   3. והאביונים (Is 41,17a)   69

CAPÍTULO IV: La sequedad de los ⁽ᵃ⁾niyyîm (v.17aβγ)   70

   A) La acción de los ⁽ᵃ⁾niyyîm   70
   1. El valor temporal de מבקשים   70
   2. בקש מים («buscar aguas»)   72

   B) La sed que reseca   78

1. La interpretación «exodal» 78
2. Is 41,17aγ 79
    a) La lengua 79
    b) La sed 80
    c) Lo reseco 81

CAPÍTULO V: **El Dios que atiende y no abandona (v.17b)** 83

A) אני יהוה אענם («Yo, JHWH, los atenderé») 83
    1. JHWH y los dioses 83
    2. La raíz ענה I 85
        a) ענה-decir y ענה-hacer 85
        b) Sujeto, objeto y modo de ענה 88
        c) El «débito contractual» 91
    3. ענה I en Is 40-55 94
B) אלהי ישראל לא אעזבם («[Yo,] Dios de Israel, no los aban-
    donaré») 95
    1. El valor contractual de עזב 95
    2. La promesa de no abandonar 97
    3. עזב en Is 40-55 99

III PARTE: LA TRANSFORMACION DEL DESIERTO

CAPÍTULO VI: **Las aguas y el desierto (v.18)** 103

A) **Las aguas prometidas** 103
    1. El agua prometida al sequedal (Is 44,1-5) 104
    2. El agua ofrecida a los Sedientos (Is 55,1-3) 104
    3. Las «aguas» y el «Espíritu» de JHWH 107

B) **El desierto** 109
    1. Diversas identificaciones del «desierto» 109
        a) Exégesis «literal», «mixta» y figurada 109
        b) HESSLER, SMART, YOUNG 109
    2. Los sinónimos de «desierto» en vs.18s
        (ערבה, ארץ ציה, מדבר) 111
        a) ערבה 112
        b) ארץ ציה 113
        c) Significado y función en la literatura profética 113

α. carácter metafórico 113
β. el «desierto-castigo» 114
γ. perversión y conversión 114
3. El «desierto» de Is 41,18s 115
a) «Vuestra madre» (Os 2,4s) y los *^aniyyîm* 115
b) «Lo sediento» y «lo reseco» (Is 44,3) 116
c) El desierto de Sión (Is 51,3) 117

CAPÍTULO VII: **La conversión del desierto (vv.18b.s)** 119

A) **La conversión del yermo en parque** 119
1. En Is 40-55 119
2. En el resto del AT 121

B) **Mitigaciones del desierto** 122
1. Camino en el desierto 122
2. Agua en el desierto 124

C) **Transformación del desierto en regadío (Is 43,16-21)** . . . 124
1. Un «camino» peculiar 125
2. Fieras creyentes 127

D) **Conclusiones** 128

CAPITULO VIII: **El parque de JHWH (v.19)** 130

A) **Exégesis «exodal» y figurada** 130
1. La interpretación «exodal» 130
2. La exégesis figurada 130

B) **El desierto florecido** 132
1. Origen de la figura 132
2. «Dei agricultura» 134

C) **Los árboles prometidos** 136
1. Las especies arbóreas del v.19 136
2. Valor metafórico del vocabulario vegetal 137
a) En general 137
b) Tritoisaías 138
c) Qumran 139

3. La imagen de Is 41,19 140
   a) Los árboles y la hierba 140
   b) La septena 140
   c) «Lo nuevo» y la «justicia» 141

D) Recapitulación 142

IV PARTE: FINALIDAD DE LA TRANSFORMACIÓN

CAPÍTULO IX: El futuro conocimiento (v.20a) 145

A) למען: La atención y la intención de JHWH 145

B) Cuatro verbos de conocer 146
1. El verbo ראה 146
   a) Sujeto, objeto y sentido de ראה 147
   b) El «Pueblo ciego» 150
2. El verbo ידע 152
   a) El sujeto de ידע 153
   b) El objeto de ידע 154
     α. construcción gramatical 154
     β. formulaciones 154
     γ. desarrollos 157
   c) El significado de ידע: conocer y reconocer 158
   d) El objeto de ידע en Is 41,20 159
3. El verbo שים 160
   a) En Is 40-55 160
   b) La fórmula שים (לב) en el resto del AT 161
     α. dos locuciones 161
     β. Sujeto y objeto de שים לב 162
     γ. Significado de שים לב 163
4. El verbo שכל 164
   a) La raíz שכל en el AT 164
   b) Significado fundamental de שכל 165
     α. שכל transitivo e intransitivo; paralelos 166
     β. Dos aspectos del acierto 167
     γ. שכל, חכם y סכל 167
   c) Construcciones sintácticas 168
     α. שכל intelectivo 168

β. שֵׂכֶל práctico 168
d) Sujeto, objeto y modo de שֵׂכֶל 170
e) Usos nominales de שֵׂכֶל 173
   α. מַשְׂכִּיל 173
   β. שֶׂכֶל 175
   γ. הַשְׂכֵּ(י)ל 177
f) Peculiaridad semántica de שֵׂכֶל 178
g) שֵׂכֶל en Is 40-55 178

C) **La estructura sintáctica de Is 41,20** 178
1. ¿«Erkenntnisformel»? 178
2. Dos oraciones independientes 180

D) **Series verbales semejantes** 182
1. En Is 40-55 182
2. El árbol del conocer (Gen 3,1-7) y los árboles
prometidos de Is 182
a) La promesa del Tentador y el proyecto del Creador . . 182
b) נֶחְמָד לְהַשְׂכִּיל 183
c) תַּאֲוָה לָעֵינַיִם 183

E) **Recapitulación** 185

CAPÍTULO X: **La nueva creación (v.20ayb)** 186

A) **El Creador** 186
1. יד־יהוה («la mano de JHWH») 186
a) La mano de las criaturas 187
b) La mano de JHWH 187
   α. activa (יד) 187
   β. formidable (מיד) 188
   γ. El brazo y las palmas de JHWH 188
   δ. Significado de יד יהוה 189
2. קדוש ישראל («El Santo de Israel») 189
a) Antecedentes y uso bíblico de קָדוֹש 189
b) קדש en Is 40-55 190
   α. קָדוֹש y קֹדֶש 190
   β. קָדוֹש יִשְׂרָאֵל 191

B) **La acción creadora** 192

1. עשׂה en Is 40-55 192
   a) Sujeto y objeto 193
   b) Paralelos y modo 194
   c) Significado 196
2. ברא 197
   a) Etimología 197
   b) Uso y significado de ברא en el Segundo Is 200
      α. Sujeto y objeto 200
      β. Paralelos y modo 200

c) **La nueva creación** (ה // זאת) 202

RECAPITULACIÓN 205

TABLAS

I: Sinopsis sintáctica de Is 41,17-20 216
II: Proyectos de creación 217
III: Proyectos de creación en anuncios de ventura 218
IV: Motivos exodales en Is 40-55 220
V: עָנִי/ו en la literatura bíblica más antigua 222
VI: אֶבְיוֹן en la literatura bíblica más antigua 224
VII: ענה-hacer en los libros poéticos 226
VIII: La promesa de no abandonar 230
IX: צִיָּה y עֲרָבָה (אֶרֶץ) en Profetas y libros poéticos 231
X: El desierto transformado en arboleda 232
XI: לְמַעַן en Is 40-55 233
XII: ראה en Is 40-55 234
XIII: ידע en Is 40-55:
   A)   en proposición negativa 235
   B)   en proposición asertiva 236
XIV: Desarrollos del objeto de ידע en Is 40-55 237
XV: שִׂים (לֵב) en Is 40-55 238
XVI: שִׂים (לֵב) en el resto del AT 240
XVII: Uso verbal de שׂכל:
   A)   en el orden intelectivo 242
   B)   en el orden práctico 243
XVIII: Usos nominales de שׂכל:
   A)   מַשְׂכִּיל (excluídos títulos de Sal) 244
   B)   שֵׂכֶל 245

   C)   הַשְׂכִּ(י)ל 246
XIX: יד יהוה en Is 40-55 247
XX: קְדוֹשׁ יִשְׂרָאֵל en Is 248
XXI: El עשׂה divino cn Is 40-55 250
XXII: ברא en Is 40-55 251

Siglas y abreviaturas 253
Bibliografía 259
Indice de palabras hebreas 277
Indice selectivo de lugares bíblicos 278
Indice de autores 291
Indice general 297

Finito di stampare il 5 giugno 1992
Tipografia Poliglotta della Pontificia Università Gregoriana
Piazza della Pilotta, 4 – 00187 Roma